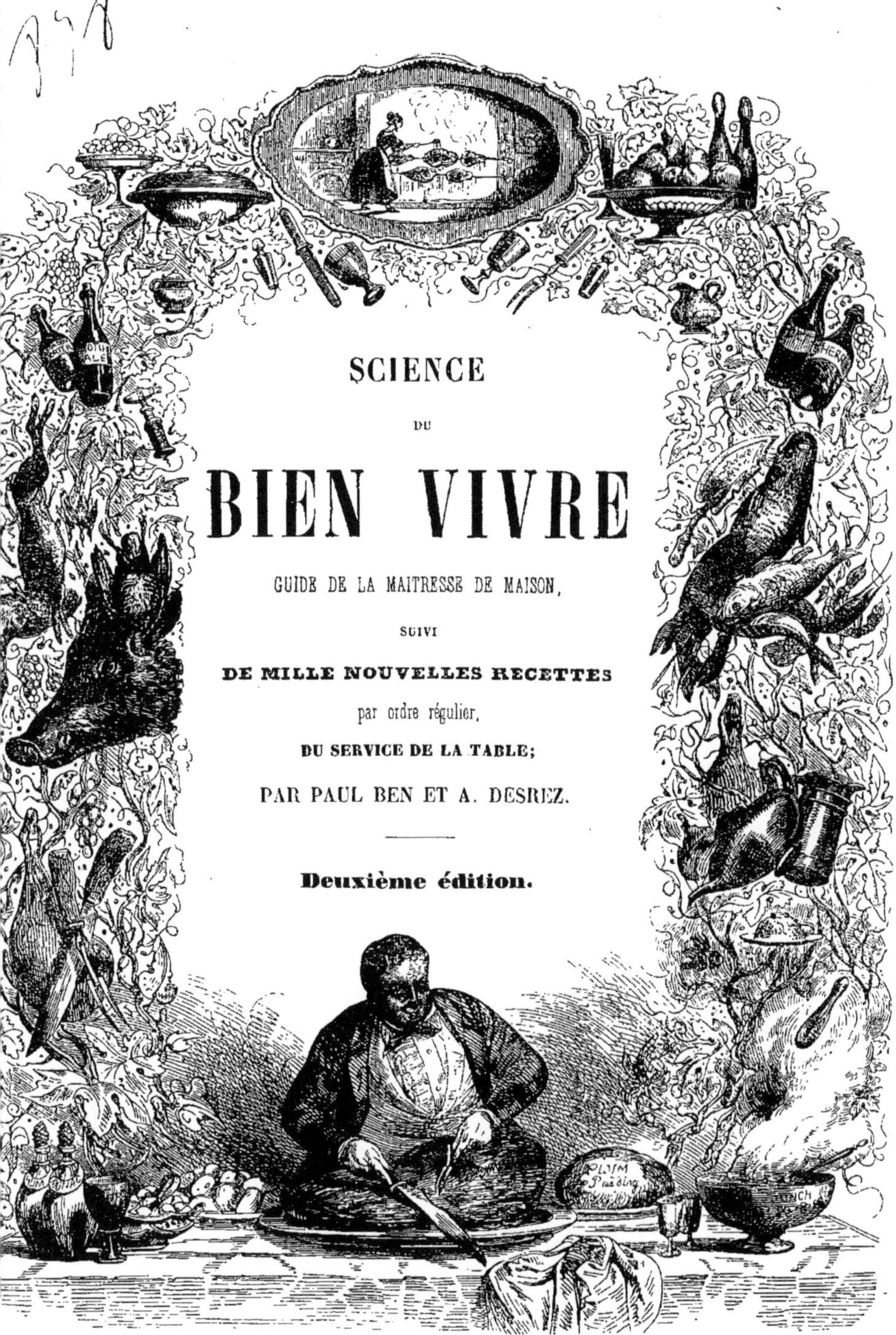

PARIS,
A LA LIBRAIRIE CLASSIQUE DE Mlle ÉMÉLIE DESREZ, RUE FONTAINE-MOLIÈRE, 37;
CHEZ MARTINON, LIBRAIRE, RUE DU COQ-SAINT-HONORÉ, 4;
Et à la Direction du *Musée des familles*, rue Gaillon, 4.
1845-1846.

SCIENCE
DU BIEN VIVRE,

GUIDE DE LA MAITRESSE DE MAISON.

Paris. — Imprimerie de Cosson, rue du Four-Saint-Germain, 47.

SCIENCE
DU BIEN VIVRE

OU

MONOGRAPHIE DE LA CUISINE

ENVISAGÉE SOUS SON ASPECT PHYSIQUE, INTELLECTUEL ET MORAL,

GUIDE DE LA MAITRESSE DE MAISON;

SUIVIE

DE MILLE NOUVELLES RECETTES

PAR ORDRE RÉGULIER,

DU SERVICE DE LA TABLE;

D'une liste des provisions que l'on doit faire dans un ménage, et de l'indication des pays d'où elles peuvent être tirées ;
D'un calendrier culinaire ;
D'une nomenclature des vins de choix et de l'ordre dans lequel ils doivent être servis ;
De la préparation et de l'arrangement du dessert ;
D'une nomenclature de tous les ustensiles nécessaires dans une cuisine ;
D'un vocabulaire des termes employés à la cuisine et à l'office ;
Des travaux de l'office ;
De la description des menus pour 3, 5, 7 et jusqu'à 20 convives ;
De la composition des menus de dîners maigres ;
Des moyens de bien faire le café, suivis de quelques conseils sur la manière dont il doit être servi ;

Par PAUL BEN et A. DESREZ.

DEUXIEME ÉDITION.

PARIS

CHEZ Melle ÉMÉLIE DESREZ, LIBRAIRE,
37, RUE FONTAINE-MOLIÈRE.

1845-46.

Monsieur,

Permettez-nous de publier sous vos auspices *la Science du bien vivre*, ce code des règles d'une société polie, expérimentée dans le confort de la vie de notre temps. Les souvenirs qui se rattachent à votre nom et à ceux de vos amis seront pour ces règles une sanction ; on croira à des conseils, à des principes que l'école que vous représentez a consacrés.

Il ne suffit pas de préciser les principes qui dirigent le goût et les convenances, il faut encore leur donner autorité ; cette autorité, vous la puisez dans les traditions de vos aimables et illustres amis ; nous nous sommes inspirés de leur esprit, monsieur : aussi serons-nous heureux si vous trouvez que nous avons quelquefois réussi, et qu'en passant de la cuisine au salon, nous nous sommes montrés dignes de comprendre les maîtres que votre élégant et riche recueil des *Classiques de la table* a su interpréter avec tant de vivacité et de charmes d'esprit.

MM. de Talleyrand, de Cussy ; quelques praticiens illustres, MM. Carême, Laguipierre, et aujourd'hui MM. Plumerey et Étienne, ont fixé les lois de l'art de bien vivre, dont nous avons tâché de reproduire les heureux préceptes, tout en nous adressant aux modestes fortunes ; puisse-t-on trouver dans nos avis un reflet de leurs douces leçons !

Votre suffrage, monsieur, donnera quelque valeur à nos intentions ; il prouvera que notre publication a un but d'utilité, et qu'elle peut être acceptée par ceux qui aiment à voir allier au bon goût les formes exquises des convenances.

Veuillez recevoir l'expression de nos sentiments distingués.

Vos très dévoués,

PAUL BEN et A. DESREZ.

PRÉFACE DE LA SECONDE ÉDITION.

La rapidité avec laquelle s'est écoulée la première édition de la *Science du bien vivre* a déterminé les auteurs de cette publication à revoir leur livre, à le corriger et à y faire quelques additions. Si la réalisation d'une pensée dont l'empressement public a justifié l'utilité et l'à-propos a été pour eux un gage de succès, ils ont dû apporter dans la seconde édition qu'ils publient en ce moment une sérieuse attention, et compléter, autant qu'il a dépendu d'eux, le livre qu'ils ont écrit dans l'idée de se rendre agréables aux maîtresses de maison.

Quoique succinctement formulées, aucune des règles qui forment la base de l'administration domestique n'ont été omises, et c'est en vue des mères de famille, des jeunes femmes surtout, qu'on a cherché à réunir dans un mince format tous les préceptes que prescrit une sage économie, et qu'on a rappelé, plutôt que prétendu les enseigner, les formes et les usages adoptés par le goût exquis et le tact délicat de nos dames françaises.

Les additions faites à cette nouvelle édition ont paru indispensables aux auteurs de la *Science du bien vivre*, qui n'ont voulu rien négliger pour assurer à leur livre le bienveillant intérêt des lectrices pour lesquelles ils l'ont écrit.

LA SCIENCE

DU

BIEN VIVRE,

MONOGRAPHIE DE LA CUISINE.

Partie critique.

CODE DE LA MAITRESSE DE MAISON.

PRÉCEPTES ET CONSEILS.

1845

INTRODUCTION.

ans le monument qu'il a élevé à l'art culinaire, l'auteur de la *Physiologie du goût* a répandu avec profusion les charmes de l'esprit, les grâces de l'élégance; sa piquante et facile originalité a toujours, sous l'attrait de la couleur, dissimulé l'aridité des détails. Il n'est pas une ligne de son livre qui ne décèle la justesse de l'expression, la fraîcheur de la pensée, le tact le plus exquis, le savoir-vivre le mieux prononcé.

Avec une admirable facilité, il passe de la théorie la plus élevée des sciences exactes, dans lesquelles il était versé, à l'application de quelques-uns de leurs principes, dans la satisfaction des besoins les plus ordinaires de la vie humaine. Son élocution brillante puise à chaque instant à la source féconde de la variété; de sorte que le code aimable qu'il nous a laissé n'est pas seulement le guide le plus heureux que l'on puisse choisir dans les innocents plaisirs des festins, dans la douce familiarité de la table; c'est encore, loin de nous une acception indigne de la juste renommée de Brillat-Savarin, c'est, disons-nous, un des plus riches documents que de nos jours ait produits le goût.

Ce livre complet, dont les mots, *Méditations de gastronomie transcendante*, ajoutés à son titre, se trouvent toujours et partout justifiés, réunit au mérite littéraire l'avantage de contenir des préceptes utiles pour ceux que la fortune a comblés de ses faveurs, et qui font consister un de leurs plus doux plaisirs dans la riche libéralité avec laquelle ils reçoivent leurs hôtes.

Il est telles de ces mains délicates aux doigts effilés, dont l'unique fonction paraissait être de tomber avec grâce dans les mains d'un danseur, ou de courir avec une prestigieuse vitesse sur les touches d'un piano, qui n'ont jamais trouvé trop lourd le format de notre auteur.

Il est telles bouches charmantes sur les lèvres desquelles a couru le sourire à la lecture de quelques anecdotes racontées par ce maître du goût, et dans lesquelles les plus fines plaisanteries sont toujours voilées sous les termes dont ne s'offenserait pas la plus austère pudeur.

Qu'il soit philosophe, savant, écrivain pur et élégant, aimable conteur ou maître expert dans l'art qu'il professe, ce moderne Protée, quel que soit l'habit qui le couvre, quelle que soit la forme qu'il prenne, charme, instruit, ravit et entraîne dans le délicieux labyrinthe dont il appartenait à lui seul de trouver le fil conducteur.

Quoique imparfaitement esquissées, ces impressions, qui nous sont propres, pourraient, avec raison, faire penser que nous sommes incapable de l'œuvre que nous avons entreprise, si l'on nous supposait l'idée de vouloir ajouter au livre dont nous venons de proclamer la prééminence ; ce serait de notre part faire preuve d'impuissance ou de faiblesse. Hâtons-nous de le dire : telle n'est pas notre témérité !

La moisson la mieux faite a toujours abandonné sur le sol la part du glaneur, et les quelques épis tombés de la faucille ou détachés de la gerbe ont été, de tout temps, en raison de l'abondance de la récolte.

Brillat-Savarin, ce grand moissonneur dans le champ du goût, a voulu, en l'exploitant, y laisser les traces de sa fécondité ; et par cela même il nous a permis de nous en saisir, et de le suivre, quoique de loin, dans sa riche exploitation.

Quand, dans ses gastronomiques méditations, l'habile professeur parcourt tous les degrés de l'échelle culinaire ; quand, avec l'autorité d'une longue expérience, d'études successives dont il ne cherche à dissimuler pour lui ni la gravité, ni l'importance ; quand, savant dans un art dont toutes les ressources étaient avant lui encore ignorées ; quand il paraît n'avoir en vue que d'exposer ses propres doctrines, il ne devient pas seulement un maître aussi judicieux qu'éclairé, il apparaît comme un sage réformateur ; et la science, dont les arcanes semblaient réservés à un petit nombre, devient tout à coup le domaine de tous.

En effet, Brillat-Savarin parle ! et l'office cesse d'être un conventicule mystérieux où le maître d'hôtel, sûr de son pouvoir, de l'influence qu'il exerce, réunit ses adeptes et les initie peu à peu aux secrets de l'art.

Brillat-Savarin parle ! et les fourneaux ardents de l'atelier culinaire des riches ne sont plus les seuls dont le combustible pétillant alimente la préparation des mets distingués, qui jusqu'alors avaient été le partage exclusif de l'opulence.

Brillat-Savarin parle ! *tout prend un corps, une âme, un esprit, un visage :* la cuisine s'émeut, l'office tressaille, la cave bondit, et la salle à manger ornée de fleurs, resplendissante de feux, retentit des cris de l'allégresse.

Brillat-Savarin parle ! et l'estomac fatigué est rendu à l'économie de ses primitives fonctions ; l'obésité cesse d'être une fatale infirmité ; la langueur et le dépérissement font place à la santé et à la vigueur, et les préceptes de la physiologie du goût opèrent plus de cures que les prescriptions de la Faculté.

Plus nous nous livrons au cours de nos idées et plus, aux yeux de nos lecteurs, nous devons paraître nous éloigner du but que nous nous sommes proposé. Encore une fois, ils peuvent se dire que, d'après ce que nous disons nous-même de la perfection du livre, qui d'ailleurs fournit un sujet intarissable d'éloges, il nous est impossible d'en devenir le continuateur. Nous le répétons donc : tel n'est pas notre but. Nous arriverons bientôt à une conséquence immédiatement opposée ; mais nous devons encore ajouter quelques réflexions à celles qui précèdent.

Au point de vue de la vie domestique parisienne, nous ne serions pas éloigné de croire que l'apparition de la *Physiologie du goût* a produit dans l'intérieur de la famille un de ces changements subits, une de ces réformes salutaires qu'il appartient plus à une circonstance inattendue de déterminer, qu'à une suite constante de raisonnements de produire.

Le temps n'est pas encore loin de nous, où beaucoup de chefs de famille ne s'asseyaient que rarement à la table commune. Entraînés hors du domicile conjugal par le mouvement des affaires, ils allaient prendre leurs repas chez les restaurateurs de la capitale, où ils se réunissaient à leurs commettants, et prenaient ainsi l'habitude d'une vie alimentaire nomade qui, outre l'avantage de la réunion nécessaire à d'utiles transactions, leur offrait chaque jour une nourriture variée au gré de leurs désirs ; habitude dans laquelle ils persévérèrent d'autant plus volontiers qu'en leur absence, ou à cause d'elle, la table de la famille ne dépassait pas les limites d'une rigoureuse frugalité. Mais, paraît un livre nouveau ! livre aussi séduisant par le sujet qu'il traite, que par la forme à l'aide de laquelle il en présente les développements ; livre cité avec de justes éloges par tous les échos de la presse ; livre qui réhabilite le foyer domestique en indiquant à la mère de famille les moyens de satisfaire quelques jouissances dont elle déplorait la privation, bien plus pour ses enfants que pour elle, et qui lui permet de ne pas s'écarter des bornes que prescrit une sage économie. Ce livre est bientôt dans toutes les bibliothèques : on le lit à la veillée, on en extrait mille enseignements utiles ; la table de la famille est servie avec plus de recherche, mais sans prodigalité ; elle est désormais présidée par celui qui s'en était longtemps écarté !

C'est ainsi que l'œuvre d'un homme d'esprit rappelle aux jouissances du cœur ; c'est ainsi qu'une cause, en apparence légère, produit de précieux effets.

Tous nos lecteurs ne raisonneront pas dans cette hypothèse, et nous ne la présentons nous-même qu'avec une certaine réserve. Cependant on ne lui déniera pas le cachet de vraisemblance qu'elle offre, si, surtout, on est convaincu de cette vérité : que la fréquentation des restaurateurs par les pères de famille est devenue un fait isolé, quand il fut une époque où cette fréquentation offrait de nombreux exemples.

Un fait non moins vrai, et qui ne sera pas contesté, c'est que la *Physiologie du goût* est devenue un livre classique pour les nombreux amateurs de l'art culinaire; qu'elle se trouve dans toutes les bibliothèques; qu'elle est souvent consultée par les femmes sur lesquelles repose la responsabilité de l'économie domestique; et que, bien ou mal exécutés, les enseignements de l'aimable professeur sont devenus un article de foi dans les fastes de la Cuisine.

Nous avons pour la seconde fois écrit le nom de cet être collectif dont nous voulons offrir à nos lecteurs la monographie.

Ce n'est pas sans raison que nous nommons la *cuisine* un être collectif. Quelque hasardée que puisse paraître cette expression, nous la maintenons, et pour la justifier, nous déduirons les motifs qui nous ont porté à la considérer sous cet aspect.

Certes, quand nous avons entrepris de publier notre monographie, nous n'avons pas prétendu nous borner à la sèche et aride nomenclature de tous les ustensiles qui doivent garnir la partie la plus indispensable de toute habitation.

Nous n'avons jamais eu la pensée de nous borner à décrire ces ustensiles, à spécifier leurs formes, à en indiquer l'usage; à recommander aux soins minutieux les parois intérieures des vases et le poli brillant de leur surface extérieure; à prescrire l'ordre intérieur du foyer, la netteté réfléchissante des fourneaux, la propreté rigoureuse des tables sur lesquelles se coupent et se hachent les viandes. Sans doute ces règles primordiales, nous ne les omettrons pas, puisque nous avons à donner à cet égard des lois de durée et de garantie.

Mais, que serait à vos yeux, lecteurs, tout cet attirail? Que vous importerait, si vous n'aviez à en considérer que l'ordre et le scrupuleux arrangement? Si le plus riche instrument n'a de prix que quand il cède aux doigts habiles qui lui communiquent l'âme et la vie, de même, l'aspect de la cuisine n'a d'attrait que lorsque tous les objets dont elle est meublée passent de la loi de l'inertie à celle du mouvement.

Voyez! le charbon s'embrase, il s'enflamme,

il pétille; le cuivre rouge, tout orgueilleux naguère de sa belle couleur luisante, pâlit sous les efforts du calorique dégagé. Ce n'est plus le léger bruissement des liquides, c'est une succession plus sensible, plus vive, plus rapide de leur mouvement cadencé qui frappe agréablement vos oreilles. Au léger gonflement de vos narines, on devine qu'une nouvelle sensation vous affecte; cependant votre odorat n'est excité ni par le parfum balsamique des fleurs, ni par leur odeur aromatique, mais il est flatté par une émanation nouvelle, indéfinissable, qu'il savoure avec délices!

Voyez sur cette table, jetés au hasard, mais groupés avec art, ces cailles, ces perdrix, ce faisan; voyez ces lapins de garenne, ce lièvre! Hier encore les uns parcouraient les champs de l'air, qu'ils agitaient de leurs ailes, quand ils sont tout à coup tombés sur le sol qu'ils avaient délaissé; hier encore, ceux-ci couraient sur la bruyère et broutaient en paix la marjolaine et le thym dont ils parfumaient leurs entrailles, quand le plomb meurtrier du chasseur est venu mettre un terme à leurs joyeux ébats.

Voyez plus loin cette blanche morue, dont les ouïes vermeilles et sanguinolentes attestent que peu d'heures auparavant elle étendait ses nageoires dans les eaux de la Manche; voyez l'éperlan aux reflets argentés; voyez le homard, dont la couleur brun-vert se changera bientôt en celle d'un beau vermillon! voyez, à côté de ces longs cardons d'un vert pâle, le beau rouge de la tomate; voyez ces chicorées aux mille découpures, cette capucine d'un pourpre velouté, ces herbes d'un beau vert, qui, d'abord mélangées avec art, se rouleront et se confondront ensuite sous les flots de la plus fine liqueur de l'olivier.

Ainsi, l'Océan, les champs de l'air, la plaine et la forêt, le sol végétal dans sa primitive nature, le sol factice dont l'art a révélé à l'horticulteur les procédés de hâtive maturité, ont tous payé leurs tributs à vos sensuels appétits! Vous les voyez réunis dans une étroite enceinte ; et quand, à leur vue, vous éprouvez un de ces moments d'extase que détermine toujours un spectacle ravissant, ingrats, vous ne dites pas : « Que cela est beau ! » mais, vous vous écriez à l'instant : « Mon Dieu ! que tout cela sera bon ! »

Voyez encore ! de ce lieu qui promet à votre goût des jouissances d'autant plus vives, qu'il vous permet d'environner celles-ci de tous les charmes de l'espérance, vous pouvez apercevoir, non pas seulement les mille friandises qui ont l'heureux privilége d'allonger le repas, mais les nombreux tributs que vous offre l'automne, et qui vous forceront de convenir que si cette saison cède au froid hiver le triste privilége de glacer les pleurs qu'elle a répandus, sa tendre sollicitude a voulu, en vous comblant de ses faveurs, vous forcer à désirer son retour.

L'office s'est paré des riches dépouilles de la saison des fruits ! Le raisin de Fontainebleau y étale de longues grappes, dont les grains diaphanes et jaunis par le soleil justifient l'adage vulgaire : que le renard, en courant sur les treilles d'où elles proviennent, y a laissé des preuves de son passage ; les plus beaux espaliers de Montreuil y ont déposé la pêche au goût d'ambroisie dont le vif incarnat, recouvert d'un léger velouté, va se fondre peu à peu dans un ton jaune clair, symptôme irrécusable de maturité ; le doyenné, sous sa surface dorée ; le beurré, sous sa robe grise, y promettent au palais une chair fondante et parfumée ; et tous ces présents de l'automne figureront avec éclat, comme les points culminants de la dernière parure dont s'ornera le festin.

Mais ce premier coup d'œil ne suffit point à votre curiosité contemplative. Vos regards épient avec avidité tous les mouvements de l'être mystérieux qui préside aux préparations culinaires ; vous vous demandez comment et par quel art il peut rendre solide ce que vous avez toujours cru liquide ; par quel pouvoir inconnu ce merveilleux opérateur sait transformer, à son gré, tous les corps soumis à l'action de sa volonté. Ces fruits inodores exposés à l'action du calorique ont bientôt embaumé l'air d'un parfum enivrant; retirés du vase qui les renfermait, vous ne les voyez plus que pâles, décolorés; mais bientôt l'habile magicien opère, et le plus bel incarnat, ou le plus jaune safran prête son éclat à ces produits dégénérés. Pour fixer sur les fruits cet éclat emprunté, l'opérateur continue, et, prodige inouï! c'est le feu qui enfante la glace!

En un moment, remarquez-le, lecteurs, tout dans la cuisine a passé de l'inaction au mouvement, de la mort à la vie. Quoique nous ne nous y soyons arrêté qu'un instant, tout y a pris un aspect nouveau; sans surprendre tous les secrets de l'art, par un seul phénomène nous avons pu juger de ceux qui s'y succèdent. Que serait-ce donc si, dès à présent, nous vous disions comment il se fera que vous pourrez revoir le plumage du faisan, dont vous admiriez la variété et les riches couleurs, quand cependant le volatile aura été exposé à l'action du feu, et qu'il sera devenu pour vous le plus savoureux et le plus délicat des rôtis! comment ce lièvre, dépouillé de son épaisse fourrure, vous en présentera une autre dont les mille aiguillettes dissimuleront à vos yeux sa forme première! comment ces perdrix disparaîtront sous une élévation pyramidale de légumes de choix; les cailles, sous les couches épaisses de lard destinées à recevoir le délicat oiseau, qui emprunte à la vigne sa plus précieuse nourriture!

On n'oubliera point que ces dernières considérations n'ont été présentées qu'avec l'intention de justifier l'expression d'*être collectif* donné par nous à la cuisine. Et déjà, ne le voit-on pas? que deviendraient tous les éléments de préparation que nous avons brièvement énumérés, sans le pouvoir, sans l'intelligence qui les fait agir et qui les transforme? L'art du chef de cuisine ne doit-il pas s'appuyer sur la sagacité du pourvoyeur, et celle-ci sur les longues études de l'expérience? Les

aides, les subordonnés ne sont-ils pas comme des rayons convergeant vers un centre commun qui, leur communiquant les étincelles de sa propre lumière, les dirige ensuite sur tous les points où il veut faire arriver celle-ci? Le chef est-il lui-même le seul régulateur de tous les mouvements qu'il imprime, et n'existe-t-il pas, au-dessus de la sienne, une volonté dont la salutaire influence tantôt autorise le déploiement et le luxe de l'art, tantôt le restreint dans de plus étroites limites? Si les efforts communs d'individus différents se centralisent pour l'exécution d'une même pensée, l'ensemble de tous formera une réunion collective; et, dans l'espèce, maître de maison, chef de l'atelier culinaire, aide, marmiton même, composeront un tout que nous nommons *cuisine*. C'est donc de ce tout considéré en lui-même, et séparément dans chacune de ses parties, que nous avons entrepris de publier la monographie.

Ainsi, déjà notre projet se revêt d'un caractère particulier, et si l'on nous accuse d'avoir pris un ton quelquefois sérieux dans un sujet qui comporte peu de gravité, nous répondrons que, sous certains rapports et au point de vue de certains intérêts, il y avait de graves considérations à faire jaillir de l'état actuel de l'art culinaire.

D'après nos prémisses, on ne nous accusera pas de méconnaître les heureux plaisirs dont la cuisine est l'origine; non-seulement nous les avouons, mais surtout nous en recommandons l'usage. Toutefois, nous en prévenons dès à présent nos lecteurs : s'ils ne pensaient rencontrer dans cette publication que les lois modernes de la *préparation* culinaire, que les *magistères* les plus infaillibles contre l'épuisement, ils seraient dans l'erreur. Que dire après les excellents enseignements de la *Physiologie du goût*, après ceux de l'habile Carême, après ceux enfin dont tous les auteurs, dont les gastronomes ont établi la réputation? Nous laissons à ces maîtres l'autorité qui ressort de leurs écrits, nous nous inclinons devant leur gloire, et c'est à leurs œuvres que nous emprunterons un court résumé des préparations culinaires les plus estimées. Que si nous nous permettons d'ajouter à ce qu'ont écrit ces maîtres, c'est que, depuis l'apparition de leurs ouvrages, l'art a fait de nouvelles découvertes, et que ce serait bien peu comprendre le premier que de passer celles-ci sous silence.

Mais de ce que nous avons considéré la *cuisine* comme un être collectif, nous avons été naturellement amené à conclure qu'en écrire la physiologie, c'était écrire celle non-seulement des aliments qu'elle livre au goût le plus fin et le plus délicat, mais encore celle du chef de cuisine, de ses aides, voire même celle du marmiton.

Se borner à ce travail, ce n'était encore produire rien de neuf : aussi nous sommes-nous permis de passer en revue la cuisine du grand seigneur, ou celle du riche financier, puisque de nos jours l'une et l'autre sont établies sur la même échelle ; celle du bon commerçant, de l'honnête rentier, du riche artisan, de l'employé ; celles des restaurateurs, des marchands de vins ; celles, enfin, auxquelles l'ouvrier va demander ses aliments journaliers.

Nous établirons dans un ordre nouveau, et en suivant les ressources qu'offre chaque saison, les aliments dont celle-ci permet l'usage ; et cette partie de notre travail ne sera pas la moins féconde en utiles renseignements.

Enfin, ce ne sera pas seulement sous ses formes multiples et variées que nous envisagerons ce *sanctum sanctorum* des épicuriens et des zélés partisans de la gastronomie. Si nous nous sommes proposé de le considérer sous ses mille aspects physiques, il nous appartient encore de l'explorer sous le rapport moral. Qu'on ne rie pas de ce mot, que nous plaçons à dessein et avec la consciencieuse intention d'en faire remarquer toute l'importance.

Brillat-Savarin, homme d'aussi bon ton que gastronome d'un goût exquis, a donné à son livre un cachet d'originalité qu'il appartenait seulement à ce maître habile de lui imprimer. Mais, tout en proclamant son mérite et sa prééminence, nous ne craindrons pas de dire que cet unique et spirituel ouvrage a été écrit au point de vue de la position sociale de son auteur.

Le parfum littéraire qu'il exhale, s'il l'a fait rechercher par la classe des gastronomes lettrés, qui y ont trouvé réunis l'attrait de la forme et la richesse du fond, n'a pu, par cette raison, en faire un livre populaire, un *vade mecum* classique pour le commun des martyrs.

Nous n'avons rien oublié de ce que nous avons dit précédemment, et nous ne prétendons pas revenir sur ce que nous avons avancé de l'effet produit par l'apparition de la *Physiologie du goût*, pas plus que sur la vogue immense dont elle a été l'objet. Mais nous ajoutons que ce livre, riche de faits et de préceptes, d'enseignements et de conseils, s'il est à la portée du gastronome expert, cesse de l'être à celle du modeste praticien, qui souvent est obligé de recourir aux leçons que ne lui fournit pas assez subitement sa mémoire.

D'autre part, le luxe des prescriptions s'y perd dans le désordre de l'art, et ce que nous croyons surtout utile dans tout livre d'enseignement, car nous avons la prétention que le nôtre en devienne un pour nos lecteurs, c'est, disons-nous, l'ordre méthodique et gradué de ses principes. Ce que nous avons surtout à cœur, c'est d'établir les préceptes qui, par leur sage application, éloigneront autant d'une économie sordide, que d'une fastueuse prodigalité.

Cette partie de notre livre nous permettra de développer l'aspect moral dont nous avons éveillé l'idée ; elle servira de guide à chaque famille, et lui fournira les moyens d'établir un juste équilibre entre les dépenses qu'exige la cuisine et les ressources qui y sont affectées, selon l'importance du revenu.

C'est ainsi que nous voulons commencer l'accomplissement de nos promesses, et nous recommandons surtout à nos lectrices le premier chapitre de notre ouvrage, intitulé L'ŒIL DU MAÎTRE : ce chapitre les concerne exclusivement.

MÉDITATION.

MONOGRAPHIE

DE

LA CUISINE

I

L'ŒIL DU MAITRE.

L'œil du maître !... A peine avais-je écrit ce titre, que je me reprochais déjà de ne pas avoir changé le genre du dernier mot qui le forme.

En effet ! l'œil du maître, dont je ne prétends contester ni la perspicacité, ni le pouvoir, se porte rarement sur le foyer culinaire. Si parfois il s'y jette, ce n'est qu'à la dérobée, furtivement, timidement même, et plutôt guidé par la curiosité que par l'esprit de surveillance. Qu'importent au maître les détails vulgaires de la cuisine et de l'office? Ce qu'il désire, ce qu'il recommande, c'est que le service de sa table soit fait régulièrement ;

que les mets qu'on lui présente soient variés et choisis ; que, délicatement préparés, ils offrent sans cesse un nouvel attrait à son palais ; qu'enfin ils le maintiennent en joie et en santé. Ce qu'il demande, ce qu'il exige surtout, c'est que les limites de la dépense qu'il a fixées ne soient jamais dépassées.

Accordez-lui tout cela, et vienne l'heure des repas, vous le verrez, toujours de bonne humeur, savourer avec délices les produits de l'art dont il prise les effets, sans daigner en rechercher les causes. Il est vrai que parfois s'adressant à sa compagne : « Ma bonne amie, lui dira-t-il, ton dîner était excellent ! » Mais n'ayez garde de penser qu'il s'informe jamais par quels moyens on arrive à lui faire désirer le moment de se mettre à table.

Et, cependant, que de soins minutieux se sont succédé, quelle active surveillance s'est exercée, quelles adroites préparations, quels calculs ingénieux ont été faits pour flatter les goûts du maître et ne pas franchir les bornes qu'une sage prévoyance a déterminées !

— Évidemment, disais-je à mon éditeur, homme d'esprit et de tact, nous devons changer le titre de ce chapitre ; et, pour le lui prouver, je lui répétais les motifs que je viens de donner.

— Gardez-vous en ! me répondit-il. Nous devons surtout ménager la susceptibilité de nos lecteurs. L'époux n'est-il pas le chef de la communauté ? l'administration domestique ne relève-t-elle pas de lui ? Évitons de froisser son amour-propre. Chacun n'est-il pas jaloux de paraître exercer l'autorité que la loi, l'usage lui ont dévolue ? Et puis, ajouta-t-il, si certains maris ont pris la bonne habitude de lire souvent par les yeux de leur femme, il est peu de ceux-là qui consentiraient à l'avouer.

— J'en conviens ! mais quel homme ne rougirait pas, s'il entendait dire de lui qu'il jouit dans toute sa plénitude de l'exercice de ses droits d'administration ; qu'il contrôle le service de la table, qu'il surveille jusqu'aux moindres détails de la cuisine ?

— Répondez à votre tour, quel homme a rougi, quand on a dit de lui : « Monsieur un tel donne d'excellents dîners ? »

— A la bonne heure ! mais dans ce cas on a fait un contre-sens : c'était madame qu'il fallait dire ; car enfin...

— Je vous devine ! Mais, croyez-moi, conservez votre titre, il a le double avantage de n'éveiller aucune susceptibilité, et de rappeler un ingénieux apologue de notre La Fontaine, qui, dans la circonstance, a tout le mérite de l'à-propos. D'ailleurs, nous ne voulons pas être exclusifs, et nous n'avons pas rayé les célibataires de la liste de nos lecteurs.

— Puisque vous le voulez, nous conserverons le titre ; mais vous me permettrez au moins de m'adresser plus particulièrement à la maîtresse de maison, car encore une fois la cuisine est son domaine. Quant aux célibataires, qu'ils me lisent, et je promets de donner à ceux que fatigue le genre de vie auquel les condamne la solitude, les moyens d'éviter leurs pérégrinations journalières, et de trouver chez eux le confortable dont ils se privent, par la crainte des embarras que nécessite ce qu'on est convenu d'appeler une *maison montée*.

— Si l'amour-propre est sauf, je vous laisse le soin du reste. Notre titre surtout, et nous sommes d'accord. Au revoir ! »

Le moyen de ne pas être d'accord avec son éditeur, quand on sait à celui-ci la science du public, et qu'avec urbanité il vous impose sa loi, sous la forme entraînante d'une aimable invitation !

C'est donc, mesdames, sous l'égide protectrice de *l'œil du maître* que j'ai l'autorisation

de m'adresser à vous! A vous, auxquelles sont confiés l'ordre et l'économie de la famille ; à vous, les dispensatrices des douces joies, des innocents plaisirs de la vie ; à vous, dont l'activité toujours renaissante fait que la propreté étale son luxe dans toutes les parties de la demeure que vous habitez ; à vous, qui récoltez, à pleines mains, dans le champ de la variété pour en semer l'espace du temps consacré au repos et aux délassements ; à vous, dont le bonheur est de voir voltiger le sourire sur les lèvres de vos jeunes enfants, ou de le ramener sur celles de votre époux quand le tracas des affaires ou les soucis qu'elles causent l'en ont écarté ; à vous surtout, jeunes femmes, jeunes mères, qui ne dédaignez pas les conseils de l'expérience, et qui, du moment où vous goûtâtes les douces joies de la maternité, n'avez considéré l'amélioration du présent que comme le gage d'un plus heureux avenir.

Non ! vous ne dédaignerez pas de mè lire, parce que, dans la simplicité du sujet que j'ai résolu de traiter, vous rencontrerez, je l'espère, quelques enseignements nouveaux, quelques utiles avis. Que si parfois, entraîné par les circonstances, je raconte une anecdote plaisante, vous ne rejetterez pas mon livre, parce qu'il ne franchira jamais les lois de la décence, les règles du bon ton dont vous exigez qu'on ne s'écarte jamais. La meilleure preuve que je vous en puisse fournir, c'est que j'écris tout au crayon !

Mais mon crayon est lui-même une énigme dont je dois vous offrir le mot :

J'ai une fille, dernier enfant que m'a donné le Ciel et dont je le remercie chaque jour ; elle entre dans sa quatorzième année.

En 1840, la jeune enfant portait de longs cheveux blonds dont les belles boucles argentées faisaient mes délices ; j'aimais à les sentir s'agiter sur mes joues, auxquelles ma fille n'épargnait pas de nombreux baisers que je n'avais garde de refuser. Un jour que j'étais occupé d'un travail littéraire (j'écrivais encore à l'encre), l'enfant vint selon sa coutume approcher sa tête de la mienne ; mais, au lieu d'une caresse

à laquelle je m'attendais, je ne sentis que les boucles des cheveux de la petite fille. En jetant de côté un coup d'œil sur elle, je la vis qui lisait attentivement ce que je venais d'écrire, et je n'eus ses caresses accoutumées que lorsqu'elle eut terminé sa lecture. Soit que le mouvement vînt de moi, soit qu'il vînt de l'enfant, mon écritoire renversée étendit l'encre qu'elle contenait sur les pages où avait couru ma pensée, et le travail fut à refaire. Ne voulant me priver ni des caresses de ma fille, ni m'exposer à l'avenir à un pareil accident, j'abandonnai plume et encre et j'adoptai le crayon. De sorte qu'il en est résulté ce triple avantage : que ma fille peut m'embrasser à son aise, que je n'ai plus à redouter le barbouillage, et que l'enfant peut lire sans danger ce qu'écrit son père?

Or, si ma fille a la libre faculté de lire tout ce que trace mon crayon, si sa mère, mon fidèle secrétaire, peut le transcrire ensuite, n'en résulte-t-il pas que l'expression de ma pensée est toujours renfermée dans les limites du devoir, et que je me suis fait la loi de ne rien produire qui ne me soit inspiré par l'esprit des convenances et les règles sacrées de la morale ?

Telle est l'énigme de mon crayon et la garantie que je voulais offrir à mes lectrices.

Je reviens à *l'œil du maître*, auquel vous voudrez bien, mesdames, ainsi que cela vous est souvent arrivé, substituer le vôtre.

Si ce mot *œil* pris au figuré a une foule de significations, dans l'espèce, nous ne lui emprunterons que deux acceptions, celles de l'esprit et de l'intelligence. Ne dit-on pas : il a le coup d'œil pénétrant, il a le coup d'œil juste ; et n'est-ce pas le double coup d'œil que réclame la cuisine? Embrasser d'un seul regard l'ensemble et les détails, juger instantanément des effets par les causes ; n'est-ce pas toute la science de la maîtresse de maison, et l'atelier culinaire ne lui en offre-t-il pas à chaque instant de successives applications?

Mais on sonne à ma porte! Ma fille introduit la femme d'un de mes amis de province. Recevez mes excuses, aimables lectrices, les rè-

gles de déférence pour votre sexe me forcent d'arrêter mon crayon, mais non pas de le quitter, car j'ai pour habitude constante de le tenir toujours à la main, surtout quand j'ai l'avantage de causer avec des dames. Elles ont l'esprit si vif, la repartie si piquante, la pensée si originale, l'expression si pittoresque, que je me suis toujours très-bien trouvé de saisir au. vol leur conversation ; et, l'avouerai-je à ma honte, de m'emparer de leurs idées, que j'ai souvent eu l'indigne faiblesse de présenter comme les miennes. L'aveu me vaudra quelque indulgence !

Cette fois, au surplus, comme l'entretien avec la femme de mon vieil ami a le mérite de l'à-propos, je me fais d'autant moins de scrupule de le rapporter ici que ma spirituelle interlocutrice m'y a autorisé, en ajoutant qu'elle avait la coutume de reprendre son bien partout où elle le trouvait.

— Ainsi votre projet est définitivement arrêté, et vous venez vous fixer à Paris ?

— Mon mari arrivera aussitôt que j'aurai arrêté un logement.

— Vous n'aurez que l'embarras du choix ! Tant de constructions se sont élevées, depuis votre dernier voyage, qu'il vous sera facile de trouver réunis à l'heureuse disposition l'élégance, le goût au confortable.

La femme de mon ami secoua la tête d'un air d'incrédulité.

— Cependant, reprit-elle, depuis trois jours, j'ai parcouru tous les quartiers de votre grande ville, et j'ai été peu heureuse dans mes recherches.

— Vous poussez peut-être trop loin l'exigence, quoique je comprenne que votre jolie habitation de V*** vous rende difficile le choix d'un appartement à Paris.

— Je vous en fais juge. Comme conditions expresses de la location qu'il veut faire, mon mari exige la réunion de deux avantages que je n'ai pu rencontrer encore.

— Quels sont ces deux avantages ?

— De l'air, et une grande cuisine.

Je souris, et la dame, devinant ma pensée, sourit à son tour.

— Il est toujours le même, me dit-elle ; c'est chez lui une habitude invétérée, et, vous le savez, la seule distraction à ses pénibles travaux. Mais pour en revenir à mes courses, celles-ci m'ont conduite à ce résultat, que si dans les étages supérieurs que j'ai visités j'ai rencontré un air pur, je n'y ai trouvé qu'une petite cuisine, et que dans les étages inférieurs, au contraire, si j'ai rencontré une grande cuisine, j'ai failli être suffoquée par la privation d'air.

— Critique courte, mais vraie de nos constructions modernes! Cependant il faut prendre un parti!

— C'est dans ce but que je suis venue vous trouver et que j'ai voulu recourir à vos conseils.

— Je suis tout à vous! P*** veut de l'air et une grande cuisine..., c'est difficile, mais non pas impossible : un appartement au troisième, dans un de nos quartiers élevés, vous conviendrait-il?...

— Oui, pour l'air, mais la cuisine!...

— La cuisine! nous la disposerons comme mon ami la demande, en lui adjoignant tout ou partie d'une des pièces contiguës. Située au nord, elle aura l'avantage d'une fraîche température, et un ventilateur, habilement placé, en renouvellera constamment l'air.

D'un côté du foyer, nous construirons des fourneaux à la d'Arcet; rien n'y manquera, pas même la place de la poissonnière; de l'autre, nous élèverons un poêle à four et un fourneau potager; de sorte que le centre sera réservé ou pour le foyer à rôtir, ou pour la crémaillère classique qui devra supporter la marmite tout aussi classique. Si vous le désirez, ainsi que cela se pratique souvent, on pourra fermer cet espace par une forte plaque de fonte fort utile pour griller les viandes et les poissons. Au-dessus des fourneaux, on disposera les coquilles pour rôtir les pièces de moyenne dimension. Puis, ces divers appareils seront surmontés d'une hotte qui, atteignant le ballon de la cheminée, établira un facile tirage. Que dites-vous de mon projet?

— Que je l'approuve entièrement, et que je réclame dès à présent votre obligeance, persuadée que vous me permettrez de la mettre à contribution.

— Je me mets à votre discrétion; et d'ailleurs, dis-je, en me frottant les mains, — mon crayon s'était échappé de mes doigts, — j'y suis intéressé, car ce sera pour moi une nouvelle occasion de satisfaire à l'un de mes plus doux plaisirs.

La femme de mon ami s'inclina gracieusement. Elle n'avait pas compris la dernière partie de ma réponse, dans laquelle elle ne crut voir, sans doute, qu'une forme de politesse.

— Est-ce que, dis-je, — en fermant à demi les yeux et avec un sourire que je m'appliquai à rendre le plus fin possible, — est-ce que nous *ne pendrons pas.....?*

— La crémaillère!... En pouvez-vous douter, et auriez-vous méconnu à ce point votre ami?

Malgré moi, ma langue frappa mon palais avec le certain bruit qu'elle produit, en témoignage de satisfaction, quand elle savoure un précieux arôme. Ma femme, qui était venue saluer notre amie, me regarda d'un petit air moqueur, haussa légèrement les épaules, desserra les lèvres, murmura un mot de deux syllabes, dont je n'entendis que la dernière ....*mand*, et nous quitta. Tout autre à ma place eût été fâché de cette apostrophe, dont la finale indiquait assez le commencement; moi, je m'en applaudis! Car jamais ma bonne ménagère ne se sert, à mon égard, de l'épithète que mes lectrices auront devinée, sans m'en dédommager par une de ces douces surprises qui rendent le repas plus long que de coutume.

Ce court incident ne suspendit qu'un moment l'entretien dont, historien fidèle, je reprends la narration.

— Ainsi, repris-je, le foyer, les fourneaux vous conviennent?

— Parfaitement, mais j'ai peur qu'ils n'encombrent la cuisine et ne soient à celle-ci ce que le monument de Geefs est à la place des Martyrs de Bruxelles.

— C'est-à-dire, un géant sur la place publique de Lilliput, le rapprochement est piquant! Oh! rassurez-vous, tout sera établi dans de justes proportions; en consacrant une longueur de 18 pieds sur une égale largeur, vous aurez une cuisine énorme !

— Moitié moins grande que celle de V*** ; mais qui sera suffisante.

— Comment, suffisante ! 324 pieds carrés employés pour une cuisine dans un quartier où le terrain coûte 1,200 francs la toise : c'est un luxe prodigieux ! Puis, je n'ai pas tout dit : nous reléguerons l'évier, la chaudière pour le lavage de la vaisselle et des ustensiles dans un cabinet avoisinant, qui recevra encore le combustible ; de sorte que notre atelier culinaire ne sera exclusivement consacré qu'à la préparation des aliments.

Une table de sept pieds de long sur quatre de large, placée au centre, le billot mis dans une encoignure, n'occuperont que l'espace indispensable à ces objets de première nécessité ; ils permettront une libre circulation sur tous les points, et rien ne s'opposera à ce que vous déployiez, dans votre cuisine de Paris, l'admirable propreté que j'ai toujours remarquée dans celle de V***.

— Je vois que vous vous y entendez à mer-

veille ; mais le garde-manger ?

— Rien n'est plus simple. Notre cuisine a deux croisées exposées au nord, nous adossons au mur qui les sépare une armoire à hauteur d'appui, surmontée d'une table convenable pour la desserte ; cette armoire, fermée par une porte à coulisse, sera garnie de deux ou trois rangs de planches ; dans le fond, c'est-à-dire dans le mur qui lui servira d'appui, l'on pratiquera un œil-de-bœuf de moyenne dimension, grillé et grillagé, et recouvert à l'intérieur par le plus fin tissu de crin.

— Très-bien ! Vraiment, j'admire avec quelle facilité vous surmontez les obstacles. Parlons maintenant de l'office.

— Nous la placerons entre la cuisine et la

salle à manger, à l'abri de l'humidité, mais exposée à un courant d'air; elle vous permettra de ranger vos cristaux, votre porcelaine, votre argenterie dans des armoires à vitrines glissant sur des roulettes. Dans d'autres armoires, semblablement disposées, vous placerez vos conserves, vos confitures, vos liqueurs, et généralement les provisions dont vous êtes la dispensatrice.

— De mieux en mieux; je vois que, grâce à vos bons avis, votre ami aura enfin trouvé : l'air dont il ne saurait se passer, la cuisine sans laquelle il ne saurait vivre.

— Vous voyez donc que si , dans notre grande ville, vous avez vu le confortable en miniature, il est facile, à l'aide de quelques revirements, de certaines dispositions, de lui donner ce développement indispensable à ceux qui, comme vous, ont toujours vécu dans une vaste habitation.

— Que je ne quitte pas sans regret, tout attrayant que soit Paris! Mais au surplus, mon ami , nous n'avons pas obvié à tous les inconvénients : il en est un...

— Lequel?

— La cave!

— Voudriez-vous, par hasard, que nous la fissions monter au grenier?

— Je m'aperçus que ma plaisanterie, d'assez mauvais goût, n'était pas de celui de ma visiteuse. Elle eut le mérite de ne pas la relever et son silence fut une spirituelle leçon.

— Puisque, me hâtai-je d'ajouter, vous approuvez mes plans pour la cuisine, descendons à la cave, peut-être parviendrai-je encore à obvier à l'inconvénient que vous prévoyez.

— Malheureusement, vous ne pourrez pas faire que le troisième étage devienne le premier, et réciproquement. Mon mari a l'habitude, en province, de soigner lui-même sa cave : lui-même, au moment du repas, va chercher son vin, non-seulement pour avoir l'avantage de le boire frais, mais, il faut en convenir aussi, pour ne point éveiller les tentations de ceux qu'il chargerait de ce soin. S'il faut que chaque jour il monte et descend quatre étages, je redoute pour lui cette fatigue; quand d'un autre côté la difficulté de conserver assez longtemps un domestique, pour s'assurer de sa fidélité, ne permet pas, à Paris, de livrer au premier venu une collection de vins fins aussi abondante que celle de votre ami.

— Mon amie, — dis-je avec l'assurance d'un savant qui croit avoir fait une nouvelle découverte, — votre mari boira son vin frais, ne descendra que très-rarement à sa cave, et ne sera jamais la dupe de l'infidélité que vous redoutez.

— Cette assurance me tranquillise; mais je vous avoue que je suis impatiente de connaître vos moyens d'exécution.

Je continuai sur le ton doctoral que je venais de prendre, afin de donner, comme le font beaucoup de mes semblables, un air de gravité à la chose la plus simple du monde.

— Si la nécessité, dis-je, est la mère de l'industrie, elle est aussi celle de l'ordre, et l'ordre lui-même est la source de la sécurité.

— Dois-je, me dit en riant ma spirituelle amie, me préparer à écouter une leçon de morale; ou les préceptes que je viens d'entendre sont-ils le prélude obligé de la nouvelle preuve d'intérêt que vous m'avez promise?

Cette réponse me rappela une nouvelle tendance de mon esprit, tendance que je partage encore avec beaucoup de mes chers confrères : celle de m'écarter facilement de la question. J'y revins subitement.

— A son arrivée à Paris, votre mari prendra chez Breller des casiers à bouteilles. Après les avoir fait transporter dans sa cave, il fera placer, sous ses yeux et dans un ordre invariable, les différentes espèces de vins qu'il numérotera de telle sorte que le numéro de chaque casier corresponde à chaque qualité différente. En un mot, il dressera l'inventaire de sa cave, qu'il pourra désormais ne visiter que rarement, mais toujours dans le cas que je vous indiquerai à l'instant. Remonté chez lui, il dressera un petit tableau, sur lequel il placera autant de colonnes qu'il a de différentes espèces de vins. Chacune de ces colonnes sera surmontée du chiffre adopté pour désigner tel ou tel crû, telle ou telle qualité ; au-dessous figureront les nombres qui, dans chaque colonne, exprimeront la quantité de bouteilles déposées dans chaque casier. L'inventaire ainsi dressé, vous allez apprendre comment il peut servir à justifier mon idée :

Je suppose que vous arrêtiez un domestique ; le jour même de votre installation : « Jones, François ou Joseph, lui direz-vous, voici la clef de ma cave ; prenez un crayon, une feuille de papier, et allez compter les bouteilles que vous trouverez placées dans leurs casiers ; ayez soin d'en prendre le nombre par casier et par numéro. » Si la commission est faite avec régularité, les chiffres de votre domestique seront les mêmes que ceux du tableau dont je vous parlais à l'instant ; sinon, il y aura lieu de suspecter l'intelligence ou la fidélité du *quidam*.

Mais tout porte à croire que ce premier devoir sera accompli avec ponctualité. Dans ce cas donc, l'autre n'étant guère probable, vous annoncerez à votre domestique que désormais il est chargé du service de la cave ; que lui seul et son maître y pénétreront ; que, chaque jour, il sera tenu d'inscrire, dans les colonnes du tableau que vous lui confierez, le nombre des flacons qui lui auront été demandés pour la consommation journalière ; et qu'enfin vous le rendez responsable des erreurs que vous pourriez remarquer entre ses notes et l'état réel de la cave. Quelques rares visites faites à celle-ci vous assureront de l'exactitude que vous aurez recommandée ; mais il en sera une indispensable, et qui naîtra de la circonstance suivante : Votre domestique vous quitte ! Avant de compter avec lui, assurez-vous que sa gestion de sommelier a été remplie avec fidélité, et alors payez-lui intégralement ses gages ; ou constatez qu'il vous a trompé, et retenez sur son salaire le prix des bouteilles de vin qu'il aura soustraites.

A l'aide de ce moyen : vous boirez frais,

parce que votre œnophore ne recevra les ordres de l'œnophile qu'au moment du repas ; vous rendrez vaine toute tentative d'infidélité ; et, par un coup d'œil jeté sur notre petit tableau, vous jugerez de la nécessité de renouveler les provisions écoulées.

— Excellente idée, vraiment ! et dont votre ami profitera. Vous me permettrez d'ajourner mes remerciements, car je ne vous ai consulté, ajouta-t-elle, que dans l'intérêt de mon mari, et j'ai à réclamer dans le mien un nouveau témoignage de votre bienveillance.

Je me mis à sa discrétion. Il fut convenu que je l'irais prendre le lendemain pour arrêter son appartement et ordonner les dispositions que je lui avais conseillées ; mais, en me quittant, elle me pria de m'occuper de lui trouver une cuisinière, et se retira si promptement que je ne pus décliner cette difficile mission.

Le choix d'une cuisinière, pour un gastronome comme mon ami, pour une femme d'ordre comme sa femme ; mais de toutes les tâches c'est la plus ingrate ! « Di.... ! m'écriai-je. » Mon crayon corrigea l'inconvenance de l'exclamation et traça *diantre !*...

J'écrivis sur-le-champ à un personnage dont le nom a acquis quelque célébrité dans l'art culinaire, et dont j'aurai occasion de parler dans la suite ; je le priai de me tirer de l'embarras où m'avait jeté la femme de mon ami, en m'adressant deux ou trois *sujets* (l'expression est tout à fait hollandaise), entre lesquels je pourrais faire un choix.

Je reviens à vous, mes lectrices, et, tout en sollicitant votre indulgence, pour vous avoir occupées d'un incident qui, bien que se rattachant à mon sujet, s'écarte de la forme que je m'étais proposé de prendre ; je me tiendrai heureux si, de l'entretien dont j'ai eu la témérité de ne pas vous épargner un mot, vous avez pu tirer quelques remarques importantes.

Quoi qu'il en soit, nous voici, vous et moi, engagés dans la carrière, et nous la parcourrons, si vous le permettez, tantôt avec célérité, pour n'en considérer que les points culminants, tantôt avec moins de précipitation, pour porter attentivement nos regards sur les objets que doit considérer avec plus d'attention l'*œil du maître*.

La fortune de l'ami dont je viens de vous entretenir tient le milieu entre l'opulence et l'honnête aisance. A part son penchant pour le bienvivre, ses mœurs sont simples, ses habitudes réglées, et l'ordre le plus scrupuleux règne dans son intérieur.

A qui chercherait le moyen de varier ses plaisirs (j'entends ceux de la table) sans jamais s'écarter des lois de l'hygiène ; à qui désirerait profiter des jouissances du festin, mais se garantir des dégoûts de la satiété ; à qui voudrait enfin satisfaire un goût aimable sans tomber dans les écarts de la passion, j'offrirais mon ami pour modèle.

Expert lui-même dans l'art dont il est un des plus fervents adeptes, il en fait ses plus chers délassements. Pas une production nouvelle sur la science culinaire dont il n'enrichisse la précieuse collection que renferme sa bibliothèque, qu'il met volontiers à la disposition des zélés propagateurs de celle-là ! Pas une découverte moderne qu'il n'enregistre ! Pas une amélioration dont il ne prenne note ! Aussi, combien je m'applaudis de l'heureux hasard qui le rapproche de moi, en songeant que ma vieille expérience peut s'étayer de la sienne et fournir un utile complément à mes consciencieuses observations !

Mon ami et moi sommes du même âge ; nous atteignons la cinquantaine ! Que cet aveu ne vous effraye pas, jeunes lectrices ; nous n'avons, ni lui ni moi, attaché au fardeau des ans le poids formidable des vieilles traditions, des anciennes coutumes. Nous ne sommes pas les louangeurs exclusifs du passé, et si, en dehors de l'art, nous ne comprenons le progrès que dans un développement lent et régulier ; en considérant celui-là, nous lui voulons un essor prompt, subit, instantané ; nous autorisons même ses écarts d'imagination, qui souvent produisent des œuvres que n'*enfanterait pas le génie raisonneur*.

Cela posé, pour ma plus grande justification, j'en reviens aux bases de la science dont je n'ai pas l'intention d'explorer l'immense étendue, mais dont je dois expliquer les principaux mystères.

Croyez-moi, lectrices : dans les mêmes proportions, et relativement à l'étendue dont il vous est permis de disposer, faites établir votre cuisine, votre garde-manger, votre office, ainsi que je l'ai précédemment indiqué ; usez surtout de mon procédé pour les soins de la cave. C'est ainsi que le service de votre maison deviendra aussi commode qu'avantageux, et qu'il vous permettra d'exercer une surveillance active sur toutes les parties de l'économie domestique.

S'il arrivait que ma recommandation fût suivie et qu'elle devînt l'occasion d'une disposition semblable chez quelques-unes de vous, mesdames, je les engagerais à faire dans leurs ustensiles de cuisine une réforme aussi utile qu'importante. La prompte oxydation du cuivre a laissé dans ma mémoire un souvenir ineffaçable (puisque c'est à cette cause que je dois attribuer la mort prématurée de mon père), et les dangers qui en sont le résultat ont, dans beaucoup de familles, fait substituer aux casseroles, aux moules à pâtisserie, à tous les ustensiles fabriqués avec le cuivre, ceux de fer battu ou de fonte épurée. Si l'œil y perd quelque chose, la santé y gagne beaucoup : et c'est dans l'intérêt de la santé générale que, si peu révolutionnaire que je sois, je me ferais volontiers le fougueux antagoniste d'un pouvoir qui cache le poison sous l'éclat de la forme, pour y substituer celui de la fonte étamée, dont l'exercice inoffensif, loin de produire des effets morbides, ne cause pas même ces tiraillements intérieurs, que je n'ose nommer autrement, et dont la douleur aiguë vient tout à coup arrêter les joyeux élans et les douces joies d'un aimable festin.

Par l'effet de cette substitution, j'en conviens, l'œil sera moins flatté ; la batterie à la couleur gris terne ne produira pas l'effet séduisant qu'étale le cuivre rouge, si fier de ses surfaces polies et rayonnantes. Mais, qu'importe que les vases que renferme la cuisine soient moins brillants à la vue, s'ils ont cessé d'être dangereux ? Cette réflexion me reporte à un souvenir de voyage en Belgique.

Je voyageais avec le docteur Gor..., de Bruxelles, l'un de mes meilleurs amis, et je fus présenté par lui à Namur, chez M. Danh..., son oncle, homme dont la probité est proverbiale, dont la piété est exemplaire, et qui, sobre pour lui-même, traite ses hôtes avec une libérale hospitalité. Outre son luxe de propreté, si commun chez les Belges, la maison de M. Danh... se fait remarquer, sinon par une moderne élégance, au moins par un ameublement riche et confortable. Mme Danh..., femme de mérite, et qui ne partage pas seulement avec son mari les grâces de l'affabilité et du bon ton, mais encore les sentiments élevés de celui-ci, eut l'obligeance de nous conduire dans sa galerie de tableaux, dont plus d'un peintre-touriste serait émerveillé.

Nous visitâmes toutes les parties de la maison, et nous nous disposions à rentrer dans le salon, lorsque Mme Danh... nous fit observer que nous n'avions pas visité sa cuisine : ce mot sonna agréablement à mon oreille, et je suivis avec empressement notre bienveillante conductrice.

La pièce dans laquelle nous fûmes introduits me parut être, au premier abord, une autre salle à manger ; j'avais déjà remarqué celle qui se trouve contiguë au salon. Des chaises en merisier dont le bois avait la surface réfléchissante d'une glace, dont la paille tressée avec soin paraissait aussi fraîche qu'au moment où elle sort des mains de l'ouvrier ; deux tables, l'une à dessus de marbre, l'autre recouverte d'une toile cirée à riches dessins ; un large poêle flamand dont le noir et luisant vernis, dont les garnitures en cuivre annonçaient avec quel soin on en lustrait la parure ; de hautes armoires à moulures dont la peinture était aussi fraîche

que luisante ; une horloge antique enfermée dans sa longue caisse de bois admirablement sculptée : tels furent les objets qui, frappant mes regards, m'obligèrent souvent à baisser les yeux, fatigués de l'éclat qui jaillissait à l'entour.

— Mais, la cuisine ! dis-je à l'oreille de mon ami. Celui-ci m'obligea à pirouetter sur mes talons, fit glisser sur leurs roulettes les portes d'une des armoires, et tout à coup apparurent à mes yeux, rangés dans l'ordre le mieux établi, des ustensiles dont la forme révélait l'usage. Il me fit, en outre, remarquer sur une planche, que je n'avais pas encore aperçue, une série de vases de cuivre-laiton dont les diamètres, suivant une longue progression décroissante, ne purent me laisser de doute sur leur emploi : j'étais dans la cuisine de M. Danh... Mon admiration se manifesta en exclamations précipitées. Revenu de ma surprise, j'adressai à Mme Danh... mes sincères félicitations.

— C'est la première fois, ajoutai-je, que j'aie à remarquer cet ensemble parfait, cette tenue recherchée, dans un lieu où l'ordre ne naît ordinairement que de la confusion des éléments.

— Notre cuisine, me répondit Mme Danh..., est l'unique demeure de nos domestiques : en la leur rendant agréable, nous leur avons tacitement imposé la loi du maintien et de la durée. Ils ont compris que, si nous leur accordons tout ce qui rend leur dépendance supportable, ils nous doivent en revanche tout ce que la bonne volonté peut produire ; aussi leurs soins et leurs égards respectueux se sont-ils multipliés de telle sorte, que ma surveillance n'est plus nécessaire. Ce que depuis vingt ans chacun des trois a fait chaque jour, il le fera encore demain, et Dieu veuille qu'il en soit ainsi jusqu'à ce qu'il lui plaise de nous enlever à eux, ou eux à nous !

Je n'eus rien à répondre. Ce nouvel aspect des rapports mutuels entre le maître et le serviteur me toucha plus qu'il ne me surprit. Il y avait dans cette réponse tout un enseignement, qui, mes lectrices l'avoueront, devait ici trouver sa place, mais dont malheureusement peu d'exemples se reproduisent dans notre immense capitale.

Mes yeux s'étant machinalement portés sur un cadre appendu à l'un des murs de la cuisine, et vide de la gravure qu'il avait dû renfermer, je ne m'étais pas aperçu que notre excellente hôtesse avait quitté mon ami et moi.

— Que regardes-tu là? me dit le docteur. Cherches-tu à savoir ce que contenait ce cadre?

— Je n'y songeais nullement; mais, si je ne me trompe, je pense maintenant le deviner, l'image du Christ!...

—Précisément! mon oncle est très-religieux, comme tu as pu le remarquer; cette image se reproduit dans les principales parties de sa maison. En 1832, lorsqu'un corps de l'armée française vint, par le siége d'Anvers, forcer les Hollandais d'évacuer la Belgique, quelques régiments de ce corps cantonnèrent à Namur ou dans les environs, et les habitants furent obligés de loger les soldats. Mon oncle eut deux de ceux-ci pour sa part, et les traita de manière à ce qu'ils regrettassent longtemps leur cantonnement. La bonne conduite de ces militaires, leur conversation enjouée, la vivacité de leurs saillies amusaient mon oncle, qui, durant leur repas, se plaisait à les faire causer, veillant d'ailleurs à ce que ni les bons aliments, ni le faro, ni même le vin ne leur manquassent.

— Bourgeois! lui dit un jour l'un des deux, de plus en plus content de l'ordinaire, le diable serait bien fin s'il trouvait chez vous le moindre coin où il pût se fourrer. — Pourquoi? lui répondit mon oncle. — Pourquoi? répondit le soldat en jetant les yeux sur le Christ, parce que c'est ici la maison du bon Dieu!...

Mon oncle rit beaucoup de la naïveté de cette réponse. Mais j'ai toujours pensé que le fantassin n'eût pas été aussi heureux dans sa repartie sans la bonne chère et sans le vin de mon oncle.

Par considération pour mes compatriotes, je ne répondis rien à la remarque du docteur, mais je me dis tacitement que rien n'aiguisait la saillie comme un bon dîner.

Je consens de bon cœur que cette anecdote soit considérée comme un hors-d'œuvre, mesdames; mais si, quelque peu conteur, je cède volontiers à la manie de causer, veuillez être convaincues que je sais me corriger de ce défaut, quand je suis assez heureux pour vous entendre. Quoique je laisse difficilement échapper l'occasion de faire l'apologie d'un bon dîner, je me fie assez sur la bienveillante sympathie de mes lectrices pour ne pas douter un moment qu'elles n'aient été frappées de la réponse aussi simple que touchante de la tante de mon ami, et qu'elles me sauront quelque gré de l'avoir rapportée.

En effet, je le répète, cette répons·, tout en renfermant un bon enseignement, fait naître de pénibles regrets! Avec la meilleure volonté, avec le désir le plus vif d'établir de semblables rapports entre elles et les agents du service domestique, combien de maîtresses de maison y doivent renoncer! que de motifs s'y opposent! Et d'abord, de quels éléments se compose la plèbe immense qui s'est vouée à la domesticité, ou plutôt qui l'a acceptée comme un moyen de transition à une position plus indépendante?

Le mouvement centralisateur attire vers les grands foyers de population une foule d'individus, que l'espoir d'un meilleur avenir arrache, les uns aux travaux de l'agriculture, les autres à ceux d'une industrie qu'ils croient mal rétribuée, quelques-uns à la crainte de demeurer exposés dans un cercle de minime rayon, d'autres aux reproches occasionnés par les déréglements de leur conduite, un grand nombre enfin à la misère dont les longues privations sollicitent un milieu qui se pare de chimériques illusions. Le mouvement centralisateur, dis-je, constitue ainsi un informe assemblage dont les parties oscillent dans toutes les directions, se précipitent dans la voie où les poussent de grossiers appétits, et n'atteignent souvent le but qu'elles s'étaient proposé, qu'après s'être imprégnées de tous les vices dont le monopole semble être réservé aux grandes cités.

Mais, quelle que soit son attraction, le mouvement centralisateur ne pourra pas faire que tous les désirs soient accomplis, que tous les buts soient atteints! Il maintiendra donc constamment un grand nombre d'individus en dehors de la condition qu'ils avaient rêvée. Or, ceux-ci exposés aux privations, ceux-là à l'oisiveté et à ses fatales conséquences, se précipiteront, malgré eux, avec de mauvais instincts, dans la seule carrière qui leur soit ouverte, et l'exploiteront à leur plus grand profit. Honteux, en quelque sorte, de la servitude qu'ils n'ont que passagèrement acceptée, ils voileront sous les formes d'une obéissance étudiée le dégoût qu'ils éprouvent pour le joug auquel ils se sont soumis, et se feront une étude constante de la ruse et de la duplicité. Ils saisiront toutes les occasions d'ajouter à leurs salaires, et, pour certains d'entre eux, tous moyens seront bons, tant ils ont hâte d'abandonner un état dont ils n'accomplissent les devoirs qu'en vue des larges bénéfices qu'ils en prétendent tirer.

De là, pour vous, mesdames, la difficulté de rencontrer des serviteurs fidèles et dévoués ; de là, la nécessité de leurs fréquentes mutations; de là, l'impossibilité de leur accorder cette confiance qui, jadis, faisait la sécurité du foyer domestique ; de là, l'interversion des rôles et la dépendance dans laquelle vous placent d'incessantes appréhensions ; de là, enfin, ce besoin d'active surveillance, cette tension continuelle *de l'œil du maître* sur les moindres détails de la domesticité.

Mais je m'aperçois que l'épicurien se revêt du manteau du moraliste. Entraîné par la profonde conviction que les serviteurs à gages n'envisagent leur condition qu'à travers le prisme d'une pénible servitude ; que, ne comprenant pas les devoirs mutuels qui résultent du contrat synallagmatique qu'ils ont passé avec leurs maîtres, ils mesurent l'étendue de leurs services à l'importance de leur salaire : entraîné, dis-je, par cette intime conviction, si je me suis écarté de mon sujet, c'est que l'occasion s'offrait naturellement de déplorer les mille inconvénients que fait naître un nombreux personnel domestique, et que nous en sommes malheureusement arrivés à ce point, où l'on peut dire avec un certain gentilhomme espagnol : « Mon service est plus mal fait avec mes vingt serviteurs qu'il ne le serait si j'avais pris un seul domestique. »

Le remède à ce mal? ce n'est ni le lieu ni le moment de l'indiquer ; et d'ailleurs, les limites étroites de cet opuscule ne suffiraient pas au développement des hautes considérations, que comporte une aussi grave matière.

Mais pour ne point éveiller de justes susceptibilités, pour ne point laisser supposer que j'aie prononcé un anathème général, je me hâte de dire qu'il est encore de bons, de probes, de consciencieux serviteurs. Je me hâte surtout d'ajouter : que j'ai implicitement excepté de la tourbe inconstante de la domesticité, les hommes de talent et de goût qui se sont voués au progrès culinaire, ceux dont la riche imagination puise sans cesse à une source intarissable ; qui, philanthropes dévoués, épuisent leurs forces pour donner aux nôtres une nouvelle vigueur ; élégants architectes dont les gracieuses et pyramidales constructions tombent chaque jour sous nos coups démolisseurs, sans que, vandales que nous sommes! nous laissions au lendemain quelques débris de leurs délicieux monuments!

Pas plus que je n'ai confondu l'exquis parfum de la truffe avec le goût insipide de la morille ; le chambertin, nectar de la Bourgogne, avec les vins de la Touraine ; l'enivrant arome de la fève de moka, avec le fumet que produit la graine dégénerée de Java ; je n'ai pu confondre l'artiste avec l'artisan, le pur carbone avec les quartz enfumés d'Alençon !

Dans le chapitre suivant, si mes lectrices

veulent m'y suivre, en les plaçant dans l'ordre hiérarchique de leurs fonctions, et en partant de l'auxiliaire le plus humble pour arriver au pouvoir dirigeant de l'atelier culinaire, je prouverai mieux comment je comprends l'importance de ces différentes fonctions, et j'essayerai, pour me servir de l'expression de Saint-Simon, *de rendre à chacun selon son mérite, et à chaque mérite selon ses œuvres.*

Je reviens encore une fois *à l'œil du maître*, dont m'ont éloigné tant de considérations, qu'à juste titre on pourrait me supposer, ou une certaine propension au bavardage, ou l'intention calculée de détourner l'attention d'un sujet que je n'aurais choisi que pour en tenter l'ébauche. Quoi qu'il en soit de ces suppositions, je dis :

Agent actif et mystérieux, qui seul peut résoudre le problème de la seconde vue niée par tous les physiologistes, dont la puissance perce la profondeur des ténèbres où s'éteignent les regards vulgaires, dont la perspicacité embrasse à la fois le passé, le présent et l'avenir ; qui, par la loi de dispersion de son rayon visuel, distingue l'infini des détails dans l'ensemble volumineux des corps ; admirable instrument de précision pour l'analyse et pour la synthèse, en ce qu'il décompose et reconstitue avec la rapidté de l'éclair : tel, sous le rapport physique, est *l'œil du maître.*

Type du soin, de la prévoyance et de l'ordre ; habile à se saisir de tous les incidents, de toutes les circonstances qui mûrissent le jugement ; plus habile encore à trouver dans l'expression de la physionomie le secret de la pensée ; d'une finesse et d'un tact exquis pour attirer ce qui charme et repousser ce qui déplait, discerner ce qu'il convient de faire et ce qu'on doit éviter : tel est encore, sous le rapport moral, *l'œil du maître.*

En d'autres termes, et pour ce qui concerne uniquement le but que je me suis proposé :

Voir de sa chambre à coucher, de son boudoir, de son salon, ce qui se passe à l'office, à la cuisine, à la cave (ne a oublier le petit tableau dont j'ai recommandé l'usage) ; calculer avec sagacité, par les reliefs de la veille, ce qui sera nécessaire à la consommation du jour qui devra lui-même fournir à quelques besoins du lendemain ; fixer avec promptitude la quantité des éléments divers qui doivent être réunis dans une seule préparation ; apprécier instantanément le choix et la qualité de ces éléments, et juger du renouvellement des provisions par l'état de celles qui n'ont pas été consommées ; remarquer le bon entretien des ustensiles et leur soigneux arrangement ; indiquer spontanément les négligences qui ne trompent jamais une vue exercée à la plus rigoureuse propreté ; dispenser avec réserve, mais sans parcimonie, les ressources dont permet de disposer une judicieuse économie ; reconnaître les qualités des gens de service bien plus par leur maintien et par leur contenance que par la diffusion de leur langage et par l'enflure de leurs protestations ; ne pas faire servir de nouveau un mets dont le silence unanime a prononcé la condamnation, mais, à de certains intervalles, faire reparaître celui qui a obtenu l'assentiment général ; choisir ce qui maintient la santé et ce qui flatte le goût ; enfin, calculer avec une précision mathématique, dès les premiers jours de l'année, que les dépenses de la consommation ne dépasseront jamais les ressources qui lui sont affectées :

N'est-ce pas la la traduction littérale de l'aspect physique et de l'aspect moral que j'ai d'abord donnés à *l'œil du maître?*

Mes lectrices ne m'adresseront pas l'injurieux soupçon d'avoir tracé à leur intention ce prosaïque commentaire, explication superflue pour leur fine sagacité. Elles voudront bien se rappeler que le titre de ce chapitre a été conservé, en dépit de mes observations et de mes efforts ; et comme il pourrait arriver que certaines prétentions s'attribuassent le mérite de mes premières définitions de l'œil du maître, j'ai dû développer le sens de ma pensée, de manière à ce que celle-ci ne fût une énigme pour personne.

Et en effet, qui donc voudrait, au prix des soins incessants que vous prenez, et dont je n'ai qu'imparfaitement esquissé la plus minime partie ; qui voudrait, dis-je, mesdames, envahir ces devoirs que vous a départis la communauté, ou plutôt dont la nature vous a concédé le privilége exclusif, en vous dotant des mille qualités que votre sexe sait toujours faire tourner au profit de la famille?

Ainsi chacun sera, je l'espère, d'accord avec moi, mon éditeur lui-même ; et quand il s'agira, mesdames, d'admirer la propreté de votre cuisine, l'ordre de votre office, la décoration élégante de votre salle à manger, d'exalter la délicatesse des mets que vous aurez fait servir, de se trouver heureux de sa participation aux douces joies de la famille, s'il arrive à quelqu'un de citer ce vers de La Fontaine :

« Il n'est, pour voir, que l'œil du maître ! »

il est bien entendu que la substitution du genre féminin au genre masculin est toujours sous-entendue.

II

ÉCHELLE GRADUÉE DES FONCTIONS CULINAIRES.

Le lendemain de la visite de mon amie, exact au rendez-vous que je lui avais fixé, j'allai la prendre. L'appartement que j'avais en vue, rue Fontaine-Saint-Georges, lui parut, en le comparant à sa vaste habitation de V***, la plus minime réduction d'un grand tableau ; mais comme d'ailleurs la distribution en était commode, l'élégance remarquable, que la vue n'était masquée par aucune construction, que l'air y circulait librement, et que surtout la cuisine pouvait être telle que la désirait son mari, ce fut une affaire conclue.

Mes ordres donnés pour l'exacte exécution du plan que j'avais ébauché la veille, je reconduisis à son hôtel ma provinciale devenue tout à coup Parisienne, grâce à l'air et à une vaste cuisine, et je me hâtai de retourner chez moi ; mais ce ne fut pas sans avoir entendu cette grave recommandation :

—Pensez à une cuisinière ! je compte sur vous, et je vous laisse, au jour de notre installation, toute la responsabilité du choix, ou plutôt toutes les félicitations de votre hôte et celles des convives qu'il aura réunis.

De la rue Fontaine-Saint-Georges à la rue Rochechouart, où j'ai cherché à un quatrième étage l'air que mon amie a pu rencontrer au troisième, je fus tout occupé de cette recommandation, dont le début m'imposait une tâche difficile, mais dont la fin flattait trop mon amour-propre, et promettait à mon goût un trop heureux espoir, pour que je ne finisse pas par m'en féliciter.

Je me hâtais donc, par une ascension aussi rapide que peut le permettre le poids de mes cinquante ans (un poëte aurait dit de mes dix lustres), de regagner ma modeste demeure, lorsqu'au milieu de ma course je fus arrêté par ma portière, ex-cordon bleu, dont les conseils ne manquent pas à ma femme ou à ma cuisinière, quand il m'est impossible de leur en donner moi-même, et qui, s'adressant à moi avec un certain air de mystère :

—Est-ce que madame ne conserve pas cette pauvre Charlotte ? j'en serais vraiment fâchée pour madame et pour vous, monsieur.

—Qui vous fait supposer que telle soit l'intention de ma femme, ma bonne madame Cliquet ?

—Monsieur sait, fit-elle avec un sourire qu'elle chercha à rendre le plus fin possible, que sans vouloir m'occuper de ce qui se passe chez les locataires, il y a de ces choses qui ne peuvent m'échapper. Comme en l'absence de monsieur il s'est présenté trois cuisinières pour lui, j'ai pensé tout naturellement que madame cherchait à remplacer Charlotte ; et, ayant sous la main un excellent sujet, je prends la liberté de le recommander à monsieur.

— Votre recommandation, bonne madame Cliquet, ne sera point perdue ; mais détrompez-vous quant à Charlotte, ma femme n'a point l'intention de la remplacer.

Je ferai observer, en passant, que ma femme a chez moi le pouvoir exclusif de l'œil du maître.

— Mais, repris-je, que sont devenues les trois cuisinières qui se sont présentées ?

A cette question, les yeux de ma portière s'écarquillèrent, et, avec un nouveau sourire, qui dénotait la connaissance intime de ses fonctions :

— J'ai pensé que puisqu'elles se présentaient, monsieur les avait demandées, et j'ai indiqué à chacune d'elles une heure différente, pour que toutes trois ou même deux à la fois ne se rencontrassent pas chez monsieur. Elles reviendront donc successivement dans l'après-midi.

Après un salut, dans lequel je m'efforçai de rendre sensible à ma portière combien je lui savais gré de son intelligence, j'achevai l'ascension que mon dialogue avec elle avait interrompue.

Il était temps que j'arrivasse chez moi. Mais grand fut mon désappointement, quand, traversant la salle à manger, je n'y vis point dressée la table qui, à l'heure fixe, revêt chaque matin sa parure accoutumée. Cette infraction à une habitude jusqu'alors religieusement suivie fut pour moi d'un fâcheux augure ; j'entrai dans mon cabinet, et, délicieuse surprise ! je fus frappé à la fois par la figure riante de ma femme et de ma fille, et par la vue d'une petite table soigneusement servie, mais sur laquelle je remarq i un seul couvert.

Un regard scrutateur jeté sur ma ménagère me valut à l'instant la réponse suivante :

— Toutes les fois, me dit-elle, qu'il vous arrivera de faire attendre votre fille, comme aujourd'hui, elle et moi vous mettrons en pénitence, et vous déjeunerez seul.

Or, voici quelle fut ma pénitence : deux douzaines d'huîtres d'Ostende, deux côtelettes de mouton, préparées comme on pourra le voir à l'index qui termine notre monographie, des petits pois à la crème, une pêche de Montreuil, un morceau de Chester, le tout arrosé d'un vieux chablis à la liqueur limpide et dorée, et puis enfin, un exquis moka dont l'arome parfuma mon cabinet le reste de la journée.

Je recommande ce simple mais délicat menu à toutes les dames qui voudront mettre en pénitence leurs maris. Je le recommande à tous

les maris, qui l'imposeront comme dédommagement de l'épithète dont, je ne sais à quel propos, ma femme s'était servie à mon égard le
matin même, épithète que j'ai d'ailleurs indiquée dans le chapitre précédent.

A peine les traces de mon délicat déjeuner
avaient-elles disparu, et à peine, assis à mon
bureau, mon fidèle crayon avait-il repris, entre mes doigts, sa position accoutumée, que
m'arriva l'une des visites annoncées par Mme Cliquet : visites si habilement ménagées que je
pus les recevoir toutes les trois, sans avoir à redouter entre elles une rencontre que, dans une
circonstance analogue, il est toujours prudent
d'éviter. Je ne fatiguerai pas mes lecteurs ou
plutôt mes lectrices, des trois colloques que
j'eus à subir; mais comme il en peut résulter
quelques renseignements précieux, je résume-
rai en peu de mots les qualités, les prétentions
des postulantes; j'extrairai de leur entretien les
parties saillantes, et ferai connaître brièvement
la décision que je pris à l'égard de chacune
d'elles.

Le n° 1. — Je regrette de recourir à cette
désignation, mais elle est la seule dont je puisse
me servir; elle a d'ailleurs l'avantage de les indiquer dans l'ordre de leur introduction. Le
n° 1, dis-je, était une grande et belle fille aux
traits prononcés, à la forte encolure, au teint
vermeil, même rubicond; elle avait un de ces
visages où la santé étale avec profusion les
marques de la vigueur; la voix assez mascu-
line, dont elle s'efforçait de diminuer le volume
sous un langage prétentieux. Les citations
qu'elle me fit tout d'abord m'édifièrent sur sa
longue habitude du service. L'examen que je
lui fis subir me convainquit de son aptitude.
Les certificats qu'elle me montra étaient en
règle; seulement, comme ils ne justifiaient pas
un intervalle de six mois, pendant lesquels elle
me parut ne point avoir été occupée, je lui en
demandai compte. Elle me répondit avec assurance qu'une maladie l'avait, durant ce temps,
éloignée du service et retenue dans sa famille.
Je me contentai alors de prendre note de cette

observation sur laquelle il m'était facile d'obtenir des renseignements; mais la suite de l'entretien rendit inutiles, comme on va le voir, mes
recherches ultérieures. Lorsqu'il s'agit des gages, le n° 1 me demanda, en adoucissant singu-
lièrement sa voix, six cents francs et le marché.
Je parus fort bien entendre la première partie de
sa réponse, mais moins aisément la seconde,
sur laquelle je l'engageai à s'expliquer.

—Monsieur doit comprendre qu'en ne lui
demandant que de faibles gages, j'espère ne
pas être privée des petits avantages que nous
trouvons à faire les provisions.

— A combien estimez-vous le profit que
vous en pouvez tirer?

—A fort peu de chose; et c'est moins le
désir de faire un bénéfice que celui de m'assurer de la qualité des provisions, pour que,
sous le rapport des préparations, je ne mérite
aucun reproche.

— A la bonne heure! cependant, comme
vous trouvez dans ces acquisitions un avantage quelconque, je serais bien aise que vous
m'en fixassiez l'importance, afin que je juge
s'il ne me conviendrait pas mieux de les faire
moi-même, et de vous dédommager, par un
supplément de gages, du profit que vous espé-
rez en tirer.

Le n° 1 sourit, et affectant un ton moins poli-

— Je vois que mes services, pas plus que mes conditions, ne conviennent à monsieur.

— Il me semble ne vous avoir rien dit qui puisse vous le faire supposer.

— Oh ! fit le n° 1, j'ai l'habitude des maîtres, et aux observations de monsieur, il m'a été facile de juger de ses conditions. Le prix que je demande est celui de toutes les bonnes maisons ; je regrette que ce ne soit pas celui de monsieur.

Le n° 1 s'était levé, et je ne faisais aucun effort pour la retenir. Il était aisé de voir qu'elle tenait à faire les provisions ; on comprend facilement que moi-même je tenais beaucoup à ce qu'elle ne les fît pas. Elle me salua, et était prête à sortir de mon cabinet, lorsque revenant sur ses pas, avec sa voix naturelle, dont cette fois elle ne chercha point à diminuer le volume :

— Si monsieur voulait une cuisinière à trois cents francs, me dit-elle, je lui recommande une brave fille qui lave la vaisselle dans la maison où je suis. Elle a beaucoup de goût pour la cuisine, qu'elle apprend en me la voyant faire, et je pense qu'elle pourrait convenir à monsieur.

— Je vous dispense de vos recommandations, répliquai-je aussitôt, et surtout de vos impertinences.

Je lui indiquai la porte, qu'elle prit enfin en poussant un éclat de rire plus impertinent encore que ses paroles.

Le début n'était pas encourageant ; mais, outre que je devais m'y attendre, si l'on veut bien se rappeler ce que j'ai dit dans le chapitre précédent, il ne pouvait me faire renoncer à ma promesse. Je me trouvai même heureux d'avoir épargné à la femme de mon ami le ton impertinent qui ne m'avait pas été ménagé.

Le n° 2 se présenta. Mon premier coup d'œil lui fut peu favorable. C'était une femme d'environ trente ans ; robe de mousseline de laine, tablier de soie, châle à palmes, bonnet de dentelle qui recouvrait une chevelure noire dont les bandeaux plats étaient fixés à force de pom-

made sur la plus plate figure et le teint le plus jaune que j'aie vus de ma vie.

J'épargne à mes lecteurs les *velours* et les *cuirs* dont l'emploi fréquent assaisonna le langage de la coquette cuisinière. A la suite des informations de rigueur et en tous points conformes à celles que j'avais faites à sa devancière, informations qui me démontrèrent à l'évidence qu'elle était un *cordon bleu*, j'arrivai enfin à me saisir de la pierre de touche.

— Combien voulez-vous gagner ? lui dis-je.

— Combien monsieur donne-t-il ?

— Je dois vous prévenir que ce n'est point à mon service que vous seriez attachée, dans le cas où nous tomberions d'accord ; mais à celui d'un de mes amis qui arrive de province, et qui m'a chargé de lui arrêter une cuisinière. Cette circonstance vous mettra plus à votre aise pour me parler de vos intérêts.

— Monsieur sait ce qu'on nous paye : comme je puis me vanter de faire la cuisine, le four et l'office aussi bien que qui que ce soit, je m'en rapporte à monsieur pour fixer lui-même mes gages. Je suppose, se hâta-t-elle d'ajouter, que monsieur ne donne pas moins de six cents francs.

— Si vous bornez là vos prétentions, je pense que nous pourrons tomber d'accord.

— Je n'ai pas d'autres conditions à faire, monsieur.

Je prenais note des maisons où elle avait

servi, afin d'obtenir sur son compte des renseignements de moralité, lorsque le n° 2 se ravisant :

— Je ne l'ai point demandé à monsieur, mais je pense qu'il y a une aide attachée à la cuisine?

— Cela va s'en dire.

— Que les débris de viandes, que les graisses et mille petites choses que je ne nomme pas, forment les profits de la cuisinière.

— Je ne puis rien vous dire à cet égard ; vous vous entendrez avec votre maîtresse.

— Je compte aussi que madame aura assez de confiance en moi pour me laisser le choix des fournisseurs?

Je ne répondis rien ; je pensais déjà au n° 3 ; mais revenant à la charge :

— Je n'ai pas demandé à monsieur un jour de sortie par semaine et la permission de recevoir mon cousin : les membres de la famille, c'est de droit!

Impatienté de son bavardage et de ses exigences, je congédiai le n° 2.

Un moment après parut le n° 3. Je ne dirai rien de sa mise ni de sa figure, tant l'une était ridicule, tant l'autre était repoussante, tant surtout l'air de mon cabinet fut, depuis son entrée, imprégné d'exhalaisons alcooliques. Je ne lui adressai de questions que pour la forme. Mêmes gages, mêmes conditions, mêmes exigences que les numéros 1 et 2 ; même solution de ma part, même congé.

J'avais besoin d'être seul pour pester et maugréer à mon aise. Jamais négociation ne m'avait coûté tant de peines ; jamais un tel résultat n'avait rendu inutiles tant d'efforts, consumé tant de temps en pure perte!

Le dépit, la mauvaise humeur me firent prendre une résolution soudaine. Je courus chez celui dont les recommandations étaient devenues pour moi la cause de tant d'ennuis. M. D***, ancien maître d'hôtel du prince B***, l'un des premiers épicuriens de l'Empire, me reçut avec l'affection que d'anciennes relations ont depuis longtemps établie entre nous. D'un

âge avancé, mais d'un esprit vif et piquant, possesseur d'une honnête fortune et recherché pour son amabilité autant que pour l'attrait d'une conversation qu'il sait rendre aussi intéressante par la multitude de ses anecdotes que par l'originalité avec laquelle il les raconte, j'ai toujours cultivé son intimité et l'ai toujours trouvé aussi serviable que bienveillant.

Dès qu'il me vit :

— Je ne me suis qu'à peine occupé de votre demande, me dit-il ; par le temps qui court, ce n'est pas une petite affaire! Les prétentions de nos cordons-bleus sont en proportion de leurs défauts et en raison des progrès de l'art culinaire, ou plutôt, ajouta-t-il en souriant, de la tendance générale au *bien vivre*.

— A en juger, mon cher ami, par les trois échantillons dont je viens de subir la visite, l'enfantement du *bien vivre* est devenu un travail des plus douloureux.

— A qui le dites-vous? reprit M. D***. La cuisine a senti le contre-coup de nos successives révolutions. Le philosophe et l'observateur, le critique et le moraliste auraient un vaste champ à explorer s'ils se donnaient la peine de descendre jusqu'à l'humilité de nos fourneaux, jusqu'à l'inspection de notre personnel, autrefois si simple de mœurs, si différent de nos jours! Cependant, c'est dans la partie féminine que le mouvement a opéré tout à coup, chez nous, un subit changement. Si l'art a fait des progrès que je ne puis nier, les mœurs du côté de nos cordons-bleus ont marché dans un sens inverse. Il semble que pour les cuisinières, la fortune de leurs maîtres soit une étoffe dans laquelle elles aient le droit de tailler en pleine pièce. Leurs exigences et leurs prétentions se sont tellement accrues, qu'il est plus d'un maître d'hôtel, plus d'un honnête cuisinier bien moins rétribués qu'elles ne le sont elles-mêmes, par l'effet des mille moyens qu'elles emploient pour grossir leurs gages ; de sorte que si l'art se soutient encore, il est malheureux d'avouer que c'est moins par dévouement que par l'appât d'un gain sordide. Vous comprenez que je parle du plus grand nombre, et qu'à toute règle il est une exception. Dans les grandes maisons, où la dépense est régulièrement établie, exactement contrôlée, le mal est moindre; mais dans les familles où la fortune permet un certain déploiement de luxe, où tout repose sur l'administration de la maîtresse de maison, comment se garantir des dilapidations, des exactions et des mille emprunts forcés que font subir les agents femelles de la cuisine?

— Je vous avoue, mon cher ami, que je me préparais à vous adresser cette question, et que je comptais sur vos bons conseils pour trouver le moyen de garantir de ces ruineux inconvénients l'amie qui m'a fourni l'occasion de recourir à votre bienveillance.

— Il faut éviter que votre amie fasse elle-même ses provisions. En se faisant accompagner de sa cuisinière, elle n'échapperait pas au danger qu'elle croirait avoir évité, et je n'en veux pour preuve que l'exemple suivant :

« La femme d'un de mes bons amis, ayant à traiter un certain nombre de convives, désira faire elle-même ses emplettes, bien moins par économie, que pour s'assurer d'un bon choix dans ses provisions. Elle n'avait heureusement pas à suspecter la fidélité de sa cuisinière; elle emmena celle-ci au marché. Toutes deux firent de concert l'acquisition de gibier, de volailles, de poisson, de légumes, de fruits et de ces mille délicatesses qui ornent et parent le festin. De retour chez elle, la bonne ménagère régla ses comptes, et à la vue de leur relevé, elle manifesta sa satisfaction à sa cuisinière sur le bon marché qu'elle croyait avoir fait. Il s'agissait, autant que je puis me le rappeler, d'une dépense de 100 à 120 francs ! Mais quelle ne fut pas sa surprise, lorsque la fidèle cuisinière tira de sa poche une poignée de monnaie qu'elle rendit à sa maîtresse, en l'engageant à diminuer leur montant de celui de la somme dépensée! Les fournisseurs, pendant que la femme de mon ami faisait ses acquisitions, dans l'espoir de se procurer une bonne cliente, avaient tour à tour glissé furtivement dans la main de sa suivante, ceux-ci plus, ceux-là moins, de sorte que tout compte fait, la cuisinière, si elle n'eût été de bonne foi, aurait gagné, à accompagner sa maîtresse, une somme de 15 à 18 francs. Voilà un fait dont je vous garantis l'exactitude !

« Votre amie, en chargeant sa cuisinière de faire le marché, sera exposée à une dilapidation tellement consacrée par l'usage et tellement onéreuse, qu'elle devra cependant s'en garantir, ou au moins en diminuer les effets. L'expérience de ce matin vous a prouvé que si la coalition des cuisinières contre leurs maîtres n'en présente pas les caractères flagrants, elle n'en est pas moins évidente. Il est temps de porter remède à ce scandaleux abus que ne sauraient atteindre les lois. Voici donc le moyen que je vous propose; c'est le seul qui puisse combattre avec quelque avantage les effets de la rapacité et de la mauvaise foi.

« Je me charge de lui procurer une cuisinière qui sera très-heureuse de recevoir pour tous gages 500 francs. Votre amie établira, d'après son revenu, la somme annuelle qu'elle doit consacrer aux dépenses de la cuisine, je n'entends parler que de la dépense ordinaire; elle l'établira de manière à ce qu'elle puisse dire : « Je veux sur ma table, chaque jour, un relevé « de potage ou un rôti, deux entrées et deux en- « tremets. » Une cuisinière intelligente, et qui sait tirer parti de toutes les ressources de l'art, peut faire ce service avec 400 francs par mois.

Je ne vous donne cet exemple que comme une base qu'il est possible de modifier suivant les circonstances.

« Je suppose ensuite que votre amie veuille recevoir deux, trois, quatre, cinq ou six convives; elle a dès lors la mesure de ce que lui coûtera ce surcroît de dépense. Elle fixera, suivant l'importance de la réception qu'elle doit faire, l'augmentation de son dîner, et déterminera, par tête de convive, le prix qui permettra à la cuisinière de traiter convenablement les personnes invitées par sa maîtresse. Je ne me dissimule pas que ce moyen a lui-même des inconvénients; mais c'est, entre deux maux, choisir le moindre : c'est asseoir d'une manière invariable l'ordre de la dépense, et si c'est donner prise à quelques bénéfices, c'est cependant en prévenir les écarts.

« Il est une foule de détails qui se rattachent au moyen que je vous recommande, et qui sont enseignés par l'habitude et par l'usage. Ainsi les hors-d'œuvre sont compris dans le service de la cuisinière; toutes les entrées; toutes les pièces d'entremets de pâtisserie sont également à son compte. On fait généralement mal la pâtisserie dans les cuisines particulières, et il est vingt pâtissiers à Paris qui la font avec une rare perfection. Sans doute on ne peut exiger qu'elle en serve chaque jour; mais le prix que j'ai établi pour base lui permet d'en servir au moins deux fois par semaine.

« Il est bien entendu que ce qui regarde la confiserie et le petit four est en dehors, et que

ces accessoires regardent, avec le dessert, la maîtresse de la maison ; c'est un soin que se réserve ordinairement celle-ci, et dans lequel elle aime à faire preuve d'un goût délicat.

« J'aurais voulu vous fournir un autre remède aux funestes inconvénients que nous déplorions à l'instant ; mais, quoiqu'il ne soit qu'un palliatif, c'est le seul à prendre ; rapportez-vous-en à mon expérience, et déjà plus d'une famille s'est bien trouvée de l'avoir employé ! »

Jusqu'alors je n'avais eu garde d'interrompre M. D***, qui, par sa proposition, détruisait ainsi tous les obstacles que j'avais prévus, et mettait à couvert ma responsabilité, que je craignais d'avoir témérairement engagée. Je le remerciai de grand cœur, et le priai de vouloir bien adresser à Mme P***, dont je lui laissai l'adresse, la cuisinière dont il m'avait parlé, me proposant de communiquer à celle-ci le moyen à l'aide duquel elle pouvait satisfaire aux goûts de son mari et assurer sa propre tranquillité, moyen d'autant plus convenable qu'il était, dans toutes ses circonstances, conforme aux usages et aux vieilles habitudes de mes amis de V***.

J'allais me retirer, lorsqu'entra un autre visiteur. Sur un signe expressif de M. D***, et dans lequel je crus remarquer de l'insistance, je repris le siége que j'avais quitté.

— Où en sommes-nous? dit l'ancien maître d'hôtel au nouveau venu.

— A peu près au même point, mon cher maître, et notre organisation marche à pas de tortue.

— Qui donc nous arrête? Je vous ai fourni toutes les notes pour le matériel.

— Aussi, de ce côté, sommes-nous en règle ; mais c'est le personnel qui nous retient.

— Que vous manque-t-il encore ?

— Ce ne sont pas les postulants ! Mais je suis presque honteux de vous dire que, des chefs de service, je n'ai encore que le rôtisseur, son aide et son garçon.

— De sorte qu'il vous faut encore les chefs

d'entrée, de sauce, d'entremets et de cuisson , avec leurs aides et leurs garçons, en tout douze. Faites diligence : le prince veut donner son premier dîner le 15, et nous sommes au 7. Vous n'avez plus un moment à perdre.

— Aussi ai-je compté sur vos bons conseils, et apporté-je une liste de candidats sur le choix desquels je réclame votre avis. J'ai indiqué à la suite du nom de chacun, celui de la dernière maison dans laquelle il a été employé ; je prendrai ceux que vous aurez bien voulu me désigner. Demain , je vous enverrai un apprenti pour avoir votre réponse et vos observations.

— Est-ce que , fit M. D***, vous ne pourriez pas m'envoyer un autre messager ? je me suis toujours défié de l'intelligence de ces auxiliaires. Il est cependant possible que vous soyez plus heureux que je ne l'ai été de mon temps : les pauvres diables étaient tous, à cette époque, marqués au B...

— Le progrès n'est pas sensible, mon cher maître ; c'est à peine si, de nos jours, répondit en riant l'élève de M. D***, sous le rapport de l'intelligence, nous pouvons trouver, dans nos apprentis, les quatre au cent. Mais je vous enverrai mon commis.

— Oh ! oh ! Voilà le vrai progrès, dit le maître ; je n'ai jamais pu dire mon commis, moi !

Le jeune maître d'hôtel, car je ne pouvais m'y méprendre, allait sortir, lorsque M. D*** le rappela :

— J'oubliais , lui dit-il, de vous engager à prendre pour votre dîner une corbeille de fruits

glacés, chez Bricard, passage Choiseul ; le docteur G*** a mis, l'hiver dernier, cet entremets à la mode. Je n'ai jamais rien vu de plus fin, de plus frais, de plus délicat ; je n'ai jamais rien mangé de plus exquis : je vous le recommande.

Pendant que l'élève écrivait religieusement la prescription du maître, j'en prenais note à la dérobée sur mon agenda.

— Voilà, me dit M. D*** quand son élève fut sorti, un jeune homme qui ira loin. Il s'est trouvé heureusement parmi les quatre au cent dont il parlait à l'instant. Patronet chez un des meilleurs pâtissiers de la capitale, il y est devenu successivement second, premier, ouvrier et fournier ; de là, il a passé à la cuisine, car c'est toujours le début d'un bon cuisinier. Ensuite, il est devenu chef dans tous les services que vous m'avez entendu nommer. Je l'ai eu longtemps sous mes ordres. Il a fait par lui-même quelques études ; il a appris le dessin, l'architecture, il écrit bien, et notez que nous comptons à Paris plus d'un cuisinier capable de se faire lire avec intérêt. Le voilà maintenant maître d'hôtel d'un prince étranger, dont les dîners, ou je ne m'y connais guère, feront du bruit cet hiver. Il possède toutes les qualités de sa profession. Il n'est aucun de ses confrères qui sache mieux que lui approvisionner une cuisine, l'office et la cave. Aussi habile à distinguer le choix et la qualité des comestibles, que dégustateur exercé pour apprécier l'arome et le parfum des vins ; capable d'administrer avec ordre et économie, sans que jamais celui qu'il sert ait à craindre qu'on le taxe de parcimonie ; homme de goût et de régularité, de talent et de conscience ; capable de défendre les intérêts de ses subordonnés sans porter le moindre préjudice à son maître, il a dans le caractère la fermeté qui fait respecter et la condescendance qui commande l'attachement : il n'est pas seulement un habile maître d'hôtel, il est surtout un honnête maître d'hôtel.

— Je ne puis trop vous exprimer combien

je vous sais gré, répondis-je à M. D***, de tout ce que vous me dites et de tout ce que vous m'avez permis d'entendre. Amateur zélé, mais jusqu'alors discret, de l'art culinaire, j'ai contracté l'obligation d'en esquisser les règles, et

je vous devrai beaucoup si vous me permettez de ne pas tenir secrète la visite que je vous ai faite; elle me fournira un chapitre fécond en observations, d'autant plus intéressantes, que je me propose de les reproduire de manière à ce que vous puissiez juger de leur exactitude.

—Qu'elles soient une introduction aux autres renseignements que notre liaison vous donne le droit d'attendre de moi, et comptez sur toute ma bonne volonté pour joindre mes leçons de vieux praticien, à celles que je vous crois capable de fournir. »

Tout fier du compliment de M. D***, je lui réitérai mes remerciements, en l'assurant que j'userais largement de l'autorisation qu'il me donnait. Alors, je le quittai, me promettant de le revoir bientôt.

PORTRAIT D'ANTOINE CARÊME, DE PARIS.

III.

LES CUISINES.

'idée collective que présente ce titre indique assez quel est mon but : narrateur concis des faits qui se passent sous mes yeux, je me suis proposé de les écrire ; et cependant, observateur circonspect, sans prendre ce grand sujet *ab ovo*, je me contenterai d'en effleurer la surface : *sequar fastigia rerum*.

Les cuisines, comme je les comprends, chers lecteurs, vous seront, si vous voulez me suivre, l'occasion d'une courte excursion ; je me contenterai de vous en faire envisager l'aspect ; mais, indigne que je suis, je me garderai bien d'en dérouler l'histoire.

L'histoire de la cuisine ! Son sujet est si vaste, qu'il ne suffirait pas à la vie d'un homme ! Que de faits, que de déductions, que d'enseignements elle renferme ! Que de secrets elle révélerait ! que de mystères elle expliquerait ! que de révolutions dont elle trahirait les causes !

L'histoire de la cuisine, depuis le brouet des Lacédémoniens jusqu'aux splendides festins des puissants du jour, vaste et complète Encyclopédie, absorberait toute l'activité de la cohorte nombreuse de nos littérateurs et de nos savants modernes ; elle épuiserait leurs forces et consumerait leur vie !

L'histoire de la cuisine ! A ces mots redoutables, je vois se dresser les ombres menaçantes de tous ceux qui ont enfermé dans la tombe le secret de la puissance et de la grandeur ! Je vois, comme des milliers de spectres effrayants, les phalanges immenses des parasites, des flatteurs et des courtisans ! Dormez en paix ! puissants monarques, hommes illustres, vous, surtout, dont l'amitié célèbre surpasse celle des Pylade et des Damon ; je ne remuerai point vos cendres, je ne dirai rien qui puisse troubler votre repos éternel ! Je ne jetterai point mes regards sur le passé, je n'en évoquerai point les grands souvenirs, et, dans l'humilité de ma conscience, je n'emprunterai même au présent que des faits notoires, je les marquerai au coin de la vérité, et j'aurai grand soin de ne pas même éveiller la susceptibilité la plus ombrageuse.

Les cuisines des grands seigneurs ont acquis une grande célébrité ; celles des hauts fonctionnaires de l'Etat jouissent depuis longtemps d'une haute réputation, et le refrain populaire :

> Quels dîners les ministres m'ont donnés !
> Oh ! que j'ai fait de bons dîners !

est dans toutes les bouches.

J'avoue, pour mon compte, n'avoir jamais eu l'honneur d'être admis à la table d'une de ces Excellences qu'une fois en ma vie, et que le menu qui y fut servi ne justifie pas, dans mon esprit, le refrain proverbial de l'illustre chansonnier.

C'était pourtant au bon temps de la Restauration, époque où la table atteignait l'apogée de sa gloire, où tout retentissait de sa splendeur et de son luxe. Et cependant, M. le comte de S... n'afficha pour ses convives, au nombre desquels il voulut bien me comprendre, ni ce déploiement de faste, ni cette recherche de goût dont la renommée publiait les prodiges.

La table était dressée pour vingt couverts ; le premier service se composait d'un potage des plus bourgeois, d'un relevé quelconque et de quatre entrées fort maigres; le second, d'un rôti de basse-cour et de quatre entremets, dont deux, au moins, étaient prélevés sur le potager

du ministre.—Je dois convenir que c'était à sa maison de campagne qu'il nous recevait.—Les vins circulèrent si rapidement et en si petite quantité, que je ne pus garder aucun souvenir de leur fumet. Le dessert passa comme une ombre légère !

Ce dîner fut d'une célérité napoléonienne. Il y avait à peine trente-cinq minutes que nous étions à table, je supplie mes lecteurs de ne pas douter de mon exactitude, lorsque Mme la comtesse se levant, nous la suivîmes au salon.

Ce fait, dont je garantis l'authenticité, ne serait pas de nature à confirmer tout ce qu'on disait alors sur la table somptueuse des ministres, si des témoins irrécusables ne venaient présenter celui que je rends comme une exception à la règle.

Quoi qu'il en soit, un célèbre professeur, aux leçons duquel la jeunesse puisait alors les principes d'une merveilleuse éloquence, assistait à ce dîner. Immédiatement après le café, ministre et professeur passèrent dans le cabinet du premier, où le plus jeune des fils de M. le comte

de S... fut l'objet d'un examen sur les poëtes latins, qui se termina à l'avantage du jeune homme.

Depuis, le professeur est devenu lui-même ministre, et ses dîners ne ressemblent en rien, dit-on, à celui dont je viens d'ébaucher l'esquisse.

Mais puisque je parle de la Restauration, je ne dois point passer sous silence les dîners du premier magistrat de la capitale, auxquels présidaient toujours une rare affabilité, un esprit fin et délié, un aimable enjouement, attraits

irrésistibles et qui donnaient un nouveau prix
à la libéralité du menu, à l'ordre élégant et
riche du service, à l'exquise qualité des vins.

D'autres ont rendu, mieux que je ne pourrais
le faire, à M. le comte de Ch... la justice que
méritait cet administrateur si habile, ce savant
si distingué, ce magistrat si intègre : je ne veux
parler que de l'hôte généreux, attentif et bienveillant.

Souvent j'eus l'honneur d'être admis à sa table. Dès la première fois, quoique je me consi-
dérasse et que je fusse en effet le plus humble
des convives, il remarqua que je ne changeais
jamais de vin, bien que j'entendisse faire à bas
bruit l'éloge de tous ceux qui circulaient avec
une véritable profusion :

« Seriez-vous goutteux comme moi, monsieur B..., me dit avec intérêt M. de Ch...,
que je vous vois refuser constamment les vins
qui vous sont offerts?

—Heureusement, monsieur le préfet, je n'ai
pas à redouter les attaques dont vos amis déplo-
rent pour vous la violence ; mais j'ai contracté
l'habitude du bordeaux, et je trouve le vôtre
excellent.

— Vous vous êtes imposé un véritable régime, auquel je regrette, moi, d'être contraint !
— Puis, se tournant vers le chasseur qui se tenait toujours derrière lui : « Toutes les fois que
j'aurai le plaisir de recevoir M. P. B..., lui dit-
il, faites-lui servir de mon vin. » Bientôt après,
on m'apporta le plus exquis château-margaux
que j'aie bu de ma vie ; et, dans la suite, chaque fois que j'eus l'honneur d'être admis à la
table de M. le comte de Ch..., il en fut de même.

On le voit, je ne suis pas de ceux qui s'in-
surgent contre les dîners ministériels, de ceux
qui crient contre un luxe dispendieux, parce
que, disent-ils, il augmente les charges du
peuple !

Si peu initié que je sois à la science de l'économie politique, j'ai toujours cru à la nécessité
de l'impôt, à ses avantages, à ses bienfaits ; j'ai
toujours admis la rétribution des charges selon
le rang des fonctionnaires ; mais, ce que j'ai

surtout remarqué, et la remarque est de circonstance, c'est que la plupart de ceux qui
criaient à la prodigalité, au gaspillage des revenus de l'État, se sont tus tout à coup. Surpris de leur silence, j'en ai recherché la cause ;
et qu'ai-je appris? c'est que les uns, devenus
eux-mêmes fonctionnaires, suivaient les traces,
s'ils ne les dépassaient, de ceux dont ils criti-
quaient les actes ; que les autres allaient s'asseoir à la table dont ils avaient signalé le luxe
inconvenant ; les aristarques n'étaient plus que
des parasites !

En bonne conscience ! à quoi aboutissent
ces vaines clameurs ? Ces flots de colère inutile
empêchent-ils la terre de tourner ? feront-ils
rétrograder les siècles qui marchent et qui progressent? réduiront-ils à la portion congrue
l'estomac qui s'est créé des besoins nouveaux,
et qui tient à satisfaire de nouvelles jouissances, d'autant plus heureuses qu'elles engendrent
et multiplient le bien-être de tous les individus
qui contribuent à les lui procurer ?

Aimeraient-ils mieux, ces déclamateurs, dont
le bien vivre est la première loi, et qui prê-
chent l'abstinence entre un dîner chez Véfour
et un déjeuner chez Tortoni, aimeraient-ils
mieux que nous revinssions au brouet des Spar-
tiates ?

Eh ! messieurs, dont l'ire est si prompte à
s'enflammer ! on dînait à la Constituante, à la
Législative, on dînait à la Convention, au Tri-
bunat, au Corps-Législatif ; on dîne à la Chambre des Députés et à celle des Pairs : on dînera toujours aux grands Corps de l'État ; et,
plus les festins y seront splendides, mieux le
peuple dînera lui-même !

Aimeriez-vous mieux qu'on ne dînât pas ?
Certes ! ce vœu ne serait ni d'un cœur humain,
ni d'un cœur patriote ; quand la première loi
de la nature, la première loi du chrétien et du
citoyen est celle de la conservation de soi ! Demandez que celui qui souffre, que celui qui a
faim ne soit pas privé des secours et des aliments qui lui sont nécessaires, et nous join-
drons à vos cris notre faible voix ; mais ne de-

mandez pas que celui dont la fortune et le rang social lui permettent un déploiement de luxe et de munificence, soit privé de répandre aussi utilement les dons qu'il doit à la fortune ou à son mérite personnel !

Vous me passerez, chers lecteurs, cette boutade, ce hors-d'œuvre, pour me servir d'un terme classique ! Qui de vous serait porté à ne pas excuser une sortie aussi naturelle et aussi légitime ? Mais, vraiment, en raisonnant *à priori*, on arriverait jusqu'à trouver mauvais, quel que fût le déploiement de votre industrie et de votre intelligence, que vous vous contentassiez de la poule au pot, si tel était votre bon plaisir !

On a de tout temps dîné, on dînera toujours ! Ainsi le veut la bonne nature, ainsi le voudra-t-elle toujours. On dîne fastueusement chez le grand seigneur, chez l'homme d'État : j'en conviens. Mais, dites-moi , comment dîne-t-on chez vous, qui vous plaignez tant du dîner des autres ! qui vous apitoyez tant sur le sort affreux de celui qui ne dîne pas? Je ne pousserai pas plus loin mes questions ; je ne vous adresserai pas d'autres arguments : je ne veux ni vous combattre, ni vous vaincre. La lutte serait trop facile !

A vaincre sans péril, on triomphe sans gloire !

J'en reviens à mon sujet : je ne l'ai considéré que sous le point de vue le plus vulgaire; que serait-ce, si je l'envisageais sous tous ses aspects !

Cependant, avant d'abandonner cette courte digression , mes lecteurs me permettront une seule remarque sur certaine désignation donnée à la partie la plus nombreuse d'une grave assemblée , désignation qui , si elle est une preuve de la gaieté française, n'en est pas une du goût si renommé de notre spirituelle nation.

Certains membres d'une de nos Chambres législatives ont choisi leur place aux extrémités du vaste hémicycle dans lequel se réunit la représentation nationale, le plus grand nombre occupe l'espace intermédiaire ; de là trois divisions connues sous les noms de droite, de gau-

che et de centre. Les railleurs et les mauvais plaisants ont trouvé bon de substituer à l'initiale du mot centre , la vingt-deuxième lettre de l'alphabet; et voilà que par l'effet d'une indigne plaisanterie, des hommes honorables, de grands industriels, de riches propriétaires, des citoyens intègres, sont représentés comme cédant plus volontiers à l'attrait de splendides festins, qu'à la loi de leur conscience. Comme si l'amour du devoir était incompatible avec les plaisirs de la table ! Comme si, en acceptant un mandat éminent, on devait se résigner au repas frugal de l'ermite! Comme si les dîners d'un haut fonctionnaire, ses vins choisis et ses fines liqueurs avaient la vertu du fleuve Léthé, et pouvaient faire oublier à un homme de cœur ses principes et son dévouement au pays !

C'est contre cette hérésie que j'ai voulu, que j'ai dû m'élever. Où en serions-nous, grand Dieu ! si, dans notre siècle de lumières et de progrès, les joyeux plaisirs du festin n'étaient plus qu'un piége tendu à la bonne foi ; si les pures et douces jouissances de la table se trouvaient remplacées par de faux semblants et de décevantes illusions ; si de hautes intelligences et de nobles cœurs se laissaient entraîner à de mensongers appâts! Non ! il n'en est pas ainsi, et si la cuisine a atteint l'apogée de sa gloire, c'est que la raison humaine l'a acceptée, et n'en a protégé le libre essor que comme la plus heureuse distraction à de pénibles et d'utiles travaux, que comme le but de bonnes et cordiales réunions.

Mais, me dira-t-on, à quoi bon, à propos de cuisine, nous entretenir de nos députés? A propos de nos députés, répondrai-je, à quoi bon parler de cuisine? Dans ce cas, ne suis-je pas plus sur mon terrain que les mauvais plaisants sur le leur? Fais-je d'ailleurs un crime aux membres des extrémités, de leur assiduité à la table des coryphées de leur parti? Pourquoi donc, s'ils y trouvent, avec de bons dîners, une réunion conforme à leurs goûts, à leur opinion, trouverait-on ridicule qu'il en fût de même ailleurs? Tout en demeurant dans les limites des convenances et de la raison, que chacun dîne où il lui plaît : il serait par trop anormal qu'à une époque où l'on réclame une sage indépendance, la liberté fût exclue de l'asile où, dans les jours de terreur, elle trouva un refuge.

Mais une objection plus sérieuse serait celle-ci : Vous paraissez avoir pour but de nous entretenir des cuisines, et vous n'en avez pas encore dit un mot. Patience, lecteur! Chaque chose a son temps : de même qu'on ne peut juger des causes que par leurs effets, de même j'ai cru devoir vous entretenir des dîners, avant de vous offrir l'aspect de l'atelier culinaire.

La table des hauts fonctionnaires, celles des grands seigneurs, du riche capitaliste, offrent un coup d'œil analogue; même luxe, même élégance, même somptuosité dans les ornements, même recherche dans le service. Nos cuisiniers se multiplient, ils rivalisent d'efforts pour accroître le nombre de nos jouissances ; et c'est en puisant aux sources abondantes du goût et de la variété, que, grâce à eux, le peuple le plus brave et le plus spirituel sait donner un nouveau charme à l'hospitalité dont la renommée remonte au berceau de ses pères, et qui n'est pas le trait le moins caractéristique du caractère français.

Les progrès de la cuisine fourniraient à l'observateur et au moraliste un ample sujet de réflexions. Le mouvement a été général, et si la table des riches du jour présente un déploiement de goût et de splendeur jusqu'alors in-connus, celle des classes moins élevées a acquis un accroissement notable, et, par circonstance, un luxe de bon ton. Le plus simple ménage a parfois ses jours de fête, et le plus humble foyer s'enorgueillit par intervalles de la poule au pot!

Il est incontestable que le bien vivre est devenu une loi de la famille; qu'il est de mieux en mieux compris, et que si la santé y trouve son compte, l'industrie et le commerce doivent à cette heureuse impulsion un nouvel élément de prospérité. Nous ne deviendrons jamais un peuple de sybarites, mais nous arriverons généralement à *savoir manger pour vivre*. Nous arriverons enfin à ce moment, appelé par les vœux de tout homme de cœur, de tout ami de l'humanité, où la chaumière et le plus pauvre asile ne seront plus attristés par l'insuffisance ou par la privation de sains et de bons aliments.

Le retour heureux à l'esprit et aux douces habitudes de la famille n'a pas été la moindre cause de la prospérité croissante de la cuisine. Pour peu que l'aisance règne, les réunions se succèdent à de certaines époques ; les liens de parenté, les affections de l'amitié s'y resserrent, et c'est ainsi que les plaisirs de la table, en déterminant le bien-être physique, agissent avec fruit sur les relations sociales.

Mais de ce qui précède, il ne faudrait pas conclure que dans l'État le plus policé, le plus hospitalier qui soit au monde, tout soit pour le mieux ; et, pour ne parler que de la cuisine, si plus généralement elle a ses joies et ses plaisirs, elle a bien aussi ses désappointements et ses mécomptes.

Défiez-vous, on vous l'a dit cent fois, il faut le répéter encore, défiez-vous d'*un dîner sans façon!* Si l'invitation vous en arrive de la part d'un de nos hauts et puissants, outre qu'elle est déjà une indication du peu de prix qu'on attache à vous avoir, elle ne vous fournira aucune de ces délicatesses réservées pour les jours d'apparat, de ces surprises où tout se réunit pour flatter l'œil, pour parfumer le palais : quelques reliefs de la veille, dissimulés sous une forme rajeunie, quelques pièces jetées comme pour occuper une place qui ne peut décemment rester vide ; tel sera le menu, assaisonné d'un laisser-aller sans façon, où percera la hauteur du traitant, qui veut bien descendre jusqu'à l'infimité du convié ; où la contrainte, l'ennemi le plus redoutable de l'appétit, s'assiéra à votre droite, à votre gauche, et vous fera vis-à-vis !

Si l'invitation à *un dîner sans façon* vous est adressée comme un tribut payé à une position plus élevée que celle de celui qui vous convie, ce sera bien pis encore. Oh ! pour le coup, le *sans-façon* tiendra tout ce qu'il promet. L'homme qui invite ainsi croit, lui, que le *sans-façon* ne consiste que dans l'entière liberté de la table, dont il n'a jamais étudié les lois, dont il se soucie fort peu ! Aussi son dîner sera-t-il copieux de reste, indigeste au superlatif ! Défiez-vous surtout s'il dit à sa femme, au moment de se mettre à table : « Fais-nous servir sans cérémonie ! » Dieu sait si la ménagère usera du privilége ! Sans ordre, sans choix, sans distinction, les plats se succéderont comme les cinq actes d'un mélodrame, renforcés d'un supplément de tableaux. Vous êtes six à table, on vous servira un bouilli qui suffirait au repas le plus copieux de dix maçons limousins ; le pâté chaud, le fricandeau, les épinards, le dindon, la crème, la salade, arriveront servis dans les mêmes proportions ; on ne vous laissera pas un moment de répit : sans façon on remplira à chaque instant les vides qui seront remarqués sur votre assiette, sans façon votre verre se trouvera garni d'un rouge bord, autant de fois que vous l'aurez vidé. On vous dira sans façon que vous mangez peu et que vous buvez moins ;

et puis viendra le dessert : imbroglio confus de fruits et de pâtisserie, de confitures et de conserves, de vins et de liqueurs. C'est alors que le *sans-façon* ayant atteint son maximum d'intensité, vous serez l'objet d'incessantes obsessions, d'insupportables tortures ; heureux si trois ou quatre heures d'une permanente absorption vous ont laissé assez de présence d'esprit pour regagner le gîte !

Si jamais vous avez souffert l'horrible supplice du dîner sans façon, puissiez-vous, lecteur, pour en éloigner l'importun souvenir, être admis dans le sein d'une réunion semblable à celle dont j'ai fait récemment partie !

L'invitation m'en fut adressée par un jeune ménage, couple heureux, dont les liens récents se trouvent resserrés par une conformité de rang, de position, d'éducation ; nouveaux époux qui ne connaissent pas encore tout le bonheur qui leur est promis, mais qui ont assez de motifs pour y rêver avec délices.

Le mari occupe un emploi honorable dans la banque : c'était le premier dîner qu'il donnait depuis son mariage ; en qualité d'un des bons amis de la famille, j'y fus invité. Ce repas fut pour moi une véritable fête, une époque qui marquera toujours dans mes souvenirs gastronomiques.

A six heures précises, on se mit à table, c'était l'heure fixée. Cuisinière et conviés se firent une loi de l'exactitude que recommande l'auteur de la *Physiologie du goût*.

La salle à manger était éclairée de manière à ne pas laisser le moindre objet dans l'ombre, mille rayons de lumière se brisaient sur les prismes des cristaux et sur les surfaces convexes des cloches ; une douce température, procurant le bien-être en invitant au bien vivre, circulait dans tous les espaces ; deux vases de fleurs, placés aux extrémités de la table, offraient à l'œil un mélange charmant de couleurs variées. Des fleurs ? dira-t-on. Oui, des fleurs, au mois de novembre ! N'étaient-elles pas la parure ordinaire de tous les festins grecs et romains ? ne valent-elles pas l'aspect des plus riches surtouts ? et, pour de jeunes époux, ne sont-elles pas le symbole du doux espoir que promet la saison des fruits?

La blancheur du linge, la pureté des cristaux, l'ordre élégant du couvert attestaient le goût le plus délicat dans le choix de ces accessoires ; heureux indices d'une chère fine et délicate, ils me firent pressentir une de ces modestes solennités où le plaisir se présente sous des formes toujours variées, et de plus en plus saisissantes.

Nous étions douze convives. A peine assis, on plaça devant chacun de nous des huîtres de Cancale choisies, comme les aimait Martial :

Levi cortice, concha brevis!

Ce n'était point un régal, mais une attention, un de ces égards dictés par la civilisation et l'hospitalité, qui ouvrent les voies de l'appétit et disposent à une facile digestion. Un vieux sauterne fut versé à la ronde : il fit mieux goûter l'excellent potage de pâtes d'Italie au consommé qui fut servi ensuite. Les cloches enlevées, guidé par un mouvement que je cherche toujours à réprimer, mais dont, malgré mes efforts, je ne suis jamais le maître, mes yeux plongèrent avidement sur les quatre réchauds, et ne furent pas moins agréablement surpris que mon odorat ne fut lui-même délicieusement flatté. Or donc, le potage fut relevé par un turbot de taille moyenne, mais d'une blancheur, d'une épaisseur et d'un parfum qui révélaient et les soins apportés à sa cuisson et le fin court-bouillon dans lequel celle-ci s'était opérée. Aux quatre angles de ce roi des poissons figuraient, avec tout le prestige d'une habile préparation et placés en diagonale, des rognons de veau sautés au vin de Champagne et des pieds d'agneau à la poulette, des escalopes de filet de bœuf aux truffes et des cailles truffées à la Périgueux. De fines olives d'un beau vert, des conserves de cornichons, de petits radis frais et roses, du beurre de Gournay sous la forme de gerbes de blé, coupaient agréablement ce premier service, où la délicatesse et le goût se voilaient d'une élégante simplicité.

Nous buvions frais, nous mangions chaud, et le temps fuyait sans que sa rapidié é nous parût sensible, tant nos sens et notre esprit se trouvaient à la fois récréés et satisfaits. Au macon, ce liquide bienfaisant de l'alimentation, cet ami constant du premier service, succéda le bordeaux, et tandis que les réchauds se renouvelaient, que la table se revêtait de sa seconde parure, le madère circula à son tour, mais avec réserve et dans le but ou de donner une nouvelle puissance aux voies digestives, ou de marquer l'intervalle entre les deux phases principales du dîner.

De même que les enfants, quand ils sont au théâtre, ferment les yeux lorsque la toile se lève, pour ne les rouvrir qu'au moment où le manteau d'Arlequin se trouve totalement dégagé, afin de juger d'un coup d'œil l'ensemble du tableau ; de même j'ai l'habitude de ne promener mes regards sur le second service que lorsque je le sais entièrement placé.

Voici donc comment celui de mon jeune ami

était ordonné. Une poularde truffée de Périgueux remplaçait le turbot, des petits pois à la parisienne et des asperges au beurre s'étaient substitués aux entrées de bœuf et de gibier ; une gelée d'oranges et un gâteau d'amandes pralinées avaient remplacé les deux entrées d'issue.

Aucun de nous n'imita la conduite des nobles campagnards de Boileau, aucun de nous ne s'extasia brutalement sur *la superbe ordonnance* du festin ; mais je puis confesser, sans la crainte d'être démenti, que chacun de nous fit, *en bien mangeant, l'éloge des morceaux.* Tout fut cuit à point, délicatement préparé, et jamais les règles de l'art ne s'observèrent avec plus de soin, plus d'habileté que dans cette circonstance.

Quelques vins de la côte de Nuits arrosèrent le second service. Mes voisins en firent l'éloge. Je regrettai de ne pouvoir me joindre à eux : j'ai déjà dit que ma santé me refuse l'usage des vins de haute Bourgogne.

Le dessert, dont le centre fut occupé par un fromage glacé des plus exquis, donna une nouvelle preuve du goût de notre charmante hôtesse : gâteaux de choix, fruits admirables, conserves exquises, couronnèrent le plus délicat comme le plus appétissant des repas que j'aie faits de ma vie. Le champagne fournissant au plus muet de vives reprties, l'entraînement devint général. Conversation spirituelle, intime

causerie, aimable gaieté, telles furent les conséquences de ce dîner délicieux ; telles elles seront toujours dans les mêmes circonstances, dans les mêmes conditions, si, comme dans cette occasion, votre hôte ou votre amphitryon sait puiser aux sources fécondes de la *gaie science*, définition spirituelle qu'a donnée à l'art culinaire le spirituel secrétaire du miraculeux Carême.

Nous quittâmes la salle à manger pour passer au salon. Le café et les liqueurs étaient exquis ; j'eus la conviction que mes hôtes s'étaient fait une loi du 18e aphorisme de la *Physiologie du goût.* Placé à table à une certaine distance de la maîtresse de la maison, il m'avait été impossible de lui adresser encore mes félicitations sur l'élégante ordonnance de son dîner et sur la fine préparation des excellents mets qu'elle nous avait offerts ; le salon me permettant de me rapprocher d'elle, je n'eus garde de laisser échapper l'occasion.

— Nous allons rarement au spectacle, me répondit-elle ; mais lorsque nous nous procurons ce plaisir, nous voulons y être placés de manière à en jouir entièrement. De même, si nous regrettons de ne pouvoir recevoir souvent nos amis, nous désirons, quand nous les possédons, qu'ils soient traités avec toute l'effusion du cœur ; et nous savons que convier quelqu'un chez soi, c'est *nous charger de son bonheur tant qu'il reste sous notre toit.*

— L'aimable professeur aux leçons duquel vous avez puisé ne pouvait trouver un disciple plus capable que vous de mettre à profit ses excellents preceptes, et je me félicite de pouvoir admirer le maître dans l'élève.

— Vous avez donc trouvé mon dîner passable ?

— Exquis, c'est le mot.

— Vous me rassurez vraiment, et je suis presque fière de votre approbation, car il a été pour moi un sujet de crainte et d'anxiété. Je puis vous l'avouer, j'en suis encore à mon premier essai.

— Le plus habile praticien n'aurait pas mieux fait! Votre cuisinière a droit à de justes éloges.

— Elle les reçoit bien volontiers; mais ne trahissez pas son secret.

Cette confidence me causa une douce surprise. La jeune femme le remarqua :

— J'ai, dit-elle, une servante très-intelligente et capable d'exécuter fidèlement tout ce que je lui prescris. Moi-même je suis encore fort ignorante; mais avec les riches documents dont je me suis munie, l'art de la cuisine est devenu facile à pratiquer. D'un autre côté, il est si important pour une maîtresse de maison de présider à l'administration domestique, que j'ai considéré comme un devoir impérieux d'en surveiller minutieusement toutes les parties. Vous voyez qu'avec de la bonne volonté et quelque activité, on peut paraître ce que réellement on n'est pas. Je puis d'ailleurs, puisque vous avez si bien goûté mon service, vous faire connaître comment je l'ai obtenu.

Sur un signe de mon aimable hôtesse, je la suivis. Nous traversâmes la salle à manger, dans laquelle je ne remarquai aucune des traces de notre délicieux dîner. Nous passâmes à l'office, où déjà les cristaux, les porcelaines, l'argenterie, se trouvaient rangés dans l'ordre le plus parfait. La cuisine elle-même, dont ma jolie conductrice ne franchit pas le seuil sans avoir revêtu un large peignoir de couleur, qui recouvrit à l'instant sa simple mais élégante toilette, m'offrit, quoique dans d'étroites proportions, un petit modèle d'atelier culinaire. Tandis que j'en admirais toutes les parties, que mes yeux se portaient tour à tour sur la batterie de cuivre — dont chaque objet reprenaît successivement sa place accoutumée, — sur les fourneaux — dont la faïence reprenait sous les bras vigoureux d'une forte servante l'éclat réfléchissant de son vernis; — tandis que je me demandais comment dans un espace aussi limité on avait pu réunir non-seulement les ustensiles nécessaires, mais encore ceux qu'exige une cuisine qui tient le milieu entre la plus ordinaire et la plus complète, la jeune épouse de mon ami, paraissant m'avoir oublié, donnait ses ordres sur la conservation des reliefs, sur leur futur emploi, sur l'arrangement minutieux du mobilier culinaire. C'était pour moi la voix de l'expérience et d'une longue habitude sortant d'une jeune bouche aux lèvres vermeilles et délicates.

— Je vous demande pardon, me dit-elle, de vous rendre le témoin de mes soins domestiques; mais vous êtes père de famille, et je compte sur votre indulgence, si ce n'est sur votre approbation.

— Sur mon admiration! répondis-je, et plût à Dieu que toutes les jeunes femmes entendissent comme vous l'importance de la rare activité que je vous vois déployer! Si la cuisine est la source de plaisirs charmants comme ceux d'aujourd'hui, elle est aussi l'origine du désordre, quelquefois de la ruine des familles. Vous, vous n'éprouverez jamais ces tristes effets, parce que vous avez compris toute l'étendue de vos devoirs.

— Je suis heureuse de vous avoir donné des garanties contre ces écarts. Si vous voulez maintenant connaître mes auteurs, je vous montrerai par quels moyens je suis arrivée à vous faire servir un dîner à votre goût.

Nous nous retrouvions dans l'office, et ma jeune amie ayant ouvert une petite armoire, j'y vis sur un rayon, rangés et alignés, tous les ouvrages écrits sur l'art culinaire, au milieu desquels je distinguai les œuvres de Brillat-Savarin, de Carême, de Plumeret, du marquis de Cussy, de Grimod de La Reynière, de J. Fayot.

— Avec de pareils maîtres, on ne peut s'égarer, n'est-il pas vrai, mon ami, et vous pouvez juger maintenant si j'ai profité de leurs savantes leçons.

— Exécuter leurs préceptes, comme vous l'avez fait, ce n'est pas seulement rendre hommage au mérite, c'est y avoir des droits, lui répondis-je.

Je n'ai pas à rendre compte de la soirée, qui fut attrayante comme le dîner ; mais je ne dois pas dissimuler que, profitant d'un moment où je ne pouvais être remarqué, je tirai de ma poche mes tablettes, et que je pris note du menu dont j'ai fait la description. Suivant la louable coutume du prince de Talleyrand, il avait été, comme je l'appris, discuté longtemps, puis enfin arrêté dans les intimes causeries du jeune ménage. Ce menu, je le recommande à mes lectrices, qui trouveront à notre index culinaire les préparations des mets divers dont il fut composé. Je le recommande à celles dont la sage prévoyance et l'amour de l'ordre s'allient aux lois du bien vivre, et qui, comme ma jeune amie, ne recevant que rarement, désirent traiter leurs hôtes avec goût et libéralité.

De la cuisine de l'employé aisé, envisagée sous l'aspect animé que lui donne un jour de fête, mais dont l'ordinaire doit être des plus simples, sans que la simplicité soit exclusive d'une préparation toujours conforme aux règles de l'art, irons-nous visiter celle du riche financier, dont la table offre chaque jour le délicat

service que je viens de décrire? Je crois ces détails inutiles. De nos jours, les grandes cuisines sont devenues un luxe nécessaire; l'appareil culinaire s'y déploie sous les formes multiples de son ensemble; le maître d'hôtel s'y trouve placé à la tête d'une véritable administration, où chaque service a son chef et ses subordonnés, où chacun rivalise d'efforts et de zèle, où, comme le dit lady Morgan, il faut plus de génie pour exécuter un fin et beau dîner que pour composer certains drames. Je n'ai pas l'orgueilleuse témérité de vouloir rien ajouter à ce qu'ont écrit de savants praticiens; je m'incline devant leurs œuvres; et d'ailleurs, ne l'ai-je pas déclaré? c'est à la modeste aisance que je m'adresse. Il ne m'appartient donc point

« De *prescrire* un repas pour les maîtres du monde ! »

Homme d'esprit, initié depuis longtemps aux mystères de l'art, écrivain à la plume élégante et facile, le secrétaire de Carême s'est réservé le soin de publier les plus précieux documents de la gaie science, et ses Classiques de la table sont une collection aussi riche que variée du plus haut enseignement de la gastronomie transcendante.

Brillat-Savarin commence heureusement cette noble série de gastronomes; il est suivi de Berchoux, l'auteur du gracieux poëme de *la Gastronomie;* Grimod de La Reynière vient ensuite avec son *Calendrier gastronomique* (*Almanach des gourmands*), et c'était un gourmand de premier ordre que celui qui disait avec tant de sens : « Toutes les cérémonies, lorsqu'on est à table, tournent toujours au détriment du dîner. Le grand point, c'est de manger chaud, proprement, longtemps et beaucoup ! » Peut-être n'était-ce pas assez de quelques traits d'esprit pour autoriser l'insertion dans ce recueil choisi de la bluette si connue de Colnet, *l'Art de dîner en ville.* La race des poëtes crottés, gueux et parasites n'existe plus, aujourd'hui que les fils d'Apollon deviennent tout ensemble et si facilement électeurs,

éligibles et jurés; la distinction des appétits n'a rien de commun avec le héros de cette œuvre légère : le véritable gastronome ne descend jamais aussi bas. Mais quel parfum d'élégance et de bon ton trahit *l'Art culinaire* de M. le marquis de Cussy! quelle histoire savante et rapide de la cuisine chez les anciens! que de réflexions profondes habilement encadrées dans ce trop court récit! quelle brillante théorie du potage, du premier service, de la pâtisserie, (ce riche fleuron de la couronne de Carême), du second service, du dessert! quel piquant laisser-aller dans le détail, et comme tout y sent son gentilhomme! Là fourmillent les précieuses indications sur la valeur hiérarchique des mets, suivant les diversités de l'origine; là le lecteur bénévole trouvera de curieux renseignements sur les préférences alimentaires des grands hommes du temps passé! Et quelle rareté d'appréciation dans cette sentence : « Rôtir est tout à la fois rien et l'immensité ! » Et quelle énergie dans cette exclamation : « Le maître d'hôtel n'est jamais malade, jamais ! » Et quelle entente de l'importance de la cuisine dans ces mots : « Le dîner médité, profond, abrite tout ce qu'on veut, ou un système de parlement ou de judicature, ou un système d'émulation militaire; c'est le nerf de la vie sociale ! » Et quelle vérité dans ceux-ci : « On devient cuisinier, on devient rôtisseur, on naît saucier : *nascuntur poetæ, fiunt oratores!* Qu'est-ce en effet qu'un rôtisseur? Un manipulateur, un routinier, dont tout l'art consiste dans l'observation, et qui n'a de contact avec les sciences exactes que par quelques idées superficielles de physique pour calculer le combustible propre à chaque rôt... Qu'est-ce que le saucier? Le chimiste éclairé, le génie créateur, la pierre angulaire du monument de la cuisine transcendante. Point de sauce, point de salut, point de cuisine! Où en serions-nous, si les grandes sauces, les petites et les sauces spéciales, qui ont illustré l'école française, n'avaient point été découvertes par des hommes du génie le plus élevé? » M. de Cussy, marquis d'autrefois, ne fut créé que baron et préfet du Palais sous l'Empire. Carême, empereur, l'eût gratifié d'une couronne de roi.

Après tous ces grands noms viennent se grouper en sous-ordre de plus modestes célébrités. On n'est plus au cœur du sujet; on ne rencontre plus que de charmants hors-d'œuvre dont la gastronomie n'est que le prétexte et qui servent de bordure au tableau. Ce sont : *les Oiseaux de la ferme*, de Lalanne; *le Jardin, le Potager, le Verger*, de M. de Fontanes; *les Fleurs*, de Parny; quelques fragments du *Traité des plantes usuelles*, du docteur J. Roques; quelques détails sur les usages et les vertus des vins, par Fabroni, Chaptal, Gaubert et Raspail; quelques spécimens des poëtes de la table, maître Adam, Panard, Désaugiers, Braziers, Béranger, etc. Un récit de M. de Chateaubriand y figure à côté d'un menu tracé de la main du maréchal de Richelieu. C'est un livre que chacun voudra lire et relire, et qui doit porter un coup mortel à ce vieux et triste dicton : « *Semel comedere angelorum est; bis eodem die, hominum; frequentiùs brutorum* »; c'est-à-dire : « Manger une fois par jour est d'un ange; deux fois, d'un homme; plus souvent, d'une brute. »

Cette incursion dans l'œuvre d'autrui n'est pas seulement un hommage rendu à son mérite, elle devient encore une justification du but que je me propose d'atteindre. On le voit, les classiques de la table, destinés aux sommités sociales, sont appelés par là à un immense succès; je me borne à espérer pour ma monographie un plus modeste suffrage.

La cuisine du restaurant, il faut en convenir, est un des bienfaits de notre marche progressive dans la civilisation; elle est l'heureux rendez-vous du cosmopolite et du citadin; l'agréable délassement du commis, de l'employé, du célibataire; elle attire à de certains jours, à de certaines époques la famille, qui rompt par intervalles l'uniformité du service domestique; elle est une voie facile aux théâtres, qui lui prêtent à leur tour un mutuel appui; et, chose digne de remarque, les quartiers où se trouvent nos premières scènes dramatiques et lyriques sont toujours habités, à quelques exceptions près, par nos plus célèbres restaurateurs.

Considérée en elle-même, et envisagée sous son aspect matériel, la cuisine de ces lieux d'agréables réunions, qui chaque jour offre aux appetits sensuels tous les mystères du goût et de la variété, ne présente tout d'abord qu'un mélange d'êtres bizarres, qu'une immense fournaise, où le charbon, comme le disait Carême, tue le cuisinier pour alimenter généreusement le consommateur.

Ne portez jamais les pas dans cet atelier culinaire, ne jetez jamais les yeux sur les groupes serrés qui s'y heurtent et s'y confondent, sur les nombreux préparateurs qu'enveloppent de noirs tourbillons de fumée et de vapeurs diverses, à travers lesquels les fourneaux ardents laissent percer une lueur pâle comme la clarté du soleil lorsqu'elle est obscurcie par un épais brouillard. Détournez vos regards de ce mouvement perpétuel où semblent régner le tumulte et la confusion, mais où cependant une habile direction se joue de l'exiguité de l'espace et du manque d'étendue ; détournez, dis-je, vos yeux de ce lieu, qui ne vous apparaîtrait que comme un chaos inextricable, et promenez-les avec complaisance sur ce salon élégamment décoré, où mille jets de lumière répandent une vive clarté ; sur ce mouvement continuel du va et vient, sur ces physionomies où se lit un doux espoir, sur ces autres où rayonne le plaisir. Voyez avec quelle admirable promptitude tout concourt à l'accomplissement de vos désirs : il suffit d'un geste, d'un mot, de quelques lignes tracées à la hâte, pour que vous ayez un dîner confortable, succulent, exquis. Cherchez ailleurs, dans un autre pays, dans aucun lieu du monde, un point du globe où l'appétit le plus vigoureux, le plus sensuel, le plus raffiné puisse trouver à la fois la satisfaction de solides, de délicates, de fines jouissances ! Semez les guinées à Londres, les onces à Madrid, les souverains en Italie ; vous aurez beau faire, vous ne trouverez là, pas plus qu'en Allemagne et en Russie, la liberté, la désinvolture, le charme entraînant du restaurant français !

Que de progrès ont faits, depuis leur origine, ces utiles établissements ! que de célébrités s'y sont succédé dans l'étude incessante du bien vivre ! Que de noms se sont joints à ceux des Véry, des Beauvilliers, des Robert, des Legacque, des Henneveu, des Baleine ! La renommée de nos modernes restaurateurs a surpassé celle de leurs devanciers ! Si, dans les funestes circonstances de l'invasion, les premiers firent payer au poids de l'or les délices de Capoue à d'insolents étrangers auxquels une honteuse défection ouvrit les portes de notre capitale, les seconds, profitant de l'ère de paix et de liberté dont jouit notre heureux pays, ont tellement ajouté à l'attrait de la cuisine française, qu'ils lèvent un tribut annuel sur l'opulence étrangère, et que les Nababs de la Grande-Bretagne accourent en foule, dès le retour de la belle saison, s'asseoir à nos tables pour y savourer nos mets délicieux, et y absorber, avec une puissance dont nos voisins seuls sont capables, nos vins les plus exquis. Ainsi la cuisine française tend de plus en plus à maintenir d'heureuses et de favorables relations avec nos alliés ; ainsi la bonne chère vient en aide à la politique, au commerce, à l'industrie. Honneur donc aux Véfour, aux Chevet, aux Lemardeley, aux Tortoni, aux Borel, aux Riche, aux Hardy, aux Parly, aux Deffieux, aux Philippe !

Je n'écrirai pas l'histoire du mouvement prodigieux qui s'est opéré dans la cuisine de nos restaurateurs ; je ne chercherai point à lire dans l'avenir pour dire à quelle prospérité nouvelle elle est appelée : les souvenirs du passé et les remarques du présent suffisent pour fixer les prévisions de l'observateur. Pour peu qu'on ait conservé la mémoire des époques précédentes, on peut facilement se rendre compte du progrès, et se féliciter de ce que, grâce à l'extension des restaurants, la bonne chère soit devenue populaire.

Le besoin du bien-être a été apprécié par la science du bien vivre ; celle-ci s'est placée à la portée de tous les rangs et de toutes les fortunes, et l'habileté de quelques restaurateurs à chercher dans les objets d'un prix peu élevé les éléments d'une bonne préparation, a fourni aux classes les plus nombreuses les moyens d'une salubre restauration, en même temps qu'elle assure aux traitants la foule des consommateurs.

Ce qui fait le charme et l'attrait du restaurant, ce qui lui assure une durée perpétuelle, ce qui lui promet une marche ascendante de prospérité, c'est que sa cuisine, variée à l'infini, mobile comme l'époque et le temps, toujours prompte à se parer de formes nouvelles, suivant la diversité des lieux et des personnes, n'a d'autre règle, d'autre loi que le goût. Elle n'est point la suite invariable et traditionnelle du passé : elle est l'expression constante du présent. Elle n'a point la prétention de fixer le consommateur : elle n'est qu'un moyen de transition entre deux périodes de la vie de famille ; elle n'en est que la délicieuse distraction.

On aime à reporter sa mémoire sur les jeux de l'enfance : on n'oublie jamais les plaisirs du restaurant ; mais, de même que le parfum le plus suave ne flatte l'odorat que par circonstances, et ne réjouit ce sens délicat que par intervalles, de même la vie du restaurant n'a de charmes que lorsqu'elle brise momentanément les habitudes réglées et hygiéniques du foyer domestique.

A l'appui de cette vérité, je dois rapporter une anecdote, que je tiens d'un de mes plus proches parents et dans laquelle il joue le rôle principal :

M. F. M., homme d'esprit, de savoir et de goût, dont la profession grave et honorable n'excluait pas une propension marquée au *bien vivre*, et qui, il l'avouait lui-même, rompait volontiers, de temps à autre, l'uniformité de la table de famille, pour se réunir à quelques bons amis chez les meilleurs restaurateurs de la capitale, reçut un jour une invitation à dîner à l'hôtel des Ambassadeurs : elle lui était adressée par l'habile Robert, qui attirait alors, par le luxe et par la recherche de ses préparations culinaires, tout ce que Paris comptait de vrais gastronomes, d'adeptes fervents du *bien vivre*.

Une semblable invitation ne pouvait être refusée : elle était la source de trop agréables espérances pour ne pas être accueillie avec empressement.

Au jour et à l'heure fixés, M. F. M... se

rendit rue Grange-Batelière ; mais, au lieu d'être introduit dans une salle à manger spacieuse, élégamment ornée, splendidement éclairée, on le conduisit dans un petit salon, où, sur un guéridon de minime dimension, se trouvaient placés deux couverts. Cette vue et celle d'une petite marmite qui bouillottait humblement devant le feu de la cheminée, détruisirent un rêve délicieux, et offrirent d'abord au convié toute l'apparence d'une mystification. Il en était à douter s'il se retirerait ou s'il courrait toutes les chances de son désappointement, lorsqu'enfin parut Robert.

—Vous êtes exact au rendez-vous, dit celui-ci à son convive, et je me félicite de la bonne occasion du tête-à-tête que vous avez bien voulu accepter.

Robert sonna : un domestique entra aussitôt, tenant à la main une petite soupière, et trempa, sous les yeux de l'hôte et du convié, une soupe grasse, qui fut trouvée exquise par l'un et par l'autre.

Enfin, le célèbre restaurateur remarquant l'expression du désappointement sur les traits de M. F. M. :

—Je ne vous ai pas prié, lui dit-il, pour vous imposer mon dîner habituel, qui consiste chaque jour dans le pot au feu qu'on me prépare ici et les deux côtelettes qui mijotent dans la casserole encaissée sur cette petite marmite. Choisissez, dans la carte du jour, tout ce qui vous plaira ; je vous guiderai même, si vous le permettez, en vous indiquant les mets que recherchent nos plus fidèles et nos plus délicats habitués. J'ai pensé que vous ne me feriez pas un crime de ne pas m'écarter de mon régime, et je compte assez sur votre bon goût pour vous faire servir tout ce qui flatte le plus le palais d'un gourmet.

M. F. M... fit le dîner qu'il avait rêvé, et Robert se contenta de son bouilli et de ses côtelettes.

J'en reviens à la cuisine envisagée sous un autre aspect.

Qui n'a vu, sans éprouver une douce satisfaction , disparaître peu à peu ces cadrans rouges , bleus et blancs, enseignes traditionnelles du bouge infect où l'ouvrier et le mercenaire allaient prendre leurs repas ? Qui n'a remarqué que la classe si intéressante du peuple, dont un travail continu est la loi, n'était pas déshéritée de la part que le progrès a faite à la cuisine française ? Déjà a disparu de la langue le mot ignoble qui désignait ces établissements. Déjà la classe laborieuse trouve, dans ceux qui les ont remplacés, une distribution mieux entendue, une propreté moins suspecte, une nourriture plus saine. Quand le progrès marche ainsi de bas en haut, il est le signe évident de la prospérité publique : dans tout État, la cuisine sera toujours le thermomètre de la civilisation !

Et voyez comme les extrêmes se touchent ! Vous croyez que le salon est inféodé à l'aristocratie de la noblesse, à celle de la finance ! Vous croyez qu'il n'existe de salons qu'au faubourg Saint-Germain, à la Chaussée d'Antin, au faubourg Saint-Honoré, au Marais, dans tous les quartiers opulents de la grande cité ! Détrompez-vous. Le peuple a aussi les siens, où il se divertit, où il cumule tous ses plaisirs, où sa gaieté expansive et souvent bouffonne se réconforte de la cuisine du traiteur de la banlieue, au son d'une musique qui n'est pas sans mérite. Le jour où le travail chôme, la broche tourne à la barrière ; et quelle broche ! Les salons de 100, de 120, de 200 couverts se garnissent : la gibelotte de lapin, le dindon et le veau rôtis, sont demandés, servis

à profusion ; l'argenteuil coule à longs flots ; les entrailles se réconfortent, les cerveaux s'animent, la foule éclate en joyeux ébats ; le salon du marchand de vin traiteur retentit de gais propos, de naïves saillies, de rires prolongés : la cuisine a rangé le peuple sous son empire souverain, et chassé le souvenir de sept longues journées de privations.

Réparatrice des maux et des douleurs, refuge assuré contre l'ennui et l'inutilité, ingénieuse méditation du riche, heureuse distraction du pauvre, intermédiaire pacifique entre l'offenseur et l'offensé, conciliatrice souveraine des dissensions de la famille, charme entraînant pour l'enfance, besoin de la jeunesse, délassement nécessaire à la maturité, occupation sérieuse de la vieillesse, la cuisine remplit tous les âges de la vie, dont elle est le plus ferme soutien ; comme le dit encore Brillat-Savarin : « *Elle a droit à l'empire de l'univers ; car l'univers n'est rien sans la vie, et tout ce qui vit se nourrit !* »

IV

LA CRÉMAILLÈRE.

Fidèle à l'obligation que je me suis imposée, je n'ai tracé qu'une légère esquisse de la cuisine, et glissant avec réserve sur ses divers aspects, je n'ai fixé l'attention de mes lecteurs que sur ses traits les plus caractéristiques. — Indigne et incapable d'en écrire l'histoire, je ne me suis livré ni aux profondes *méditations* ni aux savantes recherches de mes illustres devanciers ; c'est à peine si je puis prétendre à nommer mes *impressions* les croquis faits à vol d'oiseau que j'ai crayonnés dans le chapitre précédent. Je consens même à rayer de mes papiers ce dernier mot, dont nos littérateurs touristes se sont approprié le droit et qu'ils pourraient me revendiquer. Je me sens, je l'avoue, incapable de la spirituelle description de quelques-uns d'entre eux, des mille ressources de leur fraîche imagination, de leur prodigieuse facilité. Comment lutter avec de semblables concurrents, dont certains ont des prétentions au fauteuil académique, quand l'auteur de la *Monographie de la cuisine* n'appartient pas même à la plus modeste société littéraire de la plus humble de nos cités ?

Aussi, me renfermant dans la sphère bornée dont j'ai indiqué le rayon, me suis-je gardé de décrire le luxe des fêtes de l'opulence, la pompe et la magnificence de la splendeur. On a vu que j'ai plus particulièrement insisté sur les plaisirs que procure une fortune qui tient le milieu entre la richesse et la médiocrité.

Cette courte digression m'est cependant une précaution oratoire pour justifier la description qu'on va lire.

Il est des époques dans la vie où les usages, les coutumes, certaines occasions impérieuses, quoique rares, obligent à sortir de la modeste situation dans laquelle on s'est placé. Quelle jeune femme n'a voulu que l'on célébrât avec un apparat inusité l'heureuse naissance de l'enfant qui lui révèle les délicieuses sensations de l'amour maternel ? Quel père de famille n'a exigé que l'hymen de sa fille fût placé sous les auspices d'une aimable réunion, et n'a voulu convier au festin nuptial ses parents les plus proches et ses plus chers amis ?

Le titre de ce chapitre indique déjà une de ces fêtes exceptionnelles où la table atteint les proportions de la munificence, où le nombre des convives n'est limité que par l'étendue de l'espace, où le repas délicat fait place au splendide festin, où les ressources exquises de l'art, qui semblent n'appartenir qu'aux sommités sociales, deviennent, dans des époques semblables à celles que j'ai mentionnées, le droit de chacun.

Un mois s'était écoulé depuis l'installation de mon ami P*** dans sa nouvelle demeure de la rue Fontaine-Saint-Georges. A son arrivée à Paris, mon vieux camarade s'empressa de me venir voir et de m'adresser ses félicitations sur la distribution confortable de son appartement.

— Ma cuisine, me dit-il, a dépassé mes espérances, et le grand air, sans lequel je ne saurais vivre, circule librement chez moi. Ma cuisinière me paraît être, à en juger par ses débuts, aussi habile que je le désirais. Je la soumets à l'épreuve, et si durant un mois elle n'a ni manqué un rôti, ni ne m'a fait attendre mon dîner, nous pendrons enfin la crémaillère.

A un mois de date et jour pour jour, P*** était donc de bonne heure dans mon cabinet. Son air soucieux et préoccupé ne m'annonçant rien de favorable :

— D'où te vient, lui dis-je avec mes souvenirs classiques, cet air sombre et sévère?

— Dis plutôt cet air d'embarras et d'ennui.

— Que t'arrive-t-il donc?... Allons! continuai-je en me ravisant, la cuisinière a fait balai neuf : les rôtis ont manqué, la régularité de ton service a éprouvé un échec, et la fameuse crémaillère est renvoyée aux calendes grecques !

— Mais au contraire, mon ami, le jour est fixé, les invitations sont envoyées. J'ai voulu te prévenir moi-même que nous comptons sur ta famille et sur toi; mais ce qui me désespère, ce sont les mille inconvénients qui se succèdent et qui renversent le lendemain tous nos projets de la veille.

— De quelle nature sont donc ces inconvénients? Dispose de moi, mon cher P***. Tu sais qu'en semblable occurrence, je suis tout à mes amis.

— Aussi n'ai-je pas hésité à te venir voir. Je veux que mon dîner soit en tout conforme aux lois de l'hospitalité et aux règles du goût; ma femme le veut ainsi que moi. Depuis huit jours, nos soirées sont employées à discuter le menu; à peine est-il arrêté, qu'une nouvelle idée opère de nouveaux changements. L'incertitude où nous jette la crainte de ne pas réussir à plaire

à tous nos convives fait que chacun de nous enchérit sur l'autre, et nous en sommes arrivés à ce point que, ne nous entendant plus, nous avons recours à toi comme amiable compositeur (mon ami, je dois le dire en passant, est un légiste distingué), et je suis arrivé avec l'intention de ne pas te quitter que tout ne soit convenu.

Être pris pour arbitre entre le mari et la femme, pour le choix d'un menu, c'était chose qui ne m'était pas encore arrivée : c'était un tribut payé à mes connaissances dans l'art, une déférence trop flatteuse, pour que mon amour-propre de gastronome ne s'en trouvât pas orgueilleusement excité.

Sans réfléchir à la nouvelle responsabilité que j'assumais sur moi, d'un ton bref, et avec l'assurance du plus habile praticien, j'adressai à mon ami cette question :

— Combien de couverts ?

— Vingt, me répondit-il; ma salle à manger pourrait aisément en contenir vingt-quatre; mais, tu le sais, *nous ne prisons rien, ni le vin, ni la chère.....*

Je ne laissai pas achever à P*** sa citation, et un assentiment muet lui ayant prouvé que je partageais son opinion, je lui demandai sur le même ton :

— Quels convives ?

— Trois magistrats, un chef de division, deux avocats, trois journalistes, deux hommes de lettres, ton ami, M. D***, ta famille et la mienne.

— Oh ! oh ! » m'écriai-je.

Je ne fus pas le maître de retenir cette double exclamation; P*** me regarda d'un air surpris.

— Des magistrats, un chef de division, des avocats, des journalistes ! ajoutai-je presqu'aussitôt; malgré ma bonne volonté, je redoute maintenant d'avoir accepté l'arbitrage. Avec de tels convives, le moindre oubli des règles, la plus légère inobservation dans l'ordre du service, sont crimes de lèse-gastronomie.

— A vaincre sans péril !...

J'arrêtai encore M. P***, qui semblait atta-
qué de la rage des citations.

— Ne plaisantons pas! lui dis-je; le cas est
grave!

ALORS, appelant à mon aide mes plus chers souvenirs, et invoquant en même temps les préceptes des maîtres les plus célèbres, je demeurai quelques moments plongé dans une méditation d'autant plus profonde, que la circonstance était solennelle; puis, me parlant à moi-même et à voix basse : « Deux potages, disais-je, deux grosses pièces, deux relevés de poisson... »

— P***, qui suivait tous mes mouvements, et qui marquait d'un signe de tête approbatif chacune de mes citations, m'arrêta tout à coup :

— C'est bien! dit-il, c'est cela : deux relevés de poisson; mais lesquels?...

— Un turbot!...

— Point de turbot; ma femme n'en veut pas.

Saisi d'une sainte indignation, je me dressai de toute ma hauteur, et m'élançant au-devant de P*** avec une attitude qui trahissait les mouvements tumultueux d'un gastronome expert dont on repousse les avis :

— Ta femme ne veut pas de turbot! dis-je d'une voix plus émue que vibrante.

— Elle n'en veut pas, et c'est surtout en cela que ton arbitrage est devenu nécessaire.

— Elle ne veut pas de turbot! — répétai-je en me rejetant sur mon fauteuil, dont, à la manière de Napoléon, je frappais l'un des bras avec mon crayon en signe d'impatience; — mais elle ignore donc que c'est la clef de voûte d'un grand dîner! qu'il n'y a pas sans lui de somptuosité culinaire!

— Ma femme sait comme toi, mon ami, tout ce qu'a écrit sur ce prince de l'Océan le

marquis de Cussy; mais elle a ses raisons, et je t'avouerai qu'elles me paraissent assez concluantes.

Je rongeais mon frein.

— D'abord, ajouta P***, nous sommes au mois d'août, et les grandes chaleurs doivent nous faire craindre, dit-elle, une chair molle et peu fraîche; ensuite, on a trop proclamé la prééminence du turbot sur les autres poissons! on l'a servi à satiété sur toutes les tables : elle veut donc un autre relevé. J'ai passé condamnation sur ce chapitre, et il a été décidé que tu aurais le choix d'un autre poisson.

Tout en déplorant la faible condescendance de mon ami pour sa femme, je songeais à la mienne, aux avis de laquelle je cède aussi volontiers; et, me replaçant à mon bureau, après avoir consulté Carême, cet oracle infaillible des cuisiniers passés, présents et futurs, je dressai un menu, qui me parut devoir obtenir l'assentiment mutuel de P*** et de sa femme, et ce ne fut pas sans un certain air d'importance que je le fis passer sous les yeux de mon ami.

— A merveille! me dit-il, après l'avoir lu. J'aime à voir les sentences rendues aussi promptement et à la satisfaction de tous : la tienne sera exécutée selon sa forme et teneur. Maintenant, il me reste à te consulter sur quelques détails qui doivent donner à mon dîner le séduisant aspect de vos festins parisiens.

Sur les notes des diverses acquisitions que voulait faire P***, afin de renouveler certaines parties de son service, je lui donnai quelques conseils; il s'agissait de cristaux et de porcelaines, ces parures inévitables d'un couvert élégant : je lui indiquai les magasins adoptés par le goût, et dans lesquels il trouverait les objets les plus modernes, ceux qui se faisaient remarquer par le fini de leurs formes et qui signalaient les triomphes de l'art. Enfin nous arrivâmes à d'autres dispositions non moins importantes : il s'agissait de fixer la régularité du service et le personnel nécessaire à une précision parfaite. P*** désirant faire les choses de manière à ce que tout fût ponctuellement exécuté, il fut arrêté qu'il prendrait un contrôleur pour surveiller le couvert, mettre sur table et découper; que quatre domestiques se partageraient les détails du service, que deux d'entre eux seraient spécialement chargés de faire circuler les vins.

Cependant, nous n'avions rien dit encore de l'ordonnance générale, et la question fut de savoir si la table serait servie en ambigu, ou si les trois services auraient lieu dans l'ordre classique de leur succession. J'opinai pour l'ambigu; mais un argument sérieux de mon vieil ami me rangea tout à coup de son côté:

— L'ambigu, me dit-il, offre aux yeux un magnifique spectacle, en même temps qu'il permet aux sens du gourmet le choix des préparations qui les flattent le plus; mais il ne laisse rien à l'espérance!

Il y avait, on en conviendra, tant de profondeur et de justesse dans cette objection, que je ne sus qu'y répondre, et vraiment, en y réfléchissant, je m'accusai d'égoïsme: car, pour moi qui avais dressé le menu, je ne trouvais rien de mieux que la richesse de l'ensemble; mais les autres! Y avais-je un moment songé? Je dus convenir que P*** avait la conscience d'une généreuse hospitalité: je confessai ma faute, et les trois services furent résolus.

Tout étant écrit, réglé, arrêté, P*** me quitta.

Trois heures nous avaient suffi pour la conclusion d'une affaire aussi importante que délicate, pour lui qui donnait un dîner d'apparat, pour moi qui en avais établi l'ordonnance.

Je lus et relus avec une minutieuse attention, avec une sorte de complaisance, le riche menu que je considérais déjà comme l'une de mes meilleures productions, et dont j'appelais, de tous mes vœux, la publicité; mais, profitant de la leçon que je venais de recevoir, je le plaçai soigneusement à l'écart, afin de ménager à ma femme et à mes enfants la surprise d'une de mes plus profondes méditations gastronomiques.

J'avais repris ma tâche habituelle, et mon crayon courait avec sa rapidité ordinaire, lorsqu'une nouvelle visite m'obligea de suspendre mon travail.

C'était le jour des consultations!

La jeune femme qui, l'hiver dernier, me fit assister à l'excellent dîner que j'ai décrit dans le chapitre précédent, venait me demander des avis sur une soirée qu'elle se proposait de donner. Cette visite m'était trop agréable, pour ne pas faire une heureuse diversion aux graves, quoiqu'intéressantes méditations auxquelles je m'étais livré.

Je fus tout oreilles. Ma jeune amie, avec une aimable déférence à laquelle se joignait une douce familiarité, me fit connaître ses projets: me détaillant ses idées avec une grâce charmante, elle me les présenta moins comme une chose arrêtée, que comme un plan soumis à mon examen et à toutes les modifications que je jugerais nécessaire d'y apporter.

J'écoutai avec attention ma gracieuse et spirituelle amie, et mon crayon, fidèle à ses habitudes, laissa sur mes feuillets les traces d'un entretien dans lequel le tact le plus exquis, le goût le plus délicat, donnèrent à ma vieille expérience la nouvelle occasion de remarquer combien les femmes sont promptes à tout revêtir des formes de la grâce. De sorte qu'au lieu de donner des conseils, je reçus un enseignement, qui me permet de mettre mes lectrices au courant des usages adoptés pour les soirées et pour les bals, et d'accomplir mes promesses sur les soins minutieux que doit apporter la maîtresse de la maison dans les préparations qu'exigent le thé, le punch et les buffets.

Je tiens mes notes en réserve. Elles me fourniront l'occasion d'un chapitre spécial, dans lequel je redoute déjà de ne paraître que le pâle copiste du frais coloris de mon charmant original.

Chaque jour, je revis P*** ; ses loisirs quotidiens et les miens furent consacrés à des observations de détail. Enfin, vint le jour de la crémaillère !

Espérer est bien doux ! Aussi, durant toute une semaine, pensai-je délicieusement au plaisir q e me promettait la solennité de l'installation de P*** dans son nouveau local ; mais l'espérance n'a de douceurs que dans un délai limité, et j'avoue, pour ma part, que si j'en savoure les charmes, c'est quand elle n'a qu'une prolongation supportable.

Le jour de la fête arrivé, je compris peu l'état juvénile dans lequel je me trouvai. La pensée, qui ordinairement m'arrive avec assez de suite, ne jaillissait de mon cerveau que comme des étincelles qui, à de longs intervalles, brisent le nuage qui les renferme. J'aurais volontiers sauté, gambadé, comme le plus jeune de mes fils lorsqu'il reçoit une invitation au bal ; comme ma fille, lorsque notre bon ami, Ad. Adam, lui fournit l'occasion d'aller entendre sa gaie, vive, spirituelle et entraînante musique !

Pauvre espèce humaine ! Comme l'assurance d'un excellent dîner agit sur elle ! Quelles émotions elle produit ! Pouvoir infini de la gastronomie, quel empire vous exercez sur un sensuel appétit ! Est-ce bonne chose ? Est-ce faiblesse ? Dans le premier cas, je m'applaudis ; dans le second, je ne rougis aucunement, quand je considère la foule innombrable de ceux qui ne l'avouent pas comme je le fais, mais qui éprouvent, dans les mêmes circonstances, les mêmes impressions.

Lorsque vint le moment fixé pour la cessation de mon travail, repoussant mes feuillets, jetant au loin mon crayon, je fis glisser sur ses ressorts le cylindre de mon bureau, et, avec une joie d'écolier, je me hâtai de faire ma toilette. La promptitude de ma femme et de ma fille furent en raison inverse de la mienne ; de sorte que, rejetant sur leur lenteur les reproches que j'aurais dû n'attribuer qu'à ma propre célérité, je leur fis supporter les torts de mon impatience. Malgré de justes observations, je pressai tellement notre départ, que nous arrivâmes chez P*** une heure avant celle fixée pour le dîner. Celui-ci ne vit que de l'empressement et de bonnes intentions dans ma précipitation ; il adressa même des remerciements à ma femme, et la pria, durant l'absence de la sienne, de faire les honneurs du salon.

Les premiers arrivés après nous, furent deux jeunes mariés, très-proches parents de mon ami ; je compris que P*** faisait d'une pierre deux coups : la crémaillère et le retour des noces.

Peu à peu le salon se garnit ; à sept heures, tous les convives se trouvaient réunis : les deux battants de la salle à manger s'ouvrirent, et les mots : « *Madame est servie !* » résonnèrent à mes oreilles comme une douce mélodie.

La journée pluvieuse, la température assez froide, quoiqu'au mois d'août, permirent à mon ami de nous faire une de ces surprises qui impressionnent d'autant plus qu'elles sont preuves de goût et d'aimable attention. P*** avait eu la bonne idée de faire éclairer la salle à manger avec autant de luxe que d'art : une riche lampe à réflecteur projetait sa vive lumière sur le centre de la table, et quatre élégantes carcels, placées aux deux extrémités, en croisant leurs feux brillants, complétaient un éclairage d'autant mieux entendu, que, sans fatiguer la vue, il découvrait à l'œil un ensemble aussi riche que gracieux.

Je ne dirai rien du couvert, rien de l'argenterie, des cristaux et de la porcelaine, sinon que le goût et l'art y avaient réuni le luxe à l'élégance ; je me bornerai à décrire la partie substantielle du dîner, qui, je suis tout glorieux de l'écrire, obtint l'assentiment général.

Après les potages, l'un printanier, l'autre de croûtes gratinées à la provençale, le premier service se composa de deux relevés de poisson : un cabillaud nouveau à la hollandaise et un saumon à la sauce génoise ; deux grosses pièces : un dindonneau à la Périgueux et un jambon glacé au vin de Madère ; huit entrées : côtelettes de veau à la Singara, poulets à la reine, à l'ivoire, une béchamel vol-au-vent, un horly de filets de merlans, un sauté de perdreaux rouges aux truffes, un salmis de bécasses au vin de Champagne, des escalopes de filets de perdreaux, des cailles aux laitues, garnies d'une macédoine : le tout habilement coupé par des hors-d'œuvre choisis, et dans le but unique de donner à ce premier service un aspect varié et pittoresque.

On le voit, la première partie du menu indiquait un sacrifice à la saison, et le plus fin gibier en faisait les honneurs. Les vins qui circulèrent fournirent l'occasion de nombreux éloges, et la cave de mon ami fut proclamée par deux graves magistrats comme une des meilleures de Paris. Le constance et le madère suivirent le potage ; le château-Lafitte fut servi en ordinaire, et un romané-Conti des plus délicieux enleva tous les suffrages.

Le sorbet au rhum, cette délicieuse innovation, ou plutôt cette ingénieuse substitution au coup du milieu, d'invention bordelaise, fut offert à tous et accepté par tous. Agréable transition entre le premier et le second service, il produisit sur chacun de nous une réaction favorable et nous disposa merveilleusement à déployer, dans la seconde phase du dîner, l'ardeur que nous avions montrée dans la première.

Voici de quoi se composait le second service :

Trois plats de rôt : un faisan, des canetons de Rouen, une friture d'éperlans. Trois relevés de rôt : un flan de prunes de mirabelles, une sultane à la Chantilly, un buisson de homards au Madère. Huit entremets : croûtes aux champignons, haricots nouveaux à la bretonne, tomates à la provençale, petits pois à la parisienne, gelée de marasquin renversée, gelée de rhum moulée, fromage bavarois aux abricots, un blanc manger à la crème.

Je passe sous silence l'ordre admirable qui fut observé dans l'arrangement de ce second service ; mais ce que je ne puis taire, c'est l'effet que son apparition produisit sur les convives de P***. Intéressé à juger des impressions de chacun, du premier coup d'œil je distinguai une satisfaction générale. Toutes les physionomies épanouies, tous les regards attentifs étaient devenus l'expression, quoique différente, d'une agréable surprise. Dans le sourire du chef de division, je lus non-seulement la sanction favorable d'un juge compétent, mais encore l'approbation bienveillante d'un haut fonctionnaire qui se voyait traité selon son rang : on lui avait réservé la place d'honneur. Les graves magistrats n'étaient plus que de gais convives, et leur joyeuse humeur rendait évident l'arrêt favorable qu'ils avaient tacitement prononcé sur l'ordonnance du festin ; les avocats, les journalistes, les hommes de lettres échangeaient de fines plaisanteries, de spirituelles saillies, nouveaux témoignages de l'adhésion que ces délicats et fins gourmets savent ainsi donner au luxe des opérations culinaires ; les dames elles-mêmes ne refusèrent pas de se joindre à l'unisson, et je puis dire que l'effet fut aussi général que spontané.

J'échangeai avec P*** un de ces regards où se lisent vingt pensées et qui pouvait se résumer ainsi : « Tout est pour le mieux ! »

Le chambertin, le romané-Conti et l'aï circulèrent d'autant plus qu'on les goûtait mieux, et donnèrent à notre réunion cet aimable enjouement, ce séduisant entrain qui, sans s'éloigner des formes de la politesse et des bonnes manières, transige facilement avec les lois sévères de l'étiquette. Nous goûtions avec délices ces heureux moments que procure la joie du festin. Dégagés des soucis de la veille, oublieux de ceux du lendemain, nous suivions l'impulsion de notre hôte, qui semblait nous dire comme Teucer à ses compagnons : « *Nunc vino pellité curas !* »

Quand les nombreux débris de la seconde période du dîner et la succession de vifs et gais entretiens eurent indiqué à Mme P*** que le moment était arrivé de donner au couvert un autre aspect, sur un signe qu'elle fit, avec une étonnante promptitude, et tandis que le champagne frappé répandait à la ronde ses flots limpides, le plus frais, le plus coquet, le plus séduisant des desserts s'aligna de manière à faire disparaître le parallélisme de son ordonnance sous l'attrait irrésistible des formes les plus délicates et les plus variées.

Deux fromages glacés, habilement panachés, occupaient les extrémités ; un ananas monstrueux, aux feuilles élégamment recourbées, et dont la pomme diamantée attestait par son jaune-citron une maturité tropicale, vint se placer majestueusement au centre ; quatre lar-

ges coupes garnies de fruits rouges, pyramidalement élevés, se groupèrent à l'entour ; la pêche de Montreuil, la prune de reine-Claude, la prune de Monsieur, le raisin, dont on semblait avoir hâté la précocité, pour que nous pussions jouir en même temps des délices de l'été et de celles de l'automne : ces fruits exquis prirent leur rang au milieu de toutes les délicatesses du petit four, des plus fines conserves, que coupaient encore des pièces montées avec une grande habileté, et dans lesquelles l'art se jouait dans la variété et l'élégance des dessins.

Notre hôtesse avait lu Carème, et, suivant le précepte de ce maître, elle avait donné à son dessert *autant d'attention que de délicatesse.*

Ce serait ici le lieu de repousser les doctrines de certains gastronomes, qui frappent d'anathème la dernière phase du festin, parce que, disent-ils, elle en est l'écueil, et qu'elle étouffe le fumet des fines tranches et des vins exquis. Ami de tout le monde, et particulièrement des gastronomes, je ne pousserai pas cependant le dévouement à l'amitié jusqu'à accepter aveuglément des préceptes qui, s'ils étaient admis, enlèveraient au dîner tout le charme dont le pare le goût. N'est-ce rien, à l'Opéra, que le prestige des décorations ? et la table en eut-elle jamais de plus brillante que celle du dessert ? Après avoir aspiré le doux parfum de la rose, ne jetez-vous pas un regard d'admiration sur sa tige délicate, sur ses admirables contours, sur son vif et brillant incarnat ? Après l'odorat, ne satisfaites-vous pas la vue ? Et, quand vous avez rassasié votre palais des plus exquises préparations culinaires, vous ne jetteriez qu'un coup d'œil de dédain sur les nouveaux tributs qu'une généreuse hospitalité offre moins à vos appétits satisfaits, qu'elle ne les présente à vos yeux comme la fraîche couronne du festin !

Appétits sensuels, qui ne vivez que pour vous, n'oubliez jamais par qui vous vivez ! Vous qui vous rangez volontiers sous les *lois* d'un hôte renommé par le luxe de sa table et par la rare qualité de ses vins, n'oubliez jamais que la réputation dont il jouit repose sur l'activité intelligente de sa compagne, et que celle-ci a pris sous sa responsabilité les infinis détails qui constituent le tout, dont vous savourez les effets, sans vous préoccuper de leur cause. N'oubliez pas surtout que la fin du repas, que repousse votre fière indépendance, pour ne pas dire votre égoïste sensualité, a causé plus d'une insomnie, enfanté mille soucis, déterminé mille fatigues, et que cette privation de sommeil, ces préoccupations de l'esprit, cette abnégation de soi, n'avaient qu'un but : celui de plaire !

Avec tout le respect que je professe pour un maître célèbre, je n'admets point : « Que tout homme qui fait cas d'un dessert, est un fou qui gâte son esprit avec son estomac. » J'en appelle à la mémoire du gastronome le plus expert, au marquis de Cussy, qui prisait fort un dessert de bon goût.

Mais cette digression m'a trop écarté de mon sujet, je me hâte d'y revenir. C'est en empruntant un de ses aphorismes au spirituel auteur dont je viens de citer le nom, que je trouve une transition favorable à la continuation de mon récit.

Il n'y a pas de dîner sans fromage ! s'est écrié l'ancien préfet du palais de Napoléon, et le plus fin gourmet d'applaudir à ce judicieux précepte !

Je connaissais trop mon ami, pour lui supposer l'oubli de cette maxime, dont l'inobservation eût décelé une ignorance complète des usages les plus ordinaires de la table : aussi les fromages de Chester et de Roquefort circulèrent-ils en dehors du service, et, à ma grande satisfaction, à part les dames, pas un convive n'oublia de se conformer à la règle imprescriptible donnée par nos maîtres dans la science du bien vivre.

Les vins de Madère, de Constance, de Syracuse, de Chypre, ces deux derniers surtout, élevèrent à son apogée la réputation de mon ami ; sa cave fut mise sur la première ligne, et l'arôme généreux de ces derniers vins donnant aux fibres du cerveau plus d'élasticité, la conversation devint un feu roulant de spirituelles saillies, de fines épigrammes, d'ingénieuses plaisanteries.

Jusqu'alors, notre amphitryon et son aimable compagne avaient pris peu de part à la conversation ; chacun de nous s'était gardé d'arracher l'un et l'autre aux soins qu'ils prenaient de leurs convives ; mais, le moment étant venu, les félicitations ne leur manquèrent pas, et, si ce fut encore une infraction à la réserve ordinaire que commandent le rang et la position des sommités sociales, il ne fut pas un de nous, sans en excepter le chef de division, qui n'adressât à P*** et à sa femme un juste tribut d'éloges. Mon ami eut la délicatesse de m'en attribuer une bonne part, et dès lors de nouveaux liens semblant s'être établis entre tous ceux que réunissait la circonstance, la gaieté devint de plus en plus communicative.

Profitant de la disposition des esprits, à la suite d'un préambule que lui fournit un heureux à propos, mon ami fit deux propositions qui furent adoptées à l'unanimité, quoique l'une d'elles fut l'occasion, pour le chef de division, d'un de ces demi-sourires qui expriment plutôt une protestation qu'un assentiment. Telle fut donc la double proposition de mon ami :

— Ordinairement le café est froid au salon ; je propose de le prendre à table, pour ne pas quitter la zone du dîner ; et, subsidiairement, pour attendre le moment où le moka aura atteint son degré de température bienfaisant, je propose encore la chanson de table, ce vieil et bon usage de nos pères, qui nous permettra d'entendre certains refrains inédits, que quelques-uns de nos convives ne refuseront pas de nous faire connaître.

Ce fut moins par égard pour notre hôte, que par un entraînement général, qu'on applaudit à cette ouverture, qui assurait la prolongation des heureux délassements de l'esprit ; et, encore une fois, la sévère étiquette fut mise de côté.

Je passe condamnation à l'égard des rigoristes ; mais j'ai entrepris de narrer, et mes lecteurs ne liront pas le chapitre suivant s'ils ont perdu toute sympathie pour la chanson de table, dont je me déclare le partisan dans les réunions intimes, et qui fit si souvent la joie de la table, et fut pour nos pères la plus douce clôture des festins où les liens de la famille se fortifiaient de ceux de l'amitié.

V

LA CHANSON DE TABLE. — LA MUSIQUE AU SALON.

Joyeux intermède, lutte aimable de l'esprit et de la gaieté, dette payée à la libérale hospitalité, la chanson de table eut longtemps en France de nombreux interprètes ; expression de la joie bouffonne du peuple, écho de la spirituelle gaieté des poëtes, ses refrains devenaient la conclusion obligée de la plus modeste fête de famille ; ils résonnaient sous les lambris dorés, à la fin des repas somptueux de l'opulence. Pour en perpétuer le souvenir, et pour en mieux conserver l'usage traditionnel, les adeptes de la chanson fondèrent des réunions périodiques, où les poëtes vinrent demander à la table de délicieuses inspirations, et dès lors la gaieté française eut un centre dont la féconde verve popularisa de piquantes saillies, de spirituelles épigrammes, d'ingénieuses critiques.

Continuant l'œuvre de leurs joyeux devanciers, les Laujon, les Désaugiers, les Capelle, les Armand Gouffé, les Piis, les Barré, les Brazier, vulgarisèrent la chanson, jusqu'au moment où un poëte national, s'emparant de sa forme légère pour chanter le deuil de la patrie, les revers de la nation, les fautes du pouvoir, masqua de ses refrains heureux une satire virulente des actes du gouvernement. C'est ainsi que la chanson de table céda le pas à la chanson politique. La hauteur à laquelle est parvenue celle-ci indique assez qu'elle ne pouvait être qu'une époque de transition. La lyre de Béranger ne résonne plus ; elle a assez retenti pour la gloire du poëte ; elle a accompli son œuvre : où cessent les causes, tombent aussi les effets !

La chanson de table ne pouvait être condamnée à un silence éternel : engourdie sous l'effort de dissensions intestines, elle ne donna qu'à de longs intervalles des signes de sa vitalité ; mais elle ne pouvait à toujours renoncer à ses droits, aux lois de son antique origine ! Qu'étaient les parasites de la Grèce et de Rome, sinon d'aimables conteurs, de joyeux convives, de renommés chanteurs ? Les bardes n'égayaient-ils pas de leurs chants nomades les festins des hauts seigneurs, des puissants barons ? Henri IV n'a-t-il pas fait entendre à la table de Michaud une gaie chansonnette ? Nos pères ont-ils jamais manqué, dans les solennelles occasions de leurs repas de famille, d'être eux-mêmes les boute-en-train de la bonne humeur et de la franche gaieté ?

Qu'importe qu'une étiquette arrogante et futile proscrive cette expression de la douce joie, de la familière expansion ? nous ne sommes plus au temps où l'on se faisait gloire d'être le singe du maître. Nous n'avons pas la prétention de dicter des lois et de proscrire les usages de l'aristocratie sociale, pas plus que nous ne voulons souffrir qu'on mette des bornes à nos plaisirs décents, à nos heureux délassements. La chanson française, la chanson de table est une des gloires de notre caractère, et nous y voulons rester fidèles.

Tout cela, lecteurs, est l'abrégé le plus concis, le plus succinct de la conversation qui suivit la proposition de mon ami P***, et dans laquelle il s'exprima avec une chaleureuse conviction. Quoique je ne chante jamais, j'ai quelquefois fait chanter les autres ; je me déclarai donc un zélé partisan de la chanson de table, et j'approuvai du geste et de la voix, quoiqu'avec une modeste réserve, tout ce qui fut dit sur ce léger poëme, production si caractéristique de notre verve française.

Enfin, de cette conversation animée, sortit l'effet qu'en attendait P*** ; sommé de donner l'exemple, il n'hésita pas un moment, et chanta les couplets suivants, préparés sans doute pour la circonstance :

MES VINGT ANS.

Versez amis, et versez à la ronde
Le doux nectar dont l'arôme enivrant
De mon esprit éveille la faconde
Et de ma verve excite le penchant.
Faites germer, dans ma coupe chérie,
Les belles fleurs dont s'orna mon printemps :
Remplissez-la quand je l'aurai tarie,
Pour qu'avec vous j'aie encor mes vingt ans !

Vingt ans, amis, quel brillant apanage !
Un cœur brûlant, une forte santé,

Tous les attraits qui parent le jeune âge,
Tous les élans d'une aimable gaîté.
Ah ! par vos soins, que ma coupe chérie
Donne à ma voix l'éclat de son printemps,
Et que, vieillard, je retrouve la vie
Que je menais quand j'avais mes vingt ans !

Infortuné, que poursuit la misère,
Je rêverai tes destins plus heureux ;
Plus que jamais, si ma bourse est légère,
Partageons-la, car elle est à tous deux :
Bois à longs traits dans ma coupe chérie,
Elle est l'oubli de chagrins dévorants,
Et cueille encor, au déclin de ta vie,
Les belles fleurs qu'on moissonne à vingt ans.

Petit oiseau se perche et se repose
Sur le rameau que va briser le vent,
Et sur la tige où s'incline la rose,
Zéphyr conduit un souffle caressant.
Chagrins, plaisirs, se partagent la vie ;
Le froid hiver succède au doux printemps ;
Moi, quand je bois à ma coupe chérie,
Quoique vieillard, j'ai toujours mes vingt ans !

De votre esprit aiguisez la saillie,
Que votre verve étincelle en bons mots !
Par une adroite et fine raillerie
Frappez le vice et flagellez les sots.
La coupe amère, où s'épanche la vie,
N'est point pour vous : elle est pour les méchants ;
Laissez-la-leur ! Qu'ils en boivent la lie.
Fait-on le mal, quand on n'a que vingt ans ?

Chantez le cœur et l'exquise tendresse
De la beauté dont vous briguez la foi ;
Chantez l'amour, sa chaste et douce ivresse ;
Du tendre hymen chantez aussi la loi.
Chantez le Dieu dont ma coupe chérie
Reçoit ici le plus doux des présents :
Doux sentiments embellissent la vie ;
On les a tous, quand on n'a que vingt ans !

Après mon ami, dont les *Vingt ans* lui valurent les félicitations de ses convives, vint le tour d'un homme de lettres, qui s'excusa de ne pouvoir payer sa dette à la chanson. Une affection encore récente du larynx était une excuse trop légitime pour que nous insistassions ; mais, désirant faire preuve de bonne volonté, il me proposa de lire pour lui quelques vers,

improvisés à l'occasion des deux jeunes époux
qui se trouvaient parmi nous.

Je me chargeai volontiers de la mission, et,
tant bien que mal, je lus ce qui suit :

LE BANDEAU DE L'AMOUR.

Le Dieu charmant dont Vénus est la mère,
 Le bel enfant de la belle Cypris,
 Avait, un jour, mérité qu'à Cythère
On éloignât de lui les Grâces et les Ris :
 Le Dieu d'Amour était en pénitence !

Pour lui, plus de doux jeux, de folâtres plaisirs,
 Mais du chagrin les douloureux soupirs ;
Et puis, pour ajouter encore à sa souffrance,
  On a couvert ses beaux yeux
  D'un voile que mouillent ses larmes !

Mortels, plaignez le Dieu dont vous vantez les charmes:
  Il est aveugle, malheureux !...
L'azur brillant du ciel, les beautés de la terre
Sont éclipsés pour lui. Plaignez, plaignez l'Amour !

Mais, que dis-je ?... comment ?... par quel heureux
L'air s'est-il agité sous son aile légère ? [retour
Ses pleurs ne coulent plus !... Il frémit !... De ses
 Il a saisi mainte flèche rapide ; [doigts
  Et quoiqu'il prenne en son carquois,
  Jamais son carquois ne se vide !

  Plus prompt que les éclairs,
  Mille traits ont franchi les airs,
Ont percé mille cœurs, causé mille blessures,
Et le monde est l'écho de douloureux murmures !

  De Thisbé la funeste mort,
  Le destin cruel de Pyrame,
  Font même vie et même sort
  Aux amants qu'unit même flamme !

L'Amour a confondu les âges et les temps :
Le vieillard a brûlé des feux de la jeunesse,
Et l'hiver a voulu détrôner le printemps !

Aux autels de Vénus on prodigue l'encens :
  Là, des regrets et de plaintifs accents ;
  Ici, les chœurs d'une amoureuse ivresse !

  Jamais, depuis que la belle déesse
Apparut dans l'Olympe à l'œil ravi des dieux,
Jamais tant de soupirs, de larmes et de vœux !
 Qu'a fait l'Amour ?... On le cherche..., on l'appelle !
Il s'avance aussitôt ; mais le malin enfant
Se penche sur son arc et, d'un pas chancelant,
Affecte de Titan la vieillesse éternelle.

« Qu'avez-vous fait, mon fils ?... Jupiter en courroux
« Se plaint de votre mère,... et je me plains de vous !
 « Vous avez embrasé la terre,
 « En aveugle, vos traits ont tous été lancés ! »

— « En aveugle ! En effet, vous l'avez dit, ma mère !
« Mais si, d'un voile épais mes yeux embarrassés,
« A ceux que j'ai frappés ont causé tant de larmes,
« Pour apaiser l'effet de mortelles alarmes,
 « Arrachez le bandeau fatal
« Qui recouvre ma vue et qui fit tout le mal ! »

  Soit raison ou tendresse,
  Promptement, la belle déesse
Accomplit le désir du petit dieu malin.

Mais, pour se garantir de son esprit mutin,
Par le conseil de Mars, ou celui de Vulcain,
 On résolut au céleste Empyrée,
Et la loi fut écrite au livre du Destin,
Que la flèche d'Amour, à la pointe acérée,
Serait, à l'avenir, constamment épurée
 Par le doux flambeau de l'Hymen !

 O vous que l'Amour et son frère,
L'un armé de ses traits, l'autre de son flambeau,
 Ont réunis : que ce jour vous soit beau !
« Le sort le plus heureux, c'est un hymen prospère ! »
 Savourez-en le bonheur.
Qu'aussi bien que Plutus, Junon vous soit propice :
Vivez toujours amants ; qu'importe qu'on vieillisse,
 Si jamais ne vieillit le cœur !

Après la lecture de ce pastiche mytholo-
gique, que la jeune épouse écouta d'abord avec
un certain embarras, mais dont la conclusion
répondait trop aux désirs secrets de son cœur
pour qu'elle n'en fût pas émue, un des magistrats donna sa sanction à tout ce qui avait été

dit sur la chanson, en nous faisant entendre une de ces bonnes inspirations du cœur et de la gaieté, dans laquelle la gravité du juge aus- tère s'effaça, pour ne plus nous montrer que la joyeuse humeur de l'aimable épicurien. Voici sa chanson :

UNE LEÇON DE MORALE A MES FILS.

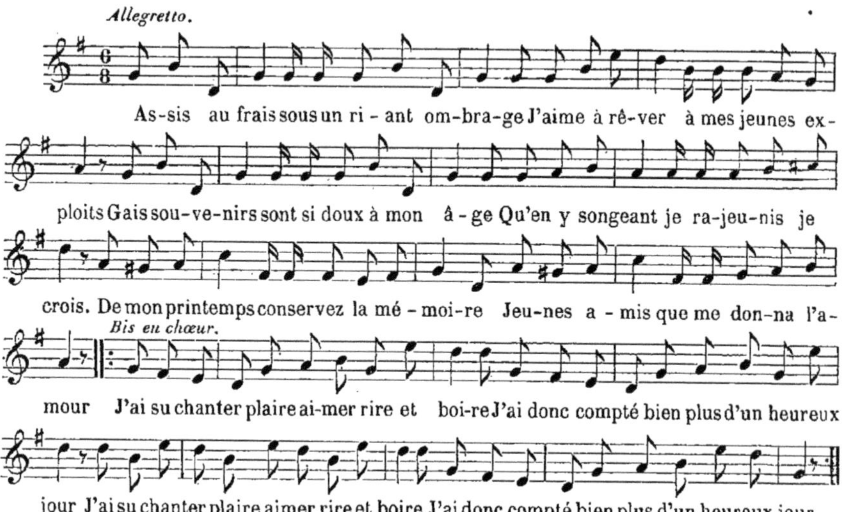

Assis au frais, sous un riant ombrage,
J'aime à rêver à mes jeunes exploits.
Gais souvenirs sont si doux à mon âge,
Qu'en y songeant, je rajeunis, je crois.
De mon printemps conservez la mémoire,
Jeunes amis que me donna l'amour :
J'ai su chanter, plaire, aimer, rire et boire;
J'ai donc compté bien plus d'un heureux jour.

Alice avait, dès sa tendre jeunesse,
Sur votre père exercé son pouvoir;
J'osai pour elle aborder le Permesse,
Et j'essayai les chants du gai-savoir;
De mes refrains elle orna sa mémoire
Et les reçut comme un gage d'amour.
J'ai su chanter, plaire, aimer, rire et boire;
J'ai donc compté bien plus d'un heureux jour.

Sans vous parler de ma sotte figure,
J'eus mes vingt ans, je fus frais et dispos;
De quelque esprit bonne dame nature
M'avait doué : ce don vint à propos

Si de mes traits on perdit la mémoire,
C'est que parfois est aveugle l'Amour.
J'ai su chanter, plaire, aimer rire et boire;
J'ai donc compté bien plus d'un heureux jour.

Mais à mon cœur il fallait autre chose :
Trois beaux enfants couronnèrent mes vœux;
Et si l'Hymen fit alors une pause,
Ce fut, enfants, pour vous en aimer mieux !
Or, de tous trois, si j'ai bonne mémoire,
Vous le savez, doux fruits de mon amour,
J'ai su chanter, plaire, aimer, rire et boire;
J'ai donc compté bien plus d'un heureux jour.

J'ai ri des fous dont se peuple le monde;
J'ai ri du fat, égoïste embourbé;
J'ai ri de l'or que répand à la ronde
Le financier pour trouver une Hébé;
J'ai ri de ceux qui perdent la mémoire
D'un mutuel et légitime amour :
J'ai su chanter, plaire, aimer, rire et boire;
J'ai donc compté bien plus d'un heureux jour.

Quand de l'aï la mousse pétillante
En fermentant me montait au cerveau,
La vie alors m'était douce et riante,
L'air toujours frais et le ciel toujours beau,
Des faux amis je perdais la mémoire;
Tous les échos, pour moi, disaient : « Amour! »
J'ai su chanter, plaire, aimer, rire et boire;
J'ai donc compté bien plus d'un heureux jour.

Au froid mentor dont la morale austère
Ne se traduit qu'en stériles leçons,
Chantez, enfants, les airs de votre père,
Chantez-les même à vos jeunes garçons !
De ce refrain conservez la mémoire,
Et puissiez-vous redire avec amour :
J'ai su chanter, plaire, aimer, rire et boire;
J'ai donc compté bien plus d'un heureux jour.

La *Leçon de morale* eut de l'écho, et le refrain en fut répété avec un entrain remarquable.

Un spirituel journaliste, dont le tour était venu, annonça des couplets sur la liberté. A cette annonce, toutes les oreilles se dressèrent, tous les regards se dirigèrent sur celui qui venait de prononcer ce mot. Ceux qui connaissaient particulièrement l'écrivain politique, et qui savaient à quel organe de la presse il prêtait l'appui de sa plume, redoutèrent qu'une trop libre expression de sa pensée ne produisit dans notre joyeuse réunion un conflit d'opinions de nature à en troubler le charme, ils ne purent dissimuler un anxieux embarras : le chef de division fit la grimace; P*** ne parut pas sans inquiétude; les magistrats seuls conservèrent le calme qui ne les abandonne pas dans les circonstances les plus graves.

Après avoir promené sur son auditoire un coup d'œil qui lui permit de distinguer l'impression produite, comme il arrive souvent à certains membres de la représentation nationale, dans une circonstance analogue, le malin chanteur répéta le même mot avec la même assurance :

LA LIBERTÉ :

et il entonna aussitôt le premier couplet, dont l'audition fit évanouir toutes les craintes et disposa favorablement chacun de nous. J'ai la mémoire heureuse, et je rapporte sa chanson dans les termes fidèles de sa composition :

La liberté ! c'est le mot à la mode ;
On le proclame, on le jette partout ;
Nos députés l'ont écrit dans le Code,
On l'a gravé dans le temple du Goût.
En le dotant et d'un corps et d'une âme,
On en a fait un type, un mythe, enfin,
On en a fait une fille, une femme.
Qu'en dites-vous ? Moi, je n'y comprends rien.

Certain poète à la verve énergique,
Au cœur brûlant, nouveau Pygmalion,
S'est écrié, dans son vers ïambique :
« La liberté ! c'est la femme-lion !
C'est un athlète à la forte mamelle,
L'aigle planant au champ aérien ! »
Mais c'est aussi la colombe fidèle !
Qu'en dites-vous ? Moi, je n'y comprends rien.

Homme d'État et rusé politique,
Certain ministre avide du pouvoir,
En nous leurrant d'un rêve chimérique,
A cette idole a jeté l'encensoir.
« La liberté, citoyens que j'honore,
Avait-il dit : c'est le suprême bien ! »
Mais il l'enchaîne ! A ces chaînes qu'il dore,
Que dites-vous ? Moi, je n'y comprends rien.

Tel député, pour briguer tel suffrage
Se fait garant de notre liberté :
Il est élu ; mais un autre entourage,
Un autre flot l'a bien vite emporté !
Tout aussitôt s'escrime la censure :
« C'est un perfide. — Il est homme de bien.
— Il est loyal. — Il est traître et parjure. »
Qu'en dites-vous ? Moi, je n'y comprends rien.

Fidèle au culte, aux lois de Melpomène,
Que nos auteurs ont réduite aux abois,
Souvent encor je veux revoir la scène
Qui fut si belle et si grande autrefois ;
Mais, des claqueurs si bravant la cohorte,
Je dis tout haut : « La pièce ne vaut rien ! »
La liberté me fait mettre à la porte.
Qu'en dites-vous ? Moi, je n'y comprends rien.

Si Béranger, digne émule d'Horace,
Chantre immortel de notre liberté,
A l'Institut n'a pas encore sa place,
Honneur en soit à sa noble fierté !
De ses rivaux dont l'épine dorsale
Est plus flexible, il flétrit le maintien :
Quoi qu'il en soit, ils occupent sa stalle.
Qu'en dites-vous ? Moi, je n'y comprends rien.

La liberté, serait-ce une chimère,
Un vain fantôme, un leurre dangereux ?
Quand cependant sous sa large bannière
Se sont rangés tant de cœurs généreux !
Est-ce une femme horrible et sanguinaire?
Est-ce une vierge au pudique maintien?
Doit-elle perdre ou consoler la terre?
Qu'en dites-vous? Moi, je n'y comprends rien.

Quoique des oreilles chatouilleuses eussent pu trouver quelques-uns de ces couplets plus que hasardés, on convint généralement de la facile tournure du chansonnier : on lui accorda le mérite de l'originalité ; et si, pour certains de nous, l'idée de l'auteur perça malgré l'expression du doute dont il l'avait revêtue, pour la plupart, la forme emporta le fond. Les magistrats rirent à gorge déployée ; le chef de division partagea leur hilarité, et la liberté du journaliste obtint, cette fois, l'approbation unanime.

D'autres convives puisèrent aux sources fécondes du gai-savoir : ils eurent le bon esprit de ne faire entendre les gais refrains de Béranger et de Désaugiers, qu'à la suite de ceux que j'ai rapportés ; de sorte que, si ces derniers provoquèrent un entraînement général, ils n'enlevèrent point aux premiers le mérite de la nouveauté.

Enfin, arriva le café ; moka délicieux, dont la brûlante liqueur fut servie dans des porcelaines de la Chine et du Japon, et dont le bienfaisant arôme eût suffi pour raffermir notre cerveau, si le syracuse et le chypre, dont la chanson avait provoqué la circulation, eussent pu en déplacer l'équilibre.

Les liqueurs les plus fines. le rhum le plus vieux, le kirsch-wasser le plus limpide et le plus moelleux, ajoutèrent un nouveau fleuron

à la couronne de gourmet de mon ami, et je doute que jamais il ait éprouvé un plaisir plus grand que celui que lui causèrent les paroles suivantes, qui lui furent adressées comme un arrêt souverain, par un conseiller de la Cour royale, au moment où nous passions au salon : « *Vos pareils à deux fois ne se font point connaître !* »

Ou je ne connais pas mon ami, ou le conseiller sera un des premiers conviés à la prochaine fête que donnera P***, me dis-je, en entendant cette citation apologétique.

Le salon brillait de mille feux ; cependant, grâce à de prudentes précautions, l'air y circulait frais et embaumé, et ce changement de température, habilement ménagé, suppléait, quoique imparfaitement pour mon ami, aux agréables promenades qu'il faisait, après dîner, dans son délicieux jardin de V*** ; il nous plaçait dans une atmosphère des plus favorables à la digestion.

La gaieté se prolongea, mais sous des formes moins bruyantes. Le salon imprime toujours une certaine réserve, dont la portée, pour l'observateur, est surtout hygiénique : si le travail le moins pénible exige quelques moments de repos, l'exercice animé de la table réclame lui-même un calme bienfaisant, et l'esprit, excité par une tendance continue des organes gastriques, aime à trouver, comme lénitif à cette excitation, un milieu dans lequel la pensée, dégagée des mille circonstances qui ailleurs la sollicitaient, devient d'autant mieux un souvenir du passé, que les distractions du présent sont moins fréquentes.

Là ne se termina pas la fête de l'installation. A peine sortis de la salle à manger, que nous avions occupée trois bonnes heures, le salon prit un nouvel aspect, les siéges se garnirent de jeunes et jolies femmes, d'hommes aux bonnes manières. Avant que la fraîcheur de cette nouvelle galerie n'eût étalé toutes les fleurs du printemps et de la jeunesse, j'avais craint, en voyant le piano ouvert, que mon ami ne nous réservât une de ces distractions banales qu'on obtient de la bonne volonté de ses convives, ou dont, malgré elle, la maîtresse de maison fait seule les frais ; mais, rassuré par la

connaissance intime que j'ai du savoir-vivre de P***, je repoussai cette crainte frivole. Mon ami a le goût aussi exercé que l'ouïe délicate, et son aversion pour le dîner sans façon est aussi forte que son dédain pour la musique d'amateurs est prononcé.

Il s'agissait bien d'autres choses, vraiment !

Un trio de Beethoven, pour piano, violon et violoncelle, fut admirablement exécuté par Mme L*** et MM. M*** et O***.

La voix gracieuse et brillante de Mme S*** nous fit goûter le charme de romances auxquelles la flexibilité de son talent sait donner un prix infini. A ces artistes distingués, en succédèrent d'autres ; la soirée se prolongea dans une succession de douces impressions et d'agréables surprises.

Durant les intervalles de l'intermède musical, je causais avec le conseiller, dont l'heureuse citation avait été pour P*** le plus vrai, mais le plus ingénieux des éloges :

— Notre ami, me dit-il, a un tact admirable ; il a épuisé toutes les ressources de l'art pour rendre sa fête charmante, et *pendre ainsi une crémaillère*, c'est faire preuve d'une connaissance profonde dans la science du *bien vivre*.

Toujours prompt à me saisir de l'expérience d'autrui, je m'applaudis de cette ouverture, en ce qu'elle me fournissait l'occasion d'une définition que, jusqu'alors, j'ai soigneusement évitée. Je me gardai bien d'un assentiment complet, et ne répondis à cette observation que par des mots dont le sens, ne détruisant pas l'opinion exprimée, laissait cependant percer quelque doute.

— La science du *bien vivre*, dis-je, c'est l'écueil de l'homme du monde !

— Je crains, me répondit le conseiller, que nous n'envisagions pas au même point de vue cette science qui, il est vrai, composée d'une myriade d'éléments, se résume cependant par des principes fondamentaux, dont l'observation assure à tous un bonheur relatif. Le *bien* vivre ne consiste que dans la satisfaction des sens, subordonnée aux lois de la santé : il est dans le pot-au-feu du pauvre, dans la poule-au-pot de l'artisan, dans la table somptueuse du riche. Bien vivre, c'est céder d'abord aux besoins impérieux de l'appétit, dans les limites prescrites par l'hygiène ; c'est procéder, avec une sage lenteur, à cette satisfaction indispensable au maintien de la vie ; c'est savoir se garantir, par un choix de sains et bons aliments, des lésions que la voracité détermine dans les organes gastriques ; c'est fixer, d'une manière invariable, les heures du repas, et les coordonner toujours avec le plus ou moins grand développement des autres organes, avec la durée imprescriptible du sommeil. L'ordinaire le plus simple, la vie la plus modeste, produiront toujours, sous l'empire de ces lois primordiales, le bien vivre dont j'entends parler.

« Si nous sortons de la loi commune, pour en revenir à l'exception dans laquelle vous et moi sommes heureux de nous compter, les principes sont les mêmes ; mais alors de nombreuses circonstances en étendent ou en modifient l'observation pour la rendre plus stricte et plus rigoureuse.

« *Bien vivre*, pour vous et pour moi, pour ceux qui occupent une position analogue, comme pour ceux dont le rang social est culminant, c'est atteindre les dernières limites de la science ; mais alors son étude devient sérieuse, et ses préceptes prennent une large extension.

« Le luxe, compagnon inséparable de la civilisation, suit pas à pas les progrès de celle-ci ; mais, dans notre beau pays, l'un et l'autre rivalisant d'efforts, trop souvent leur rivalité devient l'écueil de leur développement. On sacrifie si facilement à ces deux exigences de l'époque, que la prodigalité resserre dans ses plus étroites limites toutes les ressources dont une sage prévoyance sait prolonger la durée !

« Si la fortune a souri aux entreprises de la plupart, si elle a récompensé leurs travaux et amélioré leur position, vous les voyez bientôt prendre pour habitude ce qui n'est permis que comme favorable distraction ; entraînés par le torrent et séduits par le charme attrayant du plaisir, ils acceptent pour règle ce qui n'est que l'exception : ils vivent vite, mais ne vivent pas longtemps.

« Que direz-vous du luxe effréné d'un de nos modernes littérateurs dont, il est vrai, la fécondité est remarquable, mais dont les ouvrages forment toute la fortune, et qui paye 2000 fr. par mois pour la location des cristaux, de la porcelaine et de l'argenterie de sa table, afin de déployer tout le faste de l'opulence dans les dîners qu'il donne à Paris, quand il a, ailleurs, une maison montée ? Misère !

« Que pensez-vous de ces jeunes écervelés qui, à peine en possession de leur patrimoine, dévorent, en deux ou trois ans, l'héritage de leurs pères, et se ruinent pour enrichir les restaurants et les cafés du boulevard des Italiens ? Folie !

« Que pensez-vous encore de ceux qui, pour afficher la somptuosité et donner, de loin en loin, à leurs festins, l'éclat de l'opulence, s'imposent des privations journalières, afin de paraître ce qu'ils ne sont pas? Indigne vanité! Charlatanisme de l'orgueil, qui cache sous les dehors du luxe une misérable nudité!

« Le *bien vivre* n'est compris que par ceux qui le font reposer sur les bases inaltérables de l'ordre et de la durée ; qui, hommes de tact et d'expérience, se soumettent à ses lois, selon les temps, les circonstances et les lieux, et savent en jouir sans danger pour leur fortune, sans crainte pour leur santé.

« Je vous disais que notre ami possède la science du bien vivre : je ne rends jamais un arrêt sans le motiver. Il nous a traités selon son rang ; mais je le crois trop prudent pour ne pas avoir demandé à sa réserve les dépenses causées par sa fête d'installation. Son dîner a été servi dans toutes les règles de l'art, avec la somptuosité que permet la fortune, avec la délicatesse d'un goût exercé : le confortable y a disparu sous le magique apprêt d'une rare préparation ; la douce intimité, la franche gaieté, l'ont constamment animé ; les usages et le ton de la bonne compagnie y ont régné, tout en se dégageant d'une froide et rigoureuse étiquette: le convive y a participé de l'amabilité de la maîtresse de la maison. Celle-ci, livrée aux soins d'une libérale hospitalité, a fait les honneurs de sa table avec une finesse d'observation qui n'appartient qu'aux femmes ; et si son mari, j'aime le répéter, a la science du bien vivre, elle possède au même degré celle du savoir-vivre.

« Le bien vivre, à mon avis, ne consiste pas uniquement dans la satisfaction que procure une table somptueusement servie, mais dans les mille circonstances qui flattent le goût sans préoccuper la pensée, sans affecter la conscience. Je m'explique : à la médiocrité, une nourriture saine et variée ; à l'aisance, une recherche plus marquée, et, de temps à autre, la pompe du festin ; à l'opulence, le luxe et l'abondance, tempérés par un habile discernement ; mais, dans chacune de ces conditions, on doit étudier les circonstances qui y sont relatives, et sans lesquelles la vie n'est plus qu'une habitude animale, un besoin auquel on cède par nécessité, besoin qui s'éteint dans la satiété et qui sacrifie à l'abdomen toutes les jouissances que le palais seul sait goûter.

« Au repas quotidien de la famille, comme au festin dont elle prépare la fête, la sécurité de celui qui préside sera l'âme des plaisirs décents de la table, et ceux-ci se transformeront bientôt en une joyeuse humeur.

« Quel que soit le bon dîner qu'il offre, si l'amphitryon y a sacrifié ses dernières ressources ; si, pour le servir splendide, il a prélevé un impôt forcé sur ses revenus ; s'il a voulu briller un moment, pour se nourrir ensuite de dures privations, sa gêne, son embarras perceront malgré lui, et sa propre contrainte, entraînant celle de ses convives, enlèvera à sa réunion le charme attrayant que procure la table.

« Le bon dîner d'un pauvre diable est un remords pesant sur la conscience de ses invités. C'est l'anti-digestif le plus violent que je connaisse.

« Aujourd'hui, voyez quel effet a produit la fête de notre ami sur chacun de ceux qu'il y a admis. Dégagé de préoccupations, il s'est entièrement livré aux soins d'une libérale hospitalité. Admirablement secondé par sa femme, dont j'étais l'heureux voisin, et dont j'ai admiré la grâce et l'esprit en même temps que la douce affabilité, tous se sont bientôt placés à l'unisson du couple aimable ; aussi l'expansion a-t-elle été générale, et a-t-elle donné un nouveau prix à l'ordre, à la richesse et à l'élégance des trois services qui se sont succédé comme par enchantement. Voilà ce que j'appelle vivre, et bien vivre !

« Des gourmets trop sensuels, des épicuriens trop rigoristes blâment la musique au salon à la suite du dîner. Je me ris de leur blâme, et, si peu musicien que je sois, je trouve au contraire que c'est le plus agréable passe-temps que l'hôte intelligent puisse offrir à ses convives.

« La politique est devenue le thème obligé des discussions du salon ; elle y remplace les spirituelles causeries, les anecdotes du jour, les piquants entretiens, qui longtemps eurent le privilége de commander l'intérêt et de fixer agréablement l'attention. De notre temps, comme du temps de notre célèbre aristarque, un bon dîner fournit au plus muet des paroles ; la politique domine la conversation, et chacun se précipitant sur cette voie glissante et périlleuse, les plus singulières théories, les maximes les plus opposées se heurtent et se croisent ; on s'égare dans le dédale des voies et moyens, le juste-milieu se débat sous l'étreinte convulsive des extrêmes ; le salon se transforme en une arène où la force des poumons l'emporte sur la force de la raison ; les faits se dénaturent, les principes s'altèrent, de telle sorte que, tombée dans un inextricable chaos de preuves et de raisonnements, la pensée première se confond et se perd sans qu'il soit possible d'en ressaisir la trace.

« Cette pernicieuse habitude est encore un anti-digestif dont le gastronome expert saura toujours se garantir.

« Quand, au lieu de cette singulière manie de bavardage politique, je trouve, après un succulent repas, un calme salutaire ; quand je fais partie d'un cercle choisi où mes yeux passent de la fleur la plus fraîche à la plus jolie figure, et que ce calme lui-même est interrompu par des voix mélodieuses et des accords ravissants, je me complais dans l'immobilité, et je rends grâce à celui qui, après avoir exercé mon goût et mon odorat, flatte ma vue et charme mon ouïe.

« Jouir modérément du plaisir, c'est savoir en savourer les charmes.

« Tout cela, ajouta le conseiller, est quelque peu sensuel ; mais il est si bon de l'être quelquefois ! *Cras iterabimus æquor !* »

Un air varié sur la harpe, exécuté par J. T. avec le talent et la prestigieuse habileté que lui reconnaît la belle G....., qui ne souffrirait pas pour son chant admirable un autre accompagnateur, interrompit la digression, dont je puis dire avec Voltaire : « Si ce ne sont ses paroles expresses, c'en est le sens. »

Après l'exécution de l'air varié qui enleva tous les suffrages, mon interlocuteur reprit son thème favori ; mais l'envisageant sous un autre aspect, ses piquantes observations roulèrent sur les excès de la table. J'aurai l'occasion d'en rapporter quelques-unes en traitant de *l'art culinaire en province.*

PORTRAIT DE BÉRANGER.

Nous devons à deux artistes distingués la musique des chansons qui se trouvent dans ce chapitre. M. Jules Tariot a composé celle de la première, M. Savart celle des deux autres. Nos lecteurs apprécieront le mérite de cette bienveillante collaboration.

Nous plaçons à la fin de la première partie l'accompagnement pour piano du premier de ces airs.

(Note de l'éditeur.)

VI

LE SAVOIR VIVRE. — MAXIMES ET PENSÉES.

ᴇ bien vivre m'avait été défini d'une manière si précise et si rigoureuse, que, peu soucieux d'encourir les reproches de plagiaire, je me hâtai à mon retour de transcrire sur mes notes une partie de la conversation que j'ai rapportée dans le chapitre précédent. Tout en me félicitant du hasard heureux qui m'offrait l'occasion de donner à cette définition la sanction de l'expérience, je m'applaudissais de la nouvelle circonstance qui me permettait de satisfaire à l'exigence de mes lecteurs et de leur transmettre, sans beaucoup d'efforts, — on a déjà dû remarquer plus d'une fois que je me pique moins d'originalité que d'une certaine exactitude de reproduction, — de leur transmettre, dis-je, sans beaucoup d'efforts les opinions d'autrui, et de donner ainsi à ma *Monographie* tout le développement que comporte son sujet.

Toutefois, j'en étais au regret de n'avoir pas recueilli tous les renseignements que pouvait me fournir l'homme bienveillant et spirituel qui, m'enlevant la responsabilité d'une définition périlleuse, me laissait cependant dans un embarras dont mes propres forces ne suffisaient pas pour me tirer.

En effet, mon habile interlocuteur avait défini le *bien vivre*, et n'avait glissé qu'en passant sur une autre règle de la vie, tellement

inhérente à la première, que sans l'une, l'autre ne se comprend plus : savoir vivre est le corollaire immédiat du bien vivre; il en est le complément obligé. Définir l'un et négliger l'autre, c'était faire preuve d'inhabileté, d'impéritie; c'était laisser inachevée une œuvre dans laquelle mon amour-propre se trouvait fortement engagé, et l'amour-propre du plus humble auteur a, je dois en convenir, une certaine dose de susceptibilité.

Je serais volontiers allé trouver mon conseiller; mais cette démarche m'obligeait à un aveu dont, pour mon chatouilleux orgueil, le remède eût été pire que le mal. Cependant je tenais à une définition. Vingt fois j'avais inutilement taillé mon crayon, et ma pensée rebelle ne produisait que de vains mots. De dépit, laissant de côté mon bureau, je feuilletai sans succès tous les dictionnaires, et j'en étais arrivé à biaiser, à prendre un *mezzo termine* qui, en mettant à couvert ma susceptibilité, me fournissait un moyen de transaction où j'esquivais la difficulté sans trop compromettre mon importance, lorsqu'une de ces idées qui nous arrivent, comme l'ancre de salut au vaisseau naufragé, vint remettre à flot mon esprit battu par les vagues du découragement.

Nous étions au lendemain de la fête que j'ai décrite; j'avais entièrement abandonné mon travail, et m'étais réuni à ma famille et à quelques amis venus pour prendre le thé avec nous. La conversation, d'abord enjouée et égayée par certaines anecdotes du jour, devenait languissante, sans doute par l'effet de la préoccupation de mon esprit, lorsque ma fille

— c'était tout à fait de son âge — proposa un tour de jeux innocents. Chacun applaudit à la proposition de l'enfant; mais pour se conformer à une règle invariable établie par ma femme, ce fut celle-ci qui désigna le jeu. Celui du *secrétaire*, choisi par elle, m'ayant fait remarquer une assez grande facilité d'expression dans les rédactions qui furent lues à haute voix, je crus pouvoir tirer parti de la circonstance, et ayant été appelé par ma fille pour fixer les conditions dont l'exécution permettrait le rachat des gages, je m'arrangeai de telle sorte que j'exigeai, contre leur remise, une nouvelle rédaction dont je déterminai vaguement le sujet, mais dont la pensée se rattachait essentiellement au savoir-vivre dans la spécialité de la table.

Les pénitences donnèrent un nouvel attrait au jeu, et j'en prolongeai tellement la durée, que bientôt je me trouvai en possession d'une foule de pensées que je transcris ici, et qui se rapportent si bien à mon idée principale, qu'elles viennent merveilleusement au secours de mon insuffisance et me permettent de combler une lacune qui ne laisse reposer sur moi que la responsabilité de la publication, mais qui m'a préservé des douleurs de l'enfantement.

Voici le dépouillement de l'urne aux pénitences :

'OEIL du maître est la clef de l'ordre et de l'économie.

Les usages se perpétuent, les mots qui les expriment changent seuls : le savoir vivre, le bon ton, la bonne compagnie, ne sont pour les jeunes gens de notre époque que ce qu'était pour nos pères la civilité puérile et honnête.

Le coup d'œil bienveillant, l'aimable sourire de la maîtresse de la maison et de sa fille sont l'heureux pronostic d'une cordiale et douce hospitalité.

※

Savoir faire les honneurs de chez soi, c'est savoir oublier qu'on en est le maître.

※

Regardez à deux fois avant d'inviter un convive ; mais n'oubliez pas que dès que vous l'avez reçu, il est plus que votre hôte, il est votre ami.

※

L'affabilité ne s'apprend pas : c'est une expression naturelle du cœur qui se revêt de toutes les formes de la grâce.

※

Quand les femmes cessent d'être naturelles, elles cessent d'être affables.

※

Le convive le plus élevé par sa position sociale, le convive du rang le plus modeste, ont les mêmes droits à l'affabilité de leurs hôtes.

※

Ce ne sont ni les leçons du maître à danser, ni les jeux à la *madame*, ni l'affectation guindée du pensionnat, qui donnent à l'affabilité les formes attrayantes, qu'enseignent seulement la bienveillance et la candeur.

※

La cuisine est la pierre de touche de l'hospitalité.

※

L'administration domestique est la pierre angulaire de la prospérité de la famille.

En cuisine, comme en tout, ni trop ni trop peu.

※

En cuisine, qui veut la fin veut les moyens : la première règle de la durée du bien vivre consiste dans le maintien de l'équilibre entre le revenu et la dépense.

※

La parcimonie et la prodigalité sont les deux plus grands ennemis du bien vivre.

※

C'est à une prudente économie qu'il faut demander les moyens d'orner la table d'une parure inusitée, aux occasions où le cœur doit trouver, dans la libre allure du festin, le plaisir d'une douce expansion.

※

Nos mœurs progressent : on ne demande plus à boire, on demande à rire.

※

Rien n'aiguise l'esprit et la saillie comme un bon dîner.

※

Rien ne dilate le cerveau, rien n'enfante la gaieté comme les vins de la côte de Nuits, comme la mousse pétillante de l'aï pris modérément.

※

« Du sublime au ridicule, il n'y a qu'un pas », disait un grand homme. « De l'aimable gaieté à la folle ivresse, il n'y a qu'un doigt de vin », a dit le plus expert des gourmets.

※

« Peu et bon », dit le sobre. « Beaucoup et bien », dit le gastronome.

Le plus vif aiguillon de l'appétit, c'est la joyeuse humeur de l'amphitryon.

⌘

Offrir deux ou trois fois la même chose, ce n'est pas savoir faire les honneurs de chez soi, c'est devenir importun.

⌘

Laissez à vos convives le choix des vins que vous leur faites servir. Votre insistance sur tel ou tel crû n'est ni convenable ni de bon ton.

⌘

Proscrivez de votre table un mets dont le silence unanime a proclamé la condamnation.

⌘

A de certains intervalles, faites reparaître celui qui a enlevé tous les suffrages.

⌘

Récolter abondamment dans le champ de la variété, c'est moissonner à pleines mains dans les domaines du plaisir.

⌘

Jeune fille, si un convive indiscret s'écarte des préceptes du savoir vivre et franchit les limites des convenances, parlez-lui de votre mère, de votre père : le nom de la famille est la sauvegarde de la décence et de la pudeur.

⌘

Le convive qui ne sait pas observer les règles du savoir vivre doit éviter les réunions de la bonne compagnie. Sa place est à la taverne ; elle sera plus tard au cabaret.

⌘

La table n'est pas le champ clos de l'intem-

pérance ; elle est une lice aimable ouverte à l'appétit.

⌘

Il est rare qu'après une heure consacrée au festin, l'ingénuité et la fine saillie ne percent pas même chez l'homme le plus discret.

⌘

L'homme spirituel reconnaît les prévenances du festin par l'originalité de ses reparties.

⌘

A table, l'œil de la maîtresse de maison doit avoir la vivacité de celui de l'aigle et la douceur de celui de la colombe.

⌘

Il ne faut pas dire : « Mon premier service ne sera que passable ; le second en dédommagera mes convives. » Établissez le crescendo, — d'accord, — mais pour accroître le ravissement.

⌘

Discuter le menu est affaire importante ; mais le faire exécuter dans toutes les règles de l'art, c'est comprendre l'immense étendue de ses devoirs.

⌘

On prise volontiers le mérite d'un bon dîner ; on ne prise pas assez l'intelligence qui a présidé à son exécution.

⌘

Rien n'embarrasse un dîner comme la politesse qui offre, et la politesse qui refuse. Prenez et passez.

⌘

Acceptez le partage d'un fruit ; mais ne l'offrez jamais.

Tout ce qui compose chaque service doit être sans réserve à la disposition des convives; mais pour ceux-ci, ce serait ne pas savoir vivre que d'en provoquer la circulation.

※

Les cris et les gros rires sont aussi déplacés à table que ceux qui demandent qu'on leur fasse passer du *bouilli* et de la *volaille*.

※

Ce qui assure à la France une immense supériorité en civilisation, c'est son culte pour le bien vivre.

※

Il faut distinguer le bon vivant du viveur : le premier est de bonne tradition, le second est de mauvais ton. On n'est bon vivant que par occasion; le viveur l'est toujours.

※

Le viveur est aussi éloigné du bien vivre que le Hottentot de la civilisation.

※

Le viveur aime à manger seul : c'est le cachet de l'égoïsme.

※

Le viveur n'est que la charge du gastronome expert.

※

Si la place d'honneur est offerte au convive dont le rang social est le plus considérable, cette distinction n'est qu'une déférence et ne constitue pas un droit.

※

Les formes adoptées à table par la bonne compagnie sont des égards réciproques que se doivent les convives.

※

Les usages adoptés par la bonne compagnie ne sont point des entraves à la gaieté du festin; ils n'en proscrivent que les excès.

※

Le grand art de la maîtresse de maison consiste à traiter ses convives de manière à faire disparaître entre eux l'inégalité des rangs.

※

Ceux qui se plaignent des formes de la bonne compagnie ne sont pas des pères de famille.

※

Les habitudes de la table de famille sont les rudiments des usages adoptés par la bonne compagnie.

※

Ce qui prouve l'excellence de nos mœurs et le degré de notre civilisation, ce sont les formes exquises adoptées pour les usages de la table par la bonne compagnie.

※

Le savoir vivre est au bien vivre ce que l'esprit est au jugement.

※

Quoiqu'on parle à voix basse à table, il ne faut jamais que ce qui y est dit soit de nature à ne pas être entendu par l'ouïe la plus délicate.

※

Il est permis, il est nécessaire qu'une aimable gaieté assaisonne le repas. Il est du plus mauvais ton que les éclats de voix et les rires bruyants s'y fassent entendre.

※

Les discussions politiques ne sont pas seulement, à table, un anti-digestif; elles en éloignent la gaieté.

※

Chacun a ses faiblesses; mais l'amphitryon et la maîtresse de maison n'en doivent plus avoir aux jours de réception. Il faut que ceux qui s'asseoient à leur table se croient chez eux.

※

Acceptez le moins possible à dîner chez ceux qui réservent quelques-uns de leurs plats entiers et ne les font pas tous découper.

※

La vanité jointe à la parcimonie est une dette payée à l'étiquette; ce n'est plus un acte d'hospitalité.

※

Défiez-vous de ceux qui parlent de leurs dîners, qui vantent leurs vins : c'est l'orgueil de Diogène qui perce à travers les trous de son manteau.

L'esprit de la maîtresse de maison consiste surtout à faire briller celui de ses convives.

※

N'offrez jamais d'eau, et n'acceptez de vin que raisonnablement.

※

A table, gardez-vous du blâme; mais soyez circonspect pour la louange. S'extasier mal à propos, c'est faire souvent un sot compliment.

※

Une muette adhésion a plus de mérite qu'une approbation trop laudative.

※

Savoir placer ses convives à table, c'est faire preuve de goût et d'esprit. Le voisinage d'un aimable vieillard n'est point à dédaigner pour la jeune fille; celui d'une femme qu'a mûrie l'expérience est souvent pour le jeune homme une heureuse leçon.

※

« La gourmandise est, a-t-on dit, le vice des âmes sans étoffe. » Ne vous conduisez jamais de manière à donner à penser que vous avez l'âme dans l'estomac.

※

Si l'exactitude est la politesse des rois, elle est pour les convives un impérieux devoir.

L e moyen employé pour obvier à l'inconvénient de ma propre insuffisance ayant réussi à mon gré, je ne me suis fait aucun scrupule de la reproduction des pensées que l'on vient de lire. Je ne les offre ni comme des aphorismes ni comme des maximes auxquelles le nom de leur auteur donne une grave autorité; je les crois convenables, propres au sujet, et c'est seulement sous ce double rapport que je les présente, étayées du faible appui de ma responsabilité.

J'ajouterai cependant à ces pensées, dont certaines dénotent l'habitude et l'observation de la bonne compagnie, quelques réflexions qui tendront, sinon à justifier l'aspect moral que je me suis proposé de présenter, au moins le désir de demeurer fidèle à mes engagements.

Les progrès du savoir vivre sont manifestes, et l'on ne saurait trop répéter quelle heureuse influence exercent les usages du bon ton, les formes d'exquise politesse. Leur propagation de plus en plus répandue nivelle les positions sociales, et tend à faire disparaître les nuances tranchées qui séparèrent longtemps ce qu'on appelait la bourgeoisie de ce qu'on nomme encore la noblesse. On sait vivre dans le commerce et dans l'industrie, dans la robe et dans la finance, comme on savait vivre autrefois dans les salons des gentilshommes. La distinction dans les manières, la réserve dans le maintien, le choix dans l'expression, ne sont plus le partage d'une classe qui longtemps en eut le privilége exclusif.

Depuis cinquante ans, la bonne compagnie a reculé les bornes de son empire : l'éducation s'est posée la régulatrice de règles dont l'observation devient générale; les femmes les ont adoptées avec un tact tellement admirable, qu'elles les ont partout imposées. Aussi les festins et les réceptions d'un quartier longtemps renommé par la grâce de son urbanité, par le charme de son affabilité, et ceux des autres quartiers qui semblaient plus spécialement affectés à la finance, à la magistrature et à la bonne bourgeoisie, n'offrent-ils plus à l'observateur le moindre contraste. Le savoir vivre ne s'est pas seulement étendu sur tous les points de la capitale, il s'est répandu sur chaque partie de notre territoire; il n'est pas un endroit le plus reculé de nos provinces qui ne soit de son domaine.

Il est vrai que cette transition si remarquable, que cette heureuse invasion du savoir vivre dans les usages du bien vivre a ses contempteurs et ses opposants : là où règne une aimable décence, on veut trop souvent voir une pruderie étudiée; là où la conversation se revêt des formes polies du langage, une affectation ridicule; là où la prudente réserve met un frein à une licence condamnable, une barrière à la franche gaieté.

Mais les époques de transition sont fertiles en opposition. Elles causent tant de déplacements, elles heurtent tant d'opinions, qu'il est seulement permis au temps de ramener à une loi uniforme ceux que la perpétuité d'antiques usages ont rangés sous l'empire de la succession traditionnelle des faits.

J'assistais tout récemment à un dîner où le ton exquis de la maîtresse de la maison indiquait combien elle possède les préceptes du savoir vivre, où la riche et splendide ordonnance du couvert annonçait la science du bien vivre. Mon voisin de gauche à table était un homme du monde, initié aux formes et aux habitudes de la bonne compagnie : tout ce qui se passait sous ses yeux lui semblait si naturel et si ordinaire, que ni la recherche des préparations ni l'élégance du service ne parurent en rien le surprendre. Mon voisin de droite, au contraire, quoiqu'il occupe dans la société une honorable position, qu'il soit habitué à tout le confortable de l'aisance, est un de ces convives sinon louangeurs du passé, au moins grands amateurs du facile abandon qui caractérisait le dîner de nos pères. Ce dernier s'applaudit de mon voisinage. Nous nous connaissions de vieille date. Je devins le confident de ses remarques et de ses observations, faites cependant avec assez de réserve pour n'être entendues que de moi :

— Les bonnetiers, me dit-il, doivent rendre grâce au savoir vivre.

— Et pourquoi? répondis-je.

— Il fallait notre époque pour faire admettre l'usage des gants pour le service de la table.

Comme je jetais les yeux sur la carte du service placée près de moi :

— A quoi bon, me dit mon voisin, cet emprunt fait à nos restaurateurs?

— A guider notre choix dans l'exquise profusion du luxe culinaire que vous voyez déployé.

— Inutile précaution ! Je mange de tout.

— Vous plaisantez?

— Je parle en conscience, et l'homme de bonne conscience est toujours homme de bon estomac.

Le service commencé, mon voisin de droite y fut tout entier. Je ne sais si, comme il se l'était promis, il mangea de tout; mais ce dont je suis convaincu, c'est qu'il mangea toujours.

Quoique peu versé dans le savoir vivre, à part son étonnant appétit, ou peut-être par une conséquence naturelle de sa grande faculté digestive, il ne commit aucune autre inconvenance, et se tira de sa position en homme qui aime à se rendre un compte exact de toutes les libéralités de son hôte.

Un autre convive attira mon attention. Celui-là en était encore aux rudiments du savoir vivre; mais on pouvait distinguer à ses regards, à son maintien, à ses mouvements, qu'il cherchait à se conformer aux usages de la bonne compagnie. Placé à côté d'un artiste spirituel, aussi remarquable par les formes du bon ton que par l'élégance du langage, il cherchait à imiter celui-ci; mais plus ses efforts tendaient à se rapprocher du modèle qu'il s'était choisi, plus aussi il y avait de gaucherie dans ses manières, de ridicule prétention dans sa tenue. Quelquefois cependant, la force de l'habitude l'emportant sur la contrainte qu'il s'imposait, notre homme redevenait lui, et se laissait aller à quelques-unes de ces bévues que Delille reprochait si plaisamment à l'abbé Cosson. Ainsi je l'entendis dire à un des gens de la maison, en élevant un verre à la hauteur de son épaule droite : « Garçon, du *château Margaux!* » A un autre moment, je le vis tirer de sa poche une riche tabatière d'or, la présenter à son voisin, y introduire ses doigts à plusieurs reprises et la déposer ensuite avec complaisance à côté de son couvert. Au second service, je remarquai qu'il demanda jusqu'à trois fois du même entremets. Mon voisin qui mangeait toujours et de tout eût été incapable d'une semblable inconvenance. Mais ce qui mit le comble à la maladresse de notre novice en savoir vivre, ce fût cette dernière particularité : la maîtresse de la maison s'étant levée de table, chacun de nous suivit ce mouvement, même notre ignorant du bon ton ; mais au lieu d'offrir le bras à la dame placée près de lui pour la conduire au salon, il se rapprocha précipitamment de sa place et se hâta d'avaler le champagne dont son verre était encore rempli.

Puisse notre *Monographie* tomber dans les mains de ce singulier convive ; puisse-t-il s'y reconnaître et profiter de la leçon indirecte qu'il m'a fourni l'occasion de lui donner !

VII

LES DEJEUNERS.

'INCESSANTE activité qu'exigent les affaires, la nécessité de leur consacrer tout le jour, la prolongation des soirées, des spectacles et des réunions, ont porté un coup funeste aux déjeuners. Ces repas ne sont plus que l'occasion d'une réunion intime de la famille : ils maintiennent une habitude traditionnelle du foyer domestique ; mais ils ont cessé d'être une occasion de réception.

Le déjeuner rassemble ceux qui habitent sous le même toit, et ce n'est que par circonstance que quelques intimes y sont admis. Tant de raisons militent pour maintenir cet état de choses, que tout porte à croire qu'on y persévérera.

En effet, parmi les sommités sociales comme chez ceux dont l'opulence autorise un déploiement de luxe, c'est le seul moment de la journée où l'on puisse être à soi et aux siens, le seul destiné au laisser-aller de l'intimité, au négligé de la toilette, à la familière causerie, que ne permettent pas les autres moments de la journée.

Au point de vue de notre *Monographie*, j'ai peu à dire sur ces déjeuners ; ils ne peuvent être l'occasion de remarques intéressantes : parce que la vie privée s'y manifeste dans toute la liberté de son action, il ne m'appartient ni d'en étudier les usages, ni de chercher à en pénétrer les intimes habitudes.

En général, le déjeuner de la famille est devenu simple et frugal. On choisit entre un chapon ou un poulet froid, des côtelettes de mouton, une salade de volaille, une marinade, des croquettes, du poisson à l'huile, quelques légumes frais, des fruits et des conserves, que suivent le café à la crème ou le chocolat à l'espagnole. Tels sont à peu près les mets dont se compose ce repas du matin.

Mais si le foyer domestique a renoncé au luxe et à l'apparat des déjeuners, ceux-ci n'ont point été entièrement abandonnés : nos restaurants, nos cafés les plus élégants ont monopolisé ce repas. Ce n'est plus chez soi qu'on invite à déjeuner, c'est chez Véfour, chez Borel, chez Parly, chez Philippe, au café Corazza, au café de Londres, au café de Paris, chez Tortoni, et là le déjeuner offre encore au gastronome expert, au moderne épicurien, d'excellentes préparations auxquelles les huîtres donnent un nouvel attrait.

J'ai à peine parlé de ces mollusques, vantés par les poëtes et même par les philosophes de l'antiquité; je ne veux point laisser échapper l'occasion d'en dire ce que je pense.

Il n'est pas un point de notre territoire où les huîtres soient mangées aussi parfaites qu'à Paris. Cependant je dois avouer que ce ne sont ni celles de la Manche ni celles de l'Océan qui obtiennent les suffrages des vrais gourmets. Ostende a le privilége de nous rendre tributaires de ses parcs, et il n'est pas un amateur d'huîtres dont je craigne, à cet égard, d'invoquer le témoignage.

Ce n'est pas assez de dire qu'il n'est pas d'aliment moins nuisible que les huîtres; il faut reconnaître avec Sénac que c'est le plus sain et le plus fortifiant de tous; avec Sue, qu'elles sont un remède infaillible contre l'hypocondrie, l'étisie et tant d'autres maladies; avec Boërhaave, qu'elles peuvent déterminer la longévité; avec l'illustre Percy, qu'elles sont un puissant réactif pour les blessés affaiblis par les saignées et les traitements; avec notre propre expérience, qu'elles fournissent une nourriture aussi légère qu'agréable.

Cependant gardez-vous d'en faire servir dans les mois de juin, juillet et août. A cette époque, elles déposent leur frai, et cette raison suffit pour en proscrire l'usage en été.

Mais du premier mois de l'automne au dernier du printemps, que les huîtres apparaissent de temps à autre sur votre table. Repoussez-les si elles ont vieilli dans leur coquille, si elles ne nagent dans une eau claire et limpide, si la chair n'en est brillante et bien nette, si les bords des valves sont affaissés ou ternis. Vous reconnaîtrez une huître malade si, en écartant ses valves, le corps de l'animal paraît mou, laiteux, s'il cède facilement à la pression du doigt.

Tenez-vous en garde contre la supercherie des écaillères, qui, pour donner aux huîtres la fraîcheur qu'elles ont perdue, les trempent dans une eau salée. Si cette eau a une saveur piquante, âcre, corrosive, renvoyez huîtres et écaillère.

Une trop grande absorption de ces mollusques détermine-t-elle un certain trouble dans vos organes digestifs, le désordre sera promptement réparé si vous buvez quelques cuillerées de vinaigre. C'est un tort de croire que le lait produit le même effet. Au surplus, une longue expérience a démontré que le nombre de dix douzaines ne peut causer le moindre mal à l'estomac le plus délicat.

Maintenant, des huîtres d'Ostende, de Cancale, de Marennes, quelles sont celles que doit préférer l'amateur? Depuis longtemps le jugement est porté. Les premières ont une incontestable supériorité : la chair en est délicate, parfumée, fondante; si leur volume est moitié moins gros que celui des huîtres ordinaires, elles n'en sont pas moins à celles-ci ce que la truffe est à la morille, ce que le Romané-Conti est au vin de Touraine, ce que le gourmet est au gourmand.

Les huîtres de Cancale, moins délicates que les premières, ont cependant les mêmes propriétés. Elles sont recherchées dans le nord de la France, et surtout à Paris, où l'on en fait une consommation considérable.

Les huîtres de Marennes, plus connues sous le nom d'huîtres de Bordeaux, et qui se distinguent par leur couleur verte, se rapprochent des huîtres d'Ostende, quoiqu'elles n'en aient ni la finesse ni la saveur.

J'ai cru cette courte digression nécessaire,

et puisque j'entamais le chapitre des déjeuners, où les huîtres occupent ordinairement le premier rang, il convenait de ne pas passer sous silence des renseignements qui n'apprendront rien à beaucoup de mes lecteurs, mais qui pourront paraître utiles à quelques-uns d'entre eux.

C'est dans l'intérêt de ces derniers que j'ajouterai de nouveaux avis :

S'il arrivait que quelques cloyères d'huîtres parvinssent à leur maison de campagne, à défaut d'écaillère, les huîtres resteraient-elles exposées au rebut, et l'amateur serait-il privé de goûter les excellents mollusques dont il devrait l'envoi à une généreuse attention? Ce serait une injure faite à la bienveillance, un tort au palais délicat. Voici donc le moyen de parer à ces deux graves inconvénients :

Une servante intelligente prendra de la main droite un couteau à lame courte, arrondie, assez forte et qui n'ait pas le fil; elle placera dans sa main gauche un gros linge, capable d'atténuer l'effet de la lame si elle glissait trop rapidement entre les écailles de l'huître.

Elle mettra la partie convexe de la coquille à-plat sur la paume de la main gauche et la maintiendra horizontalement, afin de ne pas laisser échapper l'eau contenue dans les valves; elle introduira la lame du couteau dans la partie de la coquille qui forme charnière, abaissera légèrement la lame, la relèvera ensuite. Bientôt la coquille cédera à ce léger effort; alors elle fera glisser le couteau le long des parois intérieures de la valve supérieure, jusqu'à ce que celle-ci soit entièrement détachée.

Ici se présentent deux questions auxquelles je prends sur moi de répondre, en m'appuyant encore une fois sur l'expérience et sur la pratique généralement suivie par les amateurs d'huîtres. Faut-il détacher le mollusque de sa valve inférieure? Faut-il, pour le servir, le recouvrir de sa valve supérieure? A ces deux questions je réponds : l'huître ne doit pas être détachée; elle doit être servie couverte.

Elle ne doit pas être détachée, parce qu'il est démontré qu'à dater de cette opération, elle perd la vie et conséquemment sa fraîcheur, et que le détachement peut occasionner dans la valve inférieure une lésion qui détermine une saveur nauséabonde. Elle doit être servie couverte, car par ce moyen vous ne donnez pas lieu à l'évaporation d'une infinité de corpuscules qui flattent agréablement le palais, et vous évitez par la superposition le contact des valves, qui, ordinairement limoneuses, déposent sur l'huître quelques fragments de coquillages chargés de souillures.

Le véritable amateur mange l'huître telle que la produit l'Océan, sans addition du poivre appelé mignonnette, dont l'excès est ordinairement nuisible, sans l'imprégner de citron, de verjus ou de vinaigre; mais, en la mangeant, tous ont grand soin de faire usage de vin, et bien font-ils.

Néanmoins il est un choix important dans ce liquide. Il faut éviter les vins chargés de principe alcoolique. Les meilleurs sont les plus abondants en acides; aussi les vins de Sauterne et de Chablis obtiennent-ils la préférence sur tous les autres.

J'ai dit, au début de ce chapitre, que tous les gastronomes restés fidèles au déjeuner allaient ordinairement prendre ce repas dans les cafés et dans les restaurants les plus renommés. C'est là qu'ils aiment à retrouver la vie joyeuse de garçon, le familier abandon, les libres entretiens, que ne permettent ni l'austérité des mœurs, ni les habitudes régulières de la famille.

Les huîtres sont le prélude obligé de ces déjeuners; l'énorme consommation qui s'en fait chaque jour est la preuve la plus concluante que je puisse fournir et de leur alimentation bienfaisante, et de l'attrait qu'elles déterminent.

Je puiserai dans mes souvenirs deux anecdotes qui justifieront ma pensée.

Né et élevé dans un port de mer situé près d'Étretat, dont le parc aux huîtres est célèbre, j'ai depuis mon enfance pris un goût prononcé pour ces mollusques, et mon appétit de jeune homme se trouvait peu diminué après en avoir mangé quinze ou vingt douzaines. J'ai rencontré de plus forts jouteurs, qui en absorbaient le double sans qu'une pareille absorption nuisît en rien à la partie la plus substantielle de leur repas. Mais un fait inouï dont je fus témoin à Caen, en 1815, a laissé dans ma mémoire une trace ineffaçable. Il n'est pas un jeune homme qui ayant habité, à l'époque dont je parle, la capitale du Calvados, n'y ait connu un maître d'hôtel nommé Lag...., dont la grosse et bouffonne gaieté dépassait souvent les bornes d'une large liberté. Ce motif et l'attrait de sa table d'hôte, toujours délicatement servie, avaient fait de son hôtel le rendez-vous des officiers de la garnison qui y allaient prendre leurs repas. Rien n'était gai alors comme les dîners de garnison. On ne les dit pas de même aujourd'hui.

Or, dans une réunion d'officiers dont je faisais partie, après mille propos joyeux et mille défis plaisants, on vint à parler d'huîtres, et ce fut le tour de chacun de renchérir sur les citations de son voisin. J'entendis tant de prouesses, dont les miennes étaient si peu dignes, que je gardai le silence. Un officier de cavalerie, homme colossal et placé près de moi, était bien plus occupé de faire honneur au service de Lag.... qu'il ne paraissait attentif à la conversation, dont il ne perdit pas un mot. Comme lui et moi nous étions abstenus d'y prendre part, nous fûmes choisis pour donner notre avis sur une assertion qui paraissait à beaucoup de convives dénuée de vraisemblance. Un lieutenant d'infanterie ayant prétendu avoir assisté à un déjeuner où l'un de ses camarades avait mangé soixante-dix douzaines d'huîtres, on cria au Gascon; mais comme le lieutenant soutenait son dire avec une assurance qui dénotait la conviction, ce fut à cette occasion qu'on nous fit juges de la possibilité de cette énorme *ingurgitation*. (Ce néologisme appartient à Brillat-Savarin.) Je me gardai d'émettre le premier mon avis, et j'attendis pour le formuler que mon collègue eût donné le sien. Sa réponse trancha la difficulté et me dispensa de me prononcer sur une question aussi embarrassante.

— Soixante-dix douzaines d'huîtres se mangent, répondit l'officier de cavalerie avec un imperturbable sang-froid.

— Mais qui le prouvera? s'écria-t-on de toutes parts.

— Moi, reprit-il sur le même ton, et je parie pour quatre-vingts !

Le pari fut tenu à l'instant, le jour de l'exécution fixé au lendemain : et le lendemain, devant trente témoins, dont j'invoque le souvenir, l'officier de cavalerie ne mangea pas quatre-vingts douzaines d'huîtres, il en mangea quatre-vingt-dix ! les dix douzaines supplémentaires comme dédommagement, dit-il, de la petitesse des premières.

L'autre anecdote est celle-ci :

Un de mes bons amis, — j'aime à exprimer encore une fois, malgré le reproche d'optimisme qui m'a été adressé à l'égard d'une publication récente, que dans toutes les circonstances de ma vie et dans tous les lieux où je me suis trouvé, j'en ai souvent rencontré de semblables ; — un de mes bons amis, dis-je, né à Saint-Domingue, mais depuis son adolescence domicilié à Bordeaux, était venu, avant son mariage, faire un voyage à Paris.

Rencontré dans la capitale par un de ses compatriotes, il fut invité par celui-ci à un déjeuner d'huîtres au Rocher de Cancale. Cette invitation était trop du goût de M. Cb... pour qu'il la refusât. Homme très-remarquable pour sa ponctualité dans les affaires, il ne l'est pas moins pour son exactitude aux invitations de la nature de celle qui lui était adressée.

Pour un provincial nouvellement débarqué à Paris, faire une intime connaissance avec le Rocher de Cancale, dont la réputation culinaire est européenne, c'est une heureuse occasion ; pour mon ami, gourmet distingué, c'était une bonne fortune.

Les convives furent nombreux, les huîtres en proportion ; elles se succédèrent sur la table avec accélération, témoignage irrécusable de leur fraîcheur et du plaisir qu'elles déterminaient. Mon ami fit honneur aux mollusques d'Ostende ; ils effacèrent le souvenir de ceux de Bordeaux. Il en mangea non pas comme un amateur, mais comme un homme qui déjeune, et telle fut la consommation qu'il en fit, telle fut celle des petits pains et du beurre frais, qu'il humectait fréquemment par un vin de Sauterne, dont personne ne pouvait mieux établir la supériorité, que lorsque vint le moment de donner à la table l'aspect du déjeuner, dont les huîtres n'étaient que l'introduction, mon ami le provincial n'avait pas réservé le moindre espace pour les excellentes choses qui furent servies et au milieu desquelles figuraient des soles à la normande, un pâté de foies gras, un rôti de bécassines, un macaroni au parmésan.

A cette apparition inattendue, mon ami, loin de témoigner de la mauvaise humeur, mais incapable de réprimer une expression de regrets dont on comprendra la légitimité, s'adressa à son amphitryon :

— C'est un mauvais tour que tu m'as joué, lui dit-il en indiquant le service, qui ne lui laissait plus que des regrets.

L'amphitryon, se méprenant sur le sens du reproche :

— C'est le plus simple des déjeuners qui se servent ici !

— Tu ne me comprends pas, mon ami. Le tort que je te reproche, c'est de m'avoir invité à un déjeuner d'huîtres, et de m'avoir laissé croire que notre repas se bornait à l'immense consommation que nous en avons faite. Il n'est pas un de ces plats que je n'eusse goûté avec plaisir ; mais le moyen! quand j'ai englouti plus de vingt douzaines d'huîtres et je ne sais combien de flûtes ¹ ?

— Le moyen est tout simple : tu as à choisir entre celui qu'employaient les dames romaines dans une semblable circonstance et celui dont on se sert de nos jours. Je ne te conseillerai point cependant la plume de paon mise en usage à Rome, mais bien une légère dose de sulfate de magnésie, qui te rendra frais et dispos, et te permettra de faire honneur aux mets que tu convoites du regard.

La plaisanterie de son ami fit beaucoup rire M. Ch...., qui, se contentant d'avaler quelques cuillerées de vinaigre, retrouva sinon la plénitude de ses facultés, au moins assez de force pour ne pas garder au déjeuner l'immobile attitude de la statue du commandeur au festin de Pierre.

Il arriva à M. Ch..... une autre aventure qui ne se rapporte point au déjeuner dont je parle, mais dont la citation trouve ici naturellement sa place, en ce qu'elle fut occasionnée par un usage consacré maintenant et qui me parut aussi déplacé à son origine qu'il me le paraît encore aujourd'hui : je veux dire l'eau servie dans les bols à la fin du repas, et la transformation de la salle à manger en cabinet de toilette.

Quelque bien que soit la bouche d'une femme, elle cessera de l'être à ce moment, et si une jolie moue offre un certain attrait, une grimace déguisée n'en est pas moins une grimace. Or, malgré le soin qu'apportent toutes nos dames à dissimuler les mouvements de ce singulier exercice, rien n'est si bizarre que l'ensemble de ces têtes inclinées, de ces lèvres pincées, de ces joues enflées; rien de si insupportable que ce bruit confus d'eaux jaillissantes, de sons discordants et mal étouffés; rien de si... ridicule que ce mélange de contorsions et de crachements universels.

Pour la première fois, mon ami Ch.... voyait donc arriver à la fin du dessert des plateaux chargés de bols et remplis d'un liquide aromatisé. Grand fut son étonnement, plus grand encore son embarras! Ses yeux se portèrent attentivement sur ses voisins, dont il épiait les mouvements, afin de les imiter dans l'usage qu'ils feraient du bol placé sur leur assiette. L'un d'eux ayant porté le verre bleu à ses lèvres, mon ami fit le même mouvement; mais, moins instruit dans l'emploi de l'eau chaude que le convive dont il avait suivi l'exemple, il en aspira deux fortes gorgées qu'il avala. Cependant, bientôt éclairé sur la destination du liquide, il se hâta d'en faire l'usage de propreté qui, à mon avis, en est la négation. Cet usage sera bientôt abandonné; le bon goût triomphera encore d'une mauvaise habitude. Déjà dans les hôtels qui donnent le bon ton, et d'où se répandent les formes exquises du savoir-

---

¹ Nom donné aux petits pains que l'on servait alors, et que le Bordelais avait fait disparaître avec une candeur et une faim provinciales.

vivre, les convives ont la faculté de passer, après le repas, dans une pièce voisine de la salle à manger, où sont disposées d'élégantes fontaines, où des gens de service leur présentent des serviettes. Cet exemple aura de nombreux imitateurs ; j'en ai comme garant le discernement de nos dames françaises pour tout ce qui se rattache aux lois des convenances.

Depuis ce moment, l'horreur de mon ami Ch.... pour l'eau a redoublé ; les bols et les verres bleus lui sont antipathiques.

Il me reste peu à dire sur les déjeuners. Ils ne sont plus qu'une partie de plaisir prise en dehors de la famille, une occasion d'échapper momentanément aux devoirs et aux obligations du foyer domestique, une distraction passagère où l'âge mûr aime à retrouver l'entrain de la jeunesse ; ils ont cessé d'être une habitude, ils ne sont plus que de circonstance.

Les viveurs, les oisifs et les voyageurs en ont seuls maintenu la tradition.

J'ai déjà dit quelles sont les principales causes de cette dérogation générale aux usages antiques ; il en est une dont je n'ai point parlé et qui me semble de nature à dominer toutes les autres, c'est l'hygiène.

En effet, rien ne stimule l'appétit comme les délicates préparations de notre cuisine française, et rien ne fait mieux apprécier l'arôme si fin et si délicat de nos vins que l'art avec lequel nos sauces sont relevées ; de sorte que l'estomac et le palais, excités à la fois par un double attrait, cèdent volontiers au penchant que déterminent ces deux causes. Il en résulte que le déjeuner, loin d'être une alimentation modérée, devient trop souvent une occasion de plénitude pour les voies digestives, et détermine au cerveau une pesanteur telle, que le reste de la journée suffit à peine pour la dissiper.

Ces conséquences dont chacun peut reconnaître l'exactitude, et dont plus d'un de mes lecteurs a ressenti les effets, n'ont pas peu contribué à un genre de vie plus conforme aux lois de l'hygiène. Comparativement au passé, on déjeune plus légèrement, on dîne mieux, et la santé trouve dans cette compensation l'équilibre nécessaire à son maintien.

En famille, on fait ce qu'on nomme le premier déjeuner, léger repas qui se compose d'œufs frais, de café, de chocolat ou de thé, et d'excellents petits pains qui marquent l'heureuse transition entre la boulangerie et la pâtisserie. A midi a lieu le second déjeuner, composé, la plupart du temps, des reliefs de la veille, de légumes, de fruits ou de confitures, intermède obligé entre le premier déjeuner et le dîner, dont chaque jour on tend à retarder l'heure, comme si l'on voulait en revenir aux soupers de nos pères.

A propos des soupers, je ne dirai rien de ceux du jour. L'usage aurait pu s'en renouveler si de funestes exemples n'en signalaient l'abus. Les soupers d'autrefois avaient, dans la classe élevée de la société, leur renom et leur charme ; c'était le rendez-vous de la bonne compagnie, et si parfois, et dans certains hôtels, ils furent marqués par un licencieux abandon, plus souvent ils offraient la réunion de l'esprit, de la grâce et de l'affabilité.

Mais de nos jours, le souper est tombé dans le domaine des *lions*, des célibataires ou de ceux qui, pour s'affranchir de la contrainte que leur impose la position qu'ils ont acquise, se couvrent du manteau des ténèbres pour recommencer les jours de leur folie. J'ai consacré mon crayon à la description des heureux plaisirs du festin ; il se refuserait à retracer les scènes de l'orgie.

VIII

L'ART CULINAIRE EN PROVINCE.

E ne suis pas de ceux qui disent :

« On ne vit qu'à Paris, et l'on végète ailleurs ! »

qui ne trouvent l'existence grande, splendide, heureuse que dans la capitale du monde civilisé, qui n'y rencontrent que des tailles gracieuses et de jolis visages, qui n'y entendent que de douces voix et de spirituelles reparties, qui n'y font jamais de mauvais dîners !

Habitués à juger de l'espace par l'étendue, ceux-là dédaignent le parc du petit Trianon, parce qu'il n'a pas l'immensité des jardins de Versailles ; la plus grande cité de nos provinces n'est à leurs yeux qu'un triste faubourg de Paris. Tellement ils sont identifiés avec les monuments, les promenades, les mille prodiges de la grande ville, que tout ce qui les y intéresse est de leur domaine, leur propriété. Ils n'ont pas pignon sur rue, et vous disent avec un imperturbable sang-froid : « Mon hôtel, mon jardin des Tuileries, mon Luxembourg, mon Jardin-des-Plantes. » Fréquentent-ils plutôt une salle de spectacle qu'une autre, ils vous diront : « Mon Théâtre-Français, mon Opéra-Comique ! » Prennent-ils leurs repas au restaurant, n'ayez peur qu'ils nomment l'établissement au prix fixe : pour peu qu'ils y aient mis une fois le pied, ils vous diront encore : « Mon restaurateur, c'est Véfour, c'est Véry, c'est Parly. »

Il est surtout une classe d'individus, minime, il est vrai, et flottante dans la foule compacte de la saine population parisienne, dont l'amour pour la grande ville est tellement exagéré, que hors de ses limites ils ne comprennent ni le grand, ni le beau, ni l'agréable.

A ceux-là ne dites jamais que vous êtes provincial, si vous ne voulez entendre à l'instant une longue et diffuse apologie de tout ce que leur Paris renferme de prodigieux et de magnifique. Guidés par le sentiment, qu'ils proclament national et qui n'est qu'exclusif, si souvent il n'est pire, ils vous écraseront de tout le poids de leurs comparaisons ; ils vous prendront en pitié, si vous habitez la Normandie, la Picardie, la Touraine ou la Champagne ; ils ne vous feront pas même grâce du proverbe vulgaire qu'on applique à ces provinces, et s'il vous arrive de leur opposer l'épithète banale du substantif parisien, ils l'expliqueront encore à l'avantage de leur nationalité.

En vain leur objecterez-vous que la population d'un grand foyer de centralisation est mobile et variable, que c'est à peine si, sur la généralité de ses habitants, un dixième appartient réellement à Paris, peu leur importera : ils vous exhiberont leur extrait de naissance ; parce qu'ils sont nés dans la grande cité, ils se croient les plus grands citoyens du monde. Leur parlerez-vous des beautés de la Suisse, des sites pittoresques de nos provinces de l'Est et du Sud, ils vous répondront par les panoramas et les dioramas déroulés sous leurs yeux.

où d'admirables sujets d'optique ont donné à la toile le mouvement et la vie. Les entretiendrez-vous de l'air pur des champs, des massifs touffus de vos bois, des longues avenues de vos forêts, ils vous parleront de la plaine de Saint-Denis, des bois de Boulogne et de Vincennes, de la forêt de Saint-Germain. Dirigez-vous leur pensée sur le spectacle majestueux de la mer soulevée par la tempête, vous ne leur indiquez rien de nouveau : ils ont assisté à dix représentations du *Naufrage de la Méduse,* ils peuvent voir tous les jours l'équipage héroïque du vaisseau *le Vengeur* s'engloutissant dans les flots. Le Parisien de ce type, très-rare, je le répète, est comme le solitaire d'un célèbre vicomte : il entend tout, il voit tout, il sait tout !

Lui direz-vous encore que l'agriculture et l'industrie départementales approvisionnent de leurs utiles et riches produits l'immense marché de la capitale, il vous opposera les innombrables objets de goût dont Paris a le séduisant monopole.

Ne lui parlez pas de ces envois de nos provinces, dont de sensuels appétits réclament le tribut quotidien : les huîtres de Cancale, le frais poisson de la Manche, les poulardes du Mans, les canetons de Rouen, les pâtés de Strasbourg, de Chartres, d'Amiens, de Périgueux ; les truffes du Périgord, les fruits confits de la Provence, les vins de la Bourgogne, de la Champagne, de la Gironde, du Rhin, de Lunel et de Frontignan ; les fines liqueurs de Bordeaux : tout cela prouve que la chère la plus délicate se fait à Paris, que la grande ville est le centre de la gastronomie transcendante ; tout cela justifie sa maxime favorite :

« On ne vit qu'à Paris, et l'on végète ailleurs ! »

A ce point de vue, les objections les plus sérieuses deviennent inutiles, et, de même qu'on ne peut réclamer d'un aveugle la distinction des couleurs, on ne peut demander au partisan exclusif de la grande ville, dont les pas n'ont point franchi le rayon de sa banlieue, qu'il ait une autre opinion, cependant jusqu'à un certain point acceptable ; car enfin, si Paris est devenu un autre pays de Cocagne, pourquoi l'aller chercher ailleurs ?

Quoi qu'il en soit du charme de Paris, de ses entraînantes et magiques féeries, le bien vivre ne s'y est pas exclusivement fixé : la province la plus reculée, les points les plus extrêmes du royaume ne sont ni privés des douces jouissances dont, à tort, on prétendrait que la capitale est le centre unique, ni étrangers aux formes libérales de l'hospitalité. Que l'habitant de la grande cité se complaise dans ses redites et dans l'expression continuelle de son enthousiasme, mais qu'il sache qu'au delà des étroites limites dans lesquelles il comprend seulement la vie, il est d'immenses terrains à par-

courir, terrains sur lesquels se pratiquent chaque jour, et dans une progression toujours croissante, les bonnes règles et les précieux usages du bien vivre.

De même que la nature a accordé à celui qu'elle a privé d'un sens un dédommagement dans l'activité plus vive, plus instantanée des autres ; de même, si la province ne présente pas aux divers foyers de sa population les prodigieuses ressources d'un centre immense, elle oppose à cet avantage unique d'autres dédommagements qui, sous certains rapports, donnent aux plaisirs qu'elle offre un attrait irrésistible ; et elle réunit, sur un même point, tous les éléments qui en augmentent le charme.

Et d'abord, la province est d'une hospitalité telle, que c'est à ses foyers domestiques qu'il faut demander la rigoureuse exactitude, les soins vigilants, les égards continuels, dont l'hôte doit toujours être environné. Si, guidés par l'habitude de nos mœurs parisiennes, ou par le désir de procurer à nos amis l'indépendance dont nous aimons à jouir, nous nous occupons d'eux, quand nous les recevons, avec une réserve que nous poussons jusqu'au scrupule ; au rebours, à peine sommes-nous descendus chez nos amis de province, que nous devenons le point de mire de leur sollicitude et de leurs minutieuses attentions.

Depuis le plus minime service de la domesticité, jusqu'aux prévenances les plus étudiées du maître, tout, en province, traduit le désir de rendre au voyageur étranger le gîte qu'il a accepté aussi confortable qu'élégant, aussi agréable que commode. Ce n'est pas assez du

zèle empressé des gens de la maison : tous les membres de la famille rivalisent d'efforts ; on cherche à lire dans les yeux de celui auquel l'hospitalité est offerte, et, au moindre signe, à la moindre manifestation, tous les bras se lèvent, toutes les jambes se meuvent ; c'est à qui, le premier, aura satisfait à la pensée que chacun s'étudie à deviner, et dont celui qui l'a comprise achète la réalisation par la satisfaction de s'être rendu agréable à l'hôte de la maison.

J'ai souvent entendu beaucoup d'habitants de la grande ville se plaindre de la persévérance de ces bienveillants procédés. Pour mon compte, c'est toujours avec attendrissement que je m'en suis vu l'objet, c'est toujours avec une vive gratitude que je les ai acceptés.

Il faut en convenir, c'est surtout dans le luxe de la table que se déploie, en province, le luxe de l'hospitalité. L'arrivée d'un étranger, d'un Parisien, est le signal d'une fête ; mais non de celles qui se marquent, comme nous marquons à Paris l'arrivée de nos amis de province. Pour demeurer fidèles à ce principe d'une pleine liberté, dont nous désirons les laisser profiter, nous leur abandonnons l'entière disposition de tous leurs moments et nous ne profitons que de ceux qu'ils nous peuvent accorder.

Nous ne célébrons leur séjour que par une

ou deux réunions exceptionnelles, et c'est rarement la table qui nous fournit l'occasion de les fêter. Il est vrai que tant d'autres distractions sollicitent leur curiosité et leur juste impatience !

Mais en province, pour l'étranger, tous les jours sont marqués par de successives et de nouvelles réunions. La table est, de tous les plaisirs, celui qui permet le plus de luxe et qui présente le plus de ressources. Aussi, rien n'est épargné pour la couvrir des riches tributs du pays, des délicatesses locales de l'art. Chaque jour est le signal d'un nouveau festin, et la variété comme le choix semblent affecter à l'envi de nouvelles formes.

Avec l'aisance qui n'est jamais inséparable du bon ton, une certaine liberté, qui semble tenir au sol provincial, donne aux plaisirs de la table le charme d'un aimable abandon ; si la gaieté s'y pare de moins de finesse, si l'esprit y a moins de prétention aux recherches du goût, on s'y trouve tellement à l'aise, que le temps consacré à la durée du repas ne paraît jamais trop long, quoiqu'il faille convenir que souvent on en étend considérablement les limites.

Mais là point de réserve, point de calculs parcimonieux, pas de sordide économie ! Visitez-vous le littoral de la Normandie : chaque jour vous verrez se succéder le poisson le plus frais, la rocaille la plus monstrueuse ; il n'est pas jusqu'à la crevette de Honfleur, la moule de Vierville dont vous n'apprécierez le mérite. On se gardera de vous dire combien d'allées et de venues demande à la pourvoyeuse de la maison son approvisionnement, afin d'obtenir le turbot le plus énorme, le bar le plus gros, les soles les plus épaisses qu'ait livrés la pêche quotidienne ; mais on sera ravi si vous vous extasiez sur l'avantage d'habiter le littoral de la Manche, et sur celui de pouvoir prélever chaque jour un nouveau tribut dans ses eaux poissonneuses.

Vous trouvez-vous à l'époque de la chasse dans cette riche province, aux plaines si étendues, au terroir si fertile et si giboyeux, chaque jour encore on vous servira tour à tour, et souvent simultanément, le perdreau rouge, la caille et le lièvre, mais préparés de main de maître, avec un art ignoré dans la capitale. Si le maître de la maison est chasseur, n'ayez garde qu'il oublie les recommandations ; il surveillera volontiers la préparation des pièces qu'il aura tuées : son amour-propre est intéressé à ce que l'habileté de son cuisinier donne un nouveau prix aux témoignages de son adresse. Les volailles les plus grasses, les produits les plus exquis du sol, les légumes les plus rares fourniront à leur tour des ressources aussi délicates que variées, que rendront plus succulentes encore l'habileté et la recherche des préparations.

Notez que ce que j'avance ici de la Normandie, est de toutes les provinces de notre
beau royaume. L'hospitalité y déploie partout
une égale bienveillance, une même libéralité.
Avec les sites et le terroir les moyens varient,
mais la table y est toujours la pierre angulaire
du toit hospitalier.

Les accidents du sol et sa diversité font
de notre France un des plus agréables par-
cours pour le voyageur. Chaque département,
chaque arrondissement, chaque canton, la
plus petite localité, offre un attrait particulier.
Là de vastes plaines, ici d'immenses forêts ; de
ce côté les cônes élevés des Cévennes, de
l'autre les jolies vallées du Gardon ; ici les
torrents du Dauphiné, là le cours sinueux et
fertile de l'Adour ; de ce côté l'aspect majestueux d'une riche et luxurieuse nature, de
l'autre les bosquets du myrte et de l'oranger ;
là la tête échevelée du pin, ici le rameau toujours vert de l'olivier. Sur chacun de ces points
existe une population dont le caractère est aussi
nuancé que le territoire qu'elle habite, mais
dont le fond est également riche en généreux
sentiments ; du Nord au Midi, du levant au
au couchant : une mobilité d'impressions déterminée par les différentes températures ; mais
le même cœur, le même penchant aux douces
habitudes de l'hospitalité.

La variété des sites, des usages, des caractères, a une influence marquée sur les plaisirs
de la table, sur ses plus fines préparations,
et c'est chose digne de remarque que tel mets
préparé en Normandie, quoiqu'il nous ait paru
excellent, nous semblera nouveau et plus appétissant encore s'il nous est servi dans la
Gascogne, dans le Périgord, ou dans la Provence. Quand les éléments de sa préparation
nous semblent être les mêmes, d'où provient
donc sa différence notable dans la sensation
dont il affecte notre palais ?

De la diversité de l'art, et des ressources in-
finies qu'offre à la cuisine un sol dont la ferti-
lité semble s'accroître sous les efforts du travail, et se féconder de plus en plus sous une
température favorable. De la diversité de l'art,
ai-je dit, et je maintiens cette cause. L'art culinaire a marqué chez nous et sur tous les points
la marche ascendante de son progrès, depuis
que Boileau a dit :

« Quand on parle de sauce, il faut qu'on y raffine. »

Cet avertissement à retenti dans tous les
ateliers culinaires ; l'art du saucier a pris une
grande extension, il s'est répandu, vulgarisé,
généralisé ; et si nous avons à nous applaudir de l'excellente cuisine de la province,
c'est que la province fourmille d'artistes modestes et dont l'habileté a demandé au goût
d'excellentes innovations, et a produit des mer-

veilles. Si donc les recettes culinaires de la province ont, pour le gourmet, le charme de la nouveauté, c'est que les cuisiniers et les cuisinières ont compris que tout le secret de leur profession consiste dans la variété infinie des préparations. *Indé opes !*

Mais je dois ajouter que la bonne nature, toujours prodigue de ses dons, seconde admirablement les généreux efforts que je viens de signaler. Les sauces du Midi doivent leur renommée à l'onctueuse liqueur de l'olivier ; celles de l'Ouest, de l'Est et du Nord, aux crèmes exquises et aux beurres fins dont de gras pâturages sont la cause première ; aux mille ingrédients que fournit spécialement chaque localité, surtout à une habile combinaison dans leur

mélange ; et tel est le cachet de la cuisine française, que son plus grand mérite réside dans l'infini de ses recettes.

Le marquis de Cussy, ce maître de l'art, fait reposer toute la science dans les sauces, et la cuisine de province a une incontestable supériorité en ce genre.

Il est indubitable que la cuisine est considérée en province comme chose des plus importantes, elle commande de la part de la maîtresse de maison une surveillance active et rigoureuse. Il est notoire que les dames de province non-seulement ne négligent pas de s'initier aux mystères de l'art, mais ne dédaignent même pas d'y consacrer leurs soins, et je ne

saurais trop répéter combien cette utile et heureuse participation a d'avantages et pour la garantie d'une fine préparation, et pour celle d'une sage économie. Ainsi donc si, ce qui est moins incontestable encore, la cuisine française tend de plus en plus à satisfaire aux exigences du goût le plus raffiné, il en faut rendre grâce à celles dont le concours efficace nous guide sur la voie du plaisir, en se maintenant elles-mêmes sur celle du devoir.

On fait un tort aux provinciaux de la multiplicité de leurs repas, on leur en reproche la durée ; mais je n'ai jamais entendu dire qu'on en blamât l'ordonnance, la préparation et la délicatesse. Généralement donc on s'accorde sur la bonne chère de la province, on ne se plaint que d'une prolongation dans la permanence à table, qui, aux yeux du provincial, est un des devoirs de l'hospitalité.

Ce n'est pas au point de vue de nos usages parisiens qu'il faut envisager la longueur des repas de la province. Si le bon ton veut, dans la capitale, que le temps qui leur est consacré soit resserré dans un espace raisonnable, c'est que les habitudes de la grande ville en imposent surtout la loi : les théâtres, les concerts, les soirées, les réceptions sont autant de motifs pour en fixer les limites. C'est donc moins par étiquette, que pour laisser aux convives une entière liberté d'action, que les dîners de bonne compagnie sont assujettis à une durée à peu près invariable.

Mais en province, où la table est le point central de toutes les réunions, où la salle à manger est plus fêtée que le salon, où la conversation du dîner est plus intime et plus générale qu'à Paris ; en province, on cherche dans les distractions renaissantes des services qui se succèdent, dans une gaie et vive causerie, l'emploi des longs moments que ne peuvent occuper le spectacle et les plaisirs divers qu'offre la capitale.

On reproche encore aux provinciaux la trop grande importance qu'ils attachent au luxe et au service de la table, sans leur tenir compte de ce moyen d'échapper à l'ennui, sans leur savoir gré de cette tendance à resserrer ainsi les liens de la famille et de l'amitié, sans se dire que le luxe, dont on suppose le déploiement, leur est moins onéreux que la plupart des réunions de la capitale, dans lesquelles on a cru seulement faire preuve d'aisance.

Il est vrai qu'il est en province, comme à Paris, des originaux ; mais ceux-là sont de tous les temps et de tous les pays. J'ai connu, dans une petite ville, une femme, d'ailleurs fort aimable et très-spirituelle, qui se faisait informer exactement du menu des dîners de M. un tel ou de Mᵐᵉ une telle, et qui attachait un prix infini, lorsqu'arrivait son jour de traiter, à effacer, par une plus grande prodigalité, tous les

dîners qui se donnaient dans la localité. Je lui ai moi-même entendu dire : « Mᵐᵉ D***, à son dernier dessert, n'avait que trente-sept plats, j'en ai aujourd'hui quarante-neuf! »

J'ai été très lié avec un célibataire de la Basse-Normandie, hôte libéral, excellent et joyeux convive, qui dépensait largement son revenu pour traiter splendidement ses convives, et qui, pour les jours de grand apparat, dont le retour était assez fréquent, venait lui-même faire ses emplettes à Paris, présidait à leur encaissement, faisait écrire sur tous ses colis le nom de *Chevet*, et revenait suivi de ses provisions, pour la conservation et la sûreté desquelles il faisait tourner la tête au conducteur de la diligence qui le ramenait à S***.

Je le répète, il y a là plus d'originalité que de travers, plus de singularité que de ridicule, et les anecdotes semblables à celles que j'ai citées, et le nombre infini de celles qu'on attribue bénévolement à la province n'effaceront jamais le renom de libéralité et de bonne hospitalité qu'elle a toujours mérité.

Un reproche plus sérieux et qui n'est pas plus fondé, c'est celui de sa propension aux excès de la table et à l'intempérance. De bonne foi, cette tendance est-elle plus particulière à la province qu'à la capitale? Non, mille fois non! Si, ce que je ne conteste pas, certains individus, certains tempéraments cèdent au penchant d'une sensualité condamnable ; si pour ceux-là la vie se résume dans la satisfaction matérielle de la table ; si la bonne chère est devenue le seul mobile de leurs actions ; s'ils ne respirent et ne s'agitent que pour absorber toute leur activité dans une existence purement animale; s'ils ne demandent au sommeil de la nuit que la réparation des excès de la veille : est-ce à dire que telle soit la propension de la vie de province, est-ce à dire qu'elle soit l'école d'une funeste sensualité?

Dans les localités de moyenne étendue, la vie cessant d'être murée, les usages et les habitudes de la famille y deviennent de notoriété publique : là, le respect humain conserve toute la force de son empire, et ce n'est pas impunément qu'on le brave et qu'on s'en joue. Mais, dans les grands foyers de population, agglomération compacte de toutes les vertus et de tous les vices, mélange confus de nobles passions et de penchants déréglés, vaste enceinte où l'isolement se trouve au milieu de la foule, où la liberté prend l'allure de l'indépendance, quand, d'un autre côté, elle y est considérée comme l'amour du devoir ; dans les villes populeuses, dis-je, et surtout à Paris, les contraires se heurtent et les extrêmes se touchent.

La régularité de la vie, la pratique des bonnes mœurs, n'y ont d'unique mobile que la conscience, d'autre stimulant que la satisfaction de soi, dans l'ordre régulier d'une existence calme et heureuse ; mais aussi l'intempérance et les dérèglements, abandonnés à leur marche impétueuse, débarrassés du contrôle salutaire de l'opinion publique, s'y précipitent, avec la rapidité du torrent, dans la large voie qui leur est ouverte ; ils roulent leurs flots orageux sur l'arène brûlante des passions ; ils renversent et détruisent toutes les digues que leur oppose la raison, et n'amortissent la rapidité de leur course que dans l'océan de la satiété, alors qu'ils n'ont plus la force de remonter vers la source dont les a détournés une pente fatale.

Ai-je besoin d'indiquer que ces considérations élevées ne sont autres que les impressions déterminées en moi par l'heureuse rencontre que je fis, chez mon ami P***, du magistrat qui s'était montré à table, joyeux et aimable convive ; au salon, homme du monde et spirituel critique dans sa définition du bien vivre ; ensuite, grave philosophe et profond moraliste, dans le court aperçu qu'il voulut bien me faire de l'état actuel de nos mœurs, à propos des excès de la table?

Quoique fidèle à mes prémisses, je me garderai d'offrir à mes lecteurs le tableau qu'il déroula sous mes yeux, et le double aspect sous lequel il me présenta la population parisienne. Intimement lié avec un de ses collègues, qui a occupé un des plus importants emplois dans l'administration de la capitale, nouvel Asmodée, il me promena sur tous les points de la grande ville, et m'initia promptement à des mystères dont l'effrayante peinture ne peut trouver place dans les modestes limites de notre Monographie. Mais, si la circonspection m'impose une juste réserve pour ce qui se détache de mon sujet, la vérité et mes devoirs me prescrivent de ne pas passer sous silence ce qui se rattache à l'aspect moral que je me suis proposé d'envisager. J'emprunterai donc encore à l'expérience du moraliste, les observations qui me paraissent devoir occuper ici une place convenable :

—Les excès de la table, me dit-il, ont généralement disparu du cercle où se renferme la bonne compagnie; si, par circonstance, on les y rencontre encore, ils s'abritent sous la puissance d'un nom et sous l'ampleur d'un riche manteau : on ne les autorise plus, rarement on les tolère. La gourmandise y pénètre, il est vrai; mais, reconnaissable à tous les yeux, malgré les formes sous lesquelles elle cherche à se dissimuler, elle se trouve contrainte de chercher ailleurs une complète satisfaction à ses appétits toujours renaissants.

« Rien n'impose comme les usages réguliers et systématiques des bonnes manières, et cependant il est une vérité généralement reconnue, c'est que le véritable ami du festin jouit en pleine liberté de son droit de convive, assis qu'il est à une table dirigée par les usages de la bonne compagnie ; tandis qu'il se trouve sous l'empire d'un pouvoir despotique, lorsque son mauvais destin le conduit dans une famille où, sous l'apparence d'une libre allure, il est la victime continuelle de l'obsession, qui pousse ses excitations jusqu'à l'importunité.

« A qui ne fait consister le bien vivre que dans la perpétuelle activité des organes gastriques, à qui enfin ne vit que pour manger, il est un moyen assuré de satisfaction, c'est la solitude ! Et cependant la solitude est le

danger imminent du gourmand, en ce qu'aucun frein ne modérant les écarts de sa voracité, il finit par succomber à la plénitude, qui, elle-même, détermine l'obésité, et les autres infirmités dont celle-ci est la source.

« Parlerai-je d'autres dangers où conduisent les excès de la table, et qui, à notre époque, frappent de stérilité de fraîches et de jeunes intelligences : l'abus des liquides, dont je ne veux parler qu'en passant, voyez quels ravages il promène et de quels désordres il est la source ! Quand le régime salutaire de la famille cesse d'être une loi rigoureuse de l'hygiène, quand la jeunesse croit trouver au dehors les avantages d'une liberté dont elle suppose, à tort, qu'une prévision intelligente resserre trop les limites, elle se précipite avec l'impétuosité de son âge sur ce terrain glissant, où tout lui semble joie et plaisir. Affranchie du joug qui pesait à son impatience, elle contracte peu à peu des habitudes où le laisser-aller la dédommage de la prudente réserve que prescrit le

foyer domestique ; elle perd insensiblement le maintien que donnent les formes polies du bon ton, qu'elle prend en pitié, et ne trouve de véritables jouissances que dans la continuité d'une indépendance qui porte tous les germes de l'inconduite.

« Sans doute cette tendance n'est pas générale ; mais il suffit qu'elle existe pour la déplorer. Je sais que le retour sur soi-même est facile à la jeunesse, et que certains écarts sont aisément réprimés par le dégoût qu'ils produisent chez celui qui l'éprouve pour la première fois ; mais je suis père de famille, et j'ai en horreur, pour mes enfants, le billard et les estaminets. Je les considère, pour ces jeunes gens, comme un véritable danger, comme une funeste école ! On y échange le parfum de la famille contre l'odeur insupportable du tabac, les manières du bon ton contre de grossières habitudes, et les formes polies du langage contre le dévergondage de l'expression ; on y puise enfin tous les germes de l'oisiveté ; et dans la capitale, comme dans certaines provinces, il est beaucoup de jeunes gens qui préfèrent aux réunions de leurs parents, celles de leurs compagnons de tabagie !

« Si ce penchant n'occasionnait qu'un éloignement momentané du foyer paternel, j'en déplorerais moins les suites. Mais, hélas ! à combien d'écarts n'ouvre-t-il pas la voie ! Que d'exemples n'avons-nous pas sous les yeux ! que de jeunes gens perdus par les excès auxquels ils se sont livrés ! Enfants de famille, ils ont oublié, dans l'enivrement du désordre, les heureuses impressions de leur adolescence ; et les ravages de l'intempérance ont déjà sillonné leur front des rides de la vieillesse !

« Ces écarts ont une continuité qui, malgré de courageux efforts, laisse toujours des traces. Cependant il est deux moyens d'en oublier jusqu'au souvenir : une activité incessante et le retour complet aux bonnes habitudes de la famille.

« La province a sur la capitale un immense avantage pour la perpétuité des traditions morales ; la jeunesse y trouve des distractions moins vives, moins variées, moins entraînantes, mais plus régulières, plus intimes, plus sociales ; et les dîners dont on reproche aux provinciaux la longueur ; les jeux de salon où tous les âges se confondent ; les promenades aux champs, ont à mes yeux un but dont on

comprend peu la portée : ils influent admirablement sur l'avenir des générations : travaux et plaisirs se succèdent sous la même direction ; et cette direction, la meilleure parce qu'elle est la plus tendre en même temps que la plus intelligente, n'est autre que celle des chefs de famille. Je conseille à beaucoup de nos Parisiens ce régime de la province. Rendre l'intérieur de la famille agréable, quoique vieux être jeune avec ses enfants, c'est là tout le secret de cette direction, qui elle-même est la sauvegarde des écarts que je vous signalais. »

Cette conclusion était trop significative pour que je la négligeasse. Si donc je me suis écarté de nouveau de mon sujet, mes lecteurs m'excuseront en faveur de l'à-propos.

Je reprends mes observations sur l'art culinaire en province.

Aux jours d'abstinence, la cuisine provinciale a sur celle de la capitale une incontestable supériorité. Le maigre, dans beaucoup de localités, bien loin de devenir une privation, est au contraire l'occasion d'un service que rechercheraient volontiers nos plus fins gourmets. Sur le littoral de la Manche, sur celui de l'Océan ou de la Méditerranée, sur les parties du sol arrosées par nos cours d'eau si nom-

breux, la marée et le poisson de rivière semblent réservés, moins pour faire paraître dures les privations, que pour ménager de périodiques plaisirs. Et, à dire vrai, les diverses préparations locales de ces divers habitants des eaux ajoutent encore à la délicatesse de leur chair et de leur fraîcheur.

Je ne rougis pas de dire que chez moi, les jours maigres sont observés, conformément aux préceptes religieux ; mais je rougis moins encore d'avouer qu'il m'arrive souvent, à la fin de chaque semaine, de regretter les dîners maigres que je fais, chaque année, chez mes bons amis de Normandie, qui, durant ces jours, se font un plaisir de solliciter mon goût en faisant servir pour moi le poisson le plus exquis de la saison, et toujours sous l'attrait d'une préparation que j'ai en vain cherchée ailleurs.

En vérité, si la marée manque à Paris, les jours de maigre y deviennent de véritables jours de jeûne, et la seule ressource du gastronome venant à lui manquer, il faut, en le plaignant, lui savoir gré des privations dont la cuisine de province offre peu d'exemples.

Je me suis toujours étonné que, dans notre grande cité, on n'ait pas cherché à imiter ce qui se passe dans une capitale voisine, capitale à laquelle nos littérateurs touristes n'ont pas toujours rendu la justice qu'elle me semble mériter, soit qu'ils l'aient envisagée sous son aspect monumental, soit qu'ils aient considéré les mœurs de ses habitants.

A Bruxelles, j'ai souvent dîné, le vendredi ou le samedi, à l'hôtel des Poissonniers. Ces jours, la table d'hôte n'y est servie qu'en maigre, et j'ai compté jusqu'à dix-huit et vingt sortes de différents poissons, auxquels se joignaient d'excellents légumes et des entremets de douceur très-finement préparés. L'hôtel des Poissonniers a acquis une juste célébrité; les indigènes et les étrangers s'y portent en foule, et je réserve une étonnante surprise aux voyageurs qui prendront note, de la recommandation que je leur fais, d'y aller dîner les deux derniers jours de la semaine : c'est le prix de cette table d'hôte!

Je disais à l'instant que nos littérateurs touristes n'ont pas toujours rendu aux Belges la justice que méritent ceux-ci. Dans leurs impressions de voyage sur ce pays, qui fut un jour le nôtre, ils ont ouvert à la critique une large part à propos des mœurs et des usages de nos voisins, dont ils n'ont pas assez étudié le caractère et le mérite.

Un de nos plus célèbres critiques, dans une excursion qu'il fit à Bruxelles, ne partageant pas l'opinion généralement exprimée par les voyageurs les plus distingués, publia sur l'hôtel de Belle-Vue de piquantes remarques et de fort jolies plaisanteries, très-spirituelles d'ailleurs, mais qui blessèrent au vif le maître de l'hôtel. Peu soucieux d'entamer une polémique, dans laquelle l'avantage serait demeuré du côté de notre compatriote, l'hôte étranger ne trouva pas de meilleur moyen, pour repousser les imputations dirigées contre sa cuisine et ses vins, que de faire encadrer dans une magnifique dorure, et de placer dans la salle à manger des voyageurs, la note de la dépense faite chez lui par notre aristarque et par la personne qui l'accompagnait. Son total est curieux : 22 francs pour trois jours!

Je l'ai souvent dit, le silence est parfois de l'esprit, et l'on doit convenir que dans la circonstance, le maître d'hôtel belge justifie admirablement cette opinion.

Cette nouvelle anecdote, que j'ai recueillie sur les lieux mêmes, ne m'a pas paru déplacée; elle m'a fourni l'occasion, sinon d'exprimer mon entière opinion sur un peuple chez lequel j'ai trouvé de bons et de solides amis, d'être au moins un narrateur exact, tout en observant la loi des convenances.

A propos de convenances, il en est une que dictent les préceptes du savoir-vivre, et que le tact exquis de la maîtresse de maison lui fait considérer comme un devoir : j'entends parler de l'attention qui la porte, si le régime adopté chez elle est invariable pour tous les jours de la semaine, à ne pas oublier qu'il est des observateurs rigoureux de l'abstinence, et que parmi ses invités il s'en peut rencontrer de ce nombre. Aussi a-t-elle soin de disposer ses menus de manière à ce que le convive orthodoxe soit libre de choisir les mets dont sa loi lui prescrit l'usage, et ne le place-t-elle pas dans la pénible alternative, ou de s'imposer le jeûne, ou de manquer aux règles que lui dicte sa croyance.

Si quelque censeur austère trouve que je dépasse les bornes de mon sujet; si quelque frondeur, cherchant à masquer sous des formes stoïques le scepticisme de sa pensée, me fait le reproche d'aborder une question qu'il ne me convient pas de traiter : au premier, je me contente de présenter le titre de mon livre; au second, j'oppose le silence : que répondre, en effet, à celui qui se fait gloire de douter de tout?

Mais, j'en demeure convaincu, mes lecteurs ne me refuseront pas leur sympathie, pour avoir placé quelques observations qui se rattachent essentiellement au savoir-vivre, et pour avoir signalé une des attentions délicates de nos dames parisiennes. Car, s'il est un fait notoire, c'est qu'en province les jours d'abstinence sont généralement observés.

Et qu'on veuille bien se le rappeler, je me suis gardé d'écrire une ligne, un mot qui pût éveiller la susceptibilité la plus délicate; je me suis contenté du rôle d'observateur, plus souvent de celui de narrateur, et, si j'ai encouru un reproche, ce ne sera pas, certes, celui de m'être posé en régulateur, et d'avoir donné à

ma pensée une expression qui cachât, sous sa forme, le pédantisme du maître.

M'était-il permis d'omettre, dans les préceptes du bien vivre, les règles imprescriptibles qui subordonnent la table à des devoirs généralement observés? Non, sans doute, et l'on me tiendra compte de n'avoir négligé aucun des aspects sous lesquels elle doit être envisagée.

Cette nouvelle considération me porte à faire un aveu, qui sera, en même temps que l'expression de la franchise, celle de la vérité.

Les dîners maigres de la province sont recherchés par les Parisiens, qui y trouvent une variété et une abondance dont ils ne se rendent pas un compte exact, et dans lesquelles ils croient reconnaître un tribut payé à la sensualité, un dédommagement à la privation imposée.

Cette remarque est une erreur, que je tiens à détruire. Ne l'ai-je pas dit? Les produits végétaux, les rivières, les eaux de la mer, la bonne habitude des approvisionnements et des conserves, tel est le secret des dîners maigres de la province. Ai-je besoin d'ajouter que l'abondance de ces éléments permet d'en multiplier l'usage, sans que leur consommation devienne dispendieuse? Voilà pour la vérité! Par les mêmes raisons, certains dîners maigres de la province sont préférables à beaucoup de dîners gras de la capitale; voilà pour la franchise!

Je terminerai ces considérations, ou plutôt ces remarques, par une anecdote qui revient à ma mémoire, et qui est toute de circonstance :

Un grand seigneur, fidèle observateur des jours d'abstinence, voyait s'écouler le carême sans avoir à se plaindre de sa durée. Grâce à l'habileté de son cuisinier, les aliments les plus ordinaires prenaient une forme si attrayante et si variée, que chaque repas devenait l'occasion d'une agréable surprise; et le bon gentilhomme était arrivé aux derniers jours de cette longue période de privations, sans qu'il en eût eu à faire la remarque.

A cette époque, il reçut la visite de l'un des grands-vicaires de son diocèse; celui-ci, dont la cuisine était dépourvue des ressources qui abondaient dans celle du grand seigneur, parla, quoiqu'il ne s'en plaignît pas, du dérangement de sa santé, et l'attribua au régime sévère de l'époque. Le gentilhomme, au contraire, affirma que jamais il ne s'était si bien porté, en dépit de l'abstinence et des légumes, surtout des haricots blancs, que son cuisinier, dit-il, savait rendre un mets exquis.

Au nom de ce légume, le grand-vicaire fit une grimace que remarqua le gentilhomme.

—J'ai prononcé un nom qui ne vous fait augurer rien de bon, et qui, si je ne me trompe, vous est lui-même antipathique. Venez dîner demain avec moi, et vous apprécierez cet excellent végétal de Soissons, dont le mérite tient surtout à sa rare préparation. C'est ce que mon cuisinier se chargera de vous prouver.

L'invitation fut acceptée; et, le lendemain, le grand-vicaire s'asseyait à la table du gentilhomme. Le cuisinier, prévenu de la qualité du convive invité par son maître, avait reçu de celui-ci l'ordre de servir un plat des haricots qui, trois ou quatre fois la semaine, paraissaient sur sa table, et n'y paraissaient jamais trop souvent.

Or, le plat demandé fut servi; mais le grand-vicaire, malgré les éloges pompeux de son noble amphitryon, y reconnut, quoique masqué par une sauce délicate, le légume desséché dont la durée du carême avait éternisé le goût pour son palais. Le grand seigneur convint que son cuisinier n'avait pas réussi comme les jours précédents. Heureusement, une belle alose farcie, des soles au gratin, une friture d'éperlans, et de bons et délicats entremets eurent promptement chassé le souvenir des haricots, dont ne parla plus le gentilhomme.

Mais, le soir arrivé, et le grand-vicaire retourné chez lui, le cuisinier reçut l'ordre de se présenter devant son maître, dont la digestion s'opérait moins facilement que de coutume.

— Comment se fait-il que tes haricots aient été aujourd'hui si mal préparés, quand, ordinairement, tu me les sers de manière à me les faire goûter délicieusement ?

— C'est que, répondit le cuisinier en balbutiant, M. le marquis recevait M. le grand-vicaire.

— Et c'était une raison, maraud, pour te surpasser ! J'avais promis à l'abbé un régal, et tu nous as servi un plat que le plus mince bourgeois mangerait meilleur.

— C'est que, répondit le cuisinier de plus en plus troublé, M. le marquis a en effet mangé aujourd'hui des haricots.

— Et que me servais-tu donc auparavant ?

— Des rognons de coq, que je faisais passer à M. le marquis pour des haricots de Soissons.

— Imbécile ! Puisque tu avais pris sur toi la faute, n'en pouvais-tu prolonger la durée quelques jours encore ! »

LA CONTEMPLATION.

IX

LE THÉ. — LES SOIRÉES DANSANTES.

our donner un complément indispensable à mes courtes observations sur la science du bien vivre, il me reste à parler des réunions du soir.

Une favorable et heureuse circonstance m'ayant conduit à la source des meilleurs renseignements, j'essayerai, ainsi que je l'ai déjà dit, de me rendre, quoique imparfaitement, l'écho de la jeune et spirituelle amie à laquelle je les dois :

— On reçoit ses intimes à dîner, me disait-elle ; on réserve les soirées pour ses connaissances. On peut négliger pour ceux-là quelques-unes des formes de l'étiquette et des usages admis ; on doit pour celles-ci ne rien omettre des habitudes consacrées par la bonne compagnie. Avec les premiers, toute l'effusion de l'amitié ; avec les secondes, toutes les exigences d'une exquise politesse. Ceux-là excuseront volontiers un oubli involontaire ; celles-ci vous feront un crime de la moindre inobservation dans les règles du savoir-vivre ; et je comprends cette susceptibilité : moins la maîtresse de maison a de rapports fréquents avec ceux qu'elle reçoit, plus elle doit redoubler d'attention à leur égard.

« Ces remarques rendant de plus en plus difficiles nos devoirs, ajoutait-elle, le seul moyen de s'en affranchir est de vivre en ermite. Mais quelle jeune femme consentirait à échanger les douces joies du monde contre les ennuis de la solitude ? D'ailleurs, pourquoi ne pas l'avouer ? il est si doux de plaire, qu'on ne saurait payer trop cher cette délicieuse satisfaction !... »

Ces réflexions, dont aucune de mes lectrices ne niera la justesse, et dans lesquelles elles trouveront une nouvelle preuve du tact délicat et de l'esprit d'observation de ma jeune amie, permirent à celle-ci de me communiquer ses idées sur les devoirs qu'imposent à la maîtresse de maison les jours de réception, et je n'eus qu'à donner une complète adhésion à des communications dans lesquelles elle paraissait plutôt recourir à mes conseils, que me faire comprendre que je n'avais plus rien à lui enseigner sur les règles à observer.

Après m'avoir convaincu qu'elle s'était rendu un compte exact de toutes les obligations de sa position, elle se montra non moins capable de les remplir.

— Les soirées ont perdu, reprit-elle, tout le charme qu'elles eurent autrefois. On ne les considère plus qu'au point de vue individuel ; chacun s'y rend pour son propre plaisir, pour sa satisfaction particulière. Ce ne sont ni de vifs et spirituels entretiens, ni le besoin de douces communications, ni l'attrait d'intéressantes lectures qui font rechercher la fréquentation des salons : les discussions politiques, fatigants et somnifères bavardages, ont remplacé les conversations animées auxquelles il était permis jadis aux femmes de prendre part ; l'intimité ne s'improvise pas, et quant aux lectures, quoique celles qui peuvent se faire au salon deviennent de plus en plus rares, elles sont désormais impossibles : nous sommes un peuple beau parleur ; mais des lecteurs, il n'en est plus ! Comment désormais remplir les soirées, si ce n'est par le jeu, la musique et la danse ?

« Le jeu, ajouta la spirituelle femme, c'est mon désespoir, et néanmoins l'usage veut que des tables soient préparées pour recevoir ceux qui ne vont dans le monde qu'à la condition d'y vider leur bourse ou de la remplir ; tables où viennent se grouper le financier et son commis, le père et le fils, le vieillard et le jeune homme, le riche industriel et le père de famille nécessiteux, tous ceux enfin que la soif du gain y attire et qui, dans l'espoir de se saisir de quelques pièces d'or, désertent le salon pour nous y condamner à l'ennui et à l'immobilité. On avait espéré qu'en substituant le whist à l'écarté et à la bouillotte, le nombre des joueurs diminuerait, et que surtout les enjeux ne nous offriraient plus le scandaleux spectacle des tapis verts, qu'une sage loi a condamnés à l'exil éternel. Le calcul était faux : les jeux de cartes sont en France une habitude invétérée. Je ne veux pas croire qu'ils soient une spéculation ; mais, comme je ne puis me rendre compte de l'attrait qu'ils offrent, je m'empare des faits, et quand je vois que la fiche du whist se paye cinq francs, je ne puis cependant penser qu'on puisse acheter aussi cher le plaisir que procure ce jeu, importé de chez nos voisins d'outre-mer.

« Toutefois, en me conformant aux usages reçus, je suivrai l'exemple d'une de mes amies, qui, dans un bal qu'elle donna, s'étant vue obligée d'arracher elle-même les cavaliers des tables de jeu pour les ramener de la bouillotte et de l'écarté à la contredanse, employa, dans une réunion suivante, un moyen aussi ingénieux que convenable, et parvint à réserver exclusivement les jeux de cartes pour ceux auxquels ils sont un passe-temps indispensable. »

Cette communication piquant ma curiosité, ma jeune visiteuse s'en aperçut, et sa perspicace bienveillance me dispensa de la question que je brûlais de lui adresser :

— Voici, me dit-elle, comment s'y prit mon amie. Elle invita à un nouveau bal les mêmes cavaliers, et notamment ceux qui s'étaient fait remarquer par leur assiduité dans la salle de jeu. Ce jour-là les tables d'écarté, de bouillotte et de whist furent doublées, et malgré l'augmentation de leur nombre, elles furent promptement envahies. C'était ce qu'avait prévu la maîtresse de la maison,

« Les parties étaient commencées , et les enjeux s'accroissaient avec rapidité, lorsque mon amie se présenta inopinément au milieu des joueurs. Élevant la voix, elle attira tous les regards, et sa présence produisit un silence général :

« — Je m'applaudis, messieurs, leur dit-elle, de vous voir si nombreux aux tables de jeu, et ce concours que je n'avais pas osé espérer m'encourage à vous faire une proposition qui, si elle obtient votre assentiment, comblera mes vœux et me permettra de mettre à exécution une excellente idée, dont je serai heureuse de vous devoir tout le mérite.

« — Parlez, madame; nous sommes à vos ordres. — Qui de nous ne s'empresserait de vous être agréable? — Vos désirs sont pour nous des lois!

« D'autres protestations analogues se succédèrent rapidement et arrivèrent à l'oreille de mon amie, qui, ne se hâtant pas de répondre, permit ainsi à chacun de formuler sa pensée.

« Alors, le sourire sur les lèvres et avec sa plus douce voix :

« — Les dames n'ont jamais fait en vain un appel à la galanterie française, et vous m'en offrez aujourd'hui, messieurs, un nouveau témoignage ; moins encore s'est-on adressé sans succès à votre sympathie pour le malheur. Je viens donc, sans vouloir nuire à vos plaisirs, vous convier à une bonne action.

« Les protestations se renouvelèrent avec empressement.

« — Je ne fais l'injure à aucun de vous de le supposer attiré au jeu par un autre motif que celui qui nous entraîne vers une distraction agréable, et c'est guidée par cette pensée que je vous propose d'affecter une partie de votre gain de la soirée au soulagement des pauvres de notre arrondissement, qui n'ont jamais été si nombreux que cet hiver.

« La proposition fut accueillie avec enthousiasme ; on applaudit à cette heureuse idée ; les félicitations se multiplièrent, et, d'une commune voix, on demanda que mon amie fixât elle-même et la part des pauvres et son mode de perception. C'était là qu'elle en voulait venir.

« — Je ne désignerai pour commissaires que ceux de vous, messieurs, qui ne prennent aucun plaisir à la danse. Ceux-ci prélèveront sur chaque partie la moitié du gain, et voudront bien en déposer le montant chez le trésorier du bureau de bienfaisance de notre quartier. Maintenant, recevez d'avance tous mes remerciements, et permettez-moi de me féliciter de votre généreuse sympathie.

« Mon amie désigna six des joueurs, mis par elle dans sa confidence, et quitta la salle de jeu, non sans remarquer que ses dernières paroles avaient été loin de produire l'enthousiasme, occasionné par les termes un peu vagues dont elle s'était servie pour amener sa proposition. Quoi qu'il en soit, la soirée produisit 800 francs pour les pauvres. Mais comme l'usage, une fois adopté, se maintint dans toutes ses réunions de l'hiver, les recettes décrurent de plus en plus, et c'est à ce point que maintenant, chez elle, la fiche du whist ne se joue plus qu'à 5 sous, l'entrée de la bouillotte à 30 sous et la partie d'écarté à 10 sous.

« — Par cet heureux moyen, me disait-elle dernièrement, l'employé ne perd plus chez moi, en une soirée, ses appointements du mois; le père de famille, une somme dont l'importance impose des privations à son ménage ; mes danseuses ont toujours des cavaliers, et j'ai enfin trouvé l'avantage d'éliminer les joueurs de mes soirées. Puissent toutes les maîtresses de maison imiter mon exemple !

« Pour ce qui me regarde, ajouta ma jeune amie, je n'agirai pas autrement. J'en suis encore à mon début pour les soirées ; je les réglerai d'après l'excellente leçon que j'ai reçue, et je ne permettrai point que mes tables de jeu offrent le scandale d'un gain que je considère comme immoral, et d'une perte dont les suites ne se bornent pas au dépit et à la mauvaise humeur de celui qui la supporte, mais qui trop souvent éveille les craintes de sa famille, si elle ne lui porte un coup funeste. »

Il y avait dans cette bonne résolution tout l'esprit d'une jeune femme et toute la raison d'une mère de famille. J'en fis compliment à celle dont la fine sagacité s'alliait si bien à l'élévation du sentiment.

— Je vous ai entretenu, ajouta-t-elle, d'une circonstance que j'aurais dû vous taire, puisque ce n'est point à propos du jeu que je suis venue réclamer vos bons avis.

« Avant mon mariage, j'ai assisté à beaucoup de réunions. Depuis que je puis dire *chez moi* (deux mots dont nous autres jeunes femmes ne craignons jamais la répétition), je n'ai évité aucune occasion d'aller dans le monde, où il m'a été facile de remarquer les usages adoptés, et d'étudier les règles auxquelles doit se conformer une maîtresse de maison. Observatrice assidue des femmes chez lesquelles le bon goût s'unit à la grâce, et qui impriment à leurs réunions un charme d'autant plus irrésistible qu'elles s'y montrent plus affables, je m'efforcerai d'imiter ces modèles et de donner à mes rares réceptions l'attrait qu'il dépend de nous de déterminer. Je conviendrai volontiers avec vous que quand une femme le veut, elle sait toujours être aimable. Mais vous conviendrez, à votre tour, que notre amabilité ne suffit pas, et que nos soirées seraient fort négligées si notre mérite personnel en devait faire tous les frais.

« Le seul moyen d'animer les réceptions, de les rendre, de nos jours, agréables, c'est d'en remplir l'espace par la musique ou par la danse. Les soirées musicales deviennent très-dispendieuses. Eût-elle un talent remarquable, la maîtresse de maison aurait mauvaise grâce à le déployer devant ses invités. Lorsqu'elle réunit ses amis, et surtout, avons-nous dit, ses connaissances, elle doit se borner à un aimable et bienveillant accueil, à une intelligente surveillance.

« Si la musique est l'objet principal de la réunion, son programme doit être arrêté d'a-

vance, et présenter les noms d'artistes connus ou d'amateurs en réputation. Ainsi les soirées musicales de notre époque, qui devraient se nommer *des concerts de salon*, sont devenues impossibles à la classe modeste quoique aisée de la société, en raison d'abord de la rétribution des artistes, ensuite de la difficulté de réunir les amateurs dont je vous parlais.

« Une circonstance toute particulière me permet cependant de faire entendre à mes amis des artistes distingués et des amateurs dont le nom est un titre à la célébrité. Profiterai-je de ce hasard heureux pour donner une soirée musicale? le négligerai-je pour donner une soirée dansante? Voilà mon embarras.

« Raisonnons dans les deux hypothèses. Si je cède à un penchant naturel, je donnerai la soirée musicale; si je consulte plus le goût de la plupart de ceux que j'ai l'intention d'inviter, ce sera une soirée dansante.

« Dans l'un et l'autre cas, mes appartements ne peuvent contenir plus de cent personnes; mais si je me décide pour la musique, voici ce que je me propose de faire. C'est spécialement sur cet objet que je réclame votre attention et que je sollicite vos bons conseils :

« A dix heures, avant l'exécution de la première partie d'ouverture, je ferai servir des petits gâteaux d'entremets, des oranges glacées et des sirops.

« Entre la première et la seconde partie du programme, je ferai servir des glaces panachées et moulées, et des gaufres à l'italienne.

« A la fin de la seconde partie, je ferai de nouveau circuler des gâteaux, du petit-four, des fruits confits, des sirops pour les dames et du punch pour les hommes.

« Comment trouvez-vous cette disposition?
— Fort galante et de très-bon goût. C'est d'ailleurs ainsi que l'on procède chez Mmes G*** et A. S***, qui, vous le savez, donnent le ton.
— Voyons, reprit la jeune et aimable femme, si vous accorderez la même approbation à mes projets dans le cas où je convertirais ma soirée musicale en une soirée dansante.

— Vous m'avez donné trop de preuves de tact et de goût pour que, sans les connaître, je n'y donne d'avance une complète adhésion.

— Le meilleur orateur n'est pas toujours digne de lui-même; l'auteur comique le plus spirituel n'est pas toujours à l'abri des sifflets, et la première chanteuse de certain théâtre ne chante pas toujours juste; à plus forte raison, moi, qui débute dans la science du savoir-vivre, pourrais-je me tromper. Écoutez-moi donc, vous en jugerez.

« Je ne vous entretiendrai point de la disposition du local, dont je proscris les fleurs, mais que j'inonde de lumière; je ne dirai rien de l'enlèvement de mes meubles, dont je ne conserve que les plus indispensables, pour les remplacer par d'élégantes banquettes aux longues crépines d'or, en ménageant l'espace de quelques siéges confortables pour les personnes âgées et pour les mamans qui se résignent à former la galerie. Je ne veux vous parler que des rafraîchissements et de l'ordre de leur présentation[1].

« Après le premier quadrille : des liqueurs fraîches, telles que limonade, orangeade, eau de groseilles, etc.

Après le deuxième : les plateaux d'entremets, de pâtisseries, et des sirops.

« Après le troisième et le quatrième : des glaces panachées et moulées.

« Après le cinquième et les suivants : des glaces en coquilles et des sorbets avec des gaufres à l'italienne.

« Vers minuit : des consommés, des potages, des sandwichs et du vin de Bordeaux.

« De minuit à deux heures : le punch chaud pour les hommes; et pour les dames, des bavaroises bouillantes de chocolat avec des petites flûtes au beurre.

— A merveille ! m'écriai-je. Vous n'avez plus à craindre d'être placée entre les orateurs qui ne maintiennent pas leur éloquence au même degré, les auteurs spirituels dont quelques pièces tombent au bruit des sifflets, et les premières chanteuses dont quelques notes sont fausses ; vous ne vous écarterez jamais des règles du goût. Vous n'avez plus à demander de conseils; il vous appartient mieux d'en donner. Et, par exemple, dites-moi ce que vous pensez du thé, qui, depuis quelque temps, est devenu une habitude fashionable.

— Je crois vous avoir déjà dit, mon ami, que la table est réservée aux intimes, et que les soirées sont consacrées aux connaissances. Vous m'offrez l'occasion de reproduire cette vérité. En effet, le thé ne se sert plus qu'à table et dans des réunions peu nombreuses. Ce léger repas qui termine les soirées n'atteint jamais les proportions du luxe, à moins que pour y mettre en évidence les belles porcelaines de la Chine et du Japon, de magnifiques

[1] Nos lectrices trouveront aux *Travaux de l'office* les préparations des rafraîchissements que nous mentionnons ici; mais notre cadre ne nous permettant que peu de développements, nous devons, dès à présent, leur indiquer un guide, aussi élégant que complet, dans l'excellent ouvrage publié par M. Bernardi, et auquel il a donné le titre de *Glacier royal*.

fontaines en argent ciselé. Dans les familles moins opulentes ces fontaines sont en cuivre bronzé, l'une contenant le thé, l'autre l'eau bouillante. Des sandwichs au pain de seigle, de légères pâtisseries et des fruits confits sont placés en abondance sur la table.

« La maîtresse de maison fait elle-même le service du thé; mais, à vous dire vrai, je crois qu'il y a beaucoup d'améliorations à apporter dans ce service, et si, ce qui ne m'arrivera jamais, je me trouvais dans une position à adopter les usages de nos sommités sociales, voici comment je m'y prendrais pour servir le thé chez moi.

« Placée au centre de la table et à proximité des deux fontaines dont je parlais à l'instant, je réserverais, à ma droite et à ma gauche, un espace vide qu'occuperaient deux hommes de service intelligents, prompts à exécuter mes ordres et à suivre tous mes mouvements. Un grand vase de porcelaine se trouverait à ma gauche, près de la fontaine contenant de l'eau bouillante; un moins grand vase serait voisin de la fontaine à thé. Entre les deux fontaines figurerait une boîte élégante, qui contiendrait dans un de ses compartiments du choucha ou du thé perlé; dans l'autre, du pekoe ou du congo, les deux meilleures sortes de thé noir que l'on puisse se procurer [1].

« Tandis que circuleraient les premières pâtisseries, je décanterais l'eau bouillante que contient la fontaine au thé. (Cette précaution de la maintenir, avant l'infusion, à une haute température est des plus importantes.) Après avoir vidé complétement la fontaine au thé, je suppose qu'elle contienne quarante-huit tasses et qu'on soit vingt-quatre à table, j'y déposerais vingt-quatre cuillerées à café de thé noir et autant de thé vert, ou, pour parler confor-

[1] Nous engageons les amateurs de thé à consulter l'ouvrage publié par M. Houssaye (rue de la Bourse, 3) sur ce produit, dont la consommation se généralise en France. La *Monographie du thé* est le document le plus riche en renseignements nouveaux et le plus curieux qui ait encore paru. La culture et la préparation de ce précieux végétal y sont décrits d'une manière remarquable.

mément à la loi, 120 grammes pour quarante-huit tasses. Le domestique placé à ma droite verserait de l'eau bouillante sur les feuilles, de manière à les couvrir entièrement; il refermerait la fontaine, et après une infusion de six à huit minutes, il ajouterait l'eau nécessaire à remplir la fontaine; enfin, à la suite d'une nouvelle infusion de deux minutes, commencerait le service du thé.

« Vous avez compris que les deux fontaines reposent sur un grand plateau, chargé luimême des plus fines porcelaines de la Chine et du Japon; qu'une pile d'assiettes est mise à la portée de chaque domestique pour que, dès que la maîtresse de maison a versé le thé dans les tasses, le service puisse se faire simultanément à droite et à gauche. Vous avez compris, de même, que le bol de gauche est destiné à recevoir l'eau chaude qui aurait coulé dans chaque tasse, avant qu'elle eût reçu le thé.

« Quoi qu'il en soit de mon château en Espagne, supprimez tout le luxe de sa construction, ne conservez que la méthode de préparation que je vous ai donnée, et je vous garantis que vous trouverez très-agréable l'infusion de thé, que nous ne savons pas mieux faire en France que l'on ne sait faire le café en Angleterre. »

Je ne me lassais pas d'entendre la jeune femme; sa conversation enjouée, vive et spirituelle m'étonnait de plus en plus. Depuis les raouts de la haute société jusqu'aux plus modestes réunions de la famille; depuis les buffets dressés pour les bals, où règne une riche et splendide ordonnance, jusqu'aux soirées dansantes les plus simples et les moins dispendieuses, elle déduisait avec une étonnante sagacité tous les devoirs de la maîtresse de maison; et ses remarques, toujours dictées par une fine appréciation de nos mœurs et de nos usages contemporains, déterminaient en moi un intérêt croissant.

Enfin, son silence m'ayant permis de lui adresser de sincères félicitations sur ses connaissances étendues dans l'art du savoir-vivre :

— Tout ce que vous venez d'entendre, avec une complaisance dont je vous sais gré, reprit-elle, il est peu de jeunes femmes qui ne soient capables de le dire beaucoup mieux. Notre sexe a une grande tendance à l'observation, et surtout à l'imitation de ce qui plaît et de ce qui attire. Mais je suppose que vous avez assez bonne opinion de moi, pour croire que je m'étudie à distinguer ce qu'il est convenable de faire, et ce qu'il faut se garder d'imiter.

« Il en est de nos usages comme des lois que la mode nous impose : une parure enfantée par le caprice est promptement adoptée, mais bientôt délaissée si le goût ne la perpétue ; certains usages s'établissent et se faufilent, en quelque sorte, dans les salons les plus distingués, mais tombent bientôt sous les coups du ridicule et sous les efforts du bon ton.

« Ainsi, c'était une heureuse idée que la circulation des albums dans les cercles où se réunit la bonne compagnie. Depuis quelque temps, ces jolies publications où la gravure se joint au texte, qui récréent la vue en ornant l'esprit, sont abandonnées pour faire place à de mauvais dessins, à de pitoyables caricatures où se déroule l'histoire de personnages choisis dans la loge du portier, ou qui sont tirés des derniers degrés de l'échelle sociale ; mais le bon goût fera, je l'espère, justice de ces modernes productions, dont la naissance est due à un roman devenu célèbre, et qui, le croiriez-vous? a trouvé plus de lecteurs dans les deux classes extrêmes de la société, qu'il n'a rencontré de sympathies dans la classe moyenne. On reviendra de cet engouement passager, et les albums de choix, les recueils périodiques et les illustrations, au milieu desquels il faut placer le *Musée des familles*, les *Nouvelles à la main*, les *Guêpes*, le *Théâtre d'autrefois*, les *Beaux-Arts*, le *Journal des femmes*, le *Journal des demoiselles*, l'*Univers pittoresque*, le *Voyage où il vous plaira*, *Un hiver à Paris*, *Un été à Paris*, *Picciola*, etc.,

retrouveront la faveur dont ils sont toujours dignes. On la leur restituera d'autant mieux, que l'attention, un moment détournée, se reportera sur eux avec plus de complaisance.

« Vous auriez encore tort de conclure, de quelque facilité à étudier et à suivre les lois du savoir-vivre, que je borne toute ma satisfaction à trouver l'occasion de les accomplir, que je fasse consister mon bonheur dans l'entraînement des fêtes et dans leur rapide succession. Je débute, il est vrai, dans le monde ; mais j'ai déjà compris combien ses plaisirs bruyants sont loin des charmes de la vie intime.

« Cependant, je ne fuirai jamais les occasions qui me rapprocheront d'un cercle choisi. J'accepterai volontiers toutes celles qui me permettront de réunir mes amis ; mais je ne franchirai jamais les limites que m'ont fixées les devoirs de la famille et les ressources de ma fortune, pas plus que je ne voudrai m'assujettir à des usages légèrement admis, et que la raison condamne en même temps que le bon ton les rejette.

— Lorsque, comme vous, on sait allier à l'esprit la raison, à un tact délicat la finesse de l'observation ; quand, comme vous, on est femme de tête et de cœur, on ne peut ni se laisser égarer par les travers du monde, ni manquer aux convenances.

Cette courte réponse me valut le plus gracieux des sourires.

— Nous voilà bien loin du but de ma visite, me dit-elle. Je me suis laissé entraîner au penchant qu'on attribue à mon sexe, et vous êtes en droit de m'en faire le reproche. Mais concluons, je vous prie, car je veux mettre un terme à mon bavardage et vous rendre à votre crayon. Que donnerai-je, de la soirée musicale, ou de la soirée dansante?

— Vous m'avez fait désirer l'une et l'autre, répondis-je, et je suis fort embarrassé...

— Votre embarras fait cesser le mien. Vous aurez l'une et l'autre, me dit vivement ma jeune amie, en me présentant la main.

Je voulus répondre ; elle était déjà partie.

La double soirée eut lieu en effet, mais le même jour, et la jeune femme s'y montra aussi gracieuse et aussi expérimentée qu'à l'occasion de son premier dîner.

La conversation que je viens de rapporter me dispense d'une description qui ferait double emploi, car, sauf quelques détails, tout fut exécuté comme se l'était proposé la femme aimable à laquelle je dois les précieux renseignements que je fournis à mes lectrices.

X.

CONSEILS.

ÉCLAIRAGE. — LINGE. — PORCELAINE. — CRISTAUX. — ARGENTERIE. PRÉPARATION DU DESSERT. — PLACE DES INVITÉS.

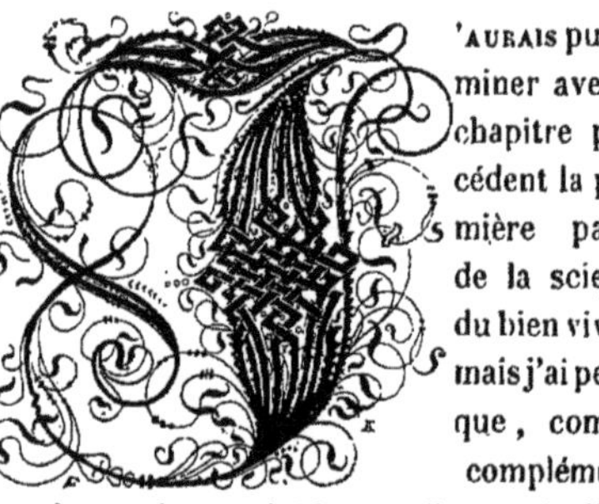

'AURAIS pu terminer avec le chapitre précédent la première partie de la science du bien vivre; mais j'ai pensé que, comme complément aux observations précédentes, il en était d'autres à y joindre, quoique j'eusse à présenter celles-ci sous une forme moins déguisée.

Avant tout, je prie mes lectrices de ne point s'offenser du titre que je donne à cette nouvelle causerie. Il ne s'adresse point à la maîtresse de maison expérimentée; il est écrit dans l'intérêt de la jeune femme qui veut, dès son début dans l'administration domestique, ne point paraître étrangère aux usages généralement adoptés, suivre les exigences des convenances, et établir chez elle un ordre parfait, tout en faisant preuve de goût.

Plus j'approche du but que je me suis proposé d'atteindre, plus on doit se convaincre que je n'ai envisagé la science du bien vivre qu'au point de vue de la classe aisée. Des maîtres célèbres ont écrit pour le luxe et l'opulence, et leurs documents, classés avec un ordre admirable dans *les Fastes de la table*, dont j'ai déjà eu l'occasion de parler, seront toujours le code où iront puiser de délicieuses inspirations ceux qui sont chargés de donner à l'art culinaire toute la richesse de son développement. Je n'écris, moi, que pour la modeste fortune, celle qui ne demande à la vie que des jouissances pures et calmes, et qui ne peut les trouver que dans le confortable allié au goût. C'est à ce désir que je me suis efforcé de répondre; c'est encore lui qui me dicte les observations suivantes.

L'ÉCLAIRAGE de la salle à manger dépend toujours du nombre des convives. Une lampe Carcel suffit à la table de la famille; lorsque celle-ci est peu nombreuse, deux ou trois convives de plus nécessitent deux de ces lampes, qui projettent une lumière assez vive pour éclairer très-bien une table de douze couverts. Le nombre des convives devenant plus nombreux, cet éclairage serait insuffisant.

Pour vingt-quatre convives, par exemple, un lustre ou une lampe à réflecteurs et quatre lampes Carcel jetteraient une belle et brillante clarté, telle qu'il faut toujours la répandre quand la salle à manger se pare de ses plus riches ornements.

En hiver, qu'une douce et égale température règne dans la salle à manger, carrelée ou parquetée, mais toujours couverte d'un épais tapis.

En été comme en hiver, un passage en moquette doit environner l'espace dans lequel se trouve comprise la table.

Entre les buffets et les étagères, on doit ménager une distance d'au moins quatre pieds pour que le service se fasse sans encombre.

Le service de la table, ce qu'on nomme ordinairement le couvert, comprend une infinité de détails dont le coup d'œil de la maîtresse de maison juge à l'instant. Il est bon d'y exercer de bonne heure les jeunes personnes; elles doivent y présider et en surveiller l'ordre et le minutieux arrangement : rien ne flatte plus l'œil que la disposition élégante et variée de tous les accessoires dont on orne la table.

Pour que chaque convive soit maître de ses mouvements, il faut réserver 2 pieds à chaque couvert. Le calcul est facile à saisir : 24 pieds de circonférence pour douze personnes.

Le linge de table le plus recherché est le linge damassé, à fleurs pour les jours de fête, à carreaux pour le service ordinaire. La Saxe, la Belgique et la France rivalisent pour la fabrication de ces riches produits de l'industrie.

Il est maintenant de bon ton de placer sur une assiette, avec le couvert et le couteau du dessert, une petite serviette très-fine dont le tour est garni d'une broderie ou d'un long effilé.

Dans une maison bien ordonnée, *la porcelaine* est en triple service, le premier pour l'ordinaire de la famille, le second pour les jours de demi-réception, le troisième pour les circonstances d'apparat.

Deux services de cristal suffisent, un service uni pour chaque jour, un service taillé pour les grandes réceptions.

Je ne parlerai que de la composition de ce dernier, qui doit comprendre six carafes à eau, six carafes à vin; pour chaque convive, un verre pour le vin de Madère, un pour le vin ordinaire, un pour le vin de Bordeaux, un pour le vin de Champagne. Ces quatre verres se placent devant chaque couvert; les verres pour le vin du Rhin sont mis en réserve sur un plateau.

L'argenterie est ordinairement en raison de la fortune de chacun, ou plus souvent en rai-son de la fréquence et du nombre des convives que l'on reçoit; il n'y a donc rien à dire sur la quantité. Mais je dois ajouter que dans beaucoup de maisons, les couverts d'argent sont renouvelés à chaque mets; que dans presque toutes ils le sont après le poisson. Chaque convive doit avoir à sa droite une cuiller, une fourchette et un couteau, la première séparée de la seconde, et non l'une à droite et l'autre à gauche, ainsi que je le vois souvent pratiquer.

Les réchauds et les cloches sont d'absolue nécessité; ils ne sont pas un vain luxe, ils sont la consécration du grand principe : « *Servez chaud !* » On y dégage le calorique à l'intérieur des réchauds ou au moyen de la bougie, ou avec des lampes à esprit-de-vin.

L'emploi de la vaisselle plate est généralement négligé pour celui de la porcelaine; cependant on se sert de casseroles d'argent pour servir certaines préparations culinaires.

Dans la sphère où j'ai placé ceux pour lesquels j'ai écrit la science du bien vivre, je me garderai de dicter des lois pour l'ordre de chaque service : cet ordre dépend de causes diverses, et surtout du nombre des convives. Je recommande cependant que les couverts soient placés dans une ligne tirée au cordeau; qu'il en soit de même pour les carafes à l'eau et au vin; que les salières, poivrières, moutardiers soient proportionnés au nombre des couverts et rangés avec symétrie; qu'il en soit de même des couverts de service, et qu'ils figurent en grand nombre à la proximité de la maîtresse ou du maître de la maison; que des napperons recouvrent la nappe aux endroits où doivent se placer les entrées, les rôtis et les entremets, pour qu'au moment où on les enlèvera afin de placer le dessert, la table n'offre plus qu'une blanche surface.

Je n'ai parlé ni des dormants ni des surtouts. Dans les maisons où ces brillants ornements figurent sur la table, un maître d'hôtel ou un serviteur au courant des grands services préside à l'ordonnance du couvert, et je n'ai pas de leçons à donner à ceux de qui j'en pourrais recevoir.

Le potage ne se mettant plus sur la table, les assiettes dans lesquelles on le sert doivent être tenues chaudes. A la place de la soupière et au centre du couvert, il est élégant de disposer une corbeille de fleurs, qui remplace convenablement le dormant et qui conserve cette place durant les trois services.

Il est du plus mauvais ton de servir les cure-dents à table : après le dîner, un domestique est chargé du soin de les offrir aux convives.

Aux jours de grande réception, la maîtresse de maison doit veiller à la préparation de son dessert, et le faire dresser dans une pièce voisine de la salle à manger, si ce n'est dans l'office, de manière à ce que les gens de service puissent, en le plaçant sur la table, conserver à chaque plat l'ordre et le rang qui lui ont été d'abord assignés. Les hors-d'œuvre d'office doivent aussi être préparés à l'avance, et figurer comme encadrement du premier service, dans l'ordre qui leur a été fixé par la maîtresse de maison.

Un excellent usage est celui de faire porter aux gens de service des gants; mais ce serait ne pas atteindre le but qu'on s'est proposé en adoptant cet usage, que de ne pas en tenir à leur disposition une certaine quantité, afin qu'ils puissent être changés quand les circonstances l'exigent.

Je ne répéterai pas ce que j'ai eu l'occasion de dire à l'égard des verres et des bols bleus. J'ai émis franchement mon opinion sur cet usage, dont l'esprit des convenances et le bon ton feront enfin justice.

Je ne me suis jamais dissimulé, et l'expérience m'a prouvé plus d'une fois combien sont pénibles, pour la maîtresse de maison, les infinis détails et les nombreuses occupations que commandent les jours où sa table prend un accroissement considérable, où elle se revêt de la pompe du festin; mais, plus ces devoirs sont rigoureux, plus il y a de mérite à les accomplir tous. La mère de famille ou la jeune femme trouvera, dans le plaisir qu'elle procure à ses hôtes et dans d'unanimes suffrages, le dédommagement des soins multiples que lui auront causés les apprêts d'une grande réunion.

Sa fatigue du jour et ses veilles disparaîtront au moment où l'heure de faire dresser aura sonné ; mais, avant de passer au salon, son œil perspicace et vigilant se sera assuré que la table est couverte selon les lois de l'ordre et de l'élégance ; elle aura fixé la place que chacun de ses invités doit occuper.

Elle sait fort bien que les places d'honneur appartiennent aux fonctions sociales les plus élevées, parce que l'élévation de la fonction suppose toujours celle des sentiments et des qualités ; elle n'a pas oublié que les étrangers ont droit à une égale distinction, que les grands parents ne doivent point être éloignés du centre de la table, que les jeunes gens et les intimes se trouvent toujours bien à la place qui leur est fixée, fût-elle aux extrémités ; que deux convives, qui sont l'un à l'autre antipathiques, doivent être séparés ; qu'il faut se garder de rapprocher un étourdi d'une jeune fille timide et modeste, et de séparer le cousin de sa cousine ; de sorte que, mère de famille ou très-jeune femme, la maîtresse de maison désignera pour les places d'honneur, c'est-à-dire pour sa droite, le convive le plus recommandable par sa position sociale, pour sa gauche, l'étranger qu'elle aura invité. A la droite et à la gauche de son mari, les femmes dont les époux auront obtenu près d'elle les mêmes prérogatives; les grands parents viendront ensuite, et suivant leur rang, mais dans les conditions que j'ai établies ; les autres convives s'étendront des centres aux extrémités. Ces dispositions arrêtées, la maîtresse de maison se rendra au salon, où elle adressera à chacun de ses convives un aimable sourire, une douce parole, et, prenant le siége qui lui est réservé, prolongera la conversation, jusqu'au moment où les deux battants de la salle à manger s'ouvrant, on lui adressera ces paroles : « Madame est servie. » S'appuyant sur le bras du convive qu'elle a désigné pour occuper sa droite, elle passera à la salle à manger, et prendra immédiatement place pour que chacun en fasse autant, et ce sera avec une grâce charmante qu'elle fera les honneurs de son dîner.

Je me hâte de dire que le dernier paragraphe de ce chapitre ne devait point figurer ici : en l'écrivant, je n'ai pas eu la ridicule prétention de le présenter comme un conseil ; je dois, pour rendre hommage à la vérité, déclarer, au contraire, que je me suis fait l'historien des dames qui m'ont fait l'honneur de m'admettre à leur table, ce qui a déterminé ma conviction et m'a porté à juger que toutes les maîtresses de maison agissent de même.

MES VINGT ANS.

Paroles de Paul Ben. — Musique de Jules Tariot.

(Voir la page 56, chansons de table.)

prit é-veil-le la fa-con---de Et de ma
verve ex ci-te le pen-chant Fai-tes germer dans ma cou-pe ché-ri----e Les bel-les
fleurs dont s'orna mon prin-temps Rem--plis-sez

la Quand je l'au - rai ta - ri - - e Pour qu'a - vec
vous J'aie en - cor mes vingt ans, Rem - plis sez-
la quand je l'au - rai ta - ri - - e Pour qu'a - vec
vous j'aie en - cor mes vingt ans !
Agitato.

LA SCIENCE

DU

BIEN VIVRE

MONOGRAPHIE DE LA CUISINE.

Partie pratique.

TRAVAUX DE LA CUISINE ET DE L'OFFICE.

RECETTES.

NOTA BENE !

ᴅᴀɴs la partie critique de notre *Science du bien vivre*, nous avons cherché à cacher sous la légèreté de la forme l'aridité du sujet que nous nous étions proposé de traiter : « Si, nous étions-nous dit, le mets le plus vulgaire, l'aliment le moins recherché peut, sous l'habile main de nos maîtres en gaie science, dissimuler l'humilité de son origine et, grâce à l'art, offrir au palais une saveur encore ignorée, il nous sera permis, à propos de la science culinaire, de donner cours à des pensées utiles et de les exposer au grand jour de la publicité, en faisant quelques emprunts aux épisodes du jour, en demandant à la variété de la narration quelques-uns de ses moyens. »

Il se peut cependant que, trop confiants dans l'indulgence publique, nous ayons mal suivi la route littéraire que nous nous étions tracée ; mais ce dont nous sommes assurés, c'est que nous nous sommes constamment maintenus dans celle de la vérité.

La critique, en usant d'un droit que nous ne lui dénions pas, pourra reprocher à notre œuvre un ambitieux essor, une prétention mal appuyée, une témérité que trahit sa faiblesse : nous nous livrons, pieds et poings liés, à la critique ; nous nous mettons à sa discrétion ! Mais ce dont nous demeurons intimement convaincus, c'est que la morale publique ne nous fera point un crime de l'avoir fait intervenir dans nos descriptions, et ne nous dira point avec Horace : « *Sed nunc non erat his locus !* »

Et, à ce sujet, nous aurions à nous reprocher notre discrétion, si nous ne tenions en réserve, et toujours à propos de cuisine, mais non de l'art culinaire, quelques enseignements nouveaux, quelques considérations morales, beaucoup plus importantes que celles que nous avons présentées, et que nous nous proposons de publier un jour, pourvu que Dieu nous prête vie.

Après cette explication, nous en devons une autre. La seconde partie de notre ouvrage prend le titre de *Partie pratique*, et si nous n'avions à offrir comme garantie des documents qui la composent que les noms des auteurs qui figurent sur le titre de *la Science du bien vivre*, nous pourrions être exposés non-seulement au désaveu des praticiens, mais encore au blâme de ceux de nos lecteurs qui ont voué un culte à l'art auquel nous élevons un modeste monument, et qui n'accueillent ses préceptes que lorsqu'ils émanent d'une source à laquelle il est permis de puiser.

Nous nous empressons d'instruire nos lecteurs que, pour ce qui regarde les préparations de la cuisine et de l'office, nous avons eu recours à un praticien renommé, et dont les prescriptions forment autorité. M. Vincent, successeur de M. Bricard, n'est pas seulement distingué comme un des meilleurs pâtissiers de la capitale, ses connaissances dans l'art culinaire sont aussi étendues que variées, et c'est grâce à son utile collaboration, que nous pouvons offrir à la maîtresse de maison une collection de recettes, parmi lesquelles elle aura la faculté de choisir celles qui peuvent être adoptées pour son service journalier, et celles qui, aux époques de ses réceptions, lui paraîtront devoir flatter le plus le goût de ses convives.

M. Vincent a saisi notre idée ; il a compris la portée de notre livre ; il a envisagé celui-ci comme un guide nécessaire à la maîtresse de maison qui, placée dans une position de modeste fortune, recherche tous les avantages du bien vivre, mais en subordonne les préceptes à la loi impérieuse de l'ordre et de l'économie. Cette juste appréciation l'a engagé à négliger dans ses recettes toutes les prescriptions de luxe, et c'est au point de vue de l'utile et de l'agréable que, concurremment avec lui, nous avons rédigé nos documents culinaires, qui, nous devons en convenir, forment la partie la plus intéressante de notre publication.

VINS, LEUR CONSERVATION, LEUR NOMENCLATURE, L'ORDRE DU SERVICE.

Les observations dont nous croyons devoir faire précéder la nomenclature des vins, dans l'ordre de leur service, seront courtes. Elles n'apprendront rien à ceux dont la cave réclame les soins assidus, et qui ont fait une étude spéciale des moyens les plus efficaces pour la conservation des précieux liquides auxquels nous devons joie et santé. Elles ne sont point adressées à ceux de nos lecteurs qui ont lu les excellentes notices de MM. Leclerc, Joubert et Bouchard, dont les enseignements sont dictés par une connaissance approfondie et une longue expérience; mais elles pourront servir de guide à celui qui commence à meubler sa cave, et dans les mains duquel ne sont pas encore tombés les précieux documents des écrivains dont nous venons de mentionner le nom.

La première loi de la conservation des vins est le choix d'une bonne cave. Celle-ci doit être située au nord, voûtée, creusée à quelques toises au-dessous du sol, ses ouvertures seront pratiquées au nord : une température toujours égale y doit régner (la meilleure température est celle de 10 à 12 degrés centigrades) ; elle doit offrir une humidité constante, et être préservée d'une sécheresse dont les moindres inconvénients sont de dessécher les futailles et de faire transsuder le vin. Peu éclairée, il faut la placer dans un endroit où elle se trouve à l'abri des secousses que déterminent le roulement des voitures et les mille accidents de la voie publique. Que la cave ne soit jamais embarrassée de bois vert, et qu'on se garde d'y déposer des vinaigres.

C'est aux mois de mars et de septembre que doit se faire la provision de vin, parce qu'à ces époques, le soutirage offre le moins d'inconvénients. Il faut le choisir vieux, et assez mûr pour être mis en bouteille. Un bon vin est toujours d'une couleur claire et brillante ; au palais, il offre une saveur moelleuse, un bouquet agréable; il n'a rien de dur, d'acerbe et de piquant, et cause à la gorge une sensation de velouté.

Nous ne dirons rien du soutirage du vin, qui doit être confié à un ouvrier habitué à ce genre de travail, et nous ne pourrions, d'ailleurs, que reproduire imparfaitement ce qu'ont écrit, à cet égard, MM. Leclerc, Joubert et Bouchard [1].

Le collage du vin a pour but de faire tomber toutes les parties restées en suspens dans le liquide, et dont le soutirage n'a point amené la séparation.

Cette opération importante est trop simple dans ses procédés pour que le maître de maison ne la pratique au besoin ; nous la décrirons donc en peu de mots :

Si la cave est exposée à une température convenable, le vin, après le soutirage, peut demeurer un ou deux mois sans être collé ; il n'en sera par la suite que plus limpide et plus brillant, il déposera moins dans les bouteilles.

Il faut se garder d'opérer le collage aux époques où la vigne commence à pousser, lorsqu'elle est en fleurs ou que la grappe se colore.

Il est nécessaire d'employer, surtout pour les vins blancs, la colle de poisson ; pour les autres, on peut se servir de blancs d'œufs.

Dans le premier cas, voici la marche à suivre : on déroule la colle de poisson, on la coupe en petits morceaux qu'on fait tremper dans un peu de vin ; bientôt amollie, la colle forme une masse gluante qu'on étend jusqu'à ce que, devenue liquide, elle puisse être fouettée et réduite en écume. Dans cet état, on la verse dans la pièce, dont on a retiré une assez grande

[1] Voir le *Dictionnaire du commerce* édité par M. Guillaumin, et *le Conservateur* (collection de A. Carême).

quantité de vin pour permettre d'agiter ce qui reste contenu dans le tonneau à l'aide d'un fouet formé par une tringle en fer, percée de trous qui se croisent et qui sont garnis de crins très-forts.

Dans le second cas, il faut calculer quatre blancs d'œufs pour 250 bouteilles. Après avoir tiré de la pièce une bouteille de vin, on jette les blancs d'œufs dans une demi-bouteille de vin, et on les bat de façon à les réduire en écume; on jette ensuite le mélange dans la pièce dont on agite le contenu en introduisant par la bonde le fouet que nous avons décrit ci-dessus.

Cinq ou six jours après, on peut tirer le vin en bouteilles; mais il est mieux d'attendre quinze jours ou trois semaines.

Ce n'est que lorsqu'il est devenu limpide et brillant que le vin doit être mis en bouteilles, mais par un temps calme; c'est lorsque souffle le vent du nord que cette opération réussit le mieux; les temps orageux et de tempêtes lui deviennent nuisibles.

Les bouteilles auront dû être passées au plomb et rincées à deux ou trois eaux, ensuite parfaitement égouttées; il faut rejeter toutes celles qui auront contenu de l'huile; il faut surtout les boucher avec *des bouchons neufs*: c'est une dépense d'un centime et demi par bouteille; c'est une importante économie! Les bouchons doivent entrer difficilement dans le col de la bouteille; ils doivent avoir préalablement été trempés dans le vin. Il faut laisser entre le bouchon et le liquide une hauteur d'un pouce (27 millimètres); il ne doit avoir de saillie extérieure que 2 ou 3 lignes.

Avant de procéder au tirage, il faut percer le fond de la pièce à 40 ou 45 millimètres (18 ou 20 lignes) au-dessus du jable.

Avant de donner à nos lecteurs la nomenclature des vins dans l'ordre de leur service à table, nous emprunterons aux auteurs que nous avons nommés dans cet article les termes généralement employés pour désigner les différentes qualités de vins, termes qui constituent pour ce produit une sorte de vocabulaire qu'il est toujours bon de connaître.

Les *vins secs*, peu foncés en couleur, sont limpides; ils contiennent peu de matière sucrée; leur saveur est légèrement astringente; leur bouquet est léger et fin en général.

Les *vins sucrés* ou *vins de liqueurs*, récoltés sous une température plus élevée, alors que le fruit est à moitié séché, ont plus de sucre et contiennent moins d'eau; ils développent un parfum plus prononcé, ont une consistance sirupeuse et une douceur qui les rendent plutôt une liqueur d'agrément qu'un aliment de consommation.

Le vin rouge qui s'écarte des teintes violacées pour se rapprocher du grenat, et, en vieillissant, de la nuance un peu jaunâtre dite *paillée*, est le plus parfait. Le vin *blanc*, malgré le nom qu'il porte, a toujours une teinte jaune. Le vin *rosé* prend cette couleur au moyen de la baie du sureau, employée sans inconvénient.

Le *bouquet* ou arome est attribué à une huile essentielle, odorante, contenue dans le liquide et qui se volatilise sous une température un peu élevée. C'est pour cela que certains vins, comme ceux de Bordeaux, ne sont pas appréciés comme ils méritent de l'être s'ils sont dégustés au sortir d'une cave trop fraîche.

Le vin est *corsé*, a *du corps*, quand à une couleur prononcée il joint une grande force vineuse et attaque fortement le palais.

On le dit *droit en goût* quand il n'est pas formé de mélanges, et *franc de goût* lorsqu'il n'a été vicié ni par les fûts ni par le contact prolongé de l'air atmosphérique, qui ne lui ont communiqué aucun principe étranger à sa nature.

Un *vin généreux* est celui qui, pris en quantité minime, produit un sentiment de bien-être et un effet sensiblement tonique; il est *liquoreux* quand il a conservé une douceur agréable, et quand il coule lentement et en petites larmes sur les parois du vase qui le contient.

Les *vins moelleux* glissent sur le palais et sur la langue, et n'y laissent pas la saveur styptique qu'y produisent les *vins durs*.

Les *vins nerveux* sont ceux qui résistent aux secousses du transport et à de certaines influences atmosphériques qui dénaturent les vins délicats.

La *sève* n'est ni l'arome ni le bouquet; c'est une énergie savoureuse, déterminée par un ensemble appréciable de perfections. L'arrière-bouche l'a sentie avant de distinguer chacune des qualités qui la composent.

Le *soyeux*, le *velouté* des vins, le *fin du fin*, le *satin*, le *velours en bouteille*, sont des expressions adoptées par nos gourmets les plus délicats ; elles n'ont point cours dans le langage des commerçants.

Nous terminerons ce court vocabulaire œnologique par la juste appréciation des habiles connaisseurs dont nous n'avons que succinctement reproduit la pensée :

« Ajoutons, disent-ils, que les vins naturels et se portant bien, ne contenant aucune substance ajoutée, surtout n'ayant que leur alcool produit par la fermentation, laissent la bouche fraîche, sans aucun sentiment d'ardeur.

« Tout vin qui ne remplit pas cette dernière condition est *nuisible ;* il doit être proscrit de la table des gens de goût. »

NOMENCLATURE DES VINS
DANS L'ORDRE DE LEUR SERVICE A TABLE.

APRÈS LE POTAGE.

Madère, Xérès sec, Barsac, Sauterne.

AVEC LES HUÎTRES.

Arbois, Chablis, Pouilly, Buxy, Meursault, Blagny, Chevalier, Montrachet.
Bordeaux blancs. — Barsac, Bommes, Sauterne, Grave, Langon.
Tisane de Champagne.

AVEC LE PREMIER SERVICE.

Vins rouges (pour servir avec de l'eau). — *Basse-Bourgogne :* Côte-Saint-Jacques, Coulange, Tonnerre. *Maconnais :* Mâcon, Thorins, Moulin-à-vent.
Vins blancs.—Chablis, Meursault, Pouilly. — (Pour les verres à pied.) *Haute-Bourgogne :* Volnay, Nuits, Beaune, Pomard, etc. *Bordeaux :* Léoville, Mouton, Rauzan, etc.

ENTRE LES DEUX SERVICES.

Madère, Xérès sec, Constance. (Sorbets au rhum.)

AVEC LE RÔTI.

Vin de Champagne.

AVEC LE DEUXIÈME SERVICE.

Vins de haute Bourgogne : Clos-de-Vougeot, La Tache, Chambertin, Romanée, etc.
Bordeaux : Haut-Briou, Latour, Château-Laffitte, Château-Margaut, etc.
Vins blancs. — Côte-Rôtie, Ermitage, Saint-Pérey, Jurançon, Rhin, Grave, Sauterne, Carbonnieux, Midi et côte du Rhône.
Vins rouges.—Tavel, Roussillon, Château du-Pape, Côte-Rôtie, Ermitage, Jurançon, Champagne rouge, Verzy et Verzenay, Portugal, Porto

AVEC LE TROISIÈME SERVICE.

Bourgognes mousseux : Volnay, Nuits, Romanée.
Champagne : Aï mousseux, Aï non mousseux, Champagne rosé, Silbery.
Vins de liqueurs. — *France :* Muscat Frontignan, Lunel, Reivesaltes, Grenache. — *Espagne :* Malaga, Rota, Alicante, Pacaret sec et doux, Xérès sec et doux. — *Autres vins étrangers :* Calabre, Malvoisie de Madère, Chypre, Malvoisie de Chypre, Canaries, Syracuse, Lacryma-Christi, Constance ; Cap, rouge et blanc, Schiras, Paphos, Picole, Rancio, Samos, Tokay.

VOCABULAIRE DE L'OFFICE.

Bain-marie, se dit des crèmes, des sirops, etc., que l'on fait cuire dans un vase plongé et maintenu dans l'eau bouillante.

Bassine, sorte de casserole ayant la forme d'un bassin à deux anses, qui ne doit servir que pour les confitures.

Blanchet, grosse étoffe de laine pour passer les liquides.

Blanchir, passer les fruits dans un sirop quelconque, ou les faire ramollir dans l'eau chaude.

Candir, rendre le sucre dur et transparent en le cristallisant six ou sept fois. (Voyez *Travaux de l'office.*)

Cannelon, moule de fer-blanc destiné à donner une forme aux pâtes fines, glaces, neiges, etc.

Caramel, dernière cuisson du sucre. (Voyez *Travaux de l'office.*)

Cassons, portions de sucre et de cacao brisés.

Chancir, commencement de moisissure. On dit que la confiture est chancie, lorsqu'elle est couverte d'une surface blanchâtre : la confiture trop cuite, candit ; celle qui ne l'est pas assez, chancit.

Clayon, rond de fil d'archal sur lequel on pose les fruits à l'étuve.

Cloche, on appelle cloche la glace du biscuit qui se souffle, le couvercle de cristal dont on couvre le fromage, enfin le four de campagne dont on se sert à l'office.

Colature, liqueur qu'on a passée au travers d'un linge.

Concasser, piler grossièrement.

Confire, donner à un fruit une préparation en l'infusant dans du sucre, du sirop, de l'eau-de-vie, etc.

Cornue, vaisseau de terre ou de verre, qui a un cou recourbé, auquel on a joint un récipient, et dont on se sert principalement pour la distillation des liquides.

Coupe-pâte, moule de fer-blanc servant à couper la pâte.

Décanter, verser une liqueur doucement d'un vase dans un autre.

Décoction, cuisson de certaines substances en les faisant bouillir dans l'eau, le lait, le vin, etc.

Dégraisser, mettre un peu d'eau dans les compositions trop épaisses.

Egouttoir, ustensile percé comme une écumoire.

Etamine, étoffe de laine que l'on met dans une passoire de fer-blanc.

Etuve, lieu très-chaud où l'on dépose les substances que l'on veut faire sécher.

Exprimer, presser un fruit pour en extraire le jus.

Extraire, passer une décoction ou un jus par l'étamine.

Fèces, dépôts de liqueurs.

Feuilles, plateaux de cuivre rouge étamé, de forme ronde ou carrée ; elles servent à supporter les substances que l'on veut faire cuire au four.

Filtrer, faire passer un liquide par du papier gris disposé en forme d'entonnoir.

Flegme, partie aqueuse d'une liqueur fermentée.

Fouet, brins d'osier ou de bouleau pour battre les blancs-d'œufs.

Garder au liquide, confire un fruit de façon à le conserver liquide.

Gaufrier, moule à charnière dans lequel on fait cuire les pâtes appelées gaufres.

Gimbelettes, pâtes mêlées avec du vin d'Espagne, des œufs et de la farine, tournées en forme d'anneaux, de chiffres, etc.

Glacer, orner les plats de dessert d'une garniture de sucre, et les fruits confits sur lesquels le sucre est candi et transparent.

Glaces, liquides, sucs de fruits, etc., qu'on fait geler.

Graine, se dit d'une crème dont les parties se congèlent en forme de petits grains.

Macérer, se dit d'une substance que l'on soumet à une chaleur douce, avec une liqueur appropriée, pour en extraire quelques principes.

Matras, bouteille ronde à long cou.

Monder, enlever la superficie des pistaches, avelines, noix, etc.

Mortier, se dit d'un morceau de marbre creux ; il sert à concasser et à piler.

Mouiller, mettre, pendant la cuisson, de l'eau, du vin, du sirop, et tout autre liquide.

Moule, vaisseau destiné à donner une forme aux crèmes, gelées, etc.

Moulinet, sert à faire mousser le chocolat.

Mousseline, ouvrage en pâte de gomme adragant, à laquelle on ajoute du jus de citron avec du sucre en poudre passé au tamis, mêlant bien jusqu'à ce que la pâte soit maniable.

Mousse, sorte de glace composée avec une crème légère.

Neige, composition de jus de fruits rouges que l'on fait glacer ; crème aux blancs d'œufs fouettés.

Rouleau, cylindre de trois pieds de long sur trois pouces de diamètre, servant pour travailler la pâte dont on fait la grosse pâtisserie.

Roulette, petit instrument à découper les pâtes.

Sarbotière ou *Sorbetière*, vase d'étain dans lequel on fait prendre en glace les liquides que l'on y dépose.

Seringue, petit instrument en étain, dont on se sert à l'office pour la pâte de marasquin.

Spatule, morceau de bois aplati par un bout et arrondi de l'autre.

Tailladins, bandes minces de chair de citron ou d'orange.

Tambour, adjonction de deux tamis, dont l'un en soie et l'autre en crin, pour passer le sucre.

Tamis à glace. Tamis carré, d'un tissu fort, qui sert à passer les fruits charnus avant de les glacer.

Tirer au sec, faire sécher un fruit pour le conserver confit.

Tourner, enlever légèrement la peau ou l'écorce d'un citron ou d'une orange.

Videlle, petit outil rond et creux, d'un demi-pouce de diamètre sur quatre pouces de long ; il sert principalement à vider les pommes, les poires, etc.

Zeste, superficie des fruits à odeur, tels que citrons, oranges, bigarades, etc.

VOCABULAIRE DE LA CUISINE.

AFFINER (une poêle), y jeter du beurre sans le faire brûler, du gros sel et frotter avec un torchon.

Blanchir, passer dans l'eau bouillante viande blanche ou légumes, leur faire jeter deux ou trois bouillons, les retirer et les faire égoutter.

Braiser, faire cuire de façon que l'on ne puisse s'apercevoir, d'une manière sensible, d'aucune évaporation.

Brider, se dit d'une volaille dont on assujettit les cuisses par une ficelle.

Cendrer, modérer le feu en le couvrant de cendres.

Ciseler, piquer les viandes par intervalles pour les faire rôtir ou griller.

Clarifier, passer un liquide pour l'épurer dans une étamine, après y avoir mis un peu de colle de poisson.

Débrider, remettre la volaille que l'on a bridée dans son premier état.

Dégorger, nettoyer les viandes dans l'eau froide pour leur enlever la partie sanguine.

Désosser, retirer les os, et rendre ensuite à la pièce sa première forme.

Échauder, se dit des aliments que l'on jette dans l'eau bouillante avant de s'en servir.

Émincer, faire des tranches de viande peu larges et très-minces. On dit : émincer un gigot.

Éplucher, se dit d'un légume dont on enlève la première peau.

Étouffer, faire cuire les viandes ou les légumes dans un vase hermétiquement fermé, sans y mettre d'eau. Ces viandes ou légumes doivent cuire à l'aide seulement de la vapeur qui en sort.

Faisander, garder de la volaille ou du gibier pour lui faire acquérir du fumet.

Farcir, bourrer une pièce de farce.

Flamber, faire passer au feu de la volaille et du gibier pour en brûler le duvet.

Foncer, mettre au fond d'une casserole des bandes de lard ou de jambon avant de placer le mets qu'on veut y faire cuire.

Fraser, bien travailler une pâte.

Frapper de glace, entourer l'objet que l'on veut frapper de glace pilée ou non.

Frémir, se dit d'une eau qui commence à bouillir.

Glacer, étendre avec un pinceau des sauces, des coulis, etc., sur les viandes.

Habiller, se dit d'une pièce que l'on prépare avant sa cuisson. Ainsi : écailler et vider un poisson, écorcher et vider un lièvre.

Limoner, détruire le goût de vase d'un poisson en l'échaudant.

Faire mariner, mettre dans une préparation quelconque pour donner du goût.

Marquer, placer les viandes dans le vase où elles doivent cuire.

Masquer, détruire la forme d'une pièce en la couvrant d'un entourage.

Faire mijoter, cuire à petit feu.

Mincir, couper en rouelles des légumes, comme carottes, betteraves, concombres, etc.

Mitonner, faire imbiber du pain dans du bouillon très-chaud.

Mouiller, se dit d'un liquide que l'on ajoute au mets que l'on prépare pendant le temps de sa cuisson. On mouille avec du consommé, du blond de veau, etc.

Paner, saupoudrer de mie de pain.

Parer, donner aux viandes une belle forme en ôtant les peaux et les graisses.

Passer, faire faire plusieurs tours à un mets dans la casserole.

Piquer, garnir de lard coupé très-mince.

Faire rafraîchir, mettre dans l'eau fraîche un mets déjà blanchi.

Refaire, retourner jusqu'à ce que la chair de la volaille ou du gibier se gonfle.

Retrousser, brider une volaille ou gibier, les pattes en dessous.

Faire revenir, passer la viande dans le beurre très-chaud.

Faire sauter, agiter dans tous les sens le mets dans la poêle ou dans la casserole.

Singer, jeter quelques pincées de farine et mouiller ensuite.

Tamiser, passer au tamis.

Travailler, faire réduire une sauce le temps suffisant.

Tourner, arrondir des navets, carottes et autres légumes pour leur donner une autre forme.

Tourner les olives, ôter le noyau et jeter dans l'eau fraîche.

Trousser, assujettir une pièce de volaille ou de gibier avec une aiguille ou de la ficelle.

Trousser en pélican, mettre la tête droite au moyen d'une brochette, les ailes écartées et les pattes sous le ventre.

Trousser en tarte, cacher les pattes sous l'estomac.

Vanner, mêler la sauce en l'élevant avec une cuillère et la laissant retomber.

DESCRIPTION D'UNE CUISINE, SA DISPOSITION, SES USTENSILES.

ᴅᴀɴs la partie critique de notre *Monographie*, nous avons eu occasion de donner quelques préceptes et d'adresser à nos lecteurs quelques observations sur cette partie si importante de l'habitation domestique. Cependant il nous semble intéressant de revenir sur ce sujet, et d'offrir les moyens de disposer et de meubler la cuisine, conformément aux lois de l'hygiène et aux besoins du service.

Nous l'avons dit, la cuisine doit être vaste, bien aérée, bien éclairée, d'un abord facile, et placée à proximité de la salle à manger.

Les fourneaux seront d'autant plus favorablement exposés qu'ils se rapprocheront des ouvertures par lesquelles l'air peut circuler, afin que la combustion du charbon incommode moins les préparateurs. On est parvenu à les construire avec une habileté remarquable, et un ouvrier adroit peut dans leur construction obtenir une combinaison qui ménage le combustible, tout en dégageant plus de calorique. D'ailleurs on devra à cette heureuse disposition un feu plus vif, en ce qu'il sera plus concentré, et une cuisson des aliments plus active et plus égale.

Pour le travail de nuit, on aura soin de faire éclairer la cuisine avec des lampes ou quinquets, la propreté et la nécessité de porter la clarté dans toutes ses parties interdisant l'éclairage par la chandelle.

La cheminée devra être garnie de grands chenets en fer et fabriqués de manière à ce que divers crans puissent recevoir à la fois plusieurs broches.

En outre, aux parois latérales et intérieures de la cheminée devront être appendus des trépieds, des chevrettes, des pincettes, des pelles de différentes grandeurs et de bons soufflets ; à l'un des angles du manteau, un tournebroche,

et à l'autre, des cuisinières en fer-blanc. Nous avons déjà eu occasion de dire que des coquilles à rôtir devaient également être disposées dans la maçonnerie intérieure de la cheminée.

Des tamis, des égrugeoirs, des saloirs, une boîte à compartiments pour les épices, etc., seront placés ou près de la cheminée ou dans le voisinage des fourneaux.

Une table de chêne, dont la dimension doit être proportionnée à l'étendue de la cuisine, en occupera le milieu. On sait que cette table est destinée à hacher, piquer et ajuster ; mais surtout son usage principal étant de dresser les plats à l'heure du repas, on comprend avec quelle scrupuleuse propreté elle doit être tenue, et que la cuisinière ou son aide doit avoir soin de la ratisser chaque jour.

L'épaisseur de cette table ne doit pas être moindre de dix pouces.

Dans une des encognures de la cuisine ou, si la localité le permet, à l'une des extrémités de la table dont nous venons de parler, doit être placé un fort billot, posé sur trois pieds. Son usage a pour objet la taille et la coupe des grosses viandes et des pièces pour le débit desquelles le couperet devient nécessaire.

Outre la première table, il est nécessaire d'en avoir une seconde d'une moins grande dimension, et qui sert pour les rôtis et pour les entremets.

Trois ou quatre chaises suffisent pour compléter la première partie de l'ameublement de la cuisine.

Aux ustensiles en fer que nous avons déjà nommés, nous devons ajouter les suivants :

Des grils de différentes grandeurs.

Deux fours de campagne, *dito*.

Deux ou trois poêles à frire, *dito*.

Marmites de fer, *dito*.

Étouffoirs, *dito*.

Deux couperets.

Une ou deux paires de hachoirs.

Une douzaine de lardoires assorties.

Trois ou quatre râpes.

Des aiguilles à brider.

Entonnoirs de différentes grandeurs.

Des tranchelards.

Des couteaux à découper et à trousser.

Quelle que soit notre confiance dans la rédaction de notre collaborateur chargé de la partie critique de cet ouvrage, et quoique nous ayons à applaudir à l'idée philanthropique qu'il a émise relativement aux ustensiles de fer battu, dont il a recommandé l'usage, nous ne pouvons partager toutes ses opinions, et si nous y trouvons une garantie pour la santé, nous devons avouer que l'exécution qu'il recommande est impossible dans la pratique de la haute cuisine.

Tout en recommandant les soins les plus minutieux pour l'étamage et le parfait entretien de la batterie de cuisine, il est démontré par l'expérience que le cuivre est le seul métal propre aux fines préparations de l'art culinaire.

Voici donc les ustensiles dont nous fixons le plus grand nombre, mais que chacun sera libre de diminuer relativement à l'extension qu'il lui conviendra de donner à sa cuisine.

L'atelier culinaire le mieux monté se composera des ustensiles suivants, tous en cuivre rouge étamé et en cuivre jaune :

Deux marmites, grande et moyenne.

Deux autres plus petites.

Trois poêlons assortis.

Trois chaudrons, *dito.*

Trois poissonnières garnies de leurs feuilles et de différentes grandeurs.

Deux passoires.

Quatre cuillers à dégraisser.

Deux casseroles ovales, servant à braiser, garnies de leur couvercle.

Trois tourtières de différentes grandeurs.

Deux bouilloires.

Quatre coquemards.

Vingt-quatre casseroles et leurs couvercles, de dimensions différentes.

Deux poêlons à bec pour les caramels.

Deux bains-marie.

Quatre moules pour les entremets.

Nous croyons devoir recommander à la maîtresse de maison l'inspection fréquente de ces divers ustensiles. Elle doit exiger de ceux qu'elle a chargés du soin de leur entretien que tous ces cuivres soient lavés à une eau très-chaude et essuyés à sec, sans les laisser égoutter. On connaît le moyen de donner aux surfaces extérieures un aspect toujours poli et brillant : c'est le frottement avec un grès très-fin ou de la sciure de pierre. On peut employer, mais rarement, le tripoli.

Il faut se garder de laisser séjourner dans l'intérieur des vases étamés un corps liquide ou solide.

Quelquefois un feu trop ardent fait adhérer au fond des vases de cuivre les aliments qu'ils contiennent. Pour obvier à cet inconvénient et détacher l'espèce de croûte qu'a formée l'action du feu, il faut remplir le vase d'eau chaude, qu'on y laisse séjourner quelque temps. S'il arrivait que la croûte résistât à l'emploi de ce procédé, on se servirait pour la détacher de cendre tamisée; mais on devrait se garder d'employer le grès, en ce que ce corps corrode les parois intérieures du vase et en altère l'étamage.

Enfin pour compléter le mobilier de la cuisine, on ajoute à deux mortiers en marbre, garnis de leurs pilons, et de grandes lèchefrites pour les broches, puis enfin tous les menus objets dont le service journalier prescrit le besoin.

Si la cuisine n'est pas disposée de manière à contenir un réservoir, on y placera une grande fontaine et une chaudière pour laver la vaisselle.

Dans les cuisines où se trouve construit un four à pâtisserie, on placera à la proximité de celui-ci tous les accessoires nécessaires à son service, tels que pelle à four, crochets, feuilles de four, etc.

Dans tous les cas, il faut avoir un tour à pâte garni de ses rouleaux de buis ou d'acacia, d'emporte-pièces, moules, etc.

Nous n'avons pas besoin d'ajouter à cette nomenclature celle d'ustensiles indispensables, comme les vases propres à transvaser l'eau, seaux, baquets, les brosses à laver, éponges, balais, etc.

Quoique l'atelier culinaire ne doive contenir

que les objets indispensables à la propreté et les ustensiles nécessaires à la préparation des aliments, on y placera une armoire, souvent utile au chef, mais surtout destinée à recevoir le linge de cuisine, qui y sera renouvelé chaque jour et en quantité abondante.

Si dans la nomenclature du mobilier de la cuisine nous avons dépassé les proportions ordinaires, il sera facile de les réduire con-formément à l'étendue dont chacun peut disposer dans la localité qu'il occupe.

Le nombre et la dimension des ustensiles de la cuisine devant toujours être calculés relativement à l'espace compris par l'atelier culinaire, il sera facile, en consultant les renseignements que nous avons donnés, de faire un choix convenable. Qui peut plus peut moins.

CALENDRIER CULINAIRE.

L**E** retour périodique des saisons, la variation de la température, les diverses exploitations du sol, les procédés de hâtive maturité et toutes les circonstances que détermine une pratique exercée dans la science du bien vivre nous imposent la loi d'établir dans un ordre successif les divers aliments dont chaque mois de l'année permet l'usage.

Nous exposerons donc à titre de renseignements, et sans vouloir établir une succession rigoureusement complète de tous les produits dont la cuisine peut se pourvoir, ceux qui nous ont paru les plus abondants et parmi lesquels la maîtresse de maison aura la faculté de choisir, de manière à varier ses menus, selon les ressources de chaque période mensuelle.

Ce court chapitre nous fournira l'occasion de remplir un de nos engagements et d'indiquer les produits dont une habile prévoyance doit faire provision.

On comprendra que ce n'est qu'au point de vue de la consommation parisienne que nous avons pu établir un ordre de nomenclature, et que, sous certains rapports, nous nous trouverons quelquefois en opposition avec les ressources qui sont plus généralement affectées aux localités diverses. Cependant, malgré cette observation, on reconnaîtra que sur presque tous les points de notre sol la classification suivante est établie dans l'ordre régulier de la reproduction.

JANVIER.

Viande de boucherie. — Bœuf, veau, mouton.

Gibier. — Sanglier, chevreuil, lièvre, faisan, coq de bruyère, sarcelles, oies sauvages, canards, bécasses, perdrix, bartavelles du Dauphiné, gelinottes, alouettes.

Poisson de mer. — Esturgeon, turbot, saumon, raie, catillauds, merlans, limandes, éperlans, crevettes, homards, huîtres.

Légumes. — Truffes, champignons, choux-fleurs, cardons, céleri, épinards, salsifis.

Fruits. — Poires : saint-germain, martin-sec, épine d'hiver, colmar, chaptal, bergamotte de Pâques, bon-chrétien d'hiver. Pommes : reinette blanche, reinette-thouin, calville blanc, reinette franche, apis fin. Oranges, marrons.

FÉVRIER.

Viande de boucherie. — De même qu'en janvier.

Volaille. — C'est l'époque où elle est meilleure et le plus grasse.

Gibier. — Comme dans le mois précédent.

Poisson de mer. — Le même que dans le mois précédent.

Poisson de rivière. — Cette époque étant celle du frai, le poisson d'eau douce, la carpe notamment, cesse d'être bon ; il est généralement maigre et décharné.

Légumes. — Les mêmes que dans le mois précédent. Cependant les serres et les couches chaudes fournissent encore de la petite salade, des raves, des radis et des asperges.

Fruits. — Les mêmes que dans le mois précédent, à l'exception des poires de martin-sec, d'épine d'hiver. Dans ce mois, on peut servir une poire qui porte le nom d'angélique de Bordeaux.

MARS.

Les lois de l'abstinence, observées dans ce mois, rendent moins abondantes les viandes, la volaille et le gibier ; mais, comme une heureuse compensation, la mer et les rivières fournissent une grande variété de poissons.

Poisson de mer. — Barbeau, soles, carrelets, vives, homards, huîtres.

Poisson de rivière. — Barbeau, carpes, anguilles, perches, goujons, écrevisses, brèmes.

Légumes. — Les mêmes que dans le mois précédent ; plus, oseille.

Fruits. — Les mêmes que dans le mois précédent.

AVRIL.

Viande de boucherie. — Bœuf, veau, mouton, agneau.

Volaille. — Poulardes, chapons, poulets gras, pigeons nouveaux.

Gibier. — Levrauts, lapereaux, perdrix, perdreaux, mauviettes, vanneaux, faisans.

Poisson de mer. — A ceux du mois précédent, il faut ajouter le maquereau et l'alose ; huîtres.

Poisson de rivière. — Les mêmes que le mois précédent.

Légumes. — Nouvelles verdures, oseille, romaine, laitue.

Fruits. — Très-peu.

MAI.

Viande de boucherie. — Les mêmes.

Volaille. — Moins abondante ; beaucoup de pigeons.

Gibier. — Moins que dans le mois précédent ; bécasses et le râle du genêt.

Poisson de mer. — Maquereaux et aloses.

Légumes. — Toutes sortes de verdure, concombres, petits pois, asperges, carottes, navets.

Fruits. — Fraises des bois et des quatre saisons.

JUIN.

Viande de boucherie. — Bœuf, veau, mouton.

Volaille. — Dindonneau, coq vierge, chapon, poulardes, pigeons.

Poisson de mer. — Morue fraîche, raie.

Poisson de rivière. — Truites.

Légumes. — Artichauts, petits pois, asperges, haricots verts, concombres, fèves de marais, choux-fleurs.

Fruits. — Fraises, groseilles, cerises, melon.

JUILLET.

Viande de boucherie. — Bœuf, veau, mouton.

Volaille. — Poulets gras, pigeons, dindonneau.

Gibier. — Lapereaux, levrauts et cailles.

Poisson de mer. — Moules, maquereaux, soles, saumon, limandes.

Légumes. — Époque de leur grande abondance. Haricots blancs, haricots verts, concombres, petits pois, artichauts, asperges, choux.

Fruits. — Fraises, cerises, groseilles, prunes, abricots, cerneaux, melons, figues. Poires : d'épargne, cuisse-madame.

AOUT.

Viande de boucherie. — Bœuf, veau, mouton.

Gibier. — Marcassins, perdreaux, cailles grasses, cochon de lait.

Légumes. — Les mêmes qu'en juillet.

Fruits. — Les mêmes qu'en juin. Plus, poires : rousselet de Reims, bon-chrétien d'été musqué ; amandes, mûres et raisin, pêches.

SEPTEMBRE.

Viande de boucherie. — Bœuf, veau, mouton.

Volaille. — Poulardes, chapons, poulets gras, pigeons, cannetons.

Gibier. — Levrauts, lapereaux de garenne, perdreaux, cailles, bécassines, grives.

Poisson de mer. — Huîtres vertes d'Ostende, huîtres de Marennes, huîtres de Cancale, raie, merlans, saumon, esturgeon, carrelets, éperlans, turbot, homard, crevettes, sardines fraîches, anchois, thon.

Légumes. — Comme dans le mois précédent. Céleri, cardons, truffes de Périgord, épinards.

Fruits. — Poires : épine d'été, satin vert, beurré d'Angleterre, beurré romain. Pêches, chasselas, noix, marrons, pommes de reinette jaune hâtive.

OCTOBRE.

Viande de boucherie. — Bœuf, veau, mouton de pré salé.

Volaille. — Poulardes, chapons, poulets gras, pigeons, cannetons.

Gibier. — Levrauts, lapereaux de garenne, perdreaux gris et rouges, cailles, becfigues, mauviettes, rouge-gorges, faisans, bécasses, outardes.

Poisson de mer. — En abondance comme dans le mois précédent. Harengs frais.

Poisson de rivière. — Carpe, brochet, anguille, écrevisses.

Légumes. — Céleri, cardons, artichauts, concombres, épinards, pois tardifs.

Fruits. — Poires : messire-jean doré, verte-longue, mouille-bouche, belle-de-Bruxelles, beurré gris, doyenné blanc, saint-michel, doyenné gris, crassane. Pommes : reinette. Raisin de vigne, figues.

NOVEMBRE.

Viande de boucherie. — Bœuf, veau, mouton.

Volaille. — Poulardes, chapons, poulets gras, dindons, oies grasses, cannetons.

Gibier. — Lièvres, lapins de garenne, canards sauvages, perdrix, mauviettes.

Poisson de mer. — Huîtres, raie, limandes, soles, harengs frais, esturgeon, saumon, rouget, vives, petits maquereaux, merlans, moules, homards.

Légumes. — Épinard, chicorée, céleri, laitue, artichauts, cardons d'Espagne, truffes.

Fruits. — Poires : saint-germain, beurré d'Arambert, martin-sec, épine d'hiver. Pommes : calville blanc, fenouillet gris, reinette franche, reinette de Canada, postophe d'hiver, pigeonnet, apis.

DÉCEMBRE.

Viande de boucherie. — Bœuf, veau, mouton.

Volaille. — Poulardes, chapons, dindons, poulets, pigeons.

Gibier. — Levrauts, lapereaux de garenne, perdrix, faisans, pigeons ramiers, pluviers dorés, vanneaux, mauviettes.

Poisson de mer. — Raie, merlans, éperlans, limandes, carrelets, moules, saumon, harengs, turbot, cabillaud, esturgeon, soles, vives, huîtres, homards.

Poisson de rivière. — Truite, brochet, carpes, anguilles, tanches, etc.

Légumes. — On emprunte aux serres chaudes ceux que la nature ne peut donner.

Fruits. — Poires : les mêmes qu'en novembre.

C'est dans ce mois que les oranges de Portugal arrivent en France, ainsi que les fruits secs du midi du royaume et de l'Espagne.

DES PROVISIONS.

ɪᴇɴ ne justifiera mieux la pensée qui nous a portés à la publication de la science du bien vivre que les explications suivantes. Notre intention, on l'a déjà vu, n'a jamais été de nous élever à la hauteur où se sont placés les maîtres de l'art, et de présenter un enseignement dont les préceptes permissent d'atteindre les proportions de la splendeur et de la magnificence. Tant de riches documents ont été publiés sur ce vaste sujet, que chercher à les reproduire ou à les étendre serait, de notre part, acte de témérité. Nous le répétons donc, c'est pour nous maintenir dans le cercle modeste que nous nous sommes circonscrit, que nous ne craindrons pas d'entrer dans des détails qui, pour paraître vulgaires, au premier aspect, n'en renfermeront pas moins d'utiles observations que ne dédaignera pas la maîtresse de maison.

Une bonne administration se basant sur l'ordre et l'économie, et ceux-ci se trouvant toujours déterminés par la prévoyance, nous en concluons que pour perpétuer le bien vivre, il faut savoir ménager les ressources qui en assurent la durée. Loin de nous la prétention de nous ériger en maîtres et de vouloir dicter des leçons aux dames, dont l'expérience ajouterait encore à la nôtre. C'est plus particulièrement à la jeune femme que nous nous adressons. En lisant ce chapitre, elle trouvera les moyens de se garantir de la cupidité de certains serviteurs salariés; elle assurera la régularité de son service domestique. Toujours préparée aux éventualités de la famille, elle ne sera jamais prise au dépourvu, lorsque des circonstances imprévues augmenteront ses convives. Elle trouvera d'ailleurs dans nos recommandations le souvenir des conseils qu'elle reçut au foyer paternel.

Si la fourmi demande à l'été la nourriture de l'hiver, si la première loi de l'existence humaine est la conservation de soi, nous devons en conclure encore que l'alimentation est le premier besoin de l'homme; et qu'il y aurait de sa part une indifférence coupable à ne pas profiter des nombreux moyens que lui offrent la richesse de notre sol, la variété de nos produits, le choix infini de nos aliments. A qui vit au jour le jour, nos conseils seraient superflus; au mercenaire qui attend le prix d'une pénible journée de labeur pour satisfaire à des besoins sans cesse renaissants, nous n'avons rien à prescrire, quand cependant il y aurait, nous le croyons, d'importants avis à lui donner. Nous écrivons pour la classe aisée, pour ceux qui, favorisés de la fortune, n'ont plus qu'à jouir des faveurs qu'elle leur a accordées et à en perpétuer la durée, et qui ont intérêt à ne tomber ni dans la prodigalité, ni dans les travers de la parcimonie.

« Qui veut voyager loin ménage sa monture »,

a dit Petit-Jean. Qui veut mener une vie heureuse et se complaire longtemps dans la pratique du bien vivre doit user de prévoyance, et c'est à propos de ce précepte que nous recommandons nos remarques à la jeune maîtresse de maison.

Nous nous sommes proposé dans ce chapitre de porter son attention sur la nécessité des provisions; nous n'avons à envisager celles-ci que sous le rapport culinaire. Elles sont, à notre avis, de haute importance. Nous en faisons juge notre aimable lectrice.

Le premier agent du foyer culinaire est sans contredit le *combustible;* mais sa nature variant selon les localités, nous avons peu à dire à cet égard, sinon que les rôtis demandent un feu vif et ardent. Le bois qui doit l'alimenter doit toujours être sec : le hêtre, le charme et l'orme sont les meilleurs pour cet usage. La provision de bois, dans une maison bien dirigée, se fait à la fin de chaque été ou dans les premiers jours de l'automne.

Le *charbon végétal* est d'un grand usage à Paris. Que dans toutes les cuisines de la capitale le charbonnier soit toujours soigneusement rempli.

Il y a un immense avantage pour la maîtresse de maison à se munir, par quantités convenables, des produits dont la consommation est journalière. Par ce moyen, elle est plus assurée de leur qualité; elle s'affranchit de l'impôt qui pèse sur les denrées vendues au détail; elle peut mieux disposer du temps de ses domestiques, qui, n'étant point assujettis aux courses fréquentes nécessitées par des acquisitions particulières, se livrent entièrement aux soins de l'intérieur, et ne s'habituent pas à promener au dehors une oisiveté souvent aussi funeste pour eux qu'elle est nuisible aux intérêts de leurs maîtres. En ménage, comme en tout, l'économie du temps est bonne économie.

Le *beurre* est une des denrées dont la provision doit être renouvelée deux fois par an, vers la fin des mois de mai et de septembre. Sans contredit, les meilleurs beurres sont ceux que fournissent Isigny, Gournay et La Prévalais. C'est aux époques que nous mentionnons qu'il convient de tirer le beurre de ces différents pays. En vain nous objecterait-on leur salaison : jamais, dans les préparations culinaires dont les sauces demandent à être relevées, on ne pourra employer un meilleur produit. L'usage du beurre d'Isigny est général en Normandie, et la cuisine de cette province jouit d'une immense réputation. Encore une fois, nous ne nous adressons point au luxe culinaire; nous parlons à la femme de ménage qui veut allier les lois du goût aux règles de l'économie, et qui dans les cas exceptionnels ne refusera pas à sa cuisinière le beurre frais que réclamera celle-ci pour les préparations où elle l'aura jugé indispensable. Mais, nous le répétons, les beurres que nous avons mentionnés, conservés au demi-sel, seront d'un bon usage, d'un goût agréable et toujours économiques. Nous devons ajouter que leur conservation dépendra du soin avec lequel ils seront maintenus. Ce moyen est fort simple : il s'agit de veiller à ce que les vases qui les renferment contiennent assez de saumure pour que celle-ci les surnage constamment.

L'*huile d'olive*, dont l'usage est si fréquent dans les préparations culinaires, exige, pour son approvisionnement et pour sa conservation, quelques recommandations. Les nôtres seront courtes et concluantes.

On sait que les meilleures huiles d'olive sont celles de la Provence, et particulièrement de *Grasse* et d'*Aix*. C'est de ces provenances qu'il faut les exiger de ses fournisseurs.

A Paris, nous en recommandons la provision modérée. Il est mieux de ne prendre ce liquide chez son fournisseur qu'à de courts intervalles. La conservation de l'huile d'olive dépend surtout de la température à laquelle elle est exposée et des vases qui la renferment. Elle doit être placée dans des lieux frais, et déposée dans des vases de grès dont les parois extérieures soient vernies ; à défaut de ceux-ci, dans des bocaux hermétiquement fermés.

En province, où les provisions se font toujours à l'année, nous recommandons les mêmes soins. Ordinairement les huiles d'olive y sont conservées dans de petits barils, maintenus par deux ou trois cercles de fer. Dès que l'huile est consommée et que le baril est vide, il faut avoir soin de l'échauder fortement, de le rebonder, et recommencer cette opération quand la provision annuelle se renouvelle. On le sait, la qualité de l'huile ne peut se maintenir au delà d'une année.

Il faut se mettre en garde contre la falsification de l'huile d'olive. Les sophistiqueurs font un mélange d'huiles nouvelles avec celles des années précédentes, ou avec des huiles de graine et des huiles de pavots. Pour reconnaître le premier mélange, il faut goûter l'huile : produit-elle au palais une saveur piquante et attaquant le gosier, elle est frelatée et composée d'huiles de différentes récoltes; l'huile d'Aix est reconnaissable à son goût de fruit prononcé et à sa couleur verte.

Pour s'assurer si l'huile d'olive n'a pas été mélangée avec les huiles de graine, on agite fortement et de haut en bas le vase qui la contient; si après cette opération des globules se forment à la surface du liquide, il est presque certain que le mélange a eu lieu. Pour mieux s'en convaincre, on peut faire l'expérience suivante. On mêle à l'huile un peu de nitrate de mercure : si le mélange est d'un jaune rougeâtre, l'huile n'est pas pure ; si cette couleur est très-foncée, l'huile est altérée par d'autres huiles végétales.

On sait d'ailleurs que l'huile d'olive est la seule qui se fige.

C'est aux mois de mai et de juin que doit se renouveler la provision d'huile d'olive. Si celle de l'année précédente n'est point entièrement écoulée, on peut l'employer utilement pour les fritures. Et à propos de cet emploi, nous pouvons encore signaler un nouveau moyen de découvrir le mélange dont nous parlions à l'instant. Si, placée dans la poêle à frire et fortement chauffée, l'huile laisse échapper en jets des globules, on peut affirmer que l'huile n'est pas pure.

Le meilleur *vinaigre* est sans contredit celui d'Orléans ; mais quoique chaque localité ait ses fabricants, dans un ménage bien administré, ce liquide doit être tiré des meilleures sources, et la provision de l'année en est d'autant plus facile qu'on n'a point à craindre pour lui le contact de l'air atmosphérique.

Grâce aux nouveaux procédés de décortication, les *légumes secs* sont livrés dans le commerce de manière à rendre leurs provisions faciles, et à abréger le temps jadis employé à les réduire en purée. La maîtresse de maison n'oubliera pas de ranger au nombre des denrées qu'elle réunit pour l'hiver ces utiles préparations.

Les *pâtes* dites d'*Italie*, les *semoules*, le *vermicel*, le *macaroni*, doivent aussi figurer parmi la collection des denrées culinaires. Paris a le monopole de leur fabrication ; mais leurs fréquentes et nombreuses expéditions permettent aux dames de province d'en faire l'acquisition dans la localité qu'elles habitent. Nous croyons cependant devoir les engager à ne s'approvisionner de ces produits divers qu'après en avoir tenté l'essai : toutes les fabrications n'ayant pas atteint le même degré de perfectionnement.

Le *riz de la Caroline* est le meilleur de ceux qui sont importés sur le marché français. On le reconnaît à la blancheur et à la transparence de son grain allongé. Ce n'est que dans le courant du mois d'avril que doit se faire la provision de ce produit transatlantique qui figure si souvent sur nos tables, parce que les arrivages annuels de l'Amérique n'ont lieu que dans le mois de mars.

Les *pommes de terre*, ces précieux tubercules, nourriture du pauvre, et dont se pare souvent la table du riche, peuvent être facilement conservées dans la saison rigoureuse : il suffit de creuser un trou dans un terrain élevé et sec, de garnir ce trou de paille sur laquelle sont placées les pommes de terre qu'on recouvre ensuite d'un lit de paille en forme de meule. Nous n'offrons ce moyen de conservation qu'aux habitants de la province, dont la demeure est ordinairement spacieuse.

Les *œufs*, dont l'usage est si fréquent dans les préparations culinaires, doivent encore fixer l'attention de la bonne ménagère : leur prix élevé à certaine époque de l'année, et la quantité considérable de leur consommation suffisent pour prescrire les moyens de conservation de la provision qu'on en peut faire au mois d'octobre.

Avant d'indiquer le procédé à employer, nous devons dire d'abord que les œufs pondus en mars et en septembre sont les plus faciles à conserver, et que tous ceux destinés à la provision doivent être mirés. Présenté à la lumière, si l'œuf paraît clair et transparent, il est frais. Si en l'approchant du feu il se couvre d'une légère humidité, il est frais. Si, enfin, un œuf dont on mouille les deux bouts présente une pointe froide et l'autre tiède, il est propre à être conservé.

Tous les moyens de conservation des œufs se réduisent à intercepter la transpiration qui se fait dans chaque œuf, à éviter la communication de l'air avec les matières qui y sont contenues et à les garantir de la fermentation qui peut les altérer.

Voici les moyens à l'aide desquels on conserve les œufs : les mettre dans un mélange de son et de sel ; les isoler dans un tas de blé ou de seigle ; les arranger dans de la sciure de bois ou dans les cendres ; enfin, les placer sur des lits de paille, toujours la pointe en bas.

On pourrait encore employer le procédé suivant : on ferait infuser deux ou trois pierres de chaux dans quinze ou vingt litres d'eau, on laisserait reposer d'abord, on agiterait ensuite plusieurs fois avant de décanter, et l'on obtiendrait enfin une eau sans couleur. C'est dans cette eau que les œufs seraient déposés, et d'où ils ne seraient enlevés qu'à mesure des besoins, mais en usant de précaution et en ne les retirant qu'avec des ustensiles très-propres, l'œuf une fois touché ne devra plus être remis dans l'eau. Le vase qui contient celle-ci doit être hermétiquement fermé, et la couche d'eau qui recouvre les œufs doit avoir une hauteur de quatre pouces.

Nous ne dirons rien des achats qui regardent spécialement la cuisinière, et qui, pour ses diverses préparations, ne sont que de circonstance ; mais ne dussions-nous que désigner les épices qui lui sont nécessaires, nous répéterons de nouveau que toute acquisition partielle est un impôt prélevé sur la dépense, et qu'il y a avantage à s'approvisionner dans les magasins de demi-gros ; tandis que c'est se faire un tort réel et facilement appréciable que d'avoir recours au détail.

Le *sucre* et le *café* sont deux produits de principale fondation dans un ménage, ils y sont devenus de nécessité première ; et ce n'est pas aux habitants de la province que nous adresserons le reproche de ne pas les considérer comme des provisions essentielles. Mais à Paris, soit par un faux calcul, soit par la facilité de se procurer ces denrées, ce n'est qu'à petit poids qu'on les fait venir chez soi. C'est sous ce rapport que se justifient nos premières observations, et que beaucoup de ménages sont trompés sur le poids et sur la qualité.

Le sucre doit être acheté en pain, le café dans une quantité de quinze à vingt livres, si on a la facilité de le brûler chez soi ; dans le cas contraire, on doit au moins l'y moudre et prendre chez le fournisseur un mélange de café Martinique et de café Bourbon, à défaut de Moka.

Les vins et les liqueurs ne sont pas du domaine de la maîtresse de maison ; cependant nous appelons l'attention des dames sur notre chapitre intitulé *de l'Office* : elles y trouveront la recette de quelques liqueurs dont la préparation peut être faite dans la famille.

Les hors-d'œuvre, malgré l'anathème prononcé contre eux par le célèbre Carême, forment et formeront longtemps encore une des parures du premier service ; loin de les proscrire, et fidèles à une heureuse tradition, nous en recommandons la perpétuité. Ces légers riens, ornements indispensables, élégant encadrement de la table, flattent l'œil, ils récréent et stimulent le palais. Ils sont pour la maîtresse de maison une nouvelle occasion de faire preuve de goût.

C'est aux divers produits de chaque saison qu'il faut demander la variété des hors-d'œuvre indiqués dans nos recettes culinaires ; mais il nous paraît utile de donner quelques indications sur les suivants, qui doivent toujours être comptés parmi les provisions d'une bonne et prévoyante ménagère.

Le thon mariné figure souvent sur les tables, il est donc bien d'en avoir à sa disposition. C'est un des bons hors-d'œuvre d'hiver. Le thon le meilleur, le mieux préparé, est celui qui vient de Bayonne et de Saint-Jean de Luz, il est d'un beau blanc rosé ; celui de Marseille est d'une qualité inférieure et présente souvent dans sa chair des nuances noirâtres.

Les anchois les plus estimés sont ceux qui proviennent de la Catalogne. On les reconnaît à leur extérieur d'un blanc azuré ; leur chair est d'un rose prononcé. Il se faut garder de faire provision d'anchois renfermés dans de petits flacons de verre, cette préparation secondaire se fait à Paris, et il est facile de l'obtenir soi-même. On s'approvisionne des anchois contenus dans de petits barils, ou dans des vases de grès et imprégnés de saumure. Pour les faire passer de la saumure à l'huile, il faut les séparer en deux parties, enlever leur arête, les ébarber, les placer sur un papier Joseph, les y laisser séjourner douze heures, ou à l'aide d'un linge les débarrasser de la saumure dont ils sont remplis, puis les rouler et les déposer dans un bocal à col étroit, les recouvrir d'huile d'olive et boucher hermétiquement le flacon.

Les sardines sont souvent servies en hors-d'œuvre : celles que l'on tire de La Rochelle et de Nantes ont une qualité supérieure à toutes les autres ; elles sont expédiées dans de pelites caisses de fer-blanc. Leur mérite consiste surtout dans une chair moelleuse et fondante.

Les olives dites *picholines* et celles du Luc doivent être choisies pour le service de la table. Pour la cuisine, il faut employer les *amelaudes* et les *verdales*, qui proviennent de Gignac et de ses environs.

Nous avons parlé du vinaigre dont l'atelier culinaire fait incessamment usage, nous n'avions rien dit du vinaigre destiné à l'assaisonnement des salades ; nous comblons cette lacune en donnant la recette suivante , aussi simple, dans ses moyens de préparation qu'elle est avantageuse pour ses résultats.

Déposez au fond d'un vase de grès : deux poignées d'estragon, une demie de cresson alénois, autant de cerfeuil et de jeunes feuilles de pimprenelle, deux gousses d'ail, de petits oignons et une gousse de piment encore vert. Remplissez ce vase de vinaigre d'Orléans, que vous aurez fait bouillir avec du sel ; laissez refroidir. Couvrez ensuite, laissez reposer huit jours, décantez et passez, puis mettez en bouteilles.

Nous ne recommandons pas à la maîtresse de maison de ne pas oublier dans ses provisions, celle des cornichons ; il n'est pas une bonne ménagère qui ne la renouvelle chaque année ; nous nous bornons à lui indiquer les deux recettes suivantes ; elles sont les plus simples et les meilleures que nous puissions lui fournir.

Après les avoir brossés et essuyés, il faut faire bouillir les cornichons pendant trois ou quatre minutes, les retirer du feu, et, vingt-quatre heures après, les mettre dans un bocal avec de fort vinaigre. On y joint , pour assaisonnement, du piment, des clous de girofle, du poivre, de la graine de moutarde, de l'ail, de l'échalotte, des petits oignons, de la roquette, de l'estragon, du gingembre, des câpres, du fenouil, etc.

Pour les obtenir d'un beau vert , il faut les mariner dans la saumure pendant un ou deux jours et les arroser d'un vinaigre très-fort, et déposer dans chaque vase contenant de quinze à vingt livres, quatre ou cinq onces d'esprit de sel marin. Les mêmes assaisonnements que dans la recette précédente.

Pour la préparation des cornichons , il faut éviter de se servir d'ustensiles de cuivre ou de terre vernissée ; pour leur conservation , ils doivent être déposés dans des vases de grès, de bois ou de verre, et placés à la cave.

Les épis de maïs, les petits oignons, se préparent et se conservent de la même manière.

Nous nous dispenserons de donner la recette pour la conservation des petits pois ; malgré les efforts particuliers, on n'a pu encore réussir comme par le procédé d'**Appert** ; il sera toujours plus sûr et plus économique de s'adresser aux successeurs de cet habile préparateur.

Nous essayerons moins encore de présenter nos idées et nos formules pour la conservation de l'oseille, de la chicorée, etc. Nous n'apprendrions rien à la maîtresse de maison qui fait exécuter avec succès ces diverses préparations, et nous croyons d'ailleurs avoir donné les renseignements suffisants à une bonne administration domestique.

PRÉPARATIONS CULINAIRES.

Toutes les préparations précédées d'un astérisque (*) appartiennent à la grande cuisine ; les autres font partie de la cuisine bourgeoise.

Nous recommandons aux cuisinières la valeur du mot *blanchir*, souvent employé dans la description de nos préparations. *Blanchir un légume*, c'est le débarrasser de l'âcreté qu'il contient, c'est aussi lui conserver la couleur verte qu'il doit à la nature. Pour obtenir ces deux résultats, on placera les légumes dans un poêlon *de cuivre* ou dans un chaudron ; on les exposera quelques moments à l'action de l'eau bouillante ; on les retirera ensuite, et on aura soin de les passer au sel blanc.

POTAGES.

BOUILLON GRAS. — Mettez dans une *marmite de terre* quatre livres de tranche de bœuf, un jarret de veau, une poule à moitié rôtie à la broche, trois litres d'eau froide ; placez au feu et faites écumer doucement ; ajoutez-y un peu de sel, carottes, navets, poireaux, un demi-pied de céleri, clou de girofle piqué dans un oignon ; faites mijoter cinq heures ; retirez vos racines, dégraissez et trempez.

Bouillon maigre. — Prenez une botte de carottes de Crécy, une botte de navets blancs, que vous émincerez et que vous passerez ensuite sur le feu avec du beurre fin ; quand ils commenceront à roussir, vous y mettrez une demi-botte de poireaux, une demi-botte d'oignons, trois pieds de céleri émincés ; passez le tout un quart d'heure ; ajoutez cinq litres d'eau bouillante, un oignon piqué de deux clous de girofle et peu de sel ; faites mijoter quatre heures, puis passez au tamis de soie.

Bouillon rafraîchissant de poulet. — Habillez et dépecez un poulet jeune ; retirez-en les parties sanguines, etc. ; mettez-le dans une petite marmite avec deux litres d'eau froide. Joignez-y une carotte, un navet émincé, un peu de sel ; faites bouillir légèrement pendant deux heures ; ajoutez laitue parée, une poignée d'oseille, du cerfeuil et quelques feuilles de poirée ; passez au tamis de soie, dégraissez et servez.

Potage printanier. — Mettez dans une marmite deux poules rôties, et à défaut trois livres de bœuf, un fort jarret de veau ; ajoutez le bouillon nécessaire ; faites écumer ; émincez une grosse carotte, une racine de céleri, un navet, deux poireaux après les avoir blanchis, ainsi qu'une douzaine de petits oignons blancs : vous mettez le tout dans votre consommé en ébullition ; vous y joignez une pluche de laitue, d'oseille et de cerfeuil, et, au moment de servir le potage, vous le versez dans la soupière, contenant trois cuillerées à bouche de petits pois blanchis, trois cuillerées de pointes d'asperges bien vertes blanchies aussi, une pointe de sucre et de petits croûtons.

Potage à la julienne. — Préparez votre consommé comme dans le potage précédent ; après cinq heures d'une légère ébullition, dégraissez, clarifiez votre bouillon, et, après un quart d'heure d'ébullition, passez-le à la serviette ; puis, émincez et préparez deux carottes, deux navets, deux racines de céleri, que vous faites roussir dans du beurre fin ; ajoutez-les au potage avec deux poireaux, un peu de sucre, de l'oseille, du cerfeuil ; dégraissez

18

et versez dans la soupière avec deux cuillerées à bouche de petits pois et deux de pointes d'asperges blanchies ; l'on peut y ajouter de petits croûtons.

Potage d'automne. — Coupez, comme pour la julienne, le blanc de quatre poireaux, les feuilles jaunes de deux pieds de céleri et celles d'une laitue émincée ; jetez-les dans le consommé bouillant ; ajoutez un demi-litre de pois fins, une pointe de sucre et de mignonnette, deux grandes cuillerées à bouche de farine délayée claire et bien lisse avec du bouillon froid ; liez votre consommé ; et, après une heure et demie d'ébullition, versez le potage dans la soupière, où vous aurez mis de petits croûtons.

Potage aux marrons. — Préparez votre consommé comme pour le potage printanier ; puis retirez la peau d'un demi-cent de marrons de Lyon, et faites-leur jeter quelques bouillons, en mettant dan l'eau une pointe de sel. Lorsque la seconde peau commence à quitter les marrons, vous les mondez et les faites mijoter avec du beurre, du consommé et un peu de sucre. Après deux heures de cuisson, vous les versez dans la soupière, contenant de petits croûtons. Ajoutez le consommé, dans lequel vous aurez mis un oignon coupé en petits dés et passé au beurre, une pluche de persil et une pointe de mignonnette. Servez.

Potage de vermicelle aux petits pois. — Mettez dans du consommé carottes, navets, oignons, poireaux, un pied de céleri et quelques grains de mignonnette. Lorsque le tout a mijoté pendant cinq heures, vous les clarifiez et passez à la serviette ; vous y versez du vermicelle d'Italie, après l'avoir blanchi un instant et égoutté ; au moment de verser, vous y joignez un demi-litre de petits pois cuits à la française, comme pour entremets.

Potage de pâte d'Italie au consommé. — Après cinq heures d'ébullition donnée à votre consommé, vous le dégraissez, clarifiez et passez à la serviette ; puis vous le faites bouillir pour y mêler la quantité convenable de pâte d'Italie, que vous aurez soin de faire blanchir avant. Faites mijoter 40 minutes et servez. On doit calculer une cuillerée de pâte d'Italie par personne. La meilleure de ces pâtes est celle qu'on désigne sous le nom de *grain d'orge.*

Potage de purée de pois secs. — Mettez un litre et demi de pois secs, concassés, dans une marmite, avec du sel, du beurre et l'eau froide nécessaire ; ajoutez un peu de maigre de jambon ; faites mijoter deux heures, retirez le jambon, passez la purée, mêlez-y ensuite du consommé préparé selon la règle, joignez-y un peu de sucre et de beurre en la tirant du feu, et versez-la ensuite peu à peu dans la soupière, où vous aurez mis un verre d'épinards passés au tamis de soie ; garnissez avec de petits croûtons passés au beurre.

Potage de purée de racines à la Crécy. — Ratissez et lavez deux bottes de carottes nouvelles, un oignon, un navet, poireaux, branche de céleri ; placez-les dans une casserole avec beurre fin et un peu de maigre de jambon. Faites roussir légèrement vos racines ; après quoi vous y versez le consommé. Faites mijoter deux heures ; retirez le jambon et les racines, laissez-y les carottes ; égouttez la crécy, et la faites passer en purée par l'étamine ; joignez-y le reste du consommé. Mettez le tout sur un feu ardent ; dégraissez et clarifiez. Versez dans la soupière, où vous ajouterez une pointe de sucre et de petits croûtons passés au beurre.

Potage de riz à la Crécy. — Préparez votre crécy comme ci-dessus ; après la clarification, jetez-y du riz Caroline, que vous aurez blanchi et fait cuire dans du consommé ; donnez un quart d'heure d'ébullition, remuez le potage et servez.

Potage de riz aux tomates. — Prenez dix belles tomates, pressez-les, enlevez les graines ; mettez-les dans une casserole avec un morceau de beurre fin, faites-les cuire et mettez-les en purée, passez-les, ajoutez du consommé, et faites-les réduire à un quart ; prenez une demi-livre de riz de la Caroline ; faites-le crever dans du consommé, et ajoutez-y, lorsqu'il est presque cuit, votre jus de tomates ; faites mijoter pendant une demi-heure, et servez.

**Potage au macaroni.* — Après avoir beurré une casserole, mettez quelques tranches de jambon maigre, deux livres de tranche de bœuf, un jarret de veau, deux poules, deux oignons, deux carottes, un bouquet de poireaux et de céleri et un verre de consommé, chauffé fortement, et laissez refroidir doucement ; mettez huit grandes cuillerées à pot de bouillon, faites-le mijoter pendant cinq heures ; clarifiez, dégraissez et passez-le à la serviette ; faites blanchir douze onces de macaroni d'Italie ; faites-le mijoter dans le consommé pendant une demi-heure ; préparez une liaison de douze jaunes d'œufs, crème double, beurre fin, et six onces de parmesan râpé ; mêlez à cette liaison le consommé de ce potage en le remuant ; versez dans la soupière et servez.

Potage à la brunoise.—Coupez en petits dés le rouge d'une forte carotte, puis deux navets et deux racines de céleri ; faites-les roussir dans du beurre fin sur un feu doux, jusqu'à ce qu'ils aient une couleur blonde ; égouttez-les dans un tamis ; mettez-les dans le consommé ; ajoutez-y deux poireaux, dont vous aurez coupé les blancs en petits carrés, un peu de cerfeuil, d'oseille et de laitue, une très-petite quantité de sucre ; dégraissez votre potage avant de le verser sur les croûtons, que vous aurez placés dans la soupière, et servez.

Potage de gros pois nouveaux, à la jardinière. — Après avoir préparé votre consommé, faites-le bouillir et versez-y un litre de gros pois fraîchement écossés, une vingtaine de petits oignons, un peu de laitue, d'oseille et de cerfeuil ; laissez bouillir une heure ; ajoutez-y un peu de sucre, de la mignonnette et versez sur des croûtons bien secs.

Potage de gros pois à la Crécy. — Faites cuire dans votre consommé bien fait un litre et demi de gros pois frais, deux carottes blanchies et coupées en petits carrés, un peu de sucre ; après avoir laissé le tout bouillir une heure, versez sur des croûtons.

Potage aux petites carottes nouvelles.— Coupez en dés une botte de petites carottes nouvelles, blanchissez-les en les jetant dans l'eau bouillante pendant quelques minutes, rafraîchissez-les et mettez-les dans un consommé bien fait ; ajoutez un peu de sucre, laissez bouillir une heure, et versez sur des croûtons.

Potage de laitues aux petits pois.—Faites blanchir douze laitues, puis vous les égouttez et les séparez chacune en deux sans les détacher ; ajoutez-y un peu de poivre et de sel dans la fente que vous y avez faite ; placez-les à mesure dans une casserole contenant deux verres de bon consommé et du blanc de veau, en-

suite faites-les mijoter pendant deux heures. Après y avoir ajouté un peu de persil, un clou de girofle, un peu de thym, laurier, un oignon et une petite carotte, égouttez-les de nouveau ; placez-les dans la soupière contenant un demi-litre de pois fins cuits à l'anglaise, c'est-à-dire à l'eau bouillante avec un peu de sel ; ajoutez de petits croûtons et versez votre consommé.

Potage aux choux de Bruxelles. — Epluchez et lavez une livre de petits choux de Bruxelles ; faites-les blanchir, rafraîchissez-les lorsqu'ils ont donné quelques bouillons ; faites-les mijoter pendant une demi-heure dans d'excellent consommé, ensuite versez sur de petits croûtons et une pluche de cerfeuil.

Potage aux petits oignons glacés. — Faites cuire de petits oignons ; glacez-les en les passant dans du beurre clarifié ; ajoutez un peu de sucre ; jetez-les dans le consommé ; ajoutez une pointe de mignonnette ; dégraissez et versez sur des croûtons.

Potage de primeurs. — Epluchez et blanchissez un litre de très-petits oignons blancs, puis faites-les cuire dans d'excellent consommé, après quoi égouttez et les placez dans la soupière contenant des croûtons et un demi-litre de pois fins cuits à la française, puis versez le consommé.

Potage au cerfeuil. — Préparez un bon consommé, ajoutez une pointe de sucre et versez-le dans une soupière où vous aurez mis des croûtons et une pluche de cerfeuil bien vert.

Potage à l'oseille claire. — Nettoyez et lavez une bonne poignée d'oseille, une laitue et du cerfeuil ; faites-les fondre ensuite dans un peu de lard émincé bien fin ; quand le tout sera fondu, passez à l'étamine, versez dans du consommé, ajoutez-y une pointe de sucre, dégraissez le potage après une demi-heure d'ébullition ; versez-le sur de petits croûtons et servez.

Potage à l'oseille et aux œufs. — Vous préparez le potage comme celui ci-dessus, et au moment de servir, vous versez peu à peu dans une liaison de huit jaunes d'œufs passés à l'étamine, puis vous ajoutez deux petits pains de beurre frais, et vous faites jeter quelques bouillons au potage en le remuant, afin que la liaison soit bien liée ; vous le versez ensuite dans la soupière avec de petits croûtons séchés à l'étuve.

Potage de petits haricots verts et blancs. — Coupez en petites losanges une assiettée de très-petits haricots verts ; puis blanchissez-les, afin qu'ils soient très-verts. Après les avoir égouttés sur une serviette, vous les mettez dans la soupière avec un demi-litre de petits haricots blancs cuits, puis de petits croûtons, une pointe de sucre ; après quoi, versez le consommé bien bouillant.

Potage aux pointes d'asperges. — Après avoir préparé une botte de petites asperges comme pour un entremets, vous les faites blanchir, vous les rafraîchissez et les égouttez dans une passoire, ensuite sur une serviette ; vous les mettez avec des croûtons dans une soupière ; ajoutez une pointe de sucre au consommé, et versez-le bouillant dans la soupière.

Potage au céleri. — Blanchissez six pieds de céleri, égouttez-les, puis les faites cuire dans un bon consommé ; assaisonnez d'un petit bouquet, de deux oignons et de deux carottes, ensuite retirez l'assaisonnement, égouttez les pieds de céleri sur une assiette pour les couper en gros dés, et placez-les dans la soupière avec une pluche de cerfeuil et croûtons ; versez dessus le consommé bouillant et servez.

Potage de choux-fleurs. — Blanchissez une tête de choux-fleurs bien épluchée par petits morceaux ; faites jeter quelques bouillons, puis rafraîchissez ; après avoir égoutté, vous ferez mijoter dans du consommé avec une pluche de persil ; au moment de servir, vous les versez dans la soupière contenant deux têtes de brocolis blanchis à part, puis vous versez le consommé bouillant sur les croûtons.

Potage à la Faubonne. — Les légumes sont les mêmes que pour la julienne, sauf qu'il faut les couper en dés ; briser l'oseille et la laitue, faire passer les racines au beurre avec les herbes et poireaux ; mouiller de bouillon et tremper sur le pain.

Potage aux choux. — Faites blanchir pendant demi-heure deux choux coupés ; rafraîchissez, égouttez, ficelez et les mettez dans une casserole sur des tranches de veau couvertes de lard ; couvrez aussi vos choux de lard ; mettez un clou de girofle, deux ou trois carottes moyennes, un oignon fort ; après la cuisson, trempez sur le pain, c'est-à-dire avec du bouillon ; égouttez vos choux, placez-les sur votre potage ; passez et dégraissez le jus de votre cuisson, et versez-le sur vos choux.

Autre potage aux choux, mais plus simple. — Après avoir blanchi, ficelé vos choux comme ci-dessus, mettez-les dans une casserole avec deux carottes, deux oignons ; mouillez-les de bon bouillon ; faites bouillir doucement deux heures, enfin jusqu'à ce que vos choux soient bien moelleux, et versez sur le pain.

Croûtes au pot. — Prenez des croûtes de pain sans mie ; lorsqu'elles seront bien émincées, vous les imbiberez de bouillon et de graisse de pot ; posez-les sur le feu, et faites-les gratiner ; ensuite prenez trois croûtons d'entame de pain, trempez-les dans la graisse de pot, ajoutez un peu de sel, gros poivre, et placez-les droites sur le gratin. Avant de servir, égouttez bien les graisses ; servez en même temps du bouillon dans une soupière pour que chaque personne puisse en mettre si elle le veut sur le pain gratiné.

Potage à la purée de haricots rouges. — Faites cuire dans du bouillon un litre de haricots rouges ; ajoutez-y deux carottes, deux oignons, clous de girofle, un peu de poivre et de la graisse de pot. Le tout bien cuit ; passez au tamis, éclaircissez avec votre bouillon la purée, et versez sur des croûtons passés au beurre.

Potage à la purée de lentilles. — Faites cuire comme ci-dessus, puis passez à l'étamine ; faites bouillir de nouveau votre purée, qu'elle soit bien claire, et dégraissez-la ; puis vous la versez comme ci-dessus sur des croûtons.

Potage au riz. — Prenez un quart de kilo de riz Caroline, lavez plusieurs fois à l'eau tiède, puis ensuite à l'eau froide ; mettez-le sur le feu et mouillez à grand bouillon pour que votre riz reste bien entier ; faites mijoter pendant deux heures à feu doux, salez peu, de peur qu'en réduisant il ne devienne trop haut en sel ; ajoutez-y une bonne cuillerée de jus et deux de blond de veau.

Potage au riz à la purée. — Préparez votre purée comme il est indiqué au potage à la purée. Que votre riz soit plus épais que ci-dessus; vous y mêlerez la purée au moment de servir, après l'avoir dégraissée.

Potage au vermicelle.— Prenez et passez de bon bouillon; lorsqu'il bouillira, jetez-y votre vermicelle en l'écartant, afin qu'il ne soit pas en paquet; faites bouillir une demi-heure, relevez-le du feu et versez.

Potage à la semoule.—Passez du bouillon, faites-le bouillir, jetez-y de la semoule et tournez avec une cuiller, afin qu'elle ne s'attache pas; laissez bouillir une demi-heure, puis retirez du feu, dégraissez, colorez d'un peu de blond de veau (voyez au titre des *sauces*), et servez.

Potage au potiron. — Prenez une tranche de potiron, coupez-la en dés, faites-la cuire dans un peu d'eau; lorsque le potiron sera mou, égouttez-le bien, passez au tamis, faites cuire la purée en la mouillant avec de bon lait, ajoutez-y un quart de bon beurre frais et versez sur des croûtons passés au beurre.

Potage au lait. — Faites bouillir du lait, ajoutez-y un peu de sel et du sucre après l'ébullition, versez sur du pain coupé bien mince.

Potage au lait lié.—Faites comme ci-dessus, seulement, au moment de servir, faites une liaison de quatre jaunes d'œufs (pour une pinte de lait), vous le remuerez avec une cuiller de bois, et ayez soin de ne pas le laisser bouillir jusqu'à ce qu'il s'épaississe, retirez du feu et versez sur votre pain.

Potage au riz au lait.— Préparez un quart de riz bien lavé, jetez-le dans du lait bien bouillant, faites bouillir doucement pendant une demi-heure; s'il manque du lait ajoutez-en un peu; quand le riz est bien crevé, mettez-y cinq ou six grains de sel et du sucre.

Riz au lait d'amandes. — Jetez vos amandes dans de l'eau, faites-leur jeter un bouillon, ôtez-les du feu et enlevez-en la pellicule, mêlez-les bien alors dans l'eau fraîche; pilez-les dans un mortier de pierre ou de marbre et mouillez-les avec le lait bouillant; placez le tout dans un linge fin et pressez fortement jusqu'à ce que vos amandes soient sèches, sucrez ce lait et versez-le bien chaud sur votre pain. (Il faut une demi-livre d'amandes douces et six amandes amères pour deux pintes de lait.)

Vermicelle au lait. — Jetez votre vermicelle dans du lait bouillant, séparez-le bien, et remuez de temps en temps; faites cuire une demi-heure, sucrez et servez.

Potage de vermicelle au lait d'amandes. — Faites cuire le vermicelle comme ci-dessus; un peu avant de servir, mêlez-y votre lait d'amandes, ayez soin qu'il soit très-chaud, bien sucré, et un grain de sel.

Potage de semoule au lait. — Semez votre semoule dans votre lait bouillant, remuez souvent; qu'il ne soit pas trop épais; une demi-heure de cuisson, sucrez et mettez-y un peu de sel.

* *Potage à la purée de gibier.* — Prenez trois livres de tranche de bœuf, quatre vieilles perdrix, une livre et demie de jarret de veau, un faisan, trois carottes, deux oignons, du céleri, deux clous de girofle, un peu de fenouil, placez le tout dans une marmite; conservez-en le bouillon pour votre potage. Rôtissez trois perdreaux, pilez-les à froid dans un mortier, ajoutez-y de la mie de pain plein un verre ordinaire, qui aura été trempée préalablement dans du consommé; mouillez votre purée de perdreaux avec du bouillon; passez cette purée à l'étamine, faites que votre purée soit un peu claire; mettez-la au feu doux, qu'elle ne bouille pas; faites tremper vos croûtons un peu d'avance dans votre bouillon, et servez.

* *Potage à la reine.*—Faites rôtir deux poulets; la cuisson faite, laissez refroidir; enlevez-en les chairs; pilez-les avec deux grandes cuillerées de riz crevé, et laissez une partie des filets coupés en petits dés, seulement pendant un quart d'heure à l'eau très-bouillante. Quand le tout sera bien pilé, mouillez avec de bon consommé, et passez à l'étamine. Remouillez avec du consommé, afin que la purée ne soit pas trop épaisse. Un quart d'heure avant de servir, mouillez vos croûtons avec du consommé bien bouillant. Vous ajouterez dans votre consommé tous les débris de vos poulets, et les ferez mijoter à feu doux pendant deux heures. Passez votre bouillon au tamis de soie, et versez sur vos croûtons déjà préparés et votre purée par-dessus.

* *Garbure de laitues.* — Blanchissez trente laitues, une demi-heure de cuisson; faites qu'elles soient entières. Ficelez-les après les avoir fait égoutter et les avoir pressées. Alors mettez-les dans une casserole, sur des tran-

ches de veau couvertes de lard. Ajoutez deux ou trois carottes, deux forts oignons, deux clous de girofle, sel, un peu de poivre. Mouillez avec du bouillon ; une demi-heure de cuisson. Égouttez-les, coupez-les en tranches ; couvrez le plat où vous devez les mettre sur un lit de pain coupé bien mince, puis un lit de laitue, puis du pain, jusqu'à ce que votre plat soit comble. Versez dessus votre bouillon de laitue sans en ôter la graisse ; après l'avoir bien passé au tamis, placez votre plat sur un feu doux, faites mijoter jusqu'à ce qu'il gratine ; mettez très-peu de sel, ajoutez un peu de gros poivre.

Potage à la purée de tomates. — Prenez quarante tomates ; brisez-les en deux ou trois morceaux ; pressez-les fortement, enlevez les graines ; émincez une livre de jambon salé ; quatre oignons, persil, un clou de girofle, un peu de poivre ; peu de sel, à cause du jambon. Ajoutez un quart de bon beurre ; faites cuire vos tomates bien doucement, afin que le jambon puisse y faire son fumet. Ajoutez à votre purée un quart de kilogramme de pain à soupe ; laissez-les-y bouillir pour donner du corps à votre purée. La cuisson faite, passez votre purée, et mettez-la de nouveau au feu ; mouillez avec de bon consommé ; faites partir. Aussitôt l'ébullition, placez-la près du fourneau, et faites dégraisser. Ajoutez si vous voulez un peu de sucre. On peut servir cette purée avec des pâtes bouillies, riz ou macaroni.

Potage au poisson. — Prenez un carrelet, un morceau d'anguille de mer et deux merlans, videz et lavez-les, coupez-les en morceaux, et pressurez-les dans un linge pour en ôter l'humidité ; faites chauffer dans une casserole une demi-livre d'huile surfine d'olives, ajoutez-y un peu de persil, oignons hachés, un peu d'ail bien pilé, un peu de laurier, de fenouil et de sel ; mouillez avec un demi-litre d'eau, faites bouillir. Après deux ébullitions, jetez-y votre poisson, faites cuire un quart d'heure, coupez des tranches de pain bien minces dans votre soupière, versez le bouillon, et conservez le poisson que vous servirez à part.

Potage aux huîtres. — Faites ouvrir des huîtres, faites-les blanchir au premier bouillon, égouttez et pressez-les dans un linge blanc pour en ôter toute l'humidité, faites revenir des oignons émincés dans du beurre très-fin, l'oignon cuit, saupoudrez-le de farine, et versez dessus l'eau dans laquelle les huîtres auront blanchi, faites bouillir, et avant de servir le potage, ajoutez les huîtres mêlées à des croûtons passés au beurre, liez si vous voulez avec trois jaunes d'œufs.

BŒUF BOUILLI.

La culotte est le morceau préféré. Pour les relevés et grosses pièces, on choisit ordinairement et de préférence la pièce d'aloyau, la noix, la sous-noix, la culotte, la côte couverte, la poitrine.

La pièce de bœuf se sert garnie de persil, de choucroûtes, de racines, de choux, d'oignons glacés, de petites pommes de terre rondes cuites au sel ou passées dans le beurre.

Bœuf à la mode ordinaire. — Prenez un morceau de bœuf du côté de la cuisse, piquez-le de gros lard, mettez-le dans une terrine avec quatre carottes, quatre oignons, deux clous de girofle, persil, ciboule, un pied de veau, laurier, thym, sel, poivre, quatre verres d'eau, laissez bouillir quatre ou cinq heures, selon la force de la pièce ; au deux tiers de sa cuisson, ajoutez deux doigts de bonne eau-de-vie. Servez sur le plat avec les légumes.

Bœuf bouilli à la bourgeoise. — Coupez le bouilli refroidi en tranches, que vous placez bien disposées sur un plat de métal, semez les tranches de sel, poivre, persil, ciboule hachée, arrosez d'un bon verre de bouillon, saupoudrez de chapelure de pain, un filet de vinaigre, laissez mijoter vingt minutes et servez.

Bœuf bouilli frit. — Après avoir passé légèrement des fines herbes dans un morceau de beurre, ajoutez une cuillerée à bouche de farine, mouillez avec un verre de bouillon, semez sel, poivre, muscade ; faites bouillir jusqu'à ce que la sauce s'épaississe ; après avoir haché votre bouilli auquel vous aurez mélangé de la graisse de bœuf cuite, vous l'arroserez avec la sauce et ensuite vous remuerez bien le tout ; faites des boulettes du hachi ainsi préparé, roulez-les dans la farine et faites frire dans du saindoux, de l'huile, du beurre fondu ou de la graisse.

Miroton de bœuf bouilli. — Mettez dans

une casserole, avec un morceau de beurre ou graisse, sept ou huit gros oignons, que vous aurez coupés en tranches, placez sur un feu ardent et remuez; l'oignon étant roux, jetez une cuillerée de farine et un verre de bouillon, remuez encore jusqu'à ébullition; ajoutez sel, poivre, filet de vinaigre. La sauce ayant bouilli vingt minutes, versez-la sur le plat où vous aurez disposé vos tranches de bouilli, mettez le plat sur le feu et faites mijoter une demi-heure.

Matelotte de bouilli. — Mettez dans une poêle, avec un peu de beurre, de petits oignons épluchés, faites-les roussir sur un feu modéré, jetez une cuillerée à bouche de farine et sautez les oignons; mettez un verre de bouillon, un autre de vin rouge, ajoutez quelques champignons; assaisonnez de sel, poivre, laurier, thym, et laissez cuire le ragoût. Parvenu à son degré de cuisson, jetez-le sur vos tranches de bouilli et laissez mijoter une demi-heure.

Bœuf bouilli à la poulette.—Hachez persil et ciboule et les mettez avec du beurre dans une casserole; faites revenir, mettez une cuillerée de farine et remuez, versez par-dessus un verre de bouillon et tournez jusqu'à ébullition; assaisonnez de sel, poivre et muscade, faites bouillir cette sauce quelques minutes et jetez-la sur le bouilli coupé en tranches; au moment de servir, ajoutez une liaison de jaunes d'œufs.

GROSSES PIÈCES. — RELEVÉS DE POTAGE.

Les préparations suivantes doivent être servies comme relevés de potage, ou servir de plat de résistance au dîner de la famille.

BŒUF.

Rosbif à la française. — Prenez une belle pièce d'aloyau couverte de graisse; ôtez celle du côté du rognon, détachez avec soin le filet mignon; coupez ou sciez les os des côtes; piquez la bavette de l'aloyau, enlevez la petite peau du filet mignon, masquez le filet mignon de bandes de la graisse que vous avez retirée du rognon, puis ficelez. Quatre heures avant de servir, embrochez, ficelez-le aux deux bouts; entourez-le de papier beurré, faites partir; arrosez avec la graisse que vous aurez mise dans la lèchefrite. Une demi-heure avant de servir, déballez-le, débridez-le et le remettez en broche afin de le colorer, puis passez dessus un peu de glace; dressez votre pièce et et placez aux deux extrémit s de petites pommes de terre cuites dans du consommé avec sel, poivre, muscade, beurre frais, vous les égouttez et les colorez dans un plat à sauter; ou, si vous le voulez, des pommes de terre vitelottes sautées dans de bon beurre fin; en servant glacez votre rosbif de nouveau, garnissez la saucière de demi-glace, ou jus dégraissé du rôti, servez.

Rosbif d'aloyau ordinaire. — Préparez et faites cuire à la broche un aloyau comme ci-dessus indiqué, dressez, glacez, et garnissez de petites pommes de terre cuites dans un plat à sauter, avec sel et beurre clarifié, servez à part du raifort, et dans une saucière une demi-glace.

Filet de bœuf à la française. — Prenez un beau filet, enlevez-en l'épiderme, aplatissez-le fortement, piquez-le très-fin et avec goût, laissez-le mariner vingt-quatre heures, égouttez-le bien, essuyez-le dans une serviette, mettez-le en broche, entourez-le d'une feuille bien beurrée, faites partir une heure un quart avant de servir, en l'arrosant toutes les dix minutes; une heure après déballez-le et lui faites prendre couleur, dressez-le sur le plat qui contiendra une sauce piquante, glacez le filet de nouveau avec une sauce demi-glace ou une sauce aux truffes.

Filet de bœuf piqué, à la purée de pommes de terre. — Parez et piquez un fort filet, placez-le dans un plat avec huile d'Aix (un verre), un oignon coupé en rouelles, persil en branche, laurier, un peu de poivre concassé, retournez plusieurs fois, deux heures après, égouttez-le et embrochez, entourez-le d'une feuille de papier huilée, mettez au feu, arrosez-le de sa marinade; après trois quarts d'heure retirez le papier pour le colorer; cinq minutes avant de servir glacez-le et dressez-le sur une purée de pommes de terre à la crème.

Filet de bœuf piqué sauce à la périgourdine. — Piquez, marinez, faites cuire à la broche comme ci-dessus un beau filet, dressez-le sur une sauce; le plat doit être garni de petites pommes de terre, de petits navets, d'olives ou de truffes.

Filet de bœuf piqué à la Périgueux. —

Même préparation, mais masquez d'une sauce aux truffes.

Filet de bœuf glacé à la broche, sauce au vin de Champagne. — Préparez votre filet comme de coutume, mettez-le à la broche pendant cinq quarts d'heure avant de le servir, puis déballez-le et séchez-le par quelques tours de broche, glacez-le plusieurs fois, dressez-le sur un plat contenant une sauce au vin de Champagne.

Le même filet peut être servi avec une sauce aux champignons, aux tomates, ou à la jardinière.

* *Filet de bœuf braisé au chasseur.* — Prenez un fort filet, préparez-le, piquez-le de gros lardons de jambon de Bayonne, ainsi que de filets de lapereaux coupés en lardons et roulés dans sel, poivre, muscade; couvrez le filet entièrement de bardes de lard, ficelez-le, mettez dans une braisière, ajoutez une bonne cuillerée de bon consommé, deux verres de madère sec, une livre de lard bien hachée, deux oignons, un bouquet de persil, thym, laurier, macis, clou de girofle, un peu de sel et de poivre, les parures du jambon, la carcasse d'un lapereau et les cuisses, couvrez d'un papier beurré. Deux heures avant de servir, faites partir et le laissez bouillir plus fort à la fin; alors égouttez-le, débridez, retirez les bandes, glacez-le, passez le fond au tamis de soie, dégraissez-le et faites-le réduire à la demi-glace; joignez-y deux cuillerées de ragoût à l'espagnole, un demi-verre de madère, retirez-le du feu; alors mettez-y un peu de beurre frais, versez-en les deux tiers sur le plat, placez-y le filet, glacez-le de nouveau, et servez le reste de l'espagnole dans une saucière, garnissez-le de filets de lapereaux.

Filet de bœuf braisé garni de carottes. — Préparez et braisez un beau filet comme de coutume, glacez-le de sa propre glace, dressez et garnissez-le tout autour de petites carrottes nouvelles glacées, servez dans une saucière le reste du fond de la cuisson après l'avoir passé, dégraissé et réduit à demi-glace.

Grosse pièce de bœuf bouilli garnie de racines glacées. — Prenez une belle culotte de bœuf couverte de graisse, désossez, bridez-la, puis faites-la cuire dans une grande marmite, brisez les os et mettez-les dedans; remplissez aux trois quarts la marmite d'eau froide, poussez le feu modérément, écumez doucement et versez un peu d'eau froide par intervalles; quand le tout est écumé, ralentissez le feu, mettez une petite poignée de sel, deux clous de girofle; ayez soin que cela bouille très-doucement pendant cinq heures; vous y aurez mis, en même temps que le sel, les racines comme pour le bouillon ordinaire; enfoncez-y un couteau pour voir s'il entre légèrement; s'il est cuit à point, le couteau doit se retirer aisément; alors retirez, égouttez, glacez deux ou trois fois dans une glace réduite et bien colorée, dressez et garnissez autour de petites carottes bien glacées, de navets glacés aussi, et de petits choux de Bruxelles.

Bœuf bouilli garni de marrons glacés. — Votre bœuf étant préparé, cuit, glacé et dressé comme ci-dessus, garnissez-le autour de marrons de Lyon, cuits au consommé, bien glacés et colorés.

La même préparation peut être servie avec de gros *oignons glacés* ou des pommes de terre *à la lyonnaise.*

Noix de bœuf braisée. — Prenez une belle noix de bœuf, piquez-la de gros lardons, braisez et cuisez six heures; parez ensuite, glacez et dressez.

Bœuf à la mode à la bourgeoise. — Prenez une culotte de bœuf, piquez-la de forts lardons de lard gras roulés avant dans un peu de sel; épicez, bridez, placez dans une casserole, joignez-y un pied de veau, deux carottes, quatre oignons, un bouquet garni, un verre de châblis, un petit verre de vieux cognac, deux verres de bouillon, un peu de sel, poivre, mignonnette, un peu d'oignon brûlé; faites partir à un feu ardent, arrosez votre bœuf, puis faites-le mijoter cinq heures en arrosant souvent; égouttez, débridez, dressez, entourez-le du pied de veau coupé en morceaux, oignons, carottes; passez le fond au tamis, faites-le réduire à moitié, glacez le bœuf, joignez-y le reste et obtenez une demi-glace, versez-en une partie dessus votre pièce, le reste dans une saucière.

VEAU.

Longe de veau à la broche. — Prenez une belle longe de veau, retirez-en la graisse et les rognons, sciez les os à partir de la moelle dorsale., désossez la coquille et le bout des côtés pour lui donner plus de grâce, battez-le un peu, mettez le filet mignon à la partie opposée à celle où il était, roulez la bavette sur elle-même, ficelez-la bien, embrochez et assujettissez bien votre broche, entourez-la d'un papier bien beurré, faites-y quelques ciselures avec la pointe d'un couteau, placez dessus des bardes de lard également ciselées, recouvrez de quatre feuilles de papier bien beurrées, ficelez-les bien ; trois heures avant de servir, mettez la broche au feu, sans qu'il soit trop fort ; de temps en temps arrosez avec la graisse de la lèchefrite ; un quart d'heure avant de servir, débrochez, déballez, remettez cinq minutes en broche pour donner de la couleur, puis dressez et glacez avec une glace blonde, servez dessous une demi-glace.

Longe de veau à la macédoine. — Après avoir préparé, fait cuire comme ci-dessus, vous dressez et servez autour une macédoine ou légumes de primeur, puis vous glacez.

Noix de veau à la jardinière. — Prenez une belle noix de veau, enlevez avec le couteau et avec soin la peau boursouflée qui la recouvre, retirez les nerfs sans entamer la chair, frappez-la légèrement, piquez-la bien ; trois heures et demie avant de servir, mettez-la dans une casserolle ovale bien beurrée, mettez-y une forte cuillerée de consommé réduit à demi-glace, du maigre de jambon, un bouquet garni, une carotte en morceaux, deux oignons, couvrez d'un papier, faites partir vivement, placez du feu dessous et dessus, et observez bien qu'elle ne fasse que mijoter, arrosez souvent avec son assaisonnement : trois quarts d'heure avant de servir, ajoutez du feu dessus pour sécher le lard de la piqûre, découvrez un peu. Vingt-cinq minutes après, glacez légèrement votre noix, ajoutez encore du feu dessus, dès que votre glace sera sèche, glacez de nouveau, égouttez et dressez sur une jardinière que vous aurez versée sur le plat, servez dans une saucière le fond de la noix, après l'avoir passé au tamis de soie et bien dégraissé.

Carré de veau à la broche. — Prenez un beau carré de veau, vous le préparez et désossez comme pour la longe de veau, emballez-le de lard et de papier beurré, deux heures de cuisson et feu modéré ; dix minutes avant de servir déballez, remettez au feu pour le glacer bien doré, dressez sur une demi-glace.

Tête de veau à l'italienne. — Prenez une belle tête de veau, bien grasse et bien blanche, désossez-la, retirez-en la cervelle et mettez-la dans l'eau fraîche avec la langue, puis faites blanchir votre tête de veau ; donnez dix minutes d'ébullition, puis faites-la rafraîchir à grande eau. Égouttez-la, essuyez et séparez les oreilles, ensuite coupez la tête par fragments, arrondissez-les, flambez les parties qui auraient encore quelques poils, essuyez-les, mettez-les dans une casserole, ajoutez une livre de graisse de bœuf fondue, dans laquelle vous aurez passé deux carottes, deux oignons et deux racines de persil émincées, joignez-y un peu de laurier, thym, basilic, muscade, poivre en grains, deux clous de girofle, et la chair de deux citrons ; retournez pendant cinq minutes votre tête de veau dans cet assaisonnement, mettez-y de l'eau jusqu'à ce que la tête soit couverte, ajoutez la langue, un peu de sel blanc, couvrez de papier beurré, faites partir à grand feu, puis mijoter trois heures ; égouttez, retirez la peau de la langue, placez celle-ci coupée par ronds sur le milieu du plat, entourez-la de fragments de la tête de veau et masquez le tout d'un ragoût composé de champignons, crêtes et rognons ; placez dessus les deux oreilles, garnissez-les de jaunes d'œufs durcis ; placez votre plat avec des jaunes d'œufs et des cornichons taillés, servez avec une saucière garnie d'une sauce à l'italienne.

Tête de veau au naturel. — Préparez, cuisez et servez comme celle ci-dessus ; semez dessus un peu de civette hachée très-fin, ainsi que du persil, servez à part une sauce froide d'huile, de vinaigre, d'estragon, de fines herbes, une pointe d'échalotte hachée et blanchie, du sel et du poivre blanc.

MOUTON.

Selle de mouton rôtie à l'anglaise. — Prenez une belle selle de mouton, enlevez-en l'épiderme, faites-la mortifier, parez-la, embrochez, emballez de papier beurré, mettez au feu une heure vingt minutes avant de servir ; arrosez de temps à autre ; quelques minutes avant de servir, retirez le papier, glacez la grosse pièce, débrochez et dressez, servez avec une purée de légumes avec sauce au beurre.

Gigot de mouton à la broche. — Choisissez un gigot court, dont la peau soit fine, et couvert de bardes de graisse. Laissez-le mortifier avant de vous en servir. Otez la chair du manche, et grattez l'os pour qu'il soit bien blanc; couvrez-le d'une feuille de papier beurré, embrochez, et mettez-le au feu une heure vingt minutes avant de servir; puis, au moment de servir, débrochez, déballez et servez avec un bon jus; garnissez le manche.

Gigot de pré salé braisé. — Prenez et préparez un gigot de pré salé, comme le gigot de mouton à la broche; désossez jusqu'à l'os du jarret, garnissez-le de gros lardons de jambon de Bayonne gras et maigre; garnissez de bardes de lard la braisière, et d'un bon fond de cuisson ou de deux verres de bon consommé; quelques carottes et oignons, un bouquet, un petit verre d'eau-de-vie. Trois heures et demie avant de servir, faites partir à grand feu, arrosez le gigot, couvrez-le d'un fort papier bien beurré, couvrez, placez le feu dessus et dessous, et faites mijoter sans interruption. Après une heure et demie, retournez-le dans sa cuisson; vingt minutes avant de servir, glacez-le, remettez du feu dessus, et laissez un peu d'air; dressez ensuite, glacez de nouveau, servez dessous la cuisson passée au tamis de soie.

Gigot de mouton à l'anglaise. — Parez un gigot comme pour la broche; deux heures avant de servir, mettez-le dans la braisière, remplie aux deux tiers d'eau bouillante; mettez-y du sel, une pincée de mignonnette, un bouquet, deux carottes, quatre oignons. Près de servir, égouttez, glacez à plusieurs reprises avec une glace très-réduite, puis dressez. Garnissez le manche; mettez autour des choux-fleurs masqués avec une espagnole; ajoutez un peu de glace, du beurre frais, un jus de citron, un peu de mignonnette, une cuillerée de persil haché et blanchi.

Selle d'agneau à la broche. — Prenez une belle selle d'agneau, sciez-en les deux gigots qui ne doivent pas servir, parez-la, couvrez-la de deux feuilles de papier beurré, mettez en broche une heure avant de servir, à un feu modéré; trois quarts d'heure après, déballez,

glacez d'une belle couleur, débrochez, dressez et servez dessous une demi-glace, dans laquelle vous mettrez un peu de beurre frais, un jus de citron, une pincée de poivre fin.

PORC.

Jambon glacé. — Prenez un bon jambon de Bayonne, retirez l'os du quasi; donnez un petit coup avec la pointe du couperet sur l'os de la cuisse, afin de le casser sans endommager la chair, désossez la partie qui tenait au quasi; ôtez-en l'os, coupez le jarret, rôtissez légèrement la surface de la couenne, mettez-le dessaller à grande eau, laissez-le tremper trente-six ou quarante heures; s'il a plus d'un an, changez l'eau plusieurs fois, après quoi, lavez-le, égouttez et mettez-le dans une grosse serviette nouée solidement. Cinq heures avant de servir, placez-le dans une grande braisière, remplissez d'eau froide; ajoutez quatre carottes, autant d'oignons, deux bouquets garnis de laurier, thym, basilic, clou de girofle, un peu de macis, puis faites bouillir par un feu ardent, écumez, couvrez et ne faites que faire mijoter; une demi-heure avant de servir, égouttez le jambon, dénouez la serviette; parez la couenne et le gras avec goût; garnissez le manche de papier; faites sécher au four doux, glacez et donnez une belle couleur, puis dressez sur une jardinière préparée et servez.

Echinée de porc frais rôtie à la sauce Robert. — Prenez une belle échinée de porc frais, enlevez-en les bandes de lard en ne laissant qu'une couche légère de gras sur le filet; parez-le comme un carré de veau à rôtir. Deux heures avant de servir, couvrez-le de papier huilé et mettez au feu. Une demi-heure avant de servir, déballez, semez dessus et dessous un peu de sel fin, donnez une belle couleur; puis, dressez l'échinée sur une sauce à la Robert, glacez et servez.

Cochon de lait rôti à la maître d'hôtel. — Prenez un cochon préparé et dégorgé, flambez-le si cela est nécessaire, garnissez-le intérieurement d'une forte maître-d'hôtel; cousez le ventre pour la maintenir; embrochez-le dans sa longueur, attachez-le bien aux deux bouts de la broche. Une heure et demie avant de servir, mettez-le au feu; de temps en temps, arrosez-le avec une bouffette de papier imbibée d'huile d'Aix ; modérez bien votre feu, car il faut qu'il soit coloré bien blond et également. Au moment de servir, débrochez, et faites une incision à la peau du cou, afin qu'elle conserve ce croustillant qui en fait tout le mérite ; servez, dans une saucière, une maître-d'hôtel fondue, et, dans une seconde saucière, une demi-glace.

VOLAILLES.

Poulardes à la financière. — Prenez deux poulardes du Mans, belles, grasses ; videz, épluchez et flambez-les, puis désossez-les comme pour une galantine ; garnissez l'estomac de beurre assaisonné ; couvrez-les de lard, et faites-les cuire dans une bonne poêle pendant cinq quarts d'heure ; cuites à point, dressez, glacez et garnissez-les d'un ragoût à la financière, dont vous mettrez une partie dans la saucière ; placez sur vos poulardes des crêtes et des truffes, servez.

Chapons à la Soubise. — Après avoir préparé et cuit vos chapons comme ci-dessus, dressez-les sur le plat, garni de quenelles de volaille à la Soubise ; servez à part une sauce à la Soubise (ou purée d'oignons).

Poulardes à l'estragon. — Préparez et cuisez vos poulardes comme ci-dessus, saucez-les d'une sauce allemande dans laquelle vous aurez mis un morceau de beurre d'Isigny et une poignée d'estragon blanchi, et coupé en losange. Servez.

Poulardes à la civette. — Préparez, cuisez et dressez vos poulardes comme ci-dessus ; saucez-les avec la sauce veloutée à la civette ; servez-en à part dans une saucière.

Chapons à la suprême grasse. — Après avoir fait comme ci-dessus, dressez sur un plat que vous aurez garni de quenelles de volaille ; servez à part une saucière garnie de suprême grasse, c'est-à-dire garniture de crêtes, rognons de coq, et écrevisses si l'on veut.

* *Poularde à l'indienne.* — Prenez une poularde, videz-la, flambez, retirez la fourchette et le brechet, puis garnissez l'estomac de farce de volaille ; introduisez du beurre entre la peau et la chair de l'estomac ; bridez votre poularde, couvrez-la de lames de citron et de bardes de lard, emballez dans du papier huilé, garni de racines préparées ainsi : émincez carottes, oignons, champignons, branches de persil, sel, poivre, un peu de macis, un clou de girofle, le tout coloré blond dans le beurre ; embrochez ; après une heure et demie de cuisson, débrochez, déballez, et dressez sur un plat garni de sauce à l'indienne ; garnissez de croquettes de riz dans lesquelles vous aurez ajouté un peu de cayenne et de safran ; servez à part une saucière garnie d'une sauce à l'indienne.

* *Poulardes piquées de truffes à la Périgueux.* — Préparez vos poulardes comme de coutume, piquez-les de truffes, et ajoutez les parures dans les racines dont vous l'emballez. Après cinq quarts d'heures de cuisson, débrochez, déballez ; dressez dans un plat où vous aurez mis un ragoût de crêtes et de rognons préparés aux truffes ; ajoutez une livre de truffes tournées en olives. Servez une saucière garnie d'une sauce à la Périgueux.

* *Poulardes à la moderne.* — Vos poulardes cuites comme de coutume, dressez-les sur un plat que vous aurez garni de quenelles de volaille saucées d'une purée de foies gras à la Béchamel. Servez à part de la béchamel dans une saucière.

* *Poulardes aux marrons.* — Préparez et cuisez vos poulardes comme les précédentes ; dressez-les, et les saucez de sauce à la lyonnaise, sans fumet de gibier, en le remplaçant par du consommé de volaille ; garnissez votre plat de marrons de Lyon glacés. Servez une saucière garnie de sauce lyonnaise.

POISSON.

Turbot à l'anglaise. — Après avoir choisi un beau turbot, videz-le et le nettoyez ; ratissez-le légèrement, puis coupez les nageoires et deux nœuds de l'arête, et lavez-le, à l'intérieur, à l'eau bien fraîche. Essuyez-le bien ; deux heures avant de servir, et lorsqu'il est bien ressuyé, fixez-lui la bouche avec une aiguille à brider, garnie de ficelle. Lorsque cette préparation sera terminée, frottez-le d'un jus de citron, semez dessus trois fortes poignées de sel blanc ; placez-le dans la turbotière, qui sera remplie à moitié d'eau chaude ;

mettez sur un fourneau très-vif le poisson, recouvert d'une serviette mouillée. Dès qu'il sera en ébullition , écumez et retirez du feu; mettez-le sur un feu doux, afin qu'il ne fasse que frémir. Une heure et demie après, égouttez le turbot ; puis débridez-le, glissez-le sur un plat sur lequel vous aurez placé avant une serviette bien blanche, et mettez autour du poisson des pommes de terre groupées cuites à l'eau de sel ; entre elles, un bouquet de persil ; garnissez-en aussi l'ouverture de l'ouïe. Servez-le ensuite avec une saucière contenant du beurre fin fondu, dans lequel vous aurez ajouté un peu de sel, poivre, muscade râpée et jus de citron.

Turbot à la Béchamel. — Après avoir préparé un turbot comme le précédent, vous l'habillez; vous le placez dans la turbotière avec de l'eau et du lait, afin qu'il soit toujours bien blanc. Mettez-le dans un endroit bien frais. Deux heures avant de servir, préparez-le, bridez-le, et faites-le cuire comme ci-dessus. Alors vous l'égouttez, le dressez. Garnissez-le de pommes de terre tournées en olives et de persil. Servez-le avec deux saucières garnies de béchamel maigre, dans laquelle vous ajoutez du beurre fin et de la glace.

Le turbot est le plus ordinairement servi avec une sauce blanche aux câpres.

Cabillaud à la hollandaise. — Prenez un cabillaud, ôtez-en les ouïes et videz-le ; puis ratissez-le, coupez les nageoires, lavez à grande eau. Mettez dans l'intérieur du sel gris, et du sel blanc dessus et dessous pour le faire dégorger ; mettez-le au frais. Deux heures avant de servir, lavez-le de nouveau ; fixez-en la tête avec une ficelle. Trois quarts d'heure avant de servir, égouttez-le bien ; placez-le sur une feuille de la poissonnière, celle-ci moitié pleine d'eau bouillante salée ; ajoutez-y une pinte de lait ; faites bouillir modérément. Dès que la chair sera ferme, égouttez le cabillaud ; dressez-le sur un plat garni d'une serviette blanche ; entourez-le de pommes de terre tournées, cuites à l'eau salée, coupees de bouquets de persil. Servez-le avec deux saucières garnies de beurre tiède, avec sel, poivre, muscade et citron.

* *Saumon à la génoise.* — Faites cuire ce poisson au court-bouillon, au vin de Bor-

deaux , après l'avoir bien nettoyé ; ensuite égouttez-le ; après en avoir retiré les peaux, posez-le sur un plat, et masquez avec une sauce génoise au vin de Bordeaux, dans laquelle vous ajouterez une cuillerée du fond du saumon. Travaillez-la, puis mettez-y un peu de beurre fin et de glace.

* *Saumon à l'anglaise.* — Choisissez un saumon bien frais, habillez-le, bridez-le, garnissez-le de farce de merlans ; mettez-le dans la poissonnière, contenant de l'eau salée convenablement ; faites partir sur un feu ardent : couvrez ensuite le feu, afin qu'il soit en légère ébullition. Donnez deux heures de cuisson , puis égouttez-le, dressez-le sur une serviette pliée, entourez-le de branches de persil, et servez deux saucières avec sauce à la hollandaise et des câpres.

* *Truite saumonée au gratin.* — Après avoir habillé ce poisson, masquez le dessus et le dessous de sel blanc, lavez-le ; mettez dans l'intérieur une maître-d'hôtel, bridez la tête ; placez-la dans la poissonnière sur la feuille bien beurrée ; versez dessus une demi-livre de beurre fin fondu, deux cuillerées de persil haché, deux maniveaux de champignons, une pointe d'ail, une échalote hachée et blanchie, un peu de quatre-épices, sel, poivre, muscade, une bouteille de vin de Chablis ou de Sauterne. Une heure avant de servir, faites partir en ébullition sur un grand feu ; arrosez la truite avec sa cuisson ; placez-la sur un feu doux, pour qu'elle ne fasse que mijoter, sans interruption ; arrosez tous les quarts d'heure. Au moment de servir, débridez-la ; masquez-la de chapelure de pain, sur laquelle vous verserez légèrement des gouttes de beurre tiède ; puis remettez-la cinq minutes au four doux. Dressez-la sur un plat ; joignez-y la moitié de la cuisson ; servez le reste dans une saucière à part.

Truites de Seine au bleu. — Prenez deux truites d'un pied de longueur, puis une troisième plus grande. Retirez les ouïes, videz-les, lavez à grande eau , égouttez, et semez dessus et dessous du sel blanc. Une heure après, lavez-les de nouveau, essuyez-les bien ; bridez-les, puis mettez-les dans la poissonnière ; mettez-y un peu de sel, poivre, muscade ; versez dessus du vinaigre bouillant ; ajoutez un peu de beurre et le court-bouillon nécessaire. Une demi-heure avant de servir, placez la poissonnière sur un feu ardent. Aussitôt l'ébullition, faites mijoter doucement dix minutes ; retirez du feu en laissant la poissonnière couverte. Égouttez-les, débridez ; placez-les, la plus grande au milieu, sur une serviette pliée ; mettez autour des groupes de persil, et servez une saucière garnie de sauce aux câpres, ou une sauce à l'huile.

Soles à la Périgord. — Prenez deux grosses soles, retirez l'ouïe, videz, lavez, égouttez, enlevez les peaux avec précaution ; relavez, égouttez, ébarbez et essuyez-les ; coupez-leur la tête de biais ; semez dessus du sel, de la mignonnette, jus de citron, un oignon coupé, feuille de laurier, persil en branche et un peu de thym. Une heure après, égouttez, essuyez et masquez-les d'un pouce de farce de quenelles de merlans ; ajoutez à cette farce une truffe noire, bien hachée, pour parfumer. Vous lissez ensuite avec des blancs d'œufs. Placez-les sur la feuille bien beurrée de la poissonnière ; mettez-y deux verres champagne, huit onces beurre fin, un peu de sel, poivre, muscade. Faites bouillir sur le feu ardent, puis diminuez la chaleur toutes les dix minutes. Arrosez avec la cuisson ; mettez un peu de feu dessus le couvercle. Une demi-heure après, dressez vos soles sur un plat, et mettez-les à l'étuve. Dégraissez le fond ; faites-le réduire en demi-glace, dans laquelle vous ajoutez un quart de beurre fin, des truffes hachées. Versez moitié de cette sauce, et servez le reste dans une saucière.

Soles en matelote normande. — Préparez et marinez deux grosses soles ; retirez l'assaisonnement, puis les filets de l'arête ; mettez à la place de l'arête un quart de beurre fin. Quand les soles sont ainsi préparées, placez-les sur la feuille de la poissonnière ; versez dessus deux verres de vin blanc ; faites bouillir ; arrosez avec la cuisson ; semez un peu de sel, poivre, muscade, jus de citron. Faites mijoter feu dessus et dessous ; arrosez de temps en temps. Trente-cinq minutes après, dressez-les sur le plat. Réduisez le fond, puis passez-le au tamis de soie ; masquez-en les soles ; placez autour des croûtons passés au beurre, glacez ensuite ; servez.

Carpe à la marinière. — Après avoir habillé une carpe, bridez l'ouïe, faites-la cuire au court-bouillon, mouillez de vin blanc ou rouge. Près de servir, faites réduire en demi-glace une forte cuillerée de la cuisson, bien dégraissée ; ajoutez-y un quart de beurre frais dans un ragoût matelote indiqué à la marinière. Versez-en les deux tiers autour de la carpe. Après l'avoir débridée, égouttée, glacée et posée sur un plat, ajoutez-y une garniture de sauce à la matelote.

Matelote à la marinière. — Prenez une carpe, une anguille, un barbillon ; préparez et nettoyez votre poisson, coupez-le par morceaux ; mettez dans une casserole de petits oignons que vous aurez fait passer au beurre et qui seront bien dorés, persil et ciboule en bouquet, laurier, sel, poivre, thym, épices. Posez alors votre poisson ; versez dessus du vin rouge, de manière qu'il y baigne ; faites partir à grand feu ; faites réduire votre sauce de moitié. Prenez de bon beurre et de la farine, mêlez-les bien ensemble à froid ; puis, par petites parties, mettez-les dans votre ragoût. Dressez vos morceaux sur un plat, avec des croûtons passés au beurre, et masquez de votre sauce.

Saumon à la génoise. — Préparez ce saumon comme à l'ordinaire. Faites-le cuire avec soin dans un court-bouillon au vin rouge de Bordeaux ; puis égouttez-le, débridez et retirez-en les peaux ; posez-le sur un plat, masquez-le d'une sauce au vin de Bordeaux, et ajoutez-y une cuillerée du fond du saumon, puis un peu de beurre fin et de glace. Servez.

Merlans à la maître d'hôtel. — Préparez cinq gros merlans ; mettez-les dans la poissonnière ; masquez-les de huit onces de beurre d'Isigny, fondu seulement, dans lequel vous aurez mis trois cuillerées de persil haché, le jus de deux citrons, sel, poivre. Cuisez avec feu dessus et dessous, en arrosant trois ou quatre fois avec la maître-d'hôtel. Laissez mijoter vingt-cinq minutes, puis dressez avec précaution, puis garnissez de petites pommes de terre cuites à l'eau de sel.

Maquereaux à la maître d'hôtel. — Choisissez quatre gros maquereaux laités, retirez-en les ouïes, videz-les, ratissez-les légèrement, coupez les nageoires et les pointes de la tête, lavez, égouttez et essuyez-les ; faites une incision profonde sur le dos, semez dessus du sel blanc et du poivre ; ajoutez-y un verre d'huile d'Aix, un oignon coupé en rouelles, une pincée de persil en feuilles. Retournez de temps en temps ces maquereaux dans leur marinade. Trente minutes avant de servir, frottez votre gril d'huile, ou garnissez-le de branches de persil ; égouttez les poissons, semez-y un peu de sel ; posez-les sur le gril sans qu'ils se touchent ; retournez-les avec soin dès qu'ils auront pris couleur ; remettez un peu de feu dès qu'ils se coloreront de nouveau. Mettez-les sur l'ouverture du dos cinq minutes ; élargissez cette ouverture et dressez-les sur un plat ; placez dans l'ouverture une demi-livre de beurre mêlée avec du poivre, sel, persil haché, le jus de deux citrons, et servez.

Carpe au bleu. — Prenez une belle carpe ; videz, nettoyez-la, et faites-y une ouverture la plus petite possible, ficelez-en la tête ; faites-la bouillir dans votre poissonnière avec une bouteille de bon vin rouge, que vous verserez bien chaud dessus, qu'elle baigne complétement dans le vin ; prenez dix oignons, coupez-les en morceaux, cinq carottes, une bonne poignée de persil, laurier, thym, trois clous de girofle, sel et poivre gros ; faites mijoter une heure et demie ; laissez refroidir. Dressez une serviette blanche sur votre plat ; placez-y la carpe, en prenant garde de la briser ; entourez-la de persil, sauce aux câpres.

Brochet au bleu. — Faites pour le brochet ce que vous avez fait pour la carpe au bleu ; servez et dressez de même ; ajoutez-y une sauce blanche aux câpres.

ENTRÉES CHAUDES.

NOTA BENE.

Les nouvelles dénominations adoptées par la cuisine moderne, pour désigner les sauces qui sont employées dans la préparation des entrées, pouvant établir quelques doutes ou quelque confusion dans l'esprit des anciens praticiens, nous croyons devoir les engager à se reporter à notre chapitre ayant pour titre *les Sauces,* quoique nous puissions dès à présent dire qu'il n'existe réellement en cuisine que deux grandes sauces, *l'espagnole* et *l'allemande ;* que les autres ne sont que ces deux premières modifiées selon le goût, l'expérience et l'habileté des différents préparateurs.

On pourra remarquer qu'à part les petites sauces, qui ont chacune un but spécial, les autres ne sont que ce que l'on connaît en cuisine sous le nom de *fond de cuisson, suage de légumes* et *marinade.*

Au surplus, s'il arrivait qu'un de ces mots nouveaux fût employé par nous sans définition, celle-ci se retrouvera au titre que nous venons d'indiquer.

BŒUF.

Entrecôte grillée. — Prenez une belle côte de dessous le paleron ; désossez-la, à l'exception de l'os droit de la côte ; amortissez-la bien ; faites tremper votre entrecôte préparée dans de bonne huile, avec sel et gros poivre ; ensuite faites-la griller sur un feu doux, en la retournant souvent pour qu'elle ne brûle pas. Une demi-heure de cuisson ; puis servez avec un jus de citron et un peu de beurre.

Entrecôte sauce piquante. — Préparez comme ci-dessus, et au moment de servir, versez dessus une sauce piquante.

Entrecôte au jus. — Faites comme pour celles qui précèdent. Si elle est épaisse, au lieu d'une demi-heure de cuisson, mettez trois quarts d'heure, et versez dessus un jus léger.

Langue de bœuf à la bourgeoise. — Prenez une belle langue, faites-la dégorger, blanchissez-la un bon quart d'heure ; refroidissez, puis parez ; prenez de forts lardons, assaisonnez de gros poivre, sel, épices, persil, ciboule hachée bien fin ; piquez-la, faites cuire avec lard et veau ; ajoutez carottes, oignons, thym, laurier, girofle. Mouillez de consommé. Laissez réduire à feu bien doux pendant cinq heures. Au moment de servir, enlevez la peau, coupez la langue en deux, et dressez-la. Préparez un roux un peu foncé, mouillez-le avec le fond de votre langue ; ajoutez un filet de vinaigre, gros poivre. Faites réduire, puis masquez-en votre langue, après l'avoir préalablement parée de cornichons découpés.

Langue de bœuf aux champignons. — Préparez comme celle ci-dessus. Vous aurez fait sauter vos champignons dans du beurre avec un filet de citron ; vous y aurez ajouté un verre et demi d'espagnole et autant de consommé ; vous ferez bien réduire cette sauce, et après avoir dressé votre langue, vous verserez dessus sauce et champignons.

Gras-double à la lyonnaise. — Prenez le plus épais du gras-double ; lavez, blanchissez-le, grattez et nettoyez encore à grande eau, égouttez, et séchez-le dans un linge. Râpez un demi-kilo de lard, deux carottes, deux oignons dont un piqué de girofle, laurier, thym, ail, gros poivre, persil, un peu de piment, mouillez de vin blanc ordinaire et de bouillon dégraissé. Faites cuire sept heures à petit feu ; laissez-le refroidir dans son fond ; puis coupez-le en morceaux. Prenez une quinzaine d'oignons, coupez-les en rouelles, faites frire dans du beurre fin ; quand ils seront d'un beau jaune, faites-les égoutter ; puis mettez oignons et gras-double dans une casserole ; faites cuire doucement, et servez avec des croûtons passés au beurre.

Gras-double à la milanaise. — Faites cuire et préparez votre gras-double comme ci-dessus ; n'y mettez pas d'oignons. Quand votre cuisson sera faite et bien réduite, mettez dans un plat très-creux un lit de croûtons passés au beurre, un lit de gras-double et un de fromage de parmesan, et toujours ainsi ; ajoutez sur votre dernière couche un peu de chapelure, et faites gratiner modérément.

Gras-double à la poulette. — Préparez comme à l'ordinaire ; quand votre gras-double sera cuit, coupez-le dans la forme d'une pièce de quarante sous, mettez ces morceaux au feu, avec beurre, champignons tournés, persil, sel, poivre, muscade. Après avoir jeté quelques bouillons, liez avec trois jaunes d'œufs et un soupçon de citron ; dressez avec des croûtons.

Palais de bœuf au gratin. — Faites les dégorger ; blanchissez, enlevez-en la peau avec un couteau ; lavez à l'eau bien froide, grattez-les une seconde fois, nettoyez-les bien, ôtez-en les chairs noires, faites-les cuire dans un *blanc* cinq heures au moins. S'ils sont tendres sous le doigt, retirez-les du feu, coupez-les en larges bandes, ayez une *farce* cuite, masquez-en vos palais, puis couvrez-les d'une tétine bien cuite et fort mince ; remettez un peu de farce et roulez vos bandes, dressez-les autour d'un plat. Vous aurez mis au milieu le reste de votre farce pour y former un puits, couvrez vos palais de lard, et placez sous le four de campagne. Après un quart d'heure environ de cuisson, ôtez-en la graisse et versez une *italienne* au milieu.

Palais à la Béchamel. — Votre palais mis au blanc comme ci-dessus, coupez-le en petits carrés, saucez d'une béchamel avec un peu de gros poivre. Servez.

Queue de bœuf braisée. — Coupez une belle queue, dont vous ferez un morceau à chaque jointure ; faites dégorger deux heures, puis blanchissez une demi-heure ; refroidissez à grande eau froide, égouttez, séchez, passez-la ; prenez une casserole, faites-y un fond de bardes de lard, deux tranches de veau, autant de bœuf, et les recouvrez de bandes de lard très-minces, ajoutez trois carottes, autant d'oignons, deux clous de girofle piqués dans un de ces derniers, thym, laurier, un peu de muscade, mouillez de consommé, mettez-y les morceaux de queue, faites partir ensuite ; diminuez l'ardeur du feu pendant trois ou quatre heures, tirez-les du feu ; dressez-les au milieu du plat, mettez-y autour des carottes glacées et des laitues.

Queue de bœuf à la purée de lentilles. — Faites cuire comme ci-dessus, égouttez et dressez-la sur un plat, masquez-la d'une purée de lentilles.

Rosbif à l'anglaise. — Prenez huit côtes couvertes, parez l'os de la côte, c'est-à-dire ratissez-le, afin qu'il ne reste aucune partie charnue à la hauteur d'un pouce ; mettez votre rosbif à la broche, rôtissez-le à un feu bien égal pendant trois heures et demie ; prenez garde qu'il ne dessèche ; débrochez et dressez-le ; entourez-le de pommes de terre cuites à l'étouffé.

Sauté de filets de bœuf. — Faites quatre bandes dans un filet de bœuf, mettez-les en presse, tournez-les ; arrangez-les, ainsi tournés, dans un plat à sauter ; assaisonnez-les de sel, poivre ; faites fondre un fort morceau de beurre fin que vous verserez dessus. Au moment de servir, faites partir à grand feu, retournez-les, assurez-vous de la cuisson ; qu'ils ne soient pas trop mollets ; dressez-les sur votre plat. Versez-y votre fond, et servez.

Filet de bœuf à la sauce tomate. — Préparez et piquez votre filet et bridez de manière à ce qu'il forme le colimaçon, ficelez afin qu'il ne perde pas sa forme ; beurrez une casserole, placez-y votre filet, avec carottes, oignons, laurier, bouquet, ciboule, deux clous de girofle, une bonne cuillerée de fort bouillon ; couvrez-le d'une feuille de papier beurrée, faites bouillir, puis mettez-le sur un feu doux, dessus le couvercle et dessous ; faites-le bien prendre couleur, à peu près deux heures et quart de cuisson ; ôtez les racines, dégraissez, faites tomber à glace votre bouillon, votre filet doit y rester pour y être glacé aussi, dressez, et versez dessus une bonne sauce tomate.

* *Filets de bœuf sauté aux truffes.* — Coupez un tiers d'un fort filet en tranches, faites-les tremper dans du beurre fondu avec sel et gros poivre, placez-les dans une casserole à sauter ; près de servir, faites partir à feu ardent ; quand ils seront ridés, retournez-les ; quand ils auront pris couleur également des deux côtés, dressez ; vous aurez fait sauter dans le fond de vos filets une livre de truffes coupées en dés que vous dressez autour ; dans le même fond ajoutez une cuillerée d'espagnole, un peu de glace, un peu de beurre fin et un filet de citron, masquez-en vos filets et servez.

Beefsteaks au beurre d'anchois. — Coupez un filet de bœuf en douze morceaux de la même épaisseur, battez-les légèrement avec la batte, parez-les ; faites fondre un quart de beurre fin dans lequel vous aurez mis une pincée de sel, trempez-y vos beefsteacks, faites-les griller sur un feu modéré ; quand ils seront fermes sous le doigt, dressez-les en couronne et mettez au milieu un beurre d'anchois.

La cuisson est la même pour tous les autres beefsteaks, qu'on peut garnir de pommes de terre revenues dans le beurre et colorées, d'une maître-d'hôtel froide, etc.

Filet d'aloyau à la Monglas. — Préparez votre filet comme celui braisé (dans les grosses pièces de boucherie), faites-le cuire la veille du jour où vous devez vous en servir. Enlevez un morceau ovale que vous couperez en dés moyens, faites réduire une sauce espagnole, à laquelle vous ajouterez un peu de résidu de votre filet ; quand elle sera réduite mettez-y les dés et tenez-la bien chaude dans un bain-marie, faites réchauffer votre filet, égouttez, glacez et placez-le sur un plat, mettez dans le puits vos dés et couvrez d'espagnole claire.

* *Filet d'aloyau au vin de Madère.* — Votre filet paré comme les précédents, roulez-le, ficelez et placez-le dans une casserole dans le fond de laquelle vous aurez mis des bardes de lard, des tranches de bœuf, veau, quelques carottes, oignons et un bouquet, recouvrez votre filet de quelques bardes de lard et versez une demi-bouteille de vin de Madère, un quart de verre de bouillon ; faites jeter quelques bouillons, puis mijoter doucement deux heures et demie ; lorsque la cuisson sera ferme, passez ce bouillon au tamis, versez un bon verre d'espagnole, joignez-y le jus passé au tamis, faites réduire le tout à glace, égouttez et dressez votre filet et saucez avec votre glace.

Filet de bœuf sauté demi-glace. — Coupez votre filet en tranches minces, masquez-les dans une casserole avec un bon morceau de beurre, et mettez sur un feu assez vif pour qu'elles cuisent sans bouillir ; lorsqu'elles seront fermes sous le doigt, égouttez le beurre, mettez deux cuillerées d'espagnole travaillée ; faites mijoter quelques minutes, dressez, et garnissez de champignons et d'un ragoût à la *financière*.

* *Escalopes de filet de bœuf aux truffes.* — Divisez votre filet en deux, et le partagez en escalopes de la grandeur d'un pouce carré ; placez-les dans un plat à sauter bien beurré ; coupez de la même manière une demi-douzaine de truffes ; couvrez de beurre fondu, sautez sur un feu modéré, éliminez le beurre, et finissez avec une espagnole dans laquelle vous aurez jeté un verre de Madère.

MOUTON.

Côtelettes de mouton panées et grillées. — Parez des côtelettes de mouton ; faites tiédir un morceau de beurre ; trempez-les dedans après y avoir ajouté du sel fin, un peu de gros poivre ; retirez-les, et à mesure couvrez-les de mie de pain bien fine; placez-les en attendant sur un plat avec de la mie dessous. Un peu avant de servir, faites-les partir sur un gril; que le feu soit d'une bonne force sans trop d'ardeur; retournez-les et dressez-les en rond sur votre plat.

Côtelettes de mouton piquées. — Prenez des côtelettes toutes parées; piquez-les, trempez-les dans du beurre frais fondu, puis placez-les dans un plat à sauter. Un peu avant de servir, faites sauter sur un feu ardent; laissez raidir vos côtelettes des deux côtés; faites cuire six minutes; dressez; ajoutez dans le fond un peu de glace forte, et versez après deux bouillons sur votre plat.

* *Côtelettes de mouton à la Soubise.* — Prenez trois carrés de mouton; coupez dans chacun quatre côtelettes seulement à un pouce d'épaisseur; enlevez l'épiderme et aplatissez-les légèrement sans dégarnir ni parer la partie qui tient à l'os; garnissez la noix de lardons égaux; ficelez les côtelettes et placez-les entre des bardes légères dans un plat à glacer. D'abord vous aurez eu soin de mettre dans une casserole toutes vos parures de mouton avec un petit jarret de veau, et de les mouiller d'assez d'eau pour que tout y baigne; faites partir, écumez soigneusement; joignez deux carottes, deux oignons, deux clous de girofle, un bouquet garni, une pointe de sel; laissez mijoter jusqu'à entière cuisson; passez ensuite ce bouillon; mouillez-en vos côtelettes en y joignant un verre du meilleur madère; faites partir les côtelettes; placez feu dessus et dessous, et laissez-leur deux heures de cuisson; égouttez-les ensuite et les pressez légèrement; passez le fond, faites-le réduire en une glace légère; parez vos côtelettes refroidies sans dégarnir l'os de l'autre côté; placez-les à mesure dans un plat à sauter légèrement beurré; versez dessus le fond réduit, couvrez d'un rond de papier beurré; vingt minutes avant le service, mettez-les mijoter doucement; retournez-les souvent pour qu'elles s'imbibent de leur fond; dressez, garnissez de la *soubise* et masquez les côtelettes de leur essence.

* *Côtelettes d'agneau sautées garnies d'une macédoine.* — Prenez trois carrés d'agneau pour obtenir quinze belles côtelettes; parez-les, marquez-les dans un plat à sauter,

et sautez-les un quart d'heure avant de servir; égouttez le beurre dans lequel elles auront sauté; mettez trois cuillerées à ragoût de sauce financière, gros comme une noix de beurre fin et autant de glace; dressez, garnissez le puits d'une macédoine; détachez la sauce du plat à sauter avec du consommé de volaille, passez à l'étamine et masquez-en les côtelettes.

Côtelettes de mouton à la financière. — Parez douze côtelettes; mettez-les dans un plat à sauter avec un bon morceau de beurre. Au moment de servir, faites partir, puis égouttez-les; ajoutez à vos côtelettes un fort morceau de bonne glace, une cuillerée et demie de consommé; faites jeter quelques bouillons, dressez et remplissez le puits d'un ragoût à la *financière.*

* *Côtelettes de mouton à la gastronome.* — Pour avoir douze côtelettes, prenez-en trente-six, dont vingt-quatre plus aplaties que les douze restantes. Après les avoir passées légèrement dans de l'huile d'Aix sans goût de fruit, semez sur chacune sel, poivre et muscade en très-petite quantité; placez, entre deux des côtelettes aplaties, une des douze; ficelez les trois ensemble, en prenant garde de ne pas déformer celle du milieu; faites griller à grand feu et retournez souvent; laissez les côtelettes sur le feu jusqu'à carbonisation des côtelettes enveloppantes; enlevez du milieu celle qui a reçu le suc des deux autres, et servez-les au naturel ou sur une purée d'oignons, de lentilles ou de pois.

Côtelettes de mouton à la purée. — Faites-les cuire et préparez-les comme celles indiquées sous le titre de *côtelettes piquées*, et dressez-les sur une purée de haricots, pois, lentilles ou oignons.

Emincé de gigot à l'anglaise. — Emincez la viande d'un gigot cuit; mettez les morceaux dans une casserole avec un peu de beurre fin, une pincée de farine, sel, gros poivre; remuez bien, puis mouillez avec un peu de consommé; ne laissez pas bouillir; ajoutez un filet de vinaigre et servez.

Emincé de gigot de mouton à la chicorée. — Faites blanchir des cœurs de chicorée; pressez-les pour en bien faire sortir l'eau; hachez, passez au beurre bien frais et ajoutez-y un verre et demi de consommé et autant d'espagnole, un peu de poivre et de sel ; faites réduire et épaissir votre chicorée ; émincez du gigot froid ; mettez-le dans une casserole avec un peu de bon beurre ; versez votre chicorée dessus et tenez le tout d'une bonne chaleur ; évitez que ce mets ne bouille ; dressez avec des croûtons et versez dessus une cuillerée seulement d'espagnole.

Épaule de mouton aux oignons glacés. — Prenez une épaule de mouton ; faites-la désosser ; piquez de gros lardons à l'intérieur. (Il est entendu que vos lardons seront bien assaisonnés.) Ajoutez-y un peu de sel et poivre ; roulez-la, ficelez-la bien ; entourez-la de bardes de lard, placez-la dans une casserole avec quelques carottes, oignons, trois clous de girofle, un peu de laurier et thym ; ajoutez-y vos débris ; mouillez avec du consommé ; faites mijoter quatre heures ; alors, égouttez votre pièce, débridez, glacez et dressez ; placez tout autour et avec symétrie deux ou trois rangs superposés d'oignons glacés ; versez dessus une espagnole réduite.

Escalopes de filets de mouton. — Faites préparer douze filets de mouton ; coupez-les en escalopes ; placez ces morceaux dans un plat à sauter avec du beurre fin ; un peu avant de servir, faites partir : quand ces morceaux seront raides, égouttez-les ; mettez dans le fond un morceau de glace, des champignons blanchis et de l'espagnole ; faites-les chauffer et dressez-les de suite.

Gigot de mouton à l'eau. — Désossez le quasi d'un gigot jusqu'à l'os de la cuisse ; piquez l'intérieur de gros lardons assaisonnés et épicés ; vos lardons ne doivent pas ressortir par-dessus ; ficelez-le ; couvrez de bardes de lard en dessus ; quelques carottes, oignons, deux ou trois clous de girofle, laurier, thym ; mouillez avec du bouillon et de l'eau ; que votre pièce y baigne ; qu'elle bouille pendant quatre heures. Débardez, ficelez et dressez ; passez un peu du fond à l'étamine et versez-le dessus ; mettez autour des pommes de terre cuites dans le bouillon de votre gigot.

Hachis de mouton aux fines herbes. — Enlevez les chairs d'un gigot froid ; ôtez-en les nerfs ; hachez-le bien fin ; prenez un bon morceau de beurre, une bonne cuillerée d'é-

chalottes ; passez-les dans votre beurre sans leur laisser prendre de la couleur ; joignez-y des champignons hachés très-fin ; passez-les ainsi que les échalotes ; ajoutez-y du persil haché ; mêlez le tout ensemble ; mettez-y une demi-poignée de farine que vous remuez bien ; mouillez avec du consommé. Faites que votre sauce soit un peu épaisse ; versez-la sur votre hachis avec un peu de gros poivre et muscade ; mettez le tout mijoter ; dressez, et placez à l'entour des croûtons passés dans le beurre.

Haricot de mouton. — Prenez une épaule de mouton que vous ferez couper par morceaux ; faites un roux blond dans lequel vous ferez sauter vos morceaux pendant huit minutes ; mouillez avec de bon bouillon ou de l'eau chaude ; faites bouillir votre ragoût en le retournant souvent dans son bouillon ; ajoutez poivre, sel, bouquet de persil et une ciboule ; une feuille de laurier, thym, oignon, deux clous de girofle. Faites roussir quelques navets dans le beurre ; blondissez-les ; égouttez-les dans une passoire et ajoutez-les au ragoût quand ce dernier sera presque cuit ; mettez-y un petit morceau de sucre avant de servir ; dressez et ôtez le bouquet et l'oignon.

Langues de mouton braisées. — Prenez douze langues de mouton, dégorgez-les, nettoyez-les bien ; blanchissez-les une petite demi-heure, rafraîchissez, égouttez, essuyez-les, et coupez le cornet ; piquez-les de lardons moyens assaisonnés ; faites dans une casserole un fond de bardes de lard, quelques carottes, oignons coupés en morceaux, un ou deux clous de girofle, deux tranches de veau, laurier, thym, persil, ciboule. Mettez vos langues sur ce fond, recouvrez-les de minces bandes de lard ; mouillez avec du consommé. Faites mijoter pendant six heures.

Pieds de mouton à la poulette. — Prenez douze pieds de mouton échaudés, désossez jusqu'à la jointure, blanchissez, rafraîchissez, flambez-les, nettoyez-les bien pour qu'il ne reste pas de poils, essuyez-les bien et faites-les cuire dans un blanc (c'est-à-dire de la farine délayée avec de l'eau dans laquelle vous mettrez des lames de citron et un peu de beurre et du sel). Il faut au moins cinq heures de cuisson. Alors égouttez, mettez-les dans une casserole avec une demi-livre de beurre bien frais, deux maniveaux de champignons cuits, une pincée de farine, un peu de bouillon, poivre, persil haché ; liez bien ; quand tout sera bien pris et lié, ajoutez trois jaunes d'œufs, un jus de citron. Ne faites plus bouillir, et servez chaud.

Pieds de mouton en marinade. — Préparez et cuisez vos pieds de mouton comme ci-dessus, égouttez, parez-les et mettez-les dans une marinade ; ajoutez sel, poivre, arrosez-les de vinaigre. Au moment de dresser, égouttez-les de nouveau et trempez-les dans une légère pâte, posez-les dans de la friture bien chaude et les laissez prendre une belle couleur dorée, égouttez dans la passoire, dressez et parez votre plat de persil bien frit.

Poitrine de mouton en carbonnade. — Vous préparerez une belle poitrine de mouton, vous couperez l'os qui tient aux tendons dans une casserole ; faites un fond de bardes de lard et d'un peu de jambon, placez votre poitrine par-dessus, recouvrez de lard, joignez-y carottes, oignons coupés et un peu de thym, versez un bon verre de bouillon, placez dessus du papier bien beurré, et votre couvercle sur lequel vous mettrez du feu ; faites mijoter deux heures et demie. Au moment de servir, égouttez, glacez, et mettez dessus une bonne sauce tomate.

Poitrine de mouton grillée. — Faites cuire votre poitrine entière comme celle ci-dessus, mais ôtez le jambon ; peu de sel et de poivre ; trempez-la afin qu'elle s'imbibe dans du beurre tiède, panez-la bien ; faites griller à un feu très-doux, puis étendez du beurre et de la mie de pain par-dessus, placez-la sous un four de campagne très-chaud pour dorer votre poitrine ; dressez et ajoutez un jus de citron.

Queues de mouton braisées. — Prenez six fortes queues, faites dans une casserole un fond de bardes de lard, trois tranches de mouton, quelques carottes, oignons, un clou de girofle, un peu de thym, laurier ; placez vos queues sur ce fond, et recouvrez-le de lard ; ajoutez un verre de bon bouillon ; faites mijoter pendant quatre heures et demie. Au moment de servir, retirez-les, égouttez, glacez, dressez et versez dessus une espagnole.

Queues de mouton aux purées. — Préparez et cuisez comme ci-dessus, égouttez et versez-les sur un plat masqué de purée de haricots, pois, lentilles ou autres.

Rognons de mouton à la brochette. — Prenez quinze rognons, mouillez-les, fendez-les en deux, nettoyez-les, puis embrochez-les ; imbibez-les de beurre fondu, passez, grillez et retournez de temps en temps ; la cuisson faite, ôtez les brochettes, dressez avec de la maître-d'hôtel froide et terminez par un jus de citron.

Rognons de mouton sautés au vin de Champagne. — Préparez vos rognons comme ci-dessus, mettez-les dans un plat à sauter avec un bon morceau de beurre fin, sel, poivre, persil et champignon hachés ; faites sauter à grand feu, ajoutez une forte pincée de farine, un bon verre de vin de Champagne, que préalablement vous aurez fait bouillir avec un demi-verre d'espagnole réduite ; remuez-les, et ne les laissez pas bouillir ; au moment de servir, mettez-y un morceau de beurre fin, un filet de citron, et servez avec des croûtons.

VEAU.

Fricandeau au jus. — Prenez un beau morceau de veau, bien charnu, pas trop épais, bardez-le le plus fin possible sur la partie charnue qui n'a point de peau, beurrez bien le fond d'une casserole, mettez-y votre veau ; prenez bien garde que votre piqûre soit en dessous ; joignez trois carottes, trois oignons, persil et ciboule en bouquet, un peu de laurier et thym, un clou de girofle, deux verres d'eau, sel, gros poivre ; faites-le bouillir trois heures et quart ; quand il sera cuit à moitié, excitez votre feu pour que cela bouille plus fort. Au moment de servir, retirez les légumes, et faites réduire très-fort ; votre fond étant arrivé à glace, dégraissez et glacez avec le fond votre fricandeau, versez le fond sur le fricandeau.

Vous pouvez placer le fricandeau sur des *épinards au jus*, de l'*oseille*, des *petits pois*, *purée*, etc.

Tête de veau au naturel. — Prenez une tête de veau toute préparée, coupez la peau et désossez-la jusqu'aux yeux, enlevez les mâchoires inférieures, conservez les supérieures, mais coupez la mâchoire le plus près de l'œil possible ; faites dégorger et nettoyez avec grand soin ; mettez votre tête, ainsi préparée, à l'eau bien bouillante, ayez soin qu'elle y baigue entièrement ; trois quarts d'heure de cuisson ; retirez et plongez dans l'eau bien froide , égouttez, essuyez et faites attention qu'il n'y reste aucun poil ; enlevez à la langue les peaux dures qui l'entourent, ôtez semblablement celle de l'intérieur de la bouche, assujettissez votre tête avec de la ficelle ; on peut la frotter avec du jus de citron ; mettez-la cuire dans un blanc. Après l'avoir couverte de quelques bardes de lard , faites partir à grand feu, écumez bien, puis adoucissez le feu afin qu'elle bouillotte. Après deux heures et demie elle sera cuite. Egouttez-la bien, dressez, semez sur votre tête du persil bien haché, faites chauffer seulement du vinaigre avec sel, poivre, ciboule, échalote, et servez dans une saucière.

Tête de veau frite. — Votre tête cuite au naturel, coupez par tranches la chair, et placez-les dans une bonne marinade ; égouttez bien vos morceaux ; trempez-les dans une bonne pâte à frire, puis dans de la friture chaude, mais non bouillante.

Tête de veau à la poulette. — Prenez des fines herbes, du beurre et un peu de farine ; faites fondre dans une casserole ; ajoutez un peu de sel et poivre ; un quart d'heure de cuisson. Alors, placez les tranches comme ci-dessus. Dans cette sauce, faites mijoter doucement ; ajoutez, un peu avant de servir, une liaison de deux jaunes d'œufs ; tournez pour qu'ils se lient bien ; évitez qu'ils ne bouillent ; dressez et ajoutez un jus de citron.

Pieds de veau. — Comme la tête au naturel, à la poulette, en marinade, etc.

Fraise de veau. — Nettoyez et dégorgez ; faites-la blanchir à l'eau bouillante quinze minutes ; alors, jetez-la dans l'eau froide ; égouttez, essuyez-la et faites cuire dans un blanc ; la même sauce que pour la tête de veau au naturel. Forcez un peu le vinaigre pour ôter la fadeur naturelle à la fraise.

Langues de veau sauce piquante. — Prenez quatre belles langues de veau ; faites blanchir, puis rafraîchir ; égouttez, essuyez, piquez fin avec de petits lardons bien assaisonnés ; mettez dans une casserole un peu de beurre frais, un bouquet de persil, quelques carottes, oignons, thym, laurier, girofle en petite quantité, un peu de poivre et de sel fin. Votre beurre fondu seulement, ajoutez-y un grand verre de bon consommé ; faites cuire trois heures et quart ; enlevez la peau dure de vos langues, glacez-les ; dressez avec ou sans croûtons, et versez une sauce piquante.

Oreilles de veau farcies. — Faites dégorger ; nettoyez, époilez, flambez, blanchissez, rafraîchissez six oreilles de veau dont vous aurez fendu un peu le bout ; farcissez le dedans de vos oreilles ; placez-les dans une casserole sur un fond de bardes de lard. (Il faut que votre farce soit cuite.) Faites mijoter une bonne heure ; retirez-les, passez à l'œuf et faites frire, ou bien faites-les cuire deux heures et quart, et versez dessus une italienne.

Cervelles de veau poêlées. — Prenez quatre cervelles ; levez la peau qui les enveloppe ; ôtez les petites fibres rouges ; nettoyez et dégorgez pendant trois heures ; faites-les blanchir à l'eau bouillante ; mettez un quart de verre de vinaigre et une bonne poignée de gros sel ; un quart d'heure suffit ; ôtez-les, égouttez et faites refroidir à l'eau froide ; placez-les dans une casserole sur un fond de lard ; couvrez-les aussi de bardes. Dressez après la cuisson.

Cervelles de veau à la bourgeoise. — Préparez comme ci-dessus, et faites cuire entre de fortes bardes de lard, des rondelles de citron, carottes, oignons, clous de girofle, laurier, peu de thym, persil et ciboule formant bouquet ; mouillez de bouillon. Dressez et servez.

Cervelles de veau à la maître-d'hôtel liée. — Préparez et faites cuire comme celles ci-dessus ; dressez, puis mettez un quart de beurre très-fin dans une casserole, trois fortes pincées de farine, de la ravigote hachée. Pétrissez le tout ensemble ; assaisonnez de sel, poivre, filet de vinaigre aromatisé et très-peu d'eau ; faites partir à feu très-doux en tournant toujours votre sauce, et masquez-en vos cervelles.

Cervelles de veau en matelotte. — Préparez les cervelles comme les premières ; faites cuire entre deux bardes avec carottes, quelques oignons en rondelles, laurier, persil, ciboule en bouquet ; mouillez de vin blanc ; une forte demi-heure de cuisson. Prenez de petits oignons passés au beurre, bien dorés ; vous ferez, dans une autre casserole, un petit roux mouillé de vin blanc et d'un peu de fort consommé; versez ce roux sur vos oignons; ajoutez-y des champignons tournés; faites cuire tout, écumez et dégraissez, puis versez sur vos cervelles dressées.

Cervelles de veau au beurre noir. — Faites cuire comme les précédentes, puis égouttez, dressez, parez de persil frit et arrosez d'une sauce au beurre noir.

Cervelles de veau frites. — Faites cuire et préparez comme les précédentes, coupez-les chacune en quatre morceaux; préparez dans un vase, sel fin, gros poivre, vinaigre aromatisé, et retournez-y vos morceaux. Au moment de servir, égouttez; trempez-les dans une bonne pâte à frire, et jetez-les dans de la friture non bouillante; égouttez de nouveau lorsque la couleur est bien dorée, faites bien sécher, et dressez avec persil frit.

Cervelles de veau à la sauce tomate. — Comme les précédentes. Près de servir, égouttez, dressez et masquez de sauce tomate bien liée.

Queues de veau au blanc. — Prenez six fortes queues de veau, coupez les aux nœuds; passez-les au beurre, mais sans qu'elles prennent forte couleur; ajoutez de la farine, mouillez avec du bouillon; assaisonnez de persil, ciboule et laurier en bouquet, sel, gros poivre, quelques champignons, écumez; presque cuit, dégraissez, ajoutez alors quelques petits oignons. Ne laissez pas trop cuire; liez avec cinq jaunes d'œufs et dressez.

Ragoût de veau au blanc et à la poulette. — Prenez deux poitrines de veau, coupez-les en morceaux de deux pouces carrés; mettez-les dans une casserole; versez un demi-litre d'eau, carottes, oignons, persil, thym, laurier, une demi-gousse d'ail, sel, poivre; faites blanchir et écumez; égouttez, faites un roux blanc, liez avec le fond; mettez-y les morceaux de veau; donnez deux heures de cuisson, faites réduire la sauce en étouffant le ragoût; faites blanchir cinquante petits oignons, mettez-les en cuisson avec un verre de sauce; joignez-y des champignons; dégraissez, dressez le veau sur un plat; liez la sauce avec quatre jaunes d'œufs passés à l'étamine; dressez sur votre ragoût oignons et champignons, et saucez.

Veau aux fines herbes. — Hachez persil, ciboules, échalotes, champignons; passez au beurre, assaisonnez de sel, poivre, muscade et bouquet garni; mettez-y les morceaux de veau; faites cuire à petit feu, de manière qu'ils tombent à glace; dégraissez, ajoutez deux cuillerées de sauce et servez.

Epaule de veau. — Le plus généralement, il faut la faire rôtir : elle est meilleure en broche.

Epaule de veau aux champignons. — Faites-la cuire en broche; enlevez-en la peau, ôtez-en la chair que vous coupez en filets; liez-les avec des jaunes d'œufs et un ragoût de champignons, que vous servez sous l'épaule avec un filet de vinaigre.

Epaule de veau en galantine. — Prenez une forte épaule de veau, désossez, enlevez une partie de viande pour la farce; mettez pour votre farce autant de lard haché; quand le tout sera bien haché fin, couchez, en un lit, sur votre épaule, des lardons un peu forts, quelques tranches de truffes, ajoutez quelques carottes coupées en lames; remplissez, en suivant la même méthode; roulez alors votre épaule en long, ficelez et couvrez de bardes de lard; enveloppez-la bien serrée dans une toile blanche, ficelez encore une fois; mettez dans la braisière, dans laquelle vous jetterez quelques couennes de lard, des débris de veau et un pied de veau, six carottes, dix oignons, quatre clous de girofle, laurier, thym, bouquet de persil et ciboule; mouillez de bouillon, faites bouillir trois heures; ôtez votre galantine du feu, pressez-la bien pour en faire sortir le liquide, laissez refroidir; passez votre gelée à la serviette, puis, battez deux œufs dans une casserole, versez sur la gelée en y mêlant bien vos œufs; ajoutez un peu de poivre, quatre épices, laurier, thym, un petit bouquet de persil. Faites bouillir le tout ensemble; ralentissez votre feu, fermez d'un couvercle et mettez du feu dessus; laissez mijoter une demi-heure; repassez une seconde fois votre gelée à la serviette fine, sans presser; laissez refroidir : alors, vous parerez et glacerez votre galantine. Dans la farce vous aurez mis sel, poivre, persil haché et quatre épices, avec quatre jaunes d'œufs que vous y mêlerez.

Poitrine de veau au blanc. — Prenez une livre et demie de poitrine, coupez-la en morceaux carrés, faites-les bouillir cinq minutes dans de l'eau bien bouillante. Mettez un quart de bon beurre dans une casserole, une pointe d'ail, un bouquet garni, poivre et sel ; le beurre étant fondu, ajoutez une pincée de farine, remuez ; mouillez avec du bouillon, après y avoir remis votre poitrine ; faites cuire une heure et demie ; joignez-y un demi-jus de citron, une cuillerée à café de vinaigre ; délayez dans une cuillerée de la sauce trois jaunes d'œufs, retirez votre ragoût du feu et mêlez-y votre liaison.

Poitrine de veau aux pois. — Faites comme ci-dessus ; au lieu de faire blanchir vos morceaux, faites-les revenir dans un quart de bon beurre ; quand ils seront dorés, retirez-les et ajoutez dans votre beurre deux fortes pincées de farine ; faites un roux blond, mouillez de bouillon, ajoutez un bouquet garni, poivre, sel et très-peu de cannelle en poudre ; remettez votre poitrine : laissez cuire trente minutes ; ajoutez un litre de pois verts dans votre ragoût ; cuisez une heure, ôtez le bouquet, dégraissez et servez.

Tendrons poêlés. — Enlevez les chairs d'une poitrine de veau, découvrez les tendrons, coupez-les près des côtes ; puis, séparez les côtes, coupez vos tendrons en morceaux plats et carrés ; faites-les dégorger, puis blanchir ; alors, mettez des bardes de lard dans le fond d'une casserole, placez-y vos tendrons, recouvrez-les de lard, ajoutez-y vos débris ; versez une poêlée dessus. Cuisson, quatre heures et quart.

Tendrons à la jardinière. — Préparez et faites cuire comme ci-dessus ; au moment de servir, égouttez, dressez, glacez ; formez un puits et remplissez-le avec une jardinière.

Tendrons aux tomates. — Préparez et faites cuire vos tendrons comme d'habitude ; alors, égouttez, glacez, dressez et formez, en les dressant, un puits dans lequel vous verserez une sauce tomate.

Tendrons de veau aux champignons. — Préparez et cuisez toujours de même, égouttez, glacez et mettez dans le puits un ragoût de champignons.

Tendrons de veau en marinade. — Préparez comme d'habitude, faites un fond de lard dans une casserole. Placez-y vos tendrons, recouvrez de lard, mouillez-les d'une marinade, faites cuire trois heures ; alors, égouttez, trem-

pez-les dans de la pâte et faites frire. Dressez avec persil frit.

Côtelettes de veau en papillotes. — Coupez, parez vos côtelettes, effilez-les du côté de l'os. Faites fondre du beurre dans une casserole et placez-y vos côtelettes assaisonnées de sel et gros poivre ; laissez-les presque cuire ; retirez-les du feu et mettez-les sur un plat, en les arrosant du beurre dans lequel elles auront cuit, et vous les masquerez de fines herbes ordinairement composées de persil, d'échalotes et de champignons, bien hachés et bien assaisonnés, passés au beurre chaud. Pendant que vos côtelettes refroidissent, vous disposerez, pour chacune d'elles, un carré de papier qui puisse la contenir et que vous imbiberez d'huile ; disposez ensuite pour chaque côtelette un morceau de lard bien mince, placez-le sur chaque papier huilé, la côtelette dessus et des fines herbes de chaque côté ; recouvrez d'une autre barde de lard très-mince, enveloppez la côtelette du papier huilé et plissez-le de manière que l'assaisonnement ne puisse s'en échapper ; ficelez les bouts du papier qui se trouvent remontés vers l'os ; mettez un quart d'heure sur le gril à feu doux pour que le papier ne soit point brûlé ; dressez en couronnes sur un jus clair.

Autres côtelettes de veau en papillottes. — Préparez douze côtelettes de veau ; passez au beurre ; persil haché très-fin, trois échalotes hachées et blanchies, un maniveau de champignons, sel, poivre, etc. Marquez vos côtelettes et vos fines herbes ; faites mijoter pendant vingt minutes ; en ayant soin de les retourner ; dégraissez, ajoutez deux cuillerées d'espagnole ; faites réduire et masquez vos côtelettes ; trois quarts d'heure avant de servir, vous les enveloppez de papier que vous avez préparé d'avance ; huilez-le parfaitement ; plissez-le en commençant du haut de l'ouverture, et de manière à ce que l'os se trouve du côté de l'ouverture ; vous tordez le papier, vous mettez sur le gril une feuille huilée et faites griller sur un feu de cendre rouge ; retournez au bout de dix minutes et servez dix minutes après.

Côtelettes de veau demi-glace. — Après avoir paré des côtelettes de veau, marquez-les dans un plat grassement beurré, un bouquet garni et un demi-verre de vin de Madère ; étouffez avec du feu dessus et dessous; faites de manière qu'au bout d'une demi-heure après les avoir retournées elles soient tombées dans leur glace; dressez et ajoutez au fond une cuillerée de financière pour les saucer.

Côtelettes de veau à la singara. — Préparez vos côtelettes comme celles en demi-glace; ayez un morceau de noix de bon jambon de Bayonne; coupez le tout en tranches; sautez-les dans du bon beurre au moment de servir; dressez entre chaque côtelette une tranche de jambon et une de noix de veau, et saucez d'une espagnole finie, d'un peu de beurre, un peu de poivre de Cayenne et demi-jus de citron.

Côtelettes de veau piquées et glacées. — Prenez des côtelettes un peu épaisses, bien coupées; piquez-les de lardons très-fins; puis, mettez dans une casserole quelques morceaux de lard, des débris de veau, quelques carottes, oignons, sel, poivre, laurier, deux clous de girofle, posez dessus vos côtelettes; laissez votre piqué bien en dessus, posez un papier bien beurré, un bon verre de consommé; faites partir. Lorsque cela commencera à bouillir, couvrez d'un couvercle garni de feu, et étouffez celui du fourneau pour que le bouillement se fasse doucement. Une heure trente-cinq minutes de cuisson; égouttez, glacez, dressez sur une purée ou sauce.

Noix de veau piquée et glacée. — Prenez une belle noix de veau, enlevez les peaux et la tétine qui couvrent la noix; enlevez bien les peaux de la noix; piquez de lard fin, faites un fond de lard dans une casserole; ajoutez quelques tranches de veau, quelques carottes, oignons, deux clous de girofle, laurier, bouquet de persil et ciboule; placez votre noix en dessus, puis couvrez-la d'un papier double bien beurré, mettez un grand verre de consommé, faites bouillir; après quelques bouillons, ralentissez le feu, et couvrez, avec du feu en dessus. Faites cuire deux heures et quart; puis égouttez, glacez et dressez sur de la chicorée ou des épinards.

Blanquette de veau aux champignons. — Prenez un dessous de noix qui aura été rôti à la broche, émincez-le, puis mettez vos morceaux dans une casserole. Vous aurez des champignons tournés; sautez-les au beurre;

placez-les avec votre viande, puis versez dessus le beurre de leur cuisson. Ajoutez quatre cuillerées de velouté et un verre de consommé. Dégraissez votre sauce, et faites-la réduire; passez-la à l'étamine sur votre blanquette; tenez-la chaude; faites votre liaison, et retirez-la lorsqu'elle sera bien liée. Alors, dressez.

Noisettes de veau aux tomates. — Blanchissez et rafraîchissez seize noisettes de veau; parez-les, mettez-les dans un plat et versez dessus un fond de cuisson mouillé de vin de Madère; retournez-les souvent afin qu'elles prennent bien l'assaisonnement; une demi-heure avant de servir, embrochez-les sur des attelets d'argent; faites-les rôtir vivement comme vous feriez rôtir des ortolans; arrosez-les de beurre, et cinq minutes avant de servir, masquez-les de mie de pain; faites prendre couleur, dressez, saucez d'une tomate légère.

Foie de veau à l'étouffée. — Prenez un beau foie blond, piquez de lardons assaisonnés, placez des bandes de lard dans une braisière, posez-y votre foie avec quatre carottes, autant d'oignons, clous de girofle, laurier, peu de thym, un bouquet persil et ciboule, sel; mouillez de vin blanc, la valeur de quatre verres, ajoutez des bardes de lard, couvrez-le de papier beurré; faites partir; quand le foie bouillira, étouffez un peu votre fourneau, couvrez d'un couvercle avec feu dessus; faites mijoter deux heures et demie; mettez un verre de poivrade, passez le mouillement; faites réduire de moitié votre sauce, et versez sur votre foie dressé.

Foie à la bourgeoise. — Faites un roux, passez-le au tamis de soie avec le mouillement dans lequel votre foie aura cuit comme ci-dessus; faites réduire, et glacez-le avant de dresser votre foie.

Foie piqué à la broche. — Prenez un foie bien blond, piqué comme les précédents, mais en dessous; le dessus, piquez-le très-finement, entourez-le d'une toilette de porc, embrochez-le, assujettissez-le; deux heures et demie de cuisson. Débrochez et ajoutez à volonté une sauce piquante; vous pouvez, si vous voulez, ne pas l'envelopper d'une toilette.

Sauté de foie de veau. — Coupez votre foie en petits morceaux réguliers, assaisonnez-les de sel, de gros poivre, quatre épices, persil haché et fines herbes, mettez un quart de kilo de beurre fin dans un plat à sauter, placez-y vos morceaux ; au moment de servir, faites partir à feu ardent ; retournez dès qu'ils sont raidis ; s'ils sont un peu fermes sous le doigt, retirez du feu ; mettez vos morceaux dans une casserole, égouttez bien votre plat à sauter dans un autre vase, mettez-y un bon verre de vin de Champagne, un verre d'espagnole ; faites réduire à moitié et passez à l'étamine sur votre sauté que vous aurez dressé.

Foie sauté à la bourgeoise.—Comme le précédent, lorsque votre sauté aura été enlevé de la poêle, ajoutez, dans le beurre qui y reste, une petite poignée de farine, délayez-la avec votre beurre ; mettez deux verres de vin blanc, un peu de bouillon, sel, poivre ; réduisez, et versez sur le foie.

Rognons de veau sautés. — Prenez cinq rognons de veau, coupez-les, placez-les dans un plat à sauter avec un demi-quart de beurre fin, ajoutez sel, poivre, muscade, champignons cuits, persil et échalotes hachées ; faites partir à grand feu, joignez-y une pincée de farine, un verre de vin blanc réduit de moitié, deux petites cuillerées d'espagnole réduites ; remuez jusqu'au moment de l'ébullition, puis ajoutez un quart de bon beurre et un jus de citron, et remuez le plus vite possible ; dressez.

Ris de veau à l'allemande. — Prenez trois beaux ris de veau, dégorgez, nettoyez, faites blanchir et rafraîchir, coupez-les en morceaux, faites-les cuire avec une demi-glace de veau et un peu de beurre fin ; quinze minutes de cuisson ; prenez une allemande bien réduite, bouillante et bien liée ; mettez-y vos ris de veau avec quelques champignons sautés, finissez par un morceau de beurre frais et un jus de citron.

Ris de veau à l'espagnole.—Faites comme ci-dessus ; au lieu de l'allemande, servez-vous d'espagnole réduite et servez-vous pour garniture de quenelles de volaille.

* *Escalopes de ris de veau.* — Coupez en trois, sur leur longueur, quatre ris de veau, cuits et préparés comme ci-dessus ; escalopez chaque morceau de la grandeur d'une pièce de deux francs, trois lignes d'épaisseur. Ajoutez un tiers de truffes et de champignons cuits et coupés de même ; tenez chaud au bain-marie, dégraissez le fond des ris ; au moment de ser-

vir, égouttez ce fond, mettez quatre cuillerées d'allemande, et servez dans un vol-au-vent.

COCHON.

COCHON.

Oreilles de cochon à la bourgeoise. — Prenez quelques couennes de lard, laurier, thym, basilic, bouquet de persil et ciboules, clous de girofle, salez fort, quelques débris de cochon ou d'autres viandes si vous n'avez pas de porc, mouillez jusqu'à ce qu'elles baignent ; faites bouillir à petit feu six heures, puis ressuyez-les bien ; refroidies, coupez-les en filets. Prenez huit gros oignons coupés, passez les morceaux au beurre, ajoutez une cuillerée de farine, mêlez-la bien, mouillez d'un bon verre de vinaigre, autant de bouillon, sel, gros poivre ; faites bouillir, puis ensuite mettez-y vos filets ; sautez le tout, et dressez.

Dito à la purée de lentilles. — Prenez un litre de lentilles avec de l'eau, placez vos oreilles bien nettoyées, grattées, flambées, par dessus ; joignez trois carottes, autant d'oignons, clous de girofle, laurier, sel, un peu de poivre ; faites partir ; quand vos oreilles seront cuites, mettez-les dans du bouillon chaud pour les maintenir d'une bonne chaleur ; passez vos lentilles à l'étamine ; ajoutez un peu de bouillon, remettez les sur le feu, et faites réduire ; au moment de servir, égouttez vos oreilles, et dressez-les sur votre purée.

Pieds de cochon à la Sainte-Menehould. — Serrez bien vos pieds avec du ruban de fil un peu large pour qu'ils conservent leur forme, mettez-les dans une casserole avec carottes, oignons, thym, laurier, clous de girofle, bouquet de persil et ciboule, un peu de saumure, deux bons verres de vin blanc, deux verres de bouillon, quelques débris de viande ; faites mijoter vingt-quatre heures sans désemparer ; laissez-les refroidir dans leur bouillon ; puis défaites-les soigneusement et laissez-les jusqu'au lendemain ; pour les servir, trempez-les dans du beurre tiède ; mettez-y un peu de gros poivre, roulez-les dans de la mie de pain tamisée ; posez-les sur un gril à feu doux ; dressez et versez la sauce réchauffée dessus.

Côtelettes de cochon. — Préparez vos côtelettes comme celles de veau ; laissez-y une couche de graisse ; aplatissez-les un peu ;

faites griller, et servez-les sur une sauce Robert, tomates ou cornichons.

Rognons de cochon au vin de Champagne. — Émincez des rognons de cochon, mettez dans une casserole un bon morceau de beurre fin, avec sel, poivre, muscade, persil et échalotes hachées; ajoutez votre émincé de cochon, sautez souvent; quand il sera raidi, mettez une forte pincée de farine; sautez encore et remuez pour qu'elle se mêle bien; puis versez un verre de vin de Champagne, et ne laissez plus bouillir.

VOLAILLE.

Canard en purée de lentilles. — Plumez, videz, flambez un beau canard, troussez les pattes en dedans des cuisses, bridez, rentrez le croupion et assujétissez avec une aiguille à brider; faites dans une casserole un fond de bardes de lard; parez votre canard, recouvrez-le de lard, d'un peu de veau, enfin de débris de viande, trois carottes, autant d'ognons, clous de girofle, laurier, thym, persil et ciboule en bouquet; mouillez de bon bouillon; une petite heure de cuisson s'il est ferme. Au moment de servir, égouttez, débridez; dressez sur une purée de lentilles.

Canard aux navets. — Faites comme ci-dessus; mettez dans votre casserole sept à huit navets coupés en tranches; vous avez fait cuire dans du beurre et bien roussir deux douzaines de navets petits, que vous dressez autour de votre canard, ainsi que ceux que vous avez mis dans votre bouillon.

Canard aux olives. — Préparez et faites cuire comme les premiers; découpez en spirale des olives; jetez ces sortes de rubans dans de l'eau bouillante, égouttez et mettez-les jeter deux ou trois bouillons avec votre canard; dressez.

Canard aux petits pois — Faites revenir votre canard dans du beurre fin et quelques cardons; serrez-le bien, retirez-le ainsi que les cardons; mettez une pincée de farine dans votre beurre; faites un roux coloré, mouillez de bouillon; ajoutez sel, poivre, un bouquet de persil; remettez votre canard; cuisez deux heures; laissez réduire la sauce et dégraissez; ôtez le bouquet; mettez un litre de petits pois

dans votre sauce, une heure avant de dresser. Tenez pendant ce temps votre canard bien chaud.

Canard aux petits ognons. — Cuisez et préparez comme le premier article, et mettez sur un ragoût de petits ognons.

Canetons aux olives. — Videz et flambez deux canetons, retroussez-les pour entrée et couvrez de légères bardes de lard frais; marquez-les dans une casserole, mouillez d'un fond de cuisson, trois quarts d'heure de cuisson; égouttez, débridez, vous aurez tourné et fait blanchir une livre d'olives, et après les avoir égouttées vous les ferez mijoter dans quatre cuillerées d'espagnole. Dressez les canetons et garnissez avec les olives.

Canetons aux petits pois. — Préparez vos canetons comme ceux aux olives; coupez en gros dés une demi-livre de lard dessalé, passez-les au beurre, mouillez-les d'une cuillerée d'espagnole, bouquet garni; lorsqu'ils seront presque cuits, ajoutez-y un litre et demi de pois fins, une demi-cuillerée de sucre, faites cuire vite, dressez les canetons et garnissez de pois et de petit lard.

Pigeons aux petits pois. — Habillez et préparez cinq pigeons, marquez-les dans une casserole foncée de beurre, un bouquet garni, un ognon piqué de deux clous de girofle, couvrez l'estomac de légères bardes de lard, faites cuire à l'estoufade, que les pigeons tombent à demi-glace; avant, passez une demi-livre de lard dessalé dans du beurre, mouillez avec du bouillon, un bouquet garni, une pincée de poivre; lorsque le lard sera presque cuit, ôtez le bouquet, mettez-y un litre et demi de pois fins, gros comme une muscade de sucre, vingt minutes de cuisson; dressez les pigeons, ôtez le beurre qui se trouve sur la demi-glace qu'ils ont rendue, jetez les pois et le lard, masquez les pigeons et servez.

Pigeons à l'espagnole. — Habillez cinq pigeons, bardez-les de lard, embrochez sur un attelet, placez-les sur deux feuilles de papier huilées; enveloppez et ficelez-les, mettez-les en broche, trois quarts d'heure de cuisson; déballez et débridez, dressez, garnissez de crêtes et de champignons en ragoût, saucez d'espagnole réduite.

Pigeons poêlés sauce tomate. — Préparez cinq

pigeons comme ci-dessus, couvrez l'estomac d'un fond de cuisson, une barde de lard dessus, marquez une casserole, ajoutez un demi-verre de vin blanc, donnez trois quarts d'heure de cuisson, égouttez, dressez, passez le fond, dégraissez et clarifiez-le, faites-le réduire, placez-le sous les pigeons, envoyez une sauce tomate dans la saucière.

Pigeons en compote. — Habillez et flambez cinq pigeons, ayez une demi-livre de lard dessalé et très blanchi, coupez-le en gros dés, que vous ferez cuire avec les pigeons pendant une heure ; retirez vos pigeons, faites un roux et mouillez avec du bouillon et un verre de vin blanc ; passez au beurre trente petits ognons, mouillez-les d'un peu de consommé et qu'en cuisant ils tombent en glace ; égouttez les pigeons et le lard, dégraissez les ognons, ajoutez-y deux maniveaux de champignons cuits et tournés et garnissez de votre sauce réduite.

Poularde poêlée au consommé. — Prenez une poularde, videz-la avec précaution, retirez-en les poumons qui rougiraient la poularde, flambez-la légèrement, bridez-la pour entrée ; couvrez l'estomac dessus et dessous de légères bandes de lard retenues par des ficelles, mettez dans une casserole, mouillez de consommé jusqu'à la cuisse, faites cuire cinq quarts d'heure ; retournez, sondez si l'aileron et la cuisse sont atteints ; si la cuisson est parfaite, égouttez la poularde et tenez chaud dans l'étuve sans déballer ; passez et dégraissez le fond ; clarifiez, passez à la serviette, tenez chaud au bain-marie, déballez ; au moment de servir, débridez, dressez, mettez dessus une partie du fond et mettez le reste dans une saucière.

  * *Poularde à la dauphine (entrée de broche).*— Préparez une poularde comme celle au consommé, mettez à la broche, faites refroidir ; alors enlevez les blancs que vous couperez en morceaux, ajoutez un tiers champignons et truffes, mêlez quatre cuillerées de béchamel grasse et remplissez le vide de la poularde avec cette farce, masquez le béchamel ; panez dessus, arrosez de beurre clarifié, entourez de lard la partie non panée, faites prendre couleur, dressez et glacez.

  * *Poularde truffée à la Périgueux.* — Après avoir vidé, flambé une belle poularde, ayez deux livres de truffes lavées et pelées ; divisez-les en morceaux comme un œuf de pigeon ; conservez en les parures, hachez-les ; ayez une demi-livre de graisse de volaille, autant de lard frais, faites-les fondre à petit feu, et passez avec pression ; mettez cette graisse sur le feu avec les truffes, sel, poivre, épices, un peu de thym, de laurier, de muscade râpée ; ajoutez-y les parures de truffes hachées, laissez mijoter un quart d'heure ; retirez et laissez refroidir ; remplissez-en alors la poularde et laissez-la ainsi pendant trois ou quatre jours. Le jour où vous la servirez, couvrez-la de bardes de lard frais, et par-dessus une carotte, un ognon et les pellicules de truffes, tout cela passé au beurre ; emballez d'un papier huilé, couchez sur broche et donnez une heure et demie de cuisson en arrosant souvent ; cinq minutes avant de servir, déballez la poularde, donnez-lui une belle couleur, débrochez et saucez d'une sauce de truffes hachées.

Poularde à l'anglaise. — Préparez une poularde, faites-la bouillir dans l'eau et ajoutez-y du sel, qu'elle ne cesse pas un instant de bouillir ; lorsqu'elle sera cuite, égouttez, dressez, servez-la sur un jus.

Poularde au consommé d'estragon. — Préparez une poularde comme celles déjà décrites ; ajoutez un bouquet d'estragon. Au moment de servir, ayez une petite poignée de feuilles d'estragon blanchies ; formez-en une palme sur l'estomac de la poularde, le reste autour, et le consommé moitié dessus et moitié dans une saucière.

Poularde à grand feu. — Prenez une poularde cuite en broche, coupez-la en morceaux, faites mariner dans l'huile superfine, sel, gros poivre, jus de citron ; laissez mariner deux heures, puis après avoir égoutté les morceaux faites partir sur un gril avec un feu des plus ardents ; dressez et servez lorsqu'ils auront pris une belle couleur, ajoutez si vous voulez une demi-glace.

  * *Cuisses de poulardes à l'allemande.* — Prenez six cuisses de poulardes, découvrez-en l'os, mettez dans une casserole deux carottes coupées en lames, autant d'ognons, un bouquet, un peu de muscade, deux clous de girofle ; ajoutez par-dessus une tranche pas trop épaisse de jambon, parez vos cuisses,

mouillez de consommé, couvrez-les de barde de lard et d'un rond de papier beurré ; une heure de cuisson ; égouttez, dressez, masquez-les d'une sauce allemande.

Cuisses de poulardes à la poivrade. — Prenez six cuisses de poularde, dégarnissez-en l'os, marinez-les pendant quatre heures dans du gros sel, gros poivre, laurier, ail, muscade, jus de citron. Un peu avant de servir sortez-les de la marinade, égouttez-les, farinez forte-ment, puis faites frire ; quand elles auront pris belle couleur et qu'elles seront bien cuites, faites frire quelques ognons que vous dresserez sur les cuisses.

Béchamel de volaille au gratin. — Prenez des restes de volailles rôties, enlevez-en les chairs en émincé, mettez dans une casserole un bon verre de béchamel et un peu de gelée, faites bouillir en tournant toujours ; au moment de servir, mettez-y votre émincé, tournez-le légèrement, versez-le dans une casserole de porcelaine allant sur le feu, ou dans une casse-role d'argent ; prenez un blanc d'œuf battu, étendez-le sur votre béchamel, panez-le à la mie de pain, puis ajoutez un lit de fromage de parmesan râpé. Prenez du beurre que vous aurez fait tiédir et versez-le dessus très douce-ment, mettez le four de campagne, faites pren-dre couleur.

Croquettes de poulardes. — Prenez une poularde qui aura été cuite à la broche la veille ; enlevez les chairs, que vous couperez en mor-ceaux ; mettez-les dans une casserole avec un grand verre de béchamel ; faites réduire à moitié, ajoutez un bon morceau de beurre d'Isigny, faites-le fondre sans feu dans votre sauce ; passez à l'étamine sur vos mor-ceaux de volaille ; assaisonnez légèrement de sel, poivre, un peu de muscade ; mêlez le tout, laissez bien refroidir ; formez ensuite vos cro-quettes en boules, roulez-les dans de la mie de pain panée ; battez des œufs avec sel, poi-vre, et saucez vos croquettes de cette prépa-ration ; roulez de nouveau dans de la mie de pain, placez-les dans votre friture, qu'elle ne soit pas trop chaude ; faites prendre couleur, retirez, égouttez sur du linge blanc et dres-sez.

Capilotade de volaille. — Prenez des res-tes de volailles cuites, cassez et brisez-les en morceaux ; prenez un morceau de beurre, met-tez-le dans une casserole, faites-y passer quel-ques échalotes, persil et quelques champi-gnons hachés ; ajoutez-y, lorsque tout cela sera bien passé au beurre, deux verres d'espagnole ; réduisez, dégraissez, jetez cette sauce sur vos débris, et faites mijoter dix minutes.

Chapon au gros sel. — Préparez un fort cha-pon, mettez-le cuire dans un bon consommé ; lorsqu'il sera bien cuit, dressez-le après l'a-voir fait égoutter ; placez sur l'estomac une pincée de gros sel, et servez-le sur un bon jus.

Oie en daube. — Préparez une belle oie, piquez-la de gros lardons, que vous aurez assaisonnés ; faites dans une braisière un bon fond de lard, placez votre oie dessus ; ajoutez quelques carottes, ognons, un très fort bou-quet de persil, ciboule, feuilles de laurier, trois clous de girofle dans un des ognons, quelques débris de veau crus ; couvrez de bardes de lard, salez peu, mouillez fortement de con-sommé ; faites mijoter deux heures un quart. Lorsque vous serez assuré de sa cuisson, égouttez-la, débridez ; passez à l'étamine le bouillon, puis faites-le réduire de moitié ; dé-graissez cette sauce, glacez votre oie et versez dessus votre sauce.

Oie à la sauce tomate. — Faites comme la précédente, et dressez-la sur une sauce to-mate.

Oie aux navets glacés. — Faites comme ci-dessus, et dressez sur un lit de navets gla-cés.

(Les quatre pièces précédentes se servent ordinairement comme relevés.)

Poulets sautés à la Marengo. — Dépecez deux poulets, mettez-les dans un plat à sauter, avec dix onces huile fine, bouquet, pointe d'ail écrasée, un peu de sel, mignonnette ; faites cuire en donnant une belle couleur. Vingt minutes avant de servir, jetez une demi-livre de truffes épluchées et coupées ; dix minutes après, retirez du feu, ôtez moitié de l'huile ; ajoutez deux cuillerées d'espagnole, un morceau de glace de volaille, deux maniveaux de cham-pignons cuits, un pointe de jus de citron. Dressez, saucez, et garnissez avec douze croû-tons au beurre.

Poulets sautés à la financière. — Marquez

deux poulets dépecés dans un plat à sauter, foncé de beurre fin, un bouquet garni, un ognon piqué de deux clous de girofle ; donnez la même cuisson qu'à ceux à la *Marengo*. Au moment de servir, ôtez le bouquet, l'ognon ; détachez le fond avec un peu de sauce *financière*, garnissez d'un ragoût de truffes, de champignons et de crêtes, et saucez du reste de la *financière*.

Poulets sautés aux fines herbes. — Passez au beurre persil et champignons hachés, quatre échalotes blanchies et hachées ; jetez-y deux poulets dépecés, un bouquet garni, sel, poivre, et faites cuire sans laisser attacher ; dégraissez ; ajoutez trois cuillerées de *financière*, un jus de citron ; dressez et servez.

Poulets à la reine au blanc. — Préparez et cuisez trois poulets comme la poularde poêlée au consommé ; dressez et saucez-les d'une béchamel bien grasse.

Fricassée de poulets à la minute. — Dépecez deux poulets, mettez-les dans une casserole avec six onces de beurre fondu, sautez-les ; ajoutez deux cuillerées de farine, sel, poivre, muscade, et mouillez avec de l'eau ; ajoutez vingt petits ognons blanchis, bouquet garni, et laissez aller sur un feu assez vif. Prenez garde qu'ils ne s'attachent. Faites réduire petit à petit pendant vingt-cinq minutes. Sondez une des cuisses : si la cuisson est faite, jetez-y deux maniveaux de champignons tournés ; dégraissez, liez avec quatre jaunes d'œufs, et finissez par un jus de citron.

Poulets à la reine au vin de Madère. — Habillez trois poulets à la reine, et retroussez-les, piquez-les ; foncez une casserole de bardes de lard, passez au beurre ; mettez dessus les poulets ; mouillez-les à moitié d'un bon consommé et d'un demi-verre de madère. Ayez soin de tenir la casserole bien fermée et de la braise rouge dessus. Égouttez au moment de servir ; dégraissez ; ajoutez au fond réduit quatre cuillerées de sauce aux truffes à la parisienne.

Fricassée de poulets à la financière. — Préparez comme pour celle à la minute, excepté les petits ognons. Vous la garnissez de crêtes, de champignons et de truffes. Masquez de la sauce, entourez-la de six écrevisses et couronnez d'un riz de veau piqué.

Autre fricassée de poulets en marinade. — Préparez comme celle à la minute ; supprimez ognons et champignons. Faites réduire fortement votre sauce, liez-la, passez au tamis de soie, refroidissez, trempez-y vos membres, panez-les et faites frire.

Autre fricassée de poulets. — Dépecez deux poulets ; mettez dans un plat à sauter un bon morceau de beurre, une poignée de farine, faites-y sauter vos poulets, mouillez de chablis et d'un peu de bouillon ; ajoutez sel, poivre, bouquet garni ; laissez cuire. Au moment de servir, ajoutez-y persil, échalotes, estragon blanchis et hachés, quelques champignons tournés. Le tout bien cuit, saucez, servez.

Poulets à l'anglaise. — Préparez trois poulets comme ceux à la reine au blanc ; saucez-les d'un velouté réduit, terminez avec un bon morceau de beurre très frais et un jus de citron.

Poulets à la reine au consommé. — Faites-les cuire comme la poularde au consommé.

* *Poulets à la reine truffés à la Périgueux.* — Préparez et cuisez comme la poularde ainsi dénommée.

Dindonneau au hachis. — Prenez un dindonneau cuit la veille à la broche ; retirez-en les chairs ; séparez la peau et les nerfs ; hachez ces chairs ; mettez votre hachis dans une casserole, et mêlez-le d'une bonne béchamel. Dressez.

Blanquette de dindonneau. — Prenez un dindon cuit la veille ; coupez-en les chairs proprement ; mettez-les dans une casserole. Vous ferez à part des champignons tournés ; ajoutez un peu de bon beurre, un demi-jus de citron ; sautez bien votre sauce ; ajoutez deux verres d'allemande réduite ; faites réduire de moitié au moment de servir ; versez sur vos morceaux ; mettez un peu sur le feu ; liez avec deux jaunes d'œufs, et terminez par un petit morceau de beurre fin.

Croquettes de dindon. — Prenez un dindon cuit de la veille, enlevez-en les blancs et faites comme pour les croquettes de poularde.

Cuisses de dindon sauce Robert. — Prenez deux belles cuisses de dindon cuit à la broche ; assaisonnez-les de sel, poivre ; faites griller à feu très doux ; dressez et masquez d'une sauce Robert.

Quenelles de dindon. — Prenez une livre de blancs de dindon, pilez et passez-les au tamis de quenelles ; vous tremperez une livre de mie de pain mollet dans une livre de lait ; pressez pour en sortir bien le lait ; pilez le mieux possible ; mettez une livre de beurre, et mettez le tout ensemble dans votre mortier, et pilez jusqu'à ce que vous ne distinguiez plus le beurre ; alors ajoutez la volaille, pilez de nouveau ; ajoutez quatre jaunes d'œufs, sel, poivre, un soupçon de muscade, pilez de nouveau ; puis fouettez deux blancs d'œufs, mêlez-les dans votre préparation. Servez-vous-en.

Capilotade de dindon. — Faites comme il est indiqué à la capilotade de volaille.

GIBIER.

Gibelotte de lapin. — Prenez un lapin, coupez-le en morceaux ; quand il sera vidé, nettoyé, mettez un quart de beurre avec une petite poignée de farine, faites un roux ; quand il sera d'un beau blond, faites revenir les morceaux, mettez-y deux bons verres de vin blanc, puis quatre de bouillon ; remuez jusqu'à ébullition, mettez-y de petits lardons que vous aurez fait revenir préalablement dans du beurre, ainsi que de petits oignons, thym, laurier, bouquet de persil et ciboule, que vous ajoutez avec votre ragoût. Faites-le alors partir à feu ardent, faites réduire ; dégraissez. Quand le tout sera bien cuit, sortez le bouquet et dressez.

Lapereaux sautés aux fines herbes. — Passez au beurre, persil, deux échalotes, deux maniveaux de champignons, le tout bien haché ; mettez-y deux lapereaux coupés en morceaux d'égale grosseur, sel, poivre, muscade râpée, un bouquet garni ; passez le tout au feu ; mouillez d'un verre de vin de Champagne, faites cuire avec feu dessous et dessus vingt minutes ; finissez avec deux cuillerées d'espagnole réduite, un jus de citron, un petit morceau de beurre fin ; servez.

* *Gibelotte de lapereaux à la bordelaise.* — Après avoir coupé deux lapereaux comme ci-dessus, lavez-les à l'eau froide pour ôter le sang ; égouttez-les sur un linge blanc jusqu'à ce qu'ils soient secs ; passez-les au beurre pour les raidir, mettez-y deux cuillerées de fa-

rine, sel, poivre, muscade râpée, moitié d'une gousse d'ail écrasée ; mouillez d'une demi-bouteille de vin de Bordeaux blanc, et de consommé, que la sauce soit légèrement liée ; un bouquet garni et tournures de champignons ; trois quarts d'heure de cuisson ; dégraissez la sauce, égouttez les lapereaux, parez-les, mettez-les dans une autre casserole avec un peu de la sauce pour les tenir chaudement ; réduisez le reste de la sauce, liez-la avec quatre jaunes d'œufs ; passez à l'étamine, et mettez au bain-marie ; au moment de servir, dressez vos lapereaux, garnissez-les d'escalopes de truffes sautées au beurre et mêlées de deux maniveaux de champignons ; ajoutez à la sauce une bonne pincée de persil haché et blanchi, deux échalottes de même, deux cuillerées d'huile d'olives, un jus de citron ; servez.

* *Escalopes de filets de lapereaux aux truffes.* — Coupez en escalopes dix filets de lapereaux, ainsi que les noix des cuisses, placez-les à mesure dans un plat à sauter beurré ; coupez dessus une demi-livre de truffes crues et épluchées, également en escalopes ; recouvrez de beurre fondu et d'un rond de papier beurré ; au moment de servir, sautez ; égouttez le beurre, et mêlez la moitié d'une espagnole réduite ; dressez et servez.

* *Côtelettes de lapereaux, sauce tomate.* — Prenez six culottes de lapereaux, coupez-les en deux, désossez-les ; conservez l'os de la noix ; garnissez-les d'une farce de lapereaux dans laquelle vous aurez mis des fines herbes au beurre, coupez-les en forme de côtelettes, nettoyez les os, conservez-les et servez-vous-en pour remplacer les os des côtelettes ; mettez-les dans le beurre ; quand elles seront refroidies, panez et passez-les une fois à l'œuf ; au moment de servir, ayez du beurre chaud dans un plat à sauter ; mettez cuire dedans vos côtelettes, donnez une belle couleur ; égouttez, dressez, saucez d'une sauce tomate.

Civet de lièvre. — Coupez un trois quarts en morceaux ; mettez dans une casserole une demi-livre de petit-lard dessalé, avec un quarteron de beurre fin, passez-le jusqu'à ce qu'il roussisse légèrement ; ajoutez-y deux fortes cuillerées de farine que vous mêlerez bien, ensuite les morceaux de lièvre, puis une bonne bouteille de vin rouge ; assaisonnez de poivre, épices, point de sel, un bouquet garni de thym, laurier, basilic, un oignon piqué de clous de girofle ; laissez mijoter une heure et quart, réduisez la sauce pendant la cuisson ; ayez un litre de petits oignons, passez-les au beurre, mouillez d'un peu de consommé, un peu de sucre ; faites-les cuire à part, afin qu'ils tombent en glace ; ayez deux maniveaux de champignons ; lorsque le lièvre sera presque cuit, retirez l'oignon et le bouquet, jetez dans le civet les champignons ; goûtez s'il est assez salé ; achevez la cuisson, détachez, avec un peu de sucre, les petits oignons, dressez, garnissez avec les oignons et champignons, et saucez.

Civet de lièvre à l'allemande. — Préparez votre civet comme le civet ordinaire ; quand vous aurez mis la farine, ajoutez au vin deux cuillerées à bouche de fort vinaigre, autant de sucre en poudre, autant de câpres ; faites cuire de même, très peu de sel et poivre ; au moment de servir, parez votre plat de forts croûtons passés au beurre, et dressez.

Lièvre en daube. — Prenez un fort lièvre, préparez-le comme à l'ordinaire ; piquez-le de forts lardons assaisonnés ; faites dans une braisière un fond de lard, mettez votre lièvre dessus, quelques débris de veau ou du jarret de veau, couvrez encore de bardes, bouquet de persil, ciboules, laurier, oignons, carottes, girofle, puis d'un rond de papier beurré, mouillez de consommé. Faites cuire environ une heure, feu dessus et dessous. Dressez et servez.

Levrauts aux fines herbes. — Dépecez deux levrauts, marquez-les dans un plat à sauter bien beurré ; jetez du persil et champignons hachés, deux échalotes blanchies et hachées fin, sel, poivre, muscade, bouquet garni, un oignon piqué d'un clou de girofle ; faites partir, puis étouffez sur un fourneau couvert, avec feu vif dessus, quinze minutes de cuisson ; que les levrauts tombent à glace, ajoutez deux cuillerées à dégraisser de financière ; retirez le bouquet et l'oignon, mettez un demi-jus de citron ; dressez et servez à courte sauce.

Filets de chevreuil piqués, sauce marinade. — Préparez douze filets de chevreuil, comme ceux glacés aux truffes, un jour au moins avant de vous en servir, piquez-les, mettez-les dans la marinade ; le lendemain, mettez-les dans un plat à sauter beurré, mouillez de deux cuillerées de marinade, gros comme une noix de glace de gibier ; faites cuire et glacez au four, dégraissez, détachez avec de l'espagnole et saucez de même.

* *Filets de chevreuil piqués, glacés aux truffes.* — Parez trois filets de chevreuil, et séparez chaque filet en quatre parties égales, piquez-les d'une seconde la moitié chacune ; marinez-les dans un plat de terre, avec sel, persil, thym, laurier, une échalote émincée et deux cuillerées à bouche d'huile d'olives ; au bout de deux heures, égouttez-les et marquez-les dans un plat bien beurré, la piqûre en dessus ; mouillez jusqu'au lard d'un bon fond de cuisson ; donnez dans le four vingt-cinq minutes de cuisson ; glacez, dressez et garnissez le puits d'une escalope de truffes sautées avec du beurre fin ; saucez d'une demi-glace.

* *Côtelettes de chevreuil garnies d'une purée de gibier.* — Coupez et parez douze côtelettes, marquez-les dans un plat à sauter sans les mariner ; prenez une épaule de chevreuil, mettez-la emballée à la broche ; lorsqu'elle sera cuite, prenez-en les chairs, hachez-les, pilez-les, en y ajoutant deux onces de beurre d'Isigny. Avec les parures des côtelettes et celles de l'épaule, marquez un fumet garni ; mouillez avec du consommé et un demi-verre de vin de Madère. Ce fumet servira à travailler une espagnole destinée à saucer l'entrée. Faites réduire la moitié de cette sauce pour finir la purée ; passez-la à l'étamine, mettez-la dans un bain-marie pour mettre dans le puits des côtelettes de chevreuil. Sautez et dressez les côtelettes ; mettez entre chaque côtelette un croûton taillé en cœur et passé au beurre ; mettez aussi la purée de chevreuil, saucez et servez.

Côtelettes de chevreuil braisées. — Préparez vos côtelettes comme celles de mouton, assaisonnez de poivre, sel, mettez-les dans un plat à sauter avec du beurre tiède ; faites partir à feu ardent ; dès qu'elles sont rissolées, retournez-les ; dès qu'elles seront cuites, retirez-les, trempez-les dans une sauce piquante et dressez dessus le reste de votre sauce.

Côtelettes de chevreuil sautées. — Prenez vos côtelettes, ôtez-en toutes les peaux, faites-les sauter dans de l'huile superfine, sel, ail, laurier, un peu de muscade râpée et gros poivre ; lorsqu'elles sont cuites à point, égouttez-les, ajoutez un peu de bonne glace lorsqu'elle sera fondue, faites-y sauter vos côtelettes, dressez-les ; mettez une forte poivrade dans votre casserole à sauter, épaississez-la et ajoutez un peu d'huile d'olives ; saucez et servez.

Civet de chevreuil — Prenez une belle poitrine de chevreuil, coupez-la par morceaux moyens ; faites roussir quelques forts lardons dans du beurre, puis égouttez-les, ajoutez de la farine dans votre beurre ; faites un roux peu coloré, faites-y passer vos lardons et vos morceaux de chevreuil. Quand ils seront bien revenus, mouillez avec quatre verres de vin rouge et le quart d'eau ; ajoutez un bouquet de thym, laurier, persil, un peu d'ail ; poivre et sel ; remuez, afin d'éviter qu'il ne brûle ; ajoutez de petits oignons bien dorés dans du beurre ; dégraissez, faites réduire, et servez entouré de croûtons au beurre.

Émincé de chevreuil. — Prenez des restes de chevreuil cuit, émincez-en la viande ; prenez une poivrade bien réduite, faites partir et ne laissez pas bouillir dès que votre chevreuil sera dedans. Servez.

Hachis de chevreuil. — Prenez des restes de chevreuil cuit, hachez-les bien, mêlez-y des fines herbes cuites ; ajoutez une poivrade bien réduite, ne faites pas bouillir ; servez avec croûtons au beurre.

Perdreaux à l'espagnole. — Plumez et videz trois perdreaux, flambez-les, bridez-les et mettez-les dans une casserole avec un quart de beurre, un jus de citron, un morceau de jambon et du poivre gros ; faites-les revenir doucement ; bien revenus, ajoutez deux verres d'espagnole, deux verres de vin blanc, laurier, bouquet de persil et ciboule ; clous de girofle ; faites cuire doucement une petite heure ; retirez-les, faites réduire la sauce et servez sur des croûtons.

Salmis de perdreaux à la bourgeoise — Prenez trois perdreaux rôtis, dépecez-les lorsqu'ils seront froids ; faites un roux très léger, avec échalotes et persil hachés ; mouillez d'un verre de vin blanc et deux de consommé, sel, gros poivre, laurier ; faites réduire à moitié, passez à l'étamine et versez sur vos membres ; ajoutez un demi-jus de citron.

Mayonnaise de perdreaux. — Prenez trois perdreaux cuits à la broche de la veille ; coupez les membres, parez-les, faites-les mariner avec gros sel, poivre, huile et vinaigre ; dressez vos perdreaux sur votre plat de service, saucez d'une mayonnaise.

Perdreaux grillés et panés. — Prenez quatre perdreaux, préparez et flambez ; coupez-les en deux, trempez-les dans du beurre tiède ; panez-les deux fois, la dernière à l'œuf ; faites-les griller à feu ardent, dressez et servez.

Cailles au chasseur. — Videz et flambez six belles cailles ; faites-les sauter dans un bon morceau de beurre fin, avec sel, poivre, laurier et fines herbes ; faites partir à grand feu, sautez à chaque minute ; lorsqu'elles seront fermes, prenez une petite poignée de farine, saupoudrez-en vos cailles, mêlez bien, puis mouillez de bouillon et de bon vin blanc ; ne laissez pas bouillir ; dressez et servez.

Perdreaux aux choux. — Habillez et flambez trois perdreaux, retroussez-les pour entrée, passez dans le corps de gros lardons ; ayez trois choux moyens frisés, enlevez-en les feuilles vertes, partagez-les en quatre, faites blanchir dix minutes, rafraîchissez et égouttez-les ; ouvrez chaque quartier en deux, ôtez les grosses côtes et le trognon, mettez légèrement poivre et sel, ficelez chaque quartier, marquez-les dans une braisière, avec une demi-livre de petit lard dessalé, un saucisson, deux carottes, deux oignons piqués de deux clous de girofle, un bouquet garni ; recouvrez les trois perdreaux de deux légères bandes de lard, mouillez de bouillon et d'une cuillerée à pot de graisse de volaille ; faites partir ; lorsque l'ébullition aura lieu, placez du feu dessus et dessous ; vingt-cinq minutes de cuisson : pour de vieilles perdrix il faudra une heure ; sortez de la braisière le saucisson, le petit lard, mettez-les en presse en les refroidissant. Les choux doivent cuire quatre heures. Coupez vingt carottes et autant de navets, faites-les cuire à part et tomber à glace. Une heure avant de servir, remettez les perdreaux avec les choux, coupez le petit lard en gros dés et le saucisson en rouelles, tenez-les chauds avec un peu de bouillon de vos choux ; au moment de servir, égouttez vos choux dans une passoire, pressez-les légèrement, formez-en un socle sur le fond du plat, posez en triangle les trois perdreaux ; formez autour un rang de carottes en couronne ; sur ce premier rang un rang de navets en sens contraire ; dressez sur champ les rouelles de saucisson entre les légumes et les perdreaux, le petit lard au milieu ; saucez d'une espagnole demi-glace, glacez vos carottes et non vos navets.

Perdreaux à la financière. — Retroussez trois perdreaux. Passez au beurre un fond ainsi composé : jambon et lard gras en dés, persil, thym, laurier, carottes et oignons émincés ; roussissez légèrement, mouillez d'un verre de madère ; faites réduire, puis refroidir dans un autre vase ; couchez les perdreaux sur un attelet, couvrez-les de bardes de lard, enveloppez-les de deux feuilles de papier beurré ; une demi-heure de cuisson à la broche ; mettez dessous un plat à sauter pour recueillir l'essence qui sortira du papier. Au moment de servir, déballez, débridez et dressez ; passez à l'étamine le jus égoutté, ajoutez-le à une sauce financière demi-liée, et saucez les perdreaux.

* *Salmis de perdreaux.* — Préparez-les comme ceux ci-dessus, une demi-heure de cuisson ; retirez-les de la broche sans les déballer ; lorsqu'ils seront froids, dépecez-les, ôtez la peau qui couvre tous les membres, hors celle du croupion ; mettez-les dans une casserole recouverte d'un rond de papier beurré, mettez les débris dans une autre casserole avec la moitié du fond de cuisson qui a couvert les perdreaux, ajoutez quelques champignons, mouillez de deux verres de chablis, posez sur le fourneau jusqu'à ébullition ; mouillez avec du consommé, laissez vingt minutes sur l'angle du fourneau en dégraissant et secouant souvent ; passez à la serviette, mettez sur le feu, réduisez de moitié, ajoutez deux cuillerées à pot d'espagnole, tournez continuellement avec une cuiller de bois ; quand la sauce sera bien réduite, passez à l'étamine dans un bain marie, mettez un tiers avec les membres pour les tenir chauds ; préparez douze croûtons au beurre ; dressez le salmis en mettant au fond les croupions, les cuisses et six croûtons de pain, saucez légèrement, mettez les ailes et les estomacs avec les autres croûtons, en ayant soin, avant de servir, d'ajouter deux cuillerées à bou-

che d'huile d'olives surfiné sans laisser bouillir ; bouchez les interstices avec des champignons tournés, masquez d'une sauce que vous aurez tirée des débris des perdreaux pilés et passés à l'étamine. Servez.

* *Salmis de perdreaux aux truffes.* — Préparez comme les précédents ; au lieu de chablis jetez un verre de madère dans la sauce réduite, travaillée comme ci-dessus ; jetez dedans une douzaine de truffes crues et bien épluchées, laissez-les bouillir dix minutes, retirez-les et les coupez en lames pour garnir le salmis.

* *Salmis de bécasses au vin de Champagne.* — Faites cuire quatre bécasses comme pour le salmis de perdreaux, dépecez-les sans laisser la peau, sautez pendant cinq minutes dans un peu de beurre et de glace de gibier, deux cuillerées de champagne, trois quarts de truffes escalopées ; jetez les truffes sur les membres et recouvrez de lard ; opérez pour la sauce comme pour le salmis de perdreaux, à l'exception du champagne au lieu de madère ; tenez les membres chauds, dressez, garnissez de croûtons de pain en cœur et glacés ; groupez les truffes et saucez.

* *Sauté de mauviettes à la minute.* — Flambez douze ou quinze mauviettes préparées ; à l'aide d'une aiguille à brider, retirez-en les gésiers par la partie des reins qui se trouve à côté de la cuisse ; faites-les sauter dans du beurre, couvrez-les avec du feu dessus et dessous ; ajoutez-y trois ou quatre truffes émincées, deux cuillerées à bouche de madère. Quand vous vous serez assuré de la cuisson, retirez du feu ; dressez les mauviettes en cordon autour du plat ; enlevez une partie du beurre ; ajoutez une cuillerée d'espagnole, un peu de glace de gibier, un jus de citron et de petits croûtons de pain rond passés au beurre ; versez le tout dans le joint des mauviettes, et servez sans ajouter de sauce.

* *Cailles à la financière.* — Prenez huit belles cailles, videz-lez et flambez-les ; conservez les foies, désossez le dos de chacune jusqu'aux reins ; joignez aux foies conservés des foies de volaille, pour en faire une petite farce fine ; vous en prendrez le tiers pour la mêler avec des truffes coupées en dés ; garnissez les cailles de cette farce, fermez-les hermétique-

-ment, embrochez-les sur un attelet, couvrez-les de bardes de lard, et mettez par-dessus un fond de cuisson, imbibé seulement d'un demi-verre de madère; emballez d'une feuille de papier; mettez en broche; trois quarts d'heure avant de servir, préparez une croustade d'un demi-pouce de hauteur, formez autour huit parties concaves, passez-la à l'huile et séchez-la bien; lorsqu'elle sera refroidie, masquez-la de la farce que vous aurez conservée, et collez la croustade au milieu du plat d'entrée qui doit servir. Au moment de servir, déballez les cailles, dressez-les autour de la croustade avec un rang de petites truffes bien noires au pied de l'entrée; un ragoût à la *financiere* dans le puits, surmonté d'une belle truffe non pelée; saucez d'une sauce à la *financière*, et tâchez que la croustade ne se voie pas,

Cailles aux laitues. — Prenez huit ou dix cailles; videz, flambez, retroussez-les; faites dans une casserole un fond de tranches de jambon, un bouquet de persil, ciboule, laurier, carottes et oignon, deux clous de girofle. Placez vos cailles sur ce fond; couvrez-les de bardes, puis d'un rond de papier beurré; faites partir avec feu dessus et dessous. Leur cuisson faite, égouttez, dressez-les en les séparant de laitues cuites d'avance et de carottes *dito.* Glacez le tout, et saucez d'une espagnole réduite, dans laquelle vous aurez mis gros comme une petite noix de glace. Dressez et servez.

Salmis de canards sauvages. — Faites mariner trois canards sauvages; emballez-les d'une feuille de papier et mettez-les en broche; au bout d'une demi-heure, déballez et assurez-vous de leur cuisson; découpez les canards, mettez les membres dans une casserole avec le sang qu'ils auront rendu pour les tenir chauds; surtout qu'ils ne bouillent pas ni ne se dessèchent; vous aurez tenu au bain-marie une sauce financière réduite; jetez les débris des canards dans une casserole avec deux verres de bordeaux, une moitié d'échalote, un clou de girofle, une pincée de mignonnette; faites réduire à moitié, passez dans un plat à sauter, jetez-y la sauce financière, réduisez-la au point d'une sauce salmis; passez à l'étamine, finissez avec une cuillerée d'huile d'olives, un demi-jus de citron pour saucer les membres des canards; dressez-les avec quel-ques croûtons en cœur et que vous aurez garnis de truffes et de champignons émincés; servez.

Salmis de canards sauvages à la minute. — Préparez trois canards comme ceux en salmis; pendant la cuisson, prenez persil, champignons, échalotes hachés très-fin, passez-les légèrement au beurre, avec sel, poivre, muscade; mouillez d'une demi-bouteille de chablis, faites réduire à moitié; ajoutez une cuillerée d'espagnole, retirez du feu, mettez deux cuillerées à bouche de bonne moutarde; débrochez les canards aussitôt qu'ils seront cuits, dépecez-les et jetez-en les membres dans le plat à sauter, remuez légèrement sans laisser bouillir, mettez-y fondre un peu de glace de gibier et un peu de beurre fin; dressez avec la sauce seule.

Salmis de bécasses à la Mazarin. — Faites cuire six bécasses comme celles au vin de Champagne; lorsqu'elles seront refroidies, coupez les ailes en deux sans faire l'estomac; avec les parures des cuisses faites une purée; réservez les débris pour l'essence, passez la purée à l'étamine, ajoutez-y un tiers de purée de truffes, dressez les ailes de bécasses; tenez-les chaudes dans la sauce, comme celle de salmis au vin de Champagne; mettez dans le joint la purée et saucez les filets en supprimant les croûtons.

POISSON DE MER.

Alose grillée. — Videz, lavez, nettoyez une belle alose, écaillez-la avec soin, couvrez-la de sel, gros poivre, persil et ciboule en branches; versez un bon verre d'huile fine dessus, retournez-la dans l'assaisonnement. Une heure avant de servir, égouttez-la, faites-la griller sur un feu pas trop ardent; retournez, dressez-la sur un plat d'oseille, et masquez-la d'un beurre noir; posez des câpres dessus.

Filets d'alose sautés. — Prenez les filets d'une belle alose; coupez-les en leur donnant une jolie forme, qu'ils soient tous égaux; mettez un bon morceau de beurre dans un plat à sauter; faites-le clarifier; remettez-le après cette préparation dans un plat à sauter; placez-y vos filets; couvrez-les de persil et ciboule hachés, poivre, sel; sautez à feu ardent;

22

retournez; la cuisson faite, égouttez, dressez et saucez d'une sauce aux câpres.

Harengs frais à la sauce moutarde. — Choisissez douze beaux harengs, écaillez sans altérer la chair, enlevez les ouïes, les intestins, les laitances, essuyez ces dernières sans les laver, assaisonnez-les d'un peu de sel, poivre et muscade, puis replacez-les dans le corps des harengs, toujours par l'ouverture des ouïes; coupez le bout de la queue et de la tête, posez-les dans un plat de terre avec sel, mignonnette, branches de persil, oignons en rouelles et huile d'olives; retournez-les souvent; vingt minutes avant de servir, séparez-les de tout ingrédient; frottez-les d'huile des deux côtés, posez sur un gril, recouvert de branches de persil, que vous mettrez sur une paillasse vive, sans être trop ardente; soutenez le feu : en grillant ainsi, ils doivent prendre une belle couleur dorée; retournez-les; mettez de nouvelles branches de persil avant de les remettre au feu. Lorsqu'ils seront dorés de l'autre côté, dressez-les, envoyez une saucière sauce moutarde ou une maître-d'hôtel liée, et servez.

Harengs frais à la ravigote verte. — Habillez douze harengs comme ci-dessus, ciselez légèrement des deux côtés, marinez-les comme ci-dessus; après avoir enlevé l'assaisonnement, farinez légèrement, jetez-les dans une friture d'huile; lorsqu'ils remonteront et seront fermes, égouttez-les, dressez-les en les garnissant de persil frit et envoyez une sauce au beurre à la ravigote verte.

Raie au beurre noir. — Prenez une raie bien bouclée, séparez les deux ailes du corps, ouvrez-en le coffre, retirez-en le foie sans le briser, coupez le corps bien vidé en quatre morceaux; lavez et brossez bien le tout; mettez les morceaux du corps dans un chaudron, les ailes dessus; mettez sel, thym, laurier, oignons coupés, branches de persil, un verre de vinaigre; mouillez d'eau, que le poisson baigne amplement; mettez sur un feu vif; après deux ou trois bouillons, ôtez du feu, mettez le foie et couvrez le chaudron d'un linge; une demi-heure après, égouttez les morceaux de raie, enlevez-en la peau, parez chaque morceau, placez-les sur un plat à sauter, passez dessus au tamis l'eau de la cuisson pour la faire chauffer quand vous voudrez servir, mettez le

foie dans cette eau et à part; une demi-heure avant de servir, mettez la raie chauffer sans bouillir, égouttez les deux ailes sur un linge, dressez-les sur un plat; garnissez le tour de persil et du foie coupé en morceaux, versez dessus le beurre noir et envoyez une sauce au beurre avec des câpres.

Raie à la Sainte-Menehould. — Faites cuire deux ailes de raie après les avoir épluchées et qu'elles seront froides, coupez-en douze morceaux, parez proprement, couvrez-les d'une bonne d'uxelle réduite; passez une fois sur la sauce, et une fois trempez dans des œufs; puis faites frire dans l'huile au moment de servir. Dressez et garnissez le joint de persil frit. Envoyez une sauce tomate.

Carrelets à la bonne eau. — Prenez trois carrelets; après avoir beurré fortement un plat, placez-les dessus avec sel, gros poivre, persil, un verre de bon vin blanc, et saupoudrez dessus de la chapelure tamisée; quarante-cinq minutes de cuisson; dressez et servez.

Moules à la poulette. — Ratissez vos moules avec grand soin, lavez-les à plusieurs eaux en les frottant les unes contre les autres pour en ôter le gravier; mettez-les au feu dans une casserole sur un feu fort, sautez-les bien vite, ôtez la coquille dès qu'elles bâillent, mettez-les dans une autre casserole, passez l'eau rendue par vos moules au tamis bien fin. Mettez un fort morceau de beurre très fin avec ciboule hachée, persil de même dans une casserole, passez-y vos herbes; saupoudrez de deux fortes pincées de farine; délayez bien et mouillez avec votre eau de moules; ajoutez poivre, muscade et très peu de sel, faites jeter cinq ou six bouillons; liez avec trois jaunes d'œufs, versez sur vos moules, tenez-les bien chaudes, et, au moment de servir, un demi-jus de citron, et dressez.

Limandes sur le plat. — Prenez de moyennes limandes, videz, nettoyez et lavez-les bien. Faites fondre dans un plat un bon morceau de beurre d'Isigny, sel, poivre, un peu de muscade râpée; placez vos limandes, arrosez de vin blanc, saupoudrez de chapelure; faites partir à feu doux dessus et dessous; le plat doit aller sur le feu.

Filets de limandes à l'anglaise. — Levez les filets de quatre limandes; enlevez la peau, posez-les sur un grand plat, jetez dessus oignons émincés, persil en branches, thym, laurier, poivre, sel, muscade râpée, le jus de deux citrons, un demi-verre d'huile d'olives ; retournez bien dans l'assaisonnement ; un quart d'heure avant de servir, procédez comme pour les filets de soles. (Voyez ces mots.)

Éperlans au gratin. — Comme les merlans au gratin. (Voyez ces mots.)

Éperlans frits. — Videz, écaillez, nettoyez bien vos éperlans, essuyez-les séparément et enfilez-les par six dans une brochette par les yeux, trempez-les dans de bonne crème, farinez, et jetez dans la friture ; lorsqu'ils seront bien dorés, retirez, égouttez sur un linge et dressez.

Maquereaux à la maître-d'hôtel. — Prenez deux forts maquereaux laités, videz, nettoyez et ôtez avec une aiguille le petit boyau du milieu du corps, essuyez bien avec un linge, puis fendez fortement vos maquereaux sur le dos ; faites-les mariner avec sel, gros poivre, persil et ciboules en branches, arrosez de bonne huile d'olives ; une demi-heure avant de servir, enveloppez-les d'un papier huilé ou beurré, placez-les sur un gril et faites partir sur un feu pas trop ardent, retournez-les souvent, déshabillez-les au moment de servir, dressez, et mettez dans la fente que vous aurez faite sur le dos une maître-d'hôtel froide.

Maquereaux à l'eau de sel. — Prenez des maquereaux, préparez-les comme ci-dessus, assujettissez la tête avec une ficelle. Ayez de l'eau et du sel dans une casserole, sitôt son ébullition, mettez-y vos maquereaux ; quinze minutes de cuisson ; retirez, égouttez, dressez, et versez dessus un bon beurre noir.

Filets de maquereaux à la maître-d'hôtel. — Prenez six beaux maquereaux, videz-les, enlevez les ouïes, retirez les laitances sans les briser, essuyez-les bien, ne les lavez pas, enlevez-en les filets, parez-les sans en enlever la peau, placez chacun de ces filets sur le côté de la peau dans un plat à sauter très beurré, jetez-y ensuite un peu de sel, un jus de citron, et recouvrez-les de beurre fondu et d'un rond de papier. Dix minutes avant de servir, placez-les sur un fourneau vif ; lorsque le beurre sera en ébullition, retirez-les du feu, détachez-les et les retournez, puis remettez au feu ; lorsqu'ils

seront fermes au toucher, égouttez-les sur un linge, enlevez la peau, dressez en couronne, mettez dans le puits les laitances que vous aurez sautées au beurre ; masquez d'une sauce maître-d'hôtel liée.

Filets de maquereaux à la vénitienne. — Prenez douze filets de maquereaux préparés comme les précédents ; vous marquerez un ragoût composé de laitances sautées au beurre, auxquelles vous mêlerez trois douzaines d'huîtres dont vous n'aurez laissé que la noix, deux maniveaux de champignons tournés et cuits. Dix minutes avant de servir, sautez les filets, égouttez aussitôt qu'ils seront raidis, enlevez la peau, dressez-les en couronne, garnissez le puits du ragoût, saucez d'une sauce vénitienne finie d'un morceau de beurre et d'un jus de citron.

Grondins grillés à la maître-d'hôtel. — Habillez, écaillez, lavez trois grondins, ciselez-les légèrement de chaque côté, posez-les sur un plat de terre et saupoudrez de sel blanc avec un demi-verre d'huile d'olives, thym, laurier, persil en branches, oignon émincé, mignonnette, remuez-les bien ; préparez vingt fétus de paille bien épluchés, huilez-les ; une demi-heure avant de servir, placez cette paille sur un gril, les grondins dessus, et faites griller sur une paillasse soutenue sans être ardente, afin que la paille ne prenne pas feu ; aussitôt que la chair sera ferme sous le doigt, dressez sur le plat, sur lequel vous aurez mis une maître-d'hôtel froide (beurré, persil et citron) et bien assaisonnée.

Barbue au court-bouillon. — Otez les ouïes et les entrailles d'une barbue, lavez, essuyez ; faites-la cuire dans un bon court-bouillon, masquez d'une sauce au beurre, et servez.

Barbue grillée, sauce à l'huile. — Nettoyez et écaillez une barbue ; lavez, essuyez et fendez-la par le dos ; faites-la mariner avec sel, poivre, huile fine ; égouttez, faites griller ; lorsqu'elle est bien cuite et d'une belle couleur, dressez, saucez d'une sauce à l'huile.

Darne de saumon grillée, sauce aux câpres — Faites couper une darne de saumon de quatre pouces de hauteur, écaillez, enlevez le sang, lavez beaucoup, égouttez, épongez ; posez-la sur un plat de terre, saupoudrez de sel blanc, mettez dessus quelques rouclles d'oignons blancs, persil en branches, arrosez d'huile d'olives, retournez souvent; trois quarts d'heure avant de servir, posez sur un gril que vous aurez garni de branches de persil et sur une paillasse de cendre rouge toujours à la même chaleur, la darne doit prendre une belle couleur jaune; lorsqu'elle sera bien cuite d'un côté, retournez-la, ensuite dressez-la; glacez-la légèrement, et envoyez-la avec une sauce aux câpres.

Filets de saumon, sauce aux anchois. — Habillez une darne de saumon, suivant la règle; enlevez-en les chairs en les séparant des deux côtés de l'arête, puis ôtez la peau; coupez cette chair en filets perpendiculairement; parez-les en leur donnant la forme de filets de soles, placez-les dans un plat à sauter très beurré, couvrez-les de beurre fin clarifié; au moment de servir, sautez-les sur un feu vif; prenez garde de ne pas les casser, égouttez-les, garnissez avec des champignons préparés à l'avance; dressez et saucez d'une allemande avec beurre d'anchois et le jus d'un citron.

Côtelettes de thon à la macédoine. — Coupez quatorze morceaux de thon dans un tronçon de la grosseur d'un filet de poulet et de la forme de côtelettes; conservez quatorze des grosses arêtes attachées à celles du dos, nettoyez et coupez-les pour former les os des côtelettes; mêlez dans une sauce allemande très réduite quelques cuillerées de purée de champignons, masquez-en les filets de thon; passez une fois sur la sauce et une fois à l'œuf; entrez dans le bout les arêtes préparées; au moment de servir, placez sur un gril un fort papier huilé; faites griller les côtelettes de belle couleur, dressez-les en couronne; garnissez le puits d'une macédoine de légumes, saucez le pied d'une demi-glace et servez.

Horly de filets de thon à l'anglaise. — Coupez un tronçon en quatorze parties comme des filets de soles, faites-les mariner avec sel, poivre, thym, laurier, oignons coupés, persil, vinaigre à l'estragon, deux cuillerées à bouche, un demi-verre de bonne huile; vingt minutes avant de servir, égouttez, épongez-les, farinez-les, puis passez-les une fois à l'œuf, donnez-leur la forme d'un arc, posez-les sur un couvercle de casserole que vous aurez masqué de mie de pain; dix minutes avant de servir, glissez-les

dans la friture, égouttez-les, dressez en couronne et saucez d'une tomate légère.

Aiguillettes de morue frites. — Prenez deux entre-deux de morue, ratissez-les, mettez-les dégorger deux heures, égouttez et enlevez toutes les arêtes; coupez-les en aiguillettes sans ôter la peau; mettez-les dans une terrine avec sel, poivre, un peu de muscade, oignon coupé, persil, vinaigre à l'estragon, huile fine, remuez souvent; au moment de servir, farinez à sec, trempez dans l'œuf, passez légèrement à la mie de pain, faites frire à l'huile; dressez et couronnez d'un persil bien vert.

Brandade de morue. — Préparez comme ci-dessus, mettez-la dans une casserole et sur le feu pour en tirer toute l'eau, transvasez-la dans une autre casserole avec deux fortes cuillerées de béchamel, un quart de beurre fin, un peu de muscade et poivre, trois jaunes d'œufs, le quart d'une gousse d'ail pilée; mêlez bien ces ingrédiens, posez sur le feu doux en remuant toujours et sans laisser bouillir, alors retirez du feu, ajoutez-y, par filet et en versant toujours, un verre d'huile fine; jetez-y alors la morue, remettez au feu doux en sautant toujours, ajoutez-y encore en remuant quelques cuillerées d'huile, mettez un jus de citron et servez.

Soles au gratin. — Videz, écaillez et lavez deux belles soles, fendez le dos; assaisonnez-les de poivre, sel, muscade; placez-les sur un plat allant au feu, avec un quart de beurre fin, champignons, persil et échalotes hachés; mouillez de très bon vin blanc, saupoudrez de chapelure bien tamisée; faites cuire avec feu doux dessus et dessous; au moment de servir, un demi-jus de citron.

Soles frites. — Fendez légèrement vos soles sur le dos; saupoudrez-les de farine, qu'il y en ait bien partout; jetez-les dans une friture non bouillante. Dressez avec persil frit.

Soles frites à l'huile. — Prenez trois fortes soles, préparez-les, mais enlevez-en la peau sans les endommager, farinez-les et faites-les frire dans de bonne huile d'olives. Dressez comme les précédentes.

Autres soles frites. — Préparez-les comme les premières. Avant de les fariner, trempez-les dans de bon lait; farinez après les avoir égouttées, puis faites frire, et dressez comme les précédentes.

Sole normande. — Prenez une forte sole, ouvrez-la, garnissez-la de farce de merlan; mettez au feu avec vin blanc, beurre fin, et assaisonnez convenablement. Retirez après vingt minutes de cuisson, et égouttez le poisson. Prenez un verre de sauce allemande, auquel vous ajoutez six onces de beurre d'Isigny; masquez votre sole de cette sauce, et placez-la sous le four de campagne, feu dessus et dessous, qu'elle y reste dix minutes. Au moment de servir, placez-la sur un plat d'argent, garnisse d'éperlans frits, de moules blanchies, de queues de crevettes, de champignons tournés, de laitances de carpes, d'écrevisses et de croûtons passés au beurre, en y ajoutant le fond de la cuisson.

Filets de soles. — Après avoir lavé, épongé quatre ou cinq soles, levez habilement les filets de chacune d'elles, en prenant pour direction l'épine dorsale; ensuite lavez bien vos filets, égouttez et épongez-les dans un linge; posez-les sur un plat de terre; passez au beurre des fines herbes composées de champignons, truffes, persil, thym, échalotes blanchies, le tout bien haché; joignez-y une cuillerée à pot d'espagnole, faites réduire très serré; ajoutez un jus de citron et masquez-en les filets d'un seul côté. Lorsqu'ils seront bien refroidis, roulez-les et assujettissez le bout de chaque filet avec une petite fiche de bois; placez-les dans un plat à sauter beurré. Vous aurez passé au beurre carottes, ognons émincés, persil en branche, thym, laurier, un clou de girofle. Mouillez de deux verres de sauterne; laissez mijoter une demi-heure, et passez pour en mouiller les filets. Faites partir, pas trop vite; placez du feu dessus et dessous, ou mieux au four. Il faut que cette cuisson ne fasse que frémir; dix à douze minutes suffiront pour les cuire. Égouttez-les et dressez-les en pyramide; mettez sur chacun un rond de truffe cuite; saucez de votre fond réduit, mélangé de bon beurre frais, et servez.

Filets de soles sauce tomate. — Levez les filets de trois belles soles, parez-les en carrés longs; mettez-les dans une terrine avec sel, un peu de mignonnette, persil, oignons émincés, thym, laurier, un demi-verre d'huile d'olives,

le jus de deux citrons; remuez-les dans cet assaisonnement tous les quarts d'heure. Une heure avant de servir, sortez-les de la marinade, farinez-les, passez-les une fois à l'œuf en serrant bien la mie de pain avec le couteau; placez-les sur deux couvercles remplis de mie de pain et arrondissez-les. Au moment de servir, faites frire à la friture vive. Dressez et saucez d'une tomate légère.

Merlans grillés. — Videz, nettoyez trois beaux merlans, faites des ciselures des deux côtés; masquez-les pendant une demi-heure avec de l'huile, dans laquelle vous aurez mis du sel et du gros poivre; posez-les sur le gril, à bon feu; retournez-les, dressez, et masquez de câpres et d'une sauce au beurre.

Merlans frits. — Préparez, nettoyez, écaillez, videz, lavez vos merlans; taillez les nageoires et la queue, ciselez et farinez; faites-les frire, égouttez, dressez sur du linge blanc et saupoudrez de sel fin.

Merlans à la hollandaise. — Préparez cinq merlans comme ci-dessus; liez bien les têtes; faites cuire dans l'eau salée, égouttez, dressez et versez dessus du beurre fondu.

Merlans au gratin. — Préparez et nettoyez deux beaux merlans; mettez-les sur un plat allant au feu et bien beurré, avec fines herbes, sel, poivre gros, muscade; saupoudrez fortement de chapelure tamisée, arrosez en dessus de beurre tiède, mouillez de bon vin blanc; feu doux dessus et dessous, quarante minutes de cuisson, et dressez.

Horly de filets de merlans. — Préparez douze filets de merlans comme les précédents. Au moment de servir, épongez, farinez-les, plongez-les de suite dans la friture vive; remuez souvent, afin que l'eau en sorte et jusqu'à ce qu'ils soient bien secs; égouttez. Dressez-les sur un buisson de persil frit; servez.

Filets de grondins passés à l'anglaise. — Lavez et parez six filets de grondins comme ceux de merlans; marinez-les, passez-les, faites-les frire; dressez et saucez d'une sauce poivrade légère.

POISSON DE RIVIÈRE.

Brochet au court-bouillon. — Videz un beau brochet, ficelez la tête; mettez votre pièce dans une poissonnière, versez dessus un bon court-bouillon (voyez *Perches*); faites cuire à bon feu dans une heure un quart ; égouttez, laissez refroidir ; servez avec une sauce blanche aux câpres.

Filets de brochet à la béchamel. — Levez les filets d'un brochet cuit de la veille, parez vos filets, faites-les réchauffer dans de l'eau et du sel. Égouttez, dressez et couvrez d'une bonne béchamel.

Sauté de filets de brochet. — Prenez les filets de deux forts brochets, coupez-les en leur donnant une jolie forme, tous égaux, joignez-y sel, poivre, persil et ciboule hachés, un peu de muscade ; faites tiédir un quart de beurre fin ; versez cet assaisonnement sur vos filets, que vous aurez placés dans un plat à sauter ; un instant avant de servir, mettez au feu, retournez vivement, cinq minutes suffisent. Dressez et masquez d'une italienne.

Brochet saucé aux tomates. — Faites cuire votre pièce au court-bouillon ; écaillez et le tenez chaud ; masquez d'une sauce tomate.

Perches au beurre. — Videz, nettoyez ; ôtez les ouïes, lavez, ficelez les têtes de vos perches ; mettez dans une casserole deux ognons coupés en rouelles, une carotte *dito*, laurier, un peu de sel, persil en branche ; mouillez d'eau. Dès qu'elles seront cuites, égouttez, dressez et masquez d'une sauce au beurre.

Perches à la hollandaise. — Faites cuire et procédez comme ci-dessus. Dressez et servez avec sauce au vinaigre.

Perches frites. — Grattez, videz, nettoyez bien vos perches ; mettez-les pendant une heure mariner dans de bonne huile, sel, poivre, ognon et jus de citron ; égouttez, farinez, faites frire. Lorsqu'elles seront bien dorées, dressez.

Carpe au bleu. — Prenez une forte carpe, videz-la, assujettissez la tête d'une ficelle, placez-la dans une poissonnière ; faites bouillir un litre de vin de Bordeaux, jetez-le bouillant dessus votre carpe, qu'elle y baigne en entier ; ajoutez des rouelles d'ognons, quelques carottes, persil, laurier en abondance, un peu de thym, deux clous de girofle, sel, poivre. Faites mijoter trois quarts d'heure, laissez bien refroidir ; égouttez avec beaucoup de précaution, afin qu'elle ne se casse pas, et dressez sur un plat couvert d'une serviette bien blanche et persil à l'entour. Sauce aux fines herbes dans une saucière.

Carpe frite. — Prenez une belle carpe, fendez-la sur le dos, écartez-la bien, mettez-la mariner dans le sel une heure et demie ; retirez, farinez et mettez-la dans de la friture bien chaude. Lorsqu'elle a pris une belle couleur, dressez avec du persil frit autour. Ajoutez, si vous voulez, un jus de citron.

Carpe grillée, sauce aux câpres. — Videz, écaillez une belle carpe, ciselez-en le dos, faites la mariner avec de l'huile fine, sel, poivre, persil et ciboule, deux bonnes heures ; égouttez sans l'essuyer et posez sur un gril à feu ardent ; retournez lorsqu'elle sera cuite d'un côté, et dressez en la couvrant d'une sauce blanche et de câpres.

Laitances de carpes frites. — Prenez quinze belles laitances, faites-les dégorger après en avoir enlevé les boyaux, changez-les six fois au moins toujours à l'eau fraîche ; mettez de l'eau, du sel, un filet de vinaigre dans une casserole ; au moment de l'ébullition, jetez-y vos laitances, faites jeter deux bouillons ; égouttez, laissez-les se ressuyer ; vous aurez préparé une pâte très légère, trempez-y vos laitances, puis faites frire d'une couleur bien dorée. Dressez et servez.

Anguille à la tartare. — Prenez une anguille, dégagez la tête et les ouïes et dépouillez-la ; videz et nettoyez-la. Mettez un bon morceau de beurre dans une casserole, carottes et ognons coupés, persil, laurier, thym ; passez le tout dans du beurre ; mouillez de bon vin blanc, sel, poivre gros, et laissez ce mélange au feu trente-cinq minutes, puis passez à l'étamine sur l'anguille ; faites cuire celle-ci, retirez-la, faites-la refroidir, puis panez à la mie de pain très fine, ensuite masquez-la d'œufs battus et assaisonnés pour une seconde fois: Quinze minutes avant de servir, placez-la sur le gril à un feu doux, un four de campagne au-dessus. Dressez-la en rond sur un plat et servez avec une sauce à la tartare.

Anguilles à la poulette. — Sautez des champignons dans de bon beurre, en les saupoudrant de farine ; mouillez avec du consommé ; ajoutez persil, ciboules en branches ; après les avoir dépouillées, nettoyez vos anguilles. Il est mieux de les choisir petites en ce qu'elles sont plus délicates. Rangez-les en tronçons, mettez-les dans une casserole, versez votre sauce dessus, faites bouillir trente-cinq minutes ; lorsqu'elles seront d'une bonne cuisson, dressez-les, liez votre sauce avec quatre œufs et versez sur vos anguilles.

Anguilles à l'anglaise. — Dépouillez, désossez deux belles anguilles, prenez-en les filets, donnez-leur une jolie forme bien égale pour tous ; faites mariner dans sel, poivre et citron pendant une heure ; égouttez, farinez et faites frire. Dressez avec persil frit, un filet de jus de citron.

Anguille piquée. — Prenez une belle anguille, piquez-en tout le dos à lard bien fin, formez-en un rouleau, assujettissez-le dans votre plat à sauter ; faites cuire dans une bonne marinade avec feu dessus et dessous. La cuisson faite, glacez-la et dressez sur une sauce tomate.

Tanche frite. — Comme la carpe frite. (Voyez.)

Goujons frits. — Voyez *Éperlans frits.*

LES HORS-D'ŒUVRE.

Nous ne parlerons de ces ornements du premier service que pour les nommer, et pour rappeler que leur préparation appartient aux travaux de l'office. Il n'est pas de maîtresse de maison qui n'ait appris de bonne heure à les disposer avec goût.

On les varie selon l'importance du dîner et le nombre des convives ; mais le moindre nombre qui puisse en être dressé est celui de quatre.

Les hors-d'œuvre qui ont coutume d'être servis sont les suivants :

Beurre frais, radis, petites raves, radis noirs, artichauts à la poivrade.

Cornichons, olives, blé de Turquie, petits ognons confits, bigarreaux confits, concombres marinés.

Thon mariné, sardines, anchois, huîtres marinées.

Saucissons de Lyon, d'Arles, etc.

Mûres, figues, melon.

Avant de servir le melon, il est bien qu'il ait été rafraîchi ou même frappé à la glace. On peut le mettre sur table après en avoir enlevé la queue qu'on remplace par un morceau de glace, ou le servir coupé en tranches séparées les unes des autres par un morceau de glace.

N.-B. Nous ne mentionnons pas ici les hors-d'œuvre chauds, qui sont plus généralement considérés comme des entrées. Ces préparations se tirent de la pâtisserie, de la charcuterie et de la cuisine. En général les *issues* des animaux étaient précédemment considérées comme des hors-d'œuvre chauds : telles le boudin blanc, le boudin noir, les andouillettes, les saucisses truffées, les pieds de cochon farcis ou à la Sainte-Menehould, etc. On demandait à la pâtisserie des petits pâtés à la viande, des vol-au-vent, etc. ; à la cuisine, des œufs à la coque, des côtelettes de mouton grillées, des rognons à la brochette, des cervelles en marinade, des pigeons à la crapaudine, des croquettes de volaille, etc.

Ces citations suffisent pour faire comprendre comment maintenant toutes ces préparations ont été classées parmi les entrées chaudes. Carême n'a pas peu contribué à cette mesure.

ROTIS.

VIANDE DE BOUCHERIE.

Filet de bœuf à la broche. — Prenez un filet tout préparé, ayez soin qu'on y laise cinq lignes de graisse sur toute la superficie ; embrochez solidement, faites cuire une heure et demie, bon feu et arrosez souvent.

Filet de bœuf piqué à la broche. — Prenez un filet de bœuf, piquez-le comme il a été dit aux grosses pièces de boucherie ; embrochez avec soin, attachez-le solidement ; même cuisson que ci-dessus.

Rosbif d'aloyau. — V. *Grosses pièces de boucherie.* On le sert dans son jus qui aura été dégraissé. Même cuisson.

Poitrine de veau rôtie. — Prenez une belle poitrine de veau ; ôtez les os qui sont rouges, mettez en broche après l'avoir couverte d'une barde de lard, attachez-la des deux bouts et faites cuire, pour quatre livres deux heures, deux livres une heure. Arrosez souvent.

Longe de veau à la broche. — Prenez une

belle longe de veau, embrochez-la bien ferme et bien attachée ; faites cuire en arrosant le même temps que ci-dessus, selon la force de votre pièce.

Rognon de veau rôti. — Prenez un rognon de veau ; embrochez et faites-le cuire deux heures pour quatre livres.

Gigot de mouton. — Prenez un gigot de six livres ; ôtez-en la peau, dégagez un peu le manche ; mettez une amande d'ail dans la viande, le plus près possible du manche ; embrochez, faites partir à grand feu. Cuisson, une heure trente minutes.

Épaule de mouton. — Faites cuire comme le gigot, le même temps de cuisson. Une épaule de quatre livres, une heure de cuisson.

Quartier de mouton. — Prenez uu beau quartier de mouton, assujettissez-en bien les flancs, ôtez l'os du quasi, passez en broche. Même cuisson que ci-dessus

Rosbeef de mouton à la broche. — Prenez un derrière de mouton, coupez-le à la seconde côte, cassez les deux os des cuisses, aplatissez les gigots plusieurs fois, cassez les côtes, roulez les deux flancs ; embrochez en donnant une belle forme ; assujettissez fortement cette pièce. Entourez ce rôti de papier beurré. Cuisson, deux heures et demie.

Quartier d'agneau de derrière à la broche. — Prenez un quartier d'agneau, bardez-le de lard ; mettez-le en broche, bien attaché, afin qu'il ne tourne pas. Faites cuire une heure trente minutes.

Rosbeef d'agneau. — Prenez une moitié d'agneau, piquez la selle de lardons fins assaisonnés ; donnez une belle forme ; mettez en broche, assujettissez bien ; faites cuire deux heures.

Quartier d'agneau de devant. — Bardez un quartier de devant, mettez-le en broche après l'avoir enveloppé d'un papier beurré. Une demi-heure avant de dresser, enlevez le papier pour qu'il prenne belle couleur.

Jambon à la broche. — Prenez un bon jambon de Bayonne, parez-le, retirez l'os du quasi ; mettez-le sur un gril, afin de pouvoir en enlever la couenne ; faites dessaler, placez-le mariner pendant vingt-quatre heures dans une bouteille de bon vin de Madère ; ognons cou-pés, carottes, thym, laurier ; une idée d'ail, un peu de gros poivre. Fermez-le hermétiquement. Égouttez-le, essuyez, enveloppez-le de cinq ou six feuilles de papier bien beurrées, puis mettez-le en broche pendant quatre heures un quart à un feu bien égal. Une heure avant de servir, arrosez souvent avec votre vin de Madère, après avoir fait des piqûres dans votre papier avec une forte aiguille.

Filet de cochon à la broche. — Prenez un beau filet de cochon, embrochez-le. Faites-le cuire quatre heures s'il pèse quatre livres ; arrosez-le souvent avec son jus.

Cochon de lait rôti. — Prenez un cochon de lait bien échaudé, troussez-le, embrochez-le bien sans l'endommager ; arrosez-le souvent d'huile superfine. Un fort cochon, deux heures quinze minutes de cuisson ; pour un petit, deux heures.

VOLAILLE.

Dindon à la broche. — Ayez un fort dindon, videz, flambez, rompez l'estomac, bardez et embrochez ; attachez-le solidement. Faites cuire en arrosant deux heures ; pour un moyen, une heure et demie.

Dinde aux truffes. — Prenez une belle dinde, videz, flambez, nettoyez ; enlevez le bréchet, lavez, nettoyez ; épluchez trois livres de truffes, conservez les épluchures, lavez-les bien et hachez-les bien fines. Passez vos truffes et celles hachées dans du beurre bien frais, avec du lard râpé, du sel, gros poivre et épices, laissez bouillir dix bonnes minutes ; faites refroidir, puis mettez-les dans votre dinde. Laissez quatre ou cinq jours dans cet état. Alors mettez-la en broche, bridez-la fortement, bardez-la, puis enveloppez-la de papier bien beurré. Deux heures et demie ou trois heures avant de dresser, ôtez le papier, faites-la prendre couleur et servez

Poularde rôtie. — Préparez une belle poularde, embrochez. Une heure de cuisson en arrosant.

Chapon gras à la broche. — De même pour la cuisson.

Poularde moyenne. — De même.

Poulet à la broche. — Une heure de cuisson.

Poularde aux truffes. — Préparez comme la dinde aux truffes ; autant de cuisson.

Poule de bruyère. — Prenez une belle poule de bruyère, videz, flambez, épluchez-la, piquez très fin, puis cuisez comme la poularde.

Oie grasse à la broche. — Videz, flambez, épluchez avec le plus grand soin ; embrochez-la et assujétissez-la le plus fortement possible. Faites cuire une heure et demie.

Coq de bruyère à la broche. — Comme la poule de bruyère. Conservez-en la tête intacte.

Canard à la broche. — Prenez un beau canard, videz, flambez, épluchez avec soin, bardez, embrochez. Une heure à bon feu pour la cuisson.

Caneton à la broche. — Videz, flambez, épluchez un beau caneton ; bardez-le, embrochez. Quarante-cinq minutes de cuisson.

Pigeons rôtis. — Prenez trois beaux pigeons, préparez-les, bardez-les, embrochez-les ; couvrez-les de feuilles de vigne beurrées. Faites rôtir trois quarts d'heure ; arrosez souvent.

GIBIER.

Faisan à la broche. — Après avoir préparé comme de coutume votre faisan, piquez-le très fin ; embrochez comme la poularde. Cinquante minutes de cuisson.

Sarcelle rôtie. — Préparez une sarcelle, et même cuisson que le canard.

Bécasses grasses rôties. — Prenez trois bécasses, plumez, flambez ; gardez-vous de les vider ; bardez-les, mettez-les en broche. Vous aurez mis une ou deux tranches de pain de mie dans votre lèchefrite, qui recevra leur jus et que vous placerez sur votre plat avant de les dresser. Il faut trente minutes de cuisson.

Bécasses maigres rôties. — Même préparation. Mettez à peu près moitié moins de cuisson.

Alouettes rôties. — Pour les alouettes, préparez-les comme les bécasses ; bardez-les bien. Vingt-cinq minutes de cuisson.

Cailles rôties. — Prenez six belles cailles, videz, nettoyez, flambez, lardez, et par-dessus couvrez-les de feuilles de vigne. Trente minutes de cuisson.

Mauviettes rôties. — Comme les cailles, à l'exception des feuilles de vigne. Servez-les si vous voulez sur du pain, comme les bécasses.

Perdreaux rouges rôtis. — Préparez, flambez, videz vos perdreaux ; piquez-les bien et embrochez. Vingt-cinq minutes de cuisson.

Perdreaux gris rôtis. — Prenez trois perdreaux gris, faites comme ci-dessus ; au lieu de piquer, bardez-les et embrochez. Vingt-cinq minutes de cuisson.

Grives rôties. — Prenez six grives, plumez, flambez, nettoyez, enlevez le gésier, bardez et mettez en broche. Vingt-cinq minutes de cuisson.

Gros lapin à la broche. — Prenez un gros lapin, videz-le, nettoyez, piquez-en le râble, puis embrochez et faites rôtir une heure quarante-cinq minutes.

Petit lapin rôti. — De même ; seulement cuisson quarante-cinq minutes ; si vous ne le piquez pas, bardez-le légèrement.

Lapereau rôti. — Prenez un lapereau, videz, nettoyez, cassez les os des cuisses, piquez-le fin et embrochez ; quarante-cinq minutes de cuisson.

Levraut rôti. — Préparez comme le lapereau ; embrochez ; faites-le revenir sur de la braise, frottez-le de son sang, bardez-le, et embrochez-le ; quarante-cinq minutes de cuisson.

Lièvre à la broche. — Prenez un cinq-quarts, nettoyez, videz, cassez les cuisses, piquez-en très fin le râble, les cuisses et les épaules ; embrochez et faites rôtir une heure trente minutes.

Quartier de chevreuil à la broche. — Prenez un beau quartier de chevreuil, parez-le bien, piquez-le de lardons très fins et bien assaisonnés ; puis mettez-le dans une marinade composée de thym, laurier, tranches d'ognons, persil et ciboules non hachés, sel, poivre fin, trois quarts de bouteille de bon vinaigre aromatisé ; laissez-le trois ou quatre jours ainsi ; embrochez ; faites cuire deux heures quinze minutes pour huit à dix livres. Pour un morceau de quatre livres, une heure de cuisson suffit.

N. B. Dans les dîners maigres, les poissons

frits se servent en rôti ; dans les dîners où se servent plusieurs rôtis, les poissons frits ne se servent que comme second ou troisième rôti, de même que les buissons d'écrevisses et les homards.

ENTREMETS.

—

LÉGUMES.

Artichauts sauce blanche. — Prenez quatre artichauts moyens ; enlevez les premières feuilles, qui sont toujours coriaces ; coupez aussi les pointes des autres ; mettez-les dans l'eau bouillante, qu'ils soient entièrement couverts d'eau ; faites bouillir cinq quarts d'heure s'ils sont gros ; retirez-les et plongez-les dans de l'eau bien froide ; enlevez le foin et replacez le clocher ; dressez et versez à la place du foin, sous vos clochers, une sauce blanche.

Artichauts aux fines herbes. — Prenez trois artichauts ; parez le fond ; coupez en sept ou huit morceaux ; ôtez le foin, et faites baigner dans de l'eau ; égouttez. Faites un roux léger, mouillez-le de consommé et un peu de gelée forte ; placez dessus vos artichauts avec des fines herbes, sel, gros poivre et muscade râpée ; faites-les bouillir cinq quarts d'heure avec feu dessus et dessous. Prenez et versez la sauce dessus.

Artichauts à l'huile et au vinaigre. — Préparez et faites cuire comme ceux à la sauce blanche ; laissez-les bien refroidir, et servez la sauce, composée de sel, poivre, vinaigre et huile bien battus ensemble dans une saucière.

Artichauts à la Barigoule. — Préparez vos artichauts comme le premier article ; faites-les blanchir vingt minutes ; refroidissez un peu, ôtez le foin. Égouttez, mettez vos artichauts du côté des feuilles dans de la friture bien chaude ; frits, égouttez-les bien. Mettez dans une casserole un quart de lard râpé bien fin, même quantité de beurre d'Isigny et d'huile d'olives ; prenez des champignons, hachez-les bien fin, passez-les dans la casserole avec une petite poignée d'échalotes hachées, autant de persil, sel, poivre, épices ; passez bien ces fines

herbes, laissez-les refroidir, garnissez-en la place du foin de vos artichauts, ainsi que l'entre-deux des feuilles ; faites un fond de lard dans une casserole ; placez-y vos artichauts avec laurier et thym, un verre de consommé ; recouvrez de bardes et d'un rond de papier huilé. Quand ils seront en ébullition, adoucissez votre feu, mettez-en dessus ; laissez mijoter une heure ; dressez et versez un roux léger, que vous mouillerez du fond de vos artichauts.

Artichauts frits. — Prenez deux forts artichauts ; nettoyez, coupez-les en tranches en y laissant les feuilles ; parez un peu vos feuilles en les coupant légèrement ; lavez et égouttez vos morceaux, faites-les mariner une demi-heure dans du sel, poivre, huile fine, trois jaunes d'œufs et un peu de vinaigre, une forte poignée de farine ; il faut que votre farine soit bien délayée avec tout le reste avant d'y mettre vos morceaux ; un quart d'heure avant de servir, tirez vos morceaux, et à mesure jetez-les dans votre friture bien chaude. Lorsqu'ils seront bien dorés et cuits, dressez et servez avec persil frit.

Artichauts à l'espagnole. — Préparez vos artichauts comme ceux aux fines herbes ; arrangez-les dans une casserole ; ajoutez gros poivre, cinq cuillerées à dégraisser d'espagnole, autant de consommé, un demi-quart de beurre. Une demi-heure avant de servir, faites bouillir à grand feu avec feu dessus et dessous. Dressez et versez la sauce dessus.

Asperges à la sauce blanche. — Nettoyez vos asperges, c'est-à-dire ratissez-les depuis la fin du vert jusqu'au haut de la tige, que vous couperez toutes bien égales de longueur ; liez-les en petites bottes. Quand votre eau bouillira, mettez-y vos asperges avec un peu de sel ; prenez garde qu'elles ne cuisent trop, afin qu'elles conservent leur vert et qu'elles soient un peu croquantes. Dressez-les sur un plat en les déficelant, et servez avec une sauce blanche dans une saucière.

Asperges à l'huile et au vinaigre. — Préparez comme ci-dessus, et faites cuire de même ; laissez bien refroidir. Dressez et servez une sauce à l'huile et au vinaigre dans une saucière.

Asperges aux petits pois. — Prenez des

asperges ; coupez-en les pointes en morceaux fins ; vous les jetterez dans une casserole où il y aura de l'eau bouillante et du sel. Lorsqu'elles y auront jeté quinze à vingt bouillons, mettez-les dans une passoire, faites-les bien égoutter, et plongez-les dans l'eau froide ; prenez garde de les écraser. Une demi-heure avant de servir, égouttez-les bien ; faites-les revenir dans un bon morceau beurre, sel et gros poivre, puis saupoudrez dessus deux fortes pincées de farine ; mouillez de bouillon ; ajoutez un peu de sel, gros poivre et muscade râpée, un petit morceau de sucre ; faites bouillir. Lorsqu'elles seront cuites et votre sauce réduite, liez avec trois jaunes d'œufs. Dressez avec des croûtons.

Cardons au consommé. — Prenez des côtes de cardons, coupez-les toutes de même longueur, faites-les blanchir, ajoutez de l'eau froide quand elles sont aux trois quarts cuites, et nettoyez-les bien afin d'en ôter le limon ; faites-les rafraîchir dans de l'eau froide ; égouttez-les bien, placez-les dans une casserole avec du consommé, de manière qu'elles en soient couvertes ; faites partir et bouillir à feu bien ardent ; réduisez votre bouillon aux trois quarts. Dressez, et versez le consommé réduit dessus.

Cardons à l'espagnole. — Préparez comme ci-dessus ; ajoutez deux fois plus de consommé dans deux verres et demi d'espagnole ; faites cuire à feu ardent, faites réduire votre sauce de moitié et versez-la sur vos cardons.

Cardons à la Béchamel. — Préparez et cuisez comme les précédents, au consommé. Lorsqu'ils seront cuits, sortez-les en les tenant chauds, faites réduire le consommé jusqu'à glace, ajoutez-y un verre et demi de béchamel ; faites jeter cinq ou six bouillons, saucez, masquez-en vos cardons, liez le reste de la sauce avec des jaunes d'œufs, gros comme une noix de beurre fin ; passez à l'étamine sur vos cardons qui seront dressés.

Carottes au beurre. — Prenez des carottes, épluchez, coupez-les en tranches assez minces, faites-les blanchir, puis égouttez-les, mettez-les dans une casserole avec un bon morceau de beurre fin, sel, gros poivre et un peu de muscade râpée, sautez-les sur le feu, ajoutez une bonne cuillerée d'espagnole réduite ; ne

laissez que mijoter et ajoutez des fines herbes. Dressez.

Carottes au sucre. — Faites blanchir de nouvelles carottes bien petites comme les précédentes ; mettez-les dans une casserole avec beurre bien frais, très peu de sel, et mouillez-les très peu avec un peu d'eau ; lorsqu'elles seront cuites à point, versez-y un verre de crème, sucrez convenablement et ne laissez pas bouillir ; retirez et liez de jaunes d'œufs.

Céleri à l'espagnole réduite. — Prenez du céleri, épluchez, lavez, laissez-y les feuilles tendres, blanchissez à grande eau, rafraîchissez, pressez-les et hachez comme la chicorée ; mettez un bon morceau de beurre dans une casserole ainsi que votre céleri, sel, poivre, un peu de muscade ; versez dessus un verre d'espagnole réduite, autant de consommé ; faites réduire. Dressez avec des croûtons à l'entour.

Tiges de céleri à l'espagnole. — Coupez vos pieds de céleri tous de la même longueur, jetez-en le pied, conservez la tige ; faites blanchir pendant vingt-cinq minutes, avec sel ; rafraîchissez, égouttez, mettez-les dans une casserole avec un demi-quart de bon beurre, poivre, un verre et demi d'espagnole et deux de bon bouillon ; laissez mijoter trente-cinq minutes ; dressez et versez la sauce dessus.

Céleris frits. — Préparez des branches de céleri comme ci-dessus, blanchissez ; faites un roux blanc mouillé de bouillon, versez-le sur vos branches, faites-les cuire, égouttez et trempez chaque branche dans de la pâte, jetez-les dans la friture chaude, bien colorée ; égouttez et dressez, en les saupoudrant de sucre tamisé.

Croûtes aux champignons. — Prenez des champignons, tournez-les, jetez-les à mesure dans de l'eau fraîche où vous aurez exprimé un jus de citron ; égouttez-les et les mettez dans une casserole avec un bon morceau de beurre, un jus de citron ; faites partir, cinq minutes de cuisson. Quand vos champignons seront refroidis, remettez-les dans une casserole avec beurre et bouquet de persil et ciboule ; sautez-les, en ajoutant une pincée de farine, mouillez de consommé ; faites partir et laissez mijoter en cuisant, mettez sel, poivre, et un peu de muscade râpée ; prenez la croûte du dessus d'un pain mollet, râpez-en le dessus, ôtez-la mie, masquez-la de beurre frais, et faites-la griller sur de la cendre rouge ; laissez sécher et griller ; enlevez le bouquet ; liez avec des jaunes d'œufs délayés dans de bonne crème ; mettez un peu de sauce dans votre croûte, posez-la sur votre plat ; dressez les champignons au-dessus de la partie bombée.

Champignons à la bordelaise. — Prenez de forts champignons, enlevez légèrement le dessus, ciselez-les un peu, lavez, égouttez, faites-les mariner dans de l'huile fine, saupoudrez-les de sel et poivre, au moins une heure et demie ; faites-les griller d'un côté, puis de l'autre ; lorsqu'ils seront cuits, dressez-les, mettez dans une casserole avec de bonne huile d'olives, persil, ciboule, ail en petite quantité ; le tout haché ; faites chauffer seulement ; saucez vos champignons, et versez dessus deux jus de citrons.

Champignons à la provençale. — Prenez des champignons, épluchez, lavez, mettez égoutter, coupez-les en deux, faites-les mariner comme ci-dessus ; mettez de l'huile très fine dans une poêle, sautez-y vos champignons jusqu'à cuisson, ajoutez du persil bien haché ; dressez avec des croûtons beurrés.

Chicorée au velouté. — Prenez des chicorées, lavez-les, nettoyez-les, faites-les blanchir, puis refroidissez, hachez-les, et faites-les cuire comme le céleri à l'espagnole réduite ; dressez de même.

Choux brocolis à l'huile et au vinaigre. — Lavez-les à plusieurs eaux, afin qu'ils ne crient pas sous la dent ; faites-les blanchir, puis cuire avec un peu de sel, égouttez-les ; dressez et servez les avec une sauce d'huile et de vinaigre.

Choux de Bruxelles. — Épluchez-les bien, lavez à sept ou huit eaux, faites blanchir et cuire, égouttez-les ; mettez dans une casserole un fort morceau de bon beurre, sel, poivre, faites-y bien sauter vos choux et liez-les avec une cuillerée d'espagnole réduite.

Choux à la crème. — Prenez un fort chou, lavez bien, diminuez et faites blanchir avec une petite poignée de sel gris, rafraîchissez lorsqu'il est presque cuit, extrayez l'eau qui reste le plus possible ; mettez du beurre, sel, poivre, muscade dans une casserole avec vos choux ; faites partir, remuez-les bien, ajoutez deux fortes pincées de farine, mêlez-la bien ; mouillez de temps en temps avec de bonne crème ; faites réduire, et dressez.

Chou farci. — Faites blanchir un gros chou pendant vingt-cinq minutes, rafraîchissez, égouttez, coupez-le en deux, enlevez-en le cœur. Vous aurez une demi-livre de veau, autant de lard gras bien hachés, sel, poivre, quatre épices, mêlez à cette farce six jaunes d'œufs ; introduisez cette préparation dans la cavité que vous aurez faite à votre chou en enlevant le cœur, rapprochez les deux moitiés, ficelez-les bien ; faites un fond de lard dans une casserole, quelques débris de veau cru, de couennes de lard, deux carottes, trois ognons, thym, laurier, clou de girofle, un soupçon d'ail ; mettez votre chou, couvrez-le de bardes et mouillez de consommé, ajoutez très peu de sel et un peu de gros poivre, faites cuire à feu doux et bien couvert pendant une heure trente-cinq minutes, égouttez-le sur du linge, pressez-le légèrement pour en extraire le jus ; déficelez-le, dressez, glacez-le. Faites un roux léger, mouillez du fond de votre cuisson, passez au tamis et versez sur le chou.

Choux-fleurs à la sauce brune. — Épluchez vos choux-fleurs, ayez dans une casserole de l'eau, du sel, gros comme une noix de beurre ; au moment de l'ébullition mettez-y vos choux-fleurs ; quinze minutes de cuisson, retirez-les ; dressez sur le plat et masquez d'une sauce brune.

Choux-fleurs à l'huile et au vinaigre. — Préparez comme ci-dessus, laissez refroidir ; dressez et servez une sauce à l'huile et au vinaigre bien battue avec sel et poivre dans une saucière.

Choux-fleurs à la sauce blanche. — Préparez et cuisez vos choux-fleurs comme ci-dessus, un peu ferme. Ayez une bonne sauce blanche bien liée ; sautez dedans vos choux-fleurs ; et, en les retirant du feu, ajoutez un filet de jus de citron. Dressez et servez.

Choux-fleurs au fromage. — Faites cuire comme ci-dessus ; égouttez et saupoudrez-les de fromage de Gruyère râpé bien fin ou de Parmesan, dressez sur un plat qui aille au feu, faites une sauce blanche liée ; versez-la sur vos choux-fleurs, qu'ils en soient tout-à-fait masqués. Saupoudrez alors de fromage, puis de mie de pain tamisée. Versez sur le tout du beurre tiède ; passez une seconde fois, et posez-les sur un feu doux et four de campagne dessus : vingt minutes suffisent. Dégraissez et servez.

Choux-fleurs frits. — Faites comme précédemment ; seulement qu'ils ne soient pas tout-à-fait cuits, mais fermes. Faites-les passer deux ou trois fois dans du beurre chaud ; laissez-les bien refroidir ; trempez-les dans une pâte légère, puis faites frire, qu'ils soient d'un beau blond ; alors retirez, égouttez, dressez.

Concombres farcis. — Prenez deux forts concombres, enlevez-en la peau ; coupez-les en deux, enlevez l'intérieur. Lorsqu'ils seront bien nettoyés, remplissez les creux d'une farce cuite, rapprochez les deux parties, ficelez-les bien. Faites un fond de lard dans une casserole, quelque peu de veau cru, carottes, ognons, persil, laurier, très peu de thym, sel et poivre. Placez vos deux concombres, couvrez-les de lard, arrosez de consommé. Cinq minutes de cuisson. Retirez, égouttez et dressez. Masquez-les d'une espagnole réduite.

Épinards au maigre. — Faites blanchir, hachez, et mettez une demi-livre de bon beurre pour une livre d'épinards, sel, poivre, dans une casserole, ajoutez-y vos épinards ; faites partir, remuez-les bien avec votre beurre ; saupoudrez deux fortes pincées de farine, en remuant toujours, puis mouillez de lait ; dressez avec des croûtons.

Épinards au sucre. — Faites blanchir et hachez comme ci-dessus ; mettez dans une casserole une demi-livre de beurre très fin, faites-y revenir vos épinards sur un feu pas trop fort ; mettez une idée de sel fin, puis deux ou trois cuillerées à bouche de sucre tamisé, tournez toujours et faites bouillir ; saupoudrez une pincée de farine, mêlez bien et laissez bouillir un bon quart d'heure, puis mouillez de bonne crème et faites mijoter sur un feu doux ; liez de deux jaunes d'œufs. Dressez avec croûtons.

Épinards au jus. — Faites blanchir à grande eau avec du sel, hachez, mettez-les sur le feu dans une casserole avec sel, poivre, un peu de muscade, remuez et ajoutez-y un morceau de beurre, mêlez vos épinards de nouveau ; alors, versez dessus deux verres de bon jus, mêlez encore et faites réduire. Dressez avec croûtons.

Fèves de marais. — Prenez deux litres de fèves de marais petites, ôtez-en la tête seulement, faites-les blanchir avec du sel ; rafraîchissez à l'eau froide, égouttez, mettez un bon morceau de beurre bien frais dans une casserole avec vos fèves, un bouquet de sariette, sel et gros poivre, faites partir ; lorsqu'elles sont bien passées au beurre, saupoudrez dessus un peu de farine ; sautez-les pour bien mêler ; mouillez d'un peu de consommé. Quand la cuisson sera faite, retirez sur le coin de votre fourneau, mettez-y un petit morceau de sucre et liez de deux jaunes d'œufs.

Haricots blancs nouveaux. — Faites-les bouillir dans une casserole avec du sel, un petit morceau de beurre. Ne mettez vos haricots que lorsque l'ébullition de l'eau aura lieu. Dès que la cuisson sera faite, faites-les égoutter dans une passoire ; mettez un fort morceau de beurre dans une casserole, sautez vos haricots dedans, ajoutez une cuillerée de fond de cuisson, sel, poivre. Au moment de servir, liez de jaunes d'œufs.

Haricots au jus. — Ces légumes, lorsqu'ils ne sont pas frais, doivent être mis à l'eau froide, et les frais, au contraire, à l'eau bouillante. Faites-les cuire dans de l'eau et du sel, égouttez après cuisson ; faites un roux léger, mouillez avec de bon jus, ajoutez un peu de sel et poivre ; sautez vos haricots dans cette préparation et dressez.

Haricots au jus de gigot. — Si vous avez un gigot en broche, préparez vos haricots de Soissons comme ci-dessus, égouttez, puis mettez dans une casserole. Un peu avant de servir, saupoudrez-les d'un peu de sel, poivre, et arrosez-les du jus de votre gigot. Dressez-les sur un plat long, et votre gigot par-dessus.

Haricots blancs nouveaux à la crème. — Faites-les blanchir, égouttez, mettez un bon morceau de beurre, un peu de sel dans une casserole, saupoudrez d'une pincée de farine, sautez-les bien, mouillez avec de bonne crème, laissez mijoter à feu doux, et liez de jaunes d'œufs.

Haricots blancs nouveaux à la maître d'hôtel. — Faites comme ci-dessus, égouttez, mettez un bon morceau de beurre fin, persil haché dans une casserole avec sel et poivre, faites-y sauter vos haricots ; dressez avec un filet de verjus ou de jus de citron.

Haricots verts. — Épluchez et lavez vos haricots verts, faites-les bouillir dans de l'eau et du sel, cinq minutes suffisent ; égouttez dans une passoire ; mettez un bon morceau de beurre dans une casserole, sel, gros poivre, persil et ciboule hachés ; faites sauter à grand feu, dressez un filet de jus de citron.

Haricots verts à la crème. — Quand ils seront cuits comme les précédents, opérez comme pour les blancs nouveaux à la crème.

Haricots verts liés. — Faites blanchir, rafraîchissez, égouttez, mettez un bon morceau de beurre dans une casserole, persil et ciboule hachés, une cuillerée à bouche de farine ; mêlez bien, mouillez d'un verre de consommé, sel, poivre ; faites bouillir, mettez-y vos haricots, sautez, retirez du feu ; liez avec deux jaunes d'œufs, un filet de vinaigre ; dressez.

Haricots verts en salade. — Faites cuire à l'eau et au sel, rafraîchissez, égouttez ; lorsqu'ils seront bien froids, dressez et servez une saucière avec huile, vinaigre, sel et poivre.

Laitues à l'espagnole. — Après avoir nettoyé et lavé vos laitues, blanchissez avec du sel, vingt minutes d'ébullition, rafraîchissez, pressez-les pour en faire sortir toute l'eau, mettez un peu de sel et de poivre dans le cœur de vos laitues, ficelez ; faites un fond de lard dans une casserole, deux ognons, un clou de girofle, laurier ; posez vos laitues dessus, couvrez de bardes de lard, mouillez de jus ; faites mijoter une heure vingt-cinq minutes ; égouttez, pressez pour ôter le mouillement ; dressez, glacez-les et masquez d'une espagnole.

Laitues farcies. — Préparez, faites cuire comme pour le chou farci ; dressez et masquez de même.

Laitues hachées. — Prenez des laitues, enlevez-en les feuilles dures, faites cuire avec sel et à grande eau, rafraîchissez à l'eau froide, pressez fortement, hachez-les, mettez un bon morceau de beurre dans une casserole, sel, poivre ; sautez et remuez votre laitue, saupoudrez dessus six petites pincées de farine, mêlez bien, mouillez d'un peu d'eau, dressez avec des croûtons.

Laitues hachées au jus. — Faites comme ci-dessus ; au lieu de beurre, mettez de bonne gelée dans votre casserole, sel, poivre ; remuez, saupoudrez d'un peu de farine, et mouillez de bon consommé, peu ; avant de servir, ajoutez deux cuillerées de bon jus, dressez avec croûtons.

Lentilles fricassées. — Faites cuire vos lentilles comme les haricots de Soissons, mettez-les dans une passoire pour les égoutter, faites un roux blond, persil et ciboule hachés, un ognon haché ; passez-y ces herbes, mouillez de bouillon ; jetez vos lentilles dedans avec sel et poivre, faites bien prendre goût et dressez.

Lentilles à la maître d'hôtel. — Cuisez comme ci-dessus, mettez dans une casserole un quarteron de bon beurre pour un litre de lentilles, sel, poivre, persil et ciboule hachés ; faites sauter vos lentilles dans cette préparation sur un bon feu et servez.

Pommes de terre à la maître d'hôtel. — Faites cuire vos pommes de terre dans de l'eau de leur cuisson, faites jeter l'eau et laissez-les se bien ressuyer en les couvrant bien ; épluchez-les, coupez-les en tranches ; mettez un fort morceau de beurre dans une casserole, persil haché, sel, poivre ; faites partir, sautez-y vos pommes de terre, retirez du feu, ajoutez un demi-jus de citron et servez.

Pommes de terre à la crème. — Préparez et faites cuire comme ci-dessus, coupez en tranches ; mettez un bon morceau de beurre dans une casserole, deux fortes pincées de farine, sel, poivre, persil et ciboule hachés, un peu de muscade, mêlez bien ; ajoutez un bon verre de crème ; faites partir sur un feu doux, tournez jusqu'à l'ébullition, mettez-y vos tranches de pommes de terre ; servez.

Salade de pommes de terre au thon mariné. — Faites cuire comme à l'ordinaire, épluchez, coupez en tranches, laissez bien refroidir ; prenez des œufs durs, coupez-les en rouelles ; prenez du thon mariné et coupez-le en petits morceaux minces. Mettez dans un saladier un lit léger de thon, un de pommes de terre, puis un de rouelles d'œufs durs, continuez ainsi jusqu'à la fin ; couvrez de cerfeuil bien haché, assaisonnez de peu de sel, poivre, bon vinaigre et huile superfine ; retournez cinq minutes avant de servir.

Pommes de terre sautées. — Pelez de petites pommes de terre nouvelles crues ; mettez-les se ressuyer dans un torchon ; mettez un fort morceau de beurre dans une casserole, posez sur grand feu, faites-y sauter vos pommes de terre jusqu'à ce qu'elles soient d'un beau blond. Dressez, saupoudrez de sel fin et entourez de verdure.

Quenelles de pommes de terre. — Faites cuire vos pommes de terre presque sans eau ; couvrez-les d'un torchon mouillé ; laissez-les bien s'essuyer. Épluchez, passez-les au tamis à quenelles ; mêlez-les ensuite avec le même poids de bon beurre, pilez bien, ajoutez sel, poivre, un peu de muscade, persil et ciboule hachés, mais en petite quantité ; mêlez-y six ou sept jaunes d'œufs, fouettez deux jaunes d'œufs, mêlez-les avec votre préparation ; pochez-les dans du bouillon. Dressez et masquez d'une sauce tomate.

Petits pois au beurre. — Prenez un litre et demi de petits pois, mêlez-y un quarteron de beurre très frais ; pétrissez en mouillant d'eau froide, laissez égoutter dans une passoire ; mettez-les dans une casserole sur un grand feu, sautez-les, mouillez-les d'eau bouillante, ajoutez du sel, poivre et un petit morceau de sucre, un bouquet de persil. Faites réduire, retirez du feu, ajoutez-y alors un bon morceau de beurre et sautez-les bien, puis dressez.

Petits pois sans eau. — Maniez vos pois dans de bon beurre, mettez-les dans une casserole avec sel, poivre et un peu de sucre. Dès qu'ils auront senti la chaleur, faites-les sauter ; puis couvrez la casserole d'un plat creux et rempli d'eau ; qu'il soit de la même largeur que votre casserole. Trois quarts d'heure de cuisson à feu doux. Dressez.

Petits pois à la crème à la parisienne. — Faites cuire vos pois dans de l'eau avec un peu de sel, très peu ; lorsque la cuisson sera faite, égouttez-les dans une passoire ; alors, mettez un bon morceau de beurre bien frais dans une casserole, posez sur un feu doux ; ajoutez vos pois ; sautez-les d'abord, puis ajoutez, par petite quantité, deux verres de bonne crème pour deux litres. Saupoudrez de trois cuillerées à dégraisser de sucre tamisé, retirez du feu et liez de deux jaunes d'œufs.

Pois à l'anglaise. — Faites cuire à l'eau comme le précédent ; vous ajoutez du sel. Au moment de servir, égouttez, préparez sur un plat cinq ou six petits pains de beurre et dressez dessus vos pois.

Pois à la bourgeoise. — Faites revenir vos petits pois dans un roux blanc, mouillez d'eau bien bouillante ; joignez-y sel, poivre, deux ognons, un bouquet de persil et de ciboule, deux cœurs de romaine. La cuisson faite, retirez du feu, liez avec deux jaunes d'œufs. Dressez.

Romaines hachées. — Préparez comme les laitues.

Romaines à l'espagnole. — Comme les laitues.

Salade de concombres. — Prenez deux forts concombres, épluchez, coupez-les en rouelles très minces ; mettez-les dans un compotier avec sel, poivre, vinaigre aromatisé ; coupez un ognon en rouelles que vous mettrez dessus ; laissez mariner quatre heures ; ôtez une partie de leur assaisonnement et servez avec l'huilier.

Salsifis à la bourgeoise. — Prenez une ou deux bottes de salsifis, grattez-les bien et mettez-les dans de l'eau et du vinaigre. Mettez à l'eau bouillante dans une casserole, avec du vinaigre, sel, un petit morceau de beurre ; faites bouillir une heure trente-cinq minutes. égouttez et dressez. Versez dessus une sauce brune.

Salsifis à la sauce blanche. — Préparez et cuisez de même ; égouttez, dressez et masquez d'une bonne sauce blanche.

Salsifis frits. — Faites cuire comme ci-dessus, un peu fermes. Faites-les bien tremper dans une bonne pâte, et faites-les frire d'une belle couleur. Dressez avec persil frit.

Sauté de truffes. — Brossez et lavez bien vos truffes, de manière qu'il n'y reste pas de terre, pelez-les très mince, coupez-les en rouelles ; mettez du beurre dans un plat à sauter, avec sel, poivre ; mettez vos truffes par dessus ; faites partir sur un feu doux ; sautez vivement vos truffes ; trois minutes suffisent ; retirez-les, égouttez et dressez.

Truffes à l'italienne. — Préparez comme ci-dessus ; mettez dans une casserole du beurre, un peu de persil et échalote hachés, poivre, sel, vos truffes dessus ; faites suer un moment, et mouillez d'un verre de vin de Madère, un demi-verre d'espagnole bien réduite ; faites réduire, dégraissez et dressez.

Truffes à la piémontaise. — Préparez comme ci-dessus ; au lieu de beurre servez-vous d'huile superfine et d'un peu d'ail pilé ; feu très doux, trente minutes de cuisson ; dressez avec un jus de citron.

Truffes à la serviette. — Brossez et lavez vos truffes, ne les pelez pas ; faites dans une casserole un fond de lard, laurier, thym, sel, poivre gros, posez vos truffes, recouvrez-les de bardes, et mouillez de quatre verres de fort vin blanc, un bon morceau de beurre fin ; trente-cinq minutes de cuisson ; dressez de suite sous une serviette ; qu'elles soient bien chaudes.

Œufs brouillés au jambon. — Prenez du jambon, coupez-le en petits morceaux. Cassez des œufs ; après les avoir bien battus, mêlez-y vos morceaux de jambon avec du beurre brisé en petits morceaux ; faites partir le tout dans une casserole après y avoir mis un peu de sel, gros poivre ; tournez toujours jusqu'à ce qu'ils soient bien pris, et dressez.

Œufs brouillés aux pointes d'asperges. — Comme les précédents. Vos pointes d'asperges seront blanchies d'avance, et vous les mêlerez à vos œufs.

Œufs brouillés aux petits pois nouveaux. — Faites cuire vos petits pois dans de l'eau et un peu de sel ; lorsqu'ils seront cuits, égouttez et mêlez-les à vos œufs. Finissez comme ci-dessus.

Œufs à la crème. — Durcissez vos œufs, coupez les en rouelles ; mettez un bon morceau de beurre fin dans une casserole, deux fortes pincées de farine, persil, ciboule hachés, sel, poivre, un peu d'épices ; mêlez bien, mouillez de bonne crème, tournez ; dressez vos œufs et versez votre sauce dessus.

Œufs au gratin. — Préparez comme ci-dessus. Placez vos œufs dans un plat, entourés de croûtons au beurre, masquez-les de mie de pain mélangée à quatre jaunes d'œufs passés à la passoire. Vous aurez bien beurré le fond de votre plat qui doit aller au feu, sur de la cendre rouge ; placez-les sous un four de campagne très chaud pour donner belle couleur, et servez.

Œufs farcis. — Prenez douze beaux œufs, faites les durcir, coupez-les en long en deux parties égales, enlevez-en les jaunes ; faites tremper de la mie de pain dans du lait, pressez-la pour en faire sortir le liquide ; prenez le même poids de mie que de jaunes d'œufs, prenez aussi le même poids de beurre bien frais. Mettez vos jaunes dans un mortier, pilez-les bien ; ajoutez votre poids de beurre, pilez ensemble, puis ajoutez la mie de pain, et pilez encore ; ajoutez à votre farce sel, poivre, persil haché bien fin ; remplissez le creux de vos œufs avec cette farce ; beurrez un plat, masquez-le du reste de votre farce ; arrangez vos œufs par dessus ; masquez d'un peu de blanc d'œuf cru ; feu doux dessous et four de campagne bien chaud dessus.

Œufs à la tripe. — Faites durcir vos œufs, coupez-les en rouelles, placez-les dans une casserole. Prenez une autre casserole, mettez-y un fort morceau de beurre, une bonne quantité d'ognons coupés en rouelles ; faites-les fondre dans le beurre ; cela fait, saupoudrez-les de farine, mêlez bien ; versez une demi-bouteille de bonne crème, sel, poivre ; tournez votre sauce et faites-la réduire ; versez sur vos œufs et sautez-les fortement ; servez.

Œufs pochés aux tomates. — Faites bouillir de l'eau dans une casserole ; lorqu'elle bouillira, posez-la sur le bord du fourneau ; cassez un œuf et faites-le tomber doucement dans votre eau bouillante ; vous pouvez dans une casserole ordinaire en mettre quatre l'un après l'autre ; laissez-les prendre, retirez-les avec une petite écumoire ; pochez-en la quantité que vous désirez, et dressez-les sur une sauce tomate.

Œufs pochés au beurre noir. — Faites comme ci-dessus, dressez sur un plat, et masquez d'un bon beurre noir.

Œufs pochés au jus. — Faites comme ci-dessus ; égouttez-les bien, dressez et versez dessus un bon jus.

Œufs à la neige. — Séparez les jaunes des blancs ; fouettez les blancs en neige, ajoutez-y du sucre tamisé. Faites bouillir un litre de lait avec sucre et un peu de vanille ; lors de l'ébullition, prenez une cuillerée à bouche de vos blancs, posez-la dans votre lait, faites pocher, puis faites égoutter ; quand cette opération est finie, délayez vos jaunes d'œufs, mettez-les dans le lait qui est resté, remuez ; dès qu'ils seront liés, retirez ; passez à l'étamine, dressez vos blancs d'œufs sur un plat et masquez-les de votre sauce.

Omelette au rognon de veau. — Cassez et battez vos œufs ; prenez un rognon cuit à la broche, séparez le gras du maigre, coupez le maigre en petits dés, mêlez-les dans vos œufs avec sel, poivre ; faites fondre votre graisse coupée en morceaux dans votre poêle ; lorsqu'elle sera bien fondue et presque bouillonnante, versez vos œufs, laissez finir la cuisson et dressez en chausson.

Omelette soufflée. — Cassez huit œufs, séparez les jaunes des blancs ; mettez dans vos jaunes six cuillerées de sucre passé et tamisé, et un demi-zeste de citron haché le plus fin possible ; délayez le tout ensemble. Au moment de servir, pressez vos blancs, fouettez-les bien en neige, mêlez-les alors avec votre préparation ; prenez un bon morceau de beurre bien frais, mettez-le dans une poêle ; faites fondre à grand feu, jetez-y vos œufs ; remuez l'omelette quand le beurre sera bu ; renversez sur un plat beurré en chausson, placez ce plat sur de la cendre rouge ; saupoudrez épais de sucre tamisé ; posez un four de campagne très chaud. Prenez garde que votre omelette ne se colore trop. Servez de suite.

Omelette aux confitures. — Prenez dix œufs, battez-les bien ; mettez un bon morceau de beurre dans une poêle, faites partir à grand feu ; jetez vos œufs dans la poêle ; lorsque votre omelette sera bien cuite, glissez-la en moitié sur votre plat ; placez sur cette moitié des confitures ou de groseilles, ou de prunes ou d'abricots, et formez le chausson avec l'autre partie.

Petites omelettes en manchons. — Faites six petites omelettes de trois œufs chacune glissez-les à plat sur des plateaux ; mettez-y de la marmelade d'abricots, et roulez en forme de petits manchons ; dressez et saupoudrez de sucre fin. On peut les faire à toute sortes de confitures.

Crème fouettée au café et à la crème. — Prenez une demi-pinte de bonne crème, ajoutez une demi-once de gomme pulvérisée, laissez bien fondre pendant le temps nécessaire une once et demie de sucre tamisé, fouettez forte-ment avec un balai d'osier, et enlevez votre mousse à mesure qu'elle se forme, dressez en pyramide ; vous aurez fait infuser en même temps une once de café en grains, qui viendra d'être grillé, dans une pinte de bonne crème pendant quatre heures ; passez cette crème au tamis et ajoutez-y une demi-once de gomme arabique pulvérisée et une once et demie de sucre blanc et le blanc d'un œuf bien frais ; fouettez cette dernière préparation comme la première, et enlevez-la à mesure qu'elle se formera, puis vous dresserez partie à la crème, partie au café.

Crème au chocolat fouettée. — Prenez deux onces de chocolat, râpez-le bien fin, faites-le fondre à feu très doux dans deux tiers de pinte de crème, ôtez du feu et ajoutez-y deux fois autant de crème que vous en aurez mis d'abord ; ajoutez un quart de sucre tamisé, quatre blancs d'œufs frais et deux onces de gomme ; fouettez et dressez comme ci-dessus.

Crème fouettée au kirsch-waser. — Prenez un litre de crème, une once un quart de gomme, un quart de sucre tamisé, deux petits verres de kirsch-waser ; fouettez le tout comme ci-dessus, et dressez.

Crème fouettée au marasquin. — De même que la précédente, ainsi qu'à toutes les autres liqueurs.

Crème à la vanille froide. — Prenez un moule d'une pinte, mettez dans un poêlon cinq onces de sucre pulvérisé, quatre jaunes d'œufs, une demi-gousse de vanille coupée bien menu, trois verres de bonne crème, en tournant le tout et versant petit à petit ; faites partir à feu doux, jusqu'à ce que cette préparation s'attache légèrement à la cuiller ; laissez-la encore quelques instants, passez-la au tamis de soie ; refroidissez-la ; ajoutez deux verres de colle de poisson ; mêlez bien ; versez dans votre moule et placez ce dernier dans un seau où il y aura de la glace concassée. Le tout pris à glace, retirez de la glace, et renversez avec soin sur un plat.

Crème ordinaire au chocolat. — Mettez une demi-livre de sucre pulvérisé, trois onces de chocolat râpé, six jaunes d'œufs et deux blancs ; mêlez bien ce mélange ; versez dessus, et toujours en tournent, quatre verres de bonne crème ; le tout bien mêlé et fondu, passez et versez dans un plat creux, faites partir sur la cendre chaude et four de campagne par-dessus.

Toutes les crèmes peuvent se faire d'après ce procédé.

Crème à la fleur d'oranger. — Prenez un litre de crème, ajoutez-y une demi-livre de sucre tamisé, une cuillerée d'eau de fleur d'oranger et six jaunes d'œufs bien délayés ; faites partir à feu doux ; au premier bouillon, ôtez et laissez refroidir ; mettez-la, froide, dans un plat creux, et faites prendre au bain-marie.

Crème au café. — Prenez un litre de crème, ajoutez une demi-livre de sucre, faites bouillir ; faites brûler trois onces de bon café, jetez dedans votre crème, et couvrez hermétiquement six minutes ; ajoutez six jaunes d'œufs, mêlez bien ; passez et remettez au bain-marie, et faites prendre.

Crème à la pistache. — Prenez un litre de crème, faites-la bouillir avec une demi-livre de sucre, tenez-la chaude, mêlez-y six jaunes d'œufs ; prenez un quart de pistaches émondez-les et mettez-les dans un mortier, pilez-les bien, mêlez-les à votre crème, faites partir à feu doux, obtenez un bouillon et laissez refroidir ; mettez un vert d'épinards pour donner une belle couleur, puis faites passer encore une fois, et faites prendre au bain-marie.

Crème fouettée aux framboises. — Passez des framboises au tamis, mêlez-en le jus avec de bonne crème et du sucre tamisé ; fouettez comme il est dit aux crèmes fouettées, et dressez pour des biscuits ou des fruits,

Crème au thé. — Faites infuser à l'eau froide une forte pincée de bon thé, faites réduire trois verres de crème, ajoutez votre infusion avec sucre, quatre jaunes d'œufs, plus deux entiers, mêlez bien, passez plusieurs fois, mettez votre crème dans un moule bien fermé, faites-le prendre dans l'eau bouillante, faites refroidir, dressez, et saucez de crème froide liée de jaunes d'œufs et de sucre.

OEufs pochés à la crème. — Faites pocher six œufs bien frais dans du lait sucré et aromatisé d'eau de fleur d'oranger ; égouttez-les et faites refroidir ; ajoutez dans ce qui vous reste de lait six jaunes d'œufs et un peu de farine, un quart de sucre tamisé ; mêlez et passez ; faites prendre votre crème à feu doux, sucrez vos œufs pochés et masquez-les de votre crème.

Crème au citron. — Prenez des zestes de citron avec une pincée de farine, un peu de sel et sucre tamisé ; délayez avec six jaunes d'œufs, puis, petit à petit, de bonne crème, faites partir en tournant sur un feu doux ; au moment de l'ébullition versez dans un plat creux et laissez refroidir.

Crème aux amandes pralinées. — Prenez une once d'amandes douces et deux d'amères que vous pralinerez ; lorsqu'elles seront froides, pilez-les bien au mortier, faites bouillir trois verres de crème, mettez-y vos amandes, retirez du feu et faites infuser un bon quart d'heure bien fermé ; passez à l'étamine, ajoutez cinq jaunes d'œufs, battez le tout, passez à l'étamine au moins quatre fois, faites prendre au bain-marie dans un plat creux ou dans de petits pots.

Crème soufflée. — Faites comme pour la crème aux amandes, laissez refroidir ; prenez six blancs d'œufs, fouettez-les en neige, mêlez-les à votre préparation, mettez le tout dans un moule bouché et très fermé, faites-le prendre au bain-marie ; lorsque la crème sera bien prise, renversez votre moule et dressez.

Toutes ces crèmes peuvent se faire renversées en suivant le même procédé.

Crème froide. — Prenez cinq verres de crème double, mêlez-les d'une livre de sucre tamisé et d'un peu de fleur d'oranger ; battez fortement en ajoutant un seul blanc d'œuf ; mettez la crème dans un vase entouré de glace, saupoudrez dessus du sucre blanc et de la nompareille.

Crème brûlée. — Faites votre crème comme celle à la fleur d'oranger ; avant de la faire prendre au bain-marie, ayez un bon caramel, versez et mêlez-le dedans ; faites prendre au bain-marie, puis saupoudrez de sucre blanc lorsqu'elle sera bien prise, et colorez avec une pelle rouge.

Crème d'amandes naturelles. — Prenez des amandes douces, pelez et passez-les à l'eau fraîche, égouttez et pilez-les au mortier en les mouillant d'un peu d'eau ; ayez deux verres de crème, six onces de sucre tamisé ; battez dans votre lait trois blancs d'œufs, puis délayez dedans votre sucre. Faites partir et bouillir sur un feu doux, réduisez de moitié ; ajoutez vos amandes, faites jeter deux bouillons, passez à l'étamine, dressez et faites refroidir.

Lait d'amandes. — Prenez une demi-livre d'amandes douces, préparez et pilez-les en les mouillant d'un peu de lait. Prenez six verres de lait, mêlez-y vos amandes, sucre et eau de fleur d'oranger ; passez le tout ; faites bouillir à feu doux, réduisez de moitié. Passez une seconde fois, dressez et laissez refroidir.

Blanc manger. — Prenez un demi-kilo d'amandes douces, huit amères ; pilez-les bien. Faites bouillir du lait et sucre, délayez vos amandes avec le lait bouillant ; passez. Remettez au feu ; faites cuire en tournant comme pour une bouillie ; faites réduire. Lorsqu'elle sera liée, dressez et servez.

Blanc manger froid. — Vos amandes délayées comme ci-dessus dans votre crème bouillante, passez-la au linge ; prenez de la colle de poisson concassée et bien battue dans un verre d'eau. Faites mijoter cette colle sur le feu pendant deux heures et demie ; passez-la et mêlez-la à votre crème, qui ne sera que tiède. Dressez dans un moule, plat ou petits pots, et faites prendre dans de la glace.

Blanc manger renversé. — Faites comme ci-dessus. Au lieu de colle de poisson, prenez de la gelée de pieds de veau ou de la corne de cerf. Faites prendre à la glace.

Gelée d'oranges. — Pour un moule contenant un litre et demi, prenez huit belles oranges et deux moyens citrons ; enlevez avec un bon couteau tout le jaune, mais très mince, de trois de vos oranges, mettez-le dans une casserole ; exprimez par dessus le jus de vos deux citrons et de vos huit oranges : laissez bien prendre goût pendant trois heures, passez au papier gris. Mettez dans un poêlon une livre de sucre tamisé, deux verres d'eau, dans lesquels vous aurez bien délayé deux blancs d'œufs. Faites partir cette préparation et écumez avec soin, passez-la à l'étamine ; mêlez votre jus à cette préparation. Prenez de la colle de poisson, la valeur de trois bâtons concassés, que vous ferez bien fondre dans un verre et demi d'eau. Laissez mijoter sur le feu pendant deux heures et demie ; faites tiédir, passez à l'étamine. Joignez cette préparation à votre gelée, mêlez bien ; versez dans votre moule et mettez ce

dernier dans la glace. Lorsque votre gelée sera ferme, prenez un linge bien chaud, frottez-en les parois de votre moule et renversez-le sur un plat. Dressez.

Gelée au marasquin. — Prenez deux onces de colle de poisson, cuisez et clarifiez-la ; prenez une livre de sucre également clarifiée. Lorsque ces deux préparations seront froides, mêlez-les bien ensemble ; ajoutez six petits verres de marasquin et la sixième partie de kirsch-wasser. Mêlez et passez le tout en ajoutant un peu d'eau clarifiée ; mettez dans votre moule et faites prendre comme ci-dessus

Gelée au rhum. — Faites comme ci-dessus pour le sucre et la colle ; ajoutez-y un jus et demi de citron et cinq petits verres de bon rhum. Mélangez le tout en ajoutant un peu d'eau clarifiée. Procédez comme ci-dessus.

Gelée au madère. — Comme ci-dessus ; cinq petits verres de madère.

Gelée au malaga. — De même. Retranchez un peu de sucre.

Gelée au café. — Prenez de fin café moka, faites-le griller blond dans un poêlon sur un feu doux, faites-le infuser dans deux petits verres d'eau-de-vie blanche et un demi-jus de citron. Ajoutez cette préparation à celle dite ci-dessus et terminez de même.

Gelée de groseilles. — Exprimez le jus de deux livres de groseilles et un demi-quart de framboises, passez-les à l'étamine plusieurs fois ; mettez-les dans la même préparation de sucre et de colle que ci-dessus. Beurrez ou huilez votre moule, remplissez-le de votre préparation. Mettez-le dans la glace comme ci-dessus.

Gelée de fraises. — Exprimez le jus d'un fort panier de fraises ; mettez vos fraises écrasées sur une serviette tendue, jetez-y de l'eau bouillante ; passez votre jus, qu'il soit bien clair, et mêlez-le au sucre et à la colle préparés toujours de même, et procédez comme ci-dessus.

Gâteau au riz. — Faites bouillir un fort litre de crème, presque une livre de sucre tamisé et trois quarts de riz ; lorsqu'il sera bien crevé, ajoutez un bon morceau de beurre bien frais. Faites refroidir. Hachez bien menu un demi-zeste de citron et mêlez-le à votre préparation ; ajoutez quatre œufs entiers et cinq jaunes, mêlez bien. Prenez un moule, beurrez-le parfaitement ; saupoudrez de la mie de pain sur votre beurre ; secouez votre moule, mettez-y votre riz, posez-le sur la cendre rouge et couvrez avec feu dessus. Au momeut de servir, renversez votre moule, dressez ; servez chaud ou froid.

Gâteau de vermicelle. — Faites comme celui au riz.

Gâteau de semoule. — Faites et procédez de même.

Pets de nonne. — Prenez deux verres de bonne crème, mettez-les dans une casserole avec une cuillerée d'eau de fleur d'oranger, trois onces de sucre pulvérisé, un quart de beurre et sel très peu. Au moment de l'ébullition, prenez un litre de farine, mêlez-la à votre crème, faites-en une pâte épaisse ; quand elle sera bien mêlée, unie, faites-la cuire en tournant toujours. Otez-la, laissez refroidir. Alors, cassez un œuf dedans, puis mêlez. Continuez cette opération jusqu'à ce que votre pâte soit molle. Prenez cette pâte, étalez-la, coupez-la en petits morceaux, formez-en de petites boules (vous aurez de la friture sur le feu) et faites frire. Retirez lorsqu'elles seront bien blondes, égouttez et dressez sur un plat en saupoudrant de sucre.

Macaroni en timbale. — Faites cuire du macaroni dans de bon bouillon, un ognon piqué d'un clou de girofle, un peu de sel et gros poivre ; lorsqu'il sera souple, retirez-le du feu ; beurrez bien votre moule ou casserole, versez-y un lit de macaroni, puis recommencez jusqu'à la fin ; saupoudrez, pour finir, de mie de pain ; couvrez ; mettez-le sur un feu doux, et couvert d'un four de campagne bien chaud et feu dessus. Faites prendre couleur et servez.

Macaroni ordinaire. — Faites cuire comme ci-dessus, égouttez et faites-le sauter dans une casserole avec bon beurre, parmesan et gruyère râpé, gros poivre, muscade ; ajoutez un peu de crème, et sautez sur un fort feu. Dressez.

Macaroni au gratin. — Comme ci-dessus, dressez-le sur un plat creux, entouré de croûtons beurrés, saupoudrez de mie de pain, de fromage de Parmesan et gruyère râpé d'une bonne épaisseur, versez par dessus un peu de beurre tiède, et faites prendre couleur avec une pelle rouge.

Macaroni à l'italienne. — Faites cuire votre macaroni dans de bon consommé, peu de sel, du gros poivre ; sautez-le comme celui ordinaire, et servez.

Pommes au riz. — Prenez sept pommes, épluchez-les et enlevez-en le cœur à l'emporte-pièce ; faites-les cuire dans une casserole, dans un sirop allongé, et pressez-y un demi-jus de citron, faites-les bouillir ; lorsque vos pommes seront molles égouttez-les bien ; faites une couche, pour votre plat à dresser, de marmelade de prunes ou d'abricots, parez vos pommes dessus, remplissez le cœur de vos pommes de gelée de groseilles ; masquez-les de riz comme celui préparé pour gâteau au riz, et servez.

Beignets de pommes. — Videz, épluchez les pommes comme ci-dessus, coupez-les en rouelles d'égale épaisseur ; faites-les mariner pendant deux heures dans de l'eau-de-vie, un peu de jus de citron, sucre tamisé et cannelle en poudre, égouttez-les, passez-les dans une pâte légère ; faites frire d'une belle couleur, égouttez de nouveau ; dressez et saupoudrez chaque lit de sucre fin.

Pommes au beurre. — Prenez douze belles pommes, épluchez, évidez-en le cœur oomme les précédentes, faites-les cuire au trois quarts dans du sirop, égouttez-les ; faites sur un plat un lit de marmelade de groseilles, placez-y vos pommes et mettez dans chaque cœur évidé du beurre bien frais ; saupoudrez fortement de sucre fin ; glacez-les à la pelle rouge.

Beignets de pêche. — Comme ceux ci-dessus, coupez en six quartiers au lieu de moitié.

Marmelade d'abricots aux macarons. — Vous aurez une douzaine de beaux macarons ; faites chauffer à feu doux une livre de marmelade d'abricots, dressez-la sur un plat et décorez le dessus avec des macarons.

Cerises aux massepains. — Prenez des massepains et procédez comme pour les abricots.

Beignets de fleurs d'accacia. — Prenez des fleurs d'accacia, séparez-les en petites branches formant de petits bouquets ; trempez-les dans une pâte bien légère et sucrée ; faites frire ; dressez et saupoudrez de sucre.

Plumpudding. — Mêlez une livre de bonne

graisse avec autant de farine, une demi-livre de raisins secs, autant de raisins de Corinthe, un peu de gros poivre et un peu de sel, le zeste haché d'un demi-citron, un verre de vin, un œuf, un peu de lait; mêlez bien tout ensemble; placez cette pâte dans une serviette fine, liez bien cette serviette et faites bouillir pendant sept heures dans une marmite hermétiquement fermée; retirez, déshabillez et laissez refroidir.

Autre. — Faites comme ci-dessus; au lieu de la même quantité de raisin, mettez une livre de chaque espèce; au lieu de vin, mettez de bonne eau-de-vie; au lieu d'un œuf, mettez-en quatre; procédez pour la cuisson comme pour le précédent.

Autre au rhum. — Mettez les mêmes quantités que pour celui ci-dessus; ayez soin de couper en deux vos grains de raisins; au lieu d'eau-de-vie, mettez de bon rhum, une livre de sucre tamisé, un zeste entier de citron haché; cinq heures de cuisson; déshabillez, mettez-le dans un moule de fer-blanc pour lui donner une jolie forme; lorsqu'il sera froid, renversez-le sur un plat; saupoudrez-le d'une forte couche de sucre tamisé; versez dessus et autour de bon rhum; mettez-y le feu et laissez brûler dix minutes. Servez.

Autre à la royale. — Prenez sept œufs, cassez-les dans une terrine en en réservant trois blancs; faites clarifier une livre de sucre dans une pinte d'eau; lorsqu'elle sera presque froide, mêlez à vos œufs; ajoutez une bonne cuillerée de zeste de citron bien haché et le jus entier d'un citron, battez tout ensemble avec une verge de jonc, pendant vingt minutes; délayez dans cette préparation une demi-livre de fleur de farine; alors, mettez dans une casserole avec feu doux dessous et four de campagne bien chaud dessus.

Soufflé à la fécule. — Prenez de la fécule de pommes de terre, faites-en une bouillie épaisse, assaisonnez-la de sucre et de macarons pilés, parfumez avec de la vanille; ajoutez quatre ou cinq jaunes d'œufs et leurs blancs fouettés en neige. Prenez un plat creux qui aille au feu, mettez dedans un peu de beurre fin; lorsqu'il est fondu, mêlez vos blancs d'œufs avec la bouillie préparée, et versez tout dans le plat, poudrez un peu de sucre dessus, couvrez avec un four de campagne élevé,

chauffé, et garni de braise ardente; dix minutes après, votre soufflé doit être doré et bien levé; servez promptement de peur qu'il ne retombe.

Soufflé de riz. — Préparez et faites cuire le riz comme pour le gâteau au riz; lorsqu'il commence à se sécher, retirez-le et broyez-le dans une casserole avec un pilon; ajoutez-y quatre jaunes d'œufs, mêlez-les bien, battez leurs blancs que vous maintiendrez à part. Pour le reste, procédez comme pour le soufflé à la fécule de pommes de terre.

Charlotte de pommes. — Prenez un pain de mie que vous couperez en tranches d'une épaisseur de trois à quatre lignes; séparez ces tranches en parties égales, d'une largeur d'environ deux pouces, et d'une hauteur égale à celle du moule ou de la casserole dont vous vous servirez; coupez ensuite des tranches du même pain qui vous serviront à garnir le fond de la casserole ou du moule; trempez ce pain ainsi disposé dans du beurre fin fondu, et placez les unes au fond et les autres verticalement, de manière à garnir et le fond et les parois intérieures du moule ou de la casserole. Vous aurez fait une marmelade de pommes ainsi préparée : après avoir pelé vos pommes, les avoir coupées en quartiers, et enlevé le cœur et les pepins, vous les déposez dans une bassine avec assez d'eau pour qu'elles ne brûlent pas; lorsque leur cuisson est opérée, on les retire de l'eau, on les écrase et on en reçoit la pulpe dans une terrine; pendant cette opération, on jette dans l'eau du sucre à raison d'une demi-livre par livre de fruit; lorsque celui-ci est bien fondu et un peu écumé, on y jette la pulpe des pommes qu'on saupoudre légèrement de cannelle, on laisse cuire de nouveau jusqu'à réduction d'un tiers; la marmelade cuite, on la dépose dans le moule ou la casserole préparée comme nous l'avons dit, et l'on recouvre ce dernier appareil de tranches de mie de pain beurrées comme les premières. On pose le vase ou dans le four, ou sur la cendre bien chaude; mais alors on le recouvre d'un couvercle sur lequel on a mis du feu; un quart d'heure suffit pour la cuisson; il faut que votre charlotte ait pris une belle couleur; on la recouvre alors sur un plat.

Quelquefois on enlève les croûtes qui garnissent la partie supérieure, on retire quelques cuillerées de marmelade de pommes pour les remplacer par une couche de marmelade d'abricots, ou de prunes de mirabelles, de prunes de reine-claude, de cerises ou autres. On replace les tranches de pain enlevées et l'on renverse sur le plat.

SAUCES ET RAGOUTS.

Aspic. — Prenez un jarret de jambon, un de veau, une bonne tranche de bœuf, deux pieds de veau pour épaissir votre gelée, quelques couennes bien grattées et blanchies, un demi-litre de bon bouillon; mettez le tout dans une marmite bien fermée, faites bien suer et mouillez de bouillon, faites bouillir, et ayez soin de bien écumer jusqu'à ce qu'il soit réduit en glace; ajoutez sel modérément, trois carottes, deux ognons, une gousse d'ail, un peu de laurier, trois clous de girofle, persil et ciboule en bouquet. Faites mijoter de sept à huit heures, puis laissez reposer et refroidir. Battez quatre œufs dans une casserole, avec fort jus de citron, un peu de vinaigre aromatisé, joignez-y votre consommé, fouettez sur le feu avec un fouet jusqu'à ce que cela bouille. Laissez cuire vingt-cinq bonnes minutes, avec peu de feu dessous et dessus. Passez votre aspic trois ou quatre fois dans un linge double et mouillé. Clarifiez. Prenez six lignes de cette gelée dans un moule à aspic, décorez-la avec des blancs et jaunes d'œufs, persil ou champignons, ou truffes, à votre goût; versez par dessus une couche de cette gelée non prise, puis mettez soit des blancs de volaille, ou ris de veau, ou toute autre chose; alors remplissez le moule; faites prendre dans de la glace. Puis, au moment de servir, trempez avec soin votre moule dans de l'eau tiède pour fondre un peu les parois du moule, renversez sur votre plat à dresser, et servez.

Béchamel. — Prenez un quart de beurre fin, une demi-poignée de farine, faites fondre en tournant toujours; jetez doucement par dessus un quart de litre de lait bouillant, et tournez toujours; assaisonnez de poivre, sel, un peu d'ail. Une demi-heure de cuisson.

Autre Béchamel. — Réduisez à feu ardent neuf cuillerées de velouté avec quatre cuillerées de consommé; réduisez un litre et demi de crème à moitié; mêlez le tout, et faites partir et bouillir à grand feu pendant près d'une heure.

Béchamel maigre. — Prenez une cuillerée ordinaire de farine, un peu de sel et muscade en poudre délayez, dans un demi-litre de bonne crème gros comme un œuf de beurre très fin; faites prendre cette sauce en la tournant sans interruption; qu'elle bouille quinze ou dix-huit minutes; retirez du feu et ajoutez une bonne livre de beurre fin; remuez peu à peu pour éviter qu'elle ne tourne en huile.

Blond de veau. — Beurrez une casserole, mettez-y un fort cacis et deux jarrets de veau, quelques carottes et ognons, ne salez pas, deux tasses de fort bouillon ou consommé; faites réduire à feu doux. Quand la glace se formera, ajoutez du bouillon et écumez avec soin.

Consommé. — Prenez deux fortes poules, mettez-les dans une marmite avec un fort jarret de veau, puis remplissez presque de bon bouillon; faites partir, écumez avec soin; mettez quelques carottes, ognons, céleri, un navet et un panais, un peu de racine de persil, quelques poireaux; faites mijoter six heures, dégraissez, passez dans un linge ouvré.

Espagnole (sauce). — Mettez dans une casserole et sur feu ardent, avec une bouteille de vin blanc et une cuillerée à pot de gelée, une noix de veau, le quart d'une noix de jambon, deux vieilles perdrix, quelques carottes et ognons, dont un piqué de trois clous de girofle; faites réduire; mouillez avec du jus et un roux; ajoutez thym, laurier, champignons, persil, ciboule, échalotes; faites bouillir à petit feu pendant trois heures, et salez.

Sauce allemande. — Se fait de la même manière; seulement, on mélange la farine sans tirer au roux, et l'on mouille avec un bouillon blanc ou un jus blanc.

Beurre à l'ail. — Pilez six gousses d'ail dans un mortier; passez-les, lorsqu'elles sont bien pilées, dans le tamis de soie, et pilez-les de nouveau au mortier avec trois onces de beurre très fin.

Beurre d'anchois. — Prenez huit anchois,

lavez et nettoyez-les bien ; enlevez les chairs, pilez et passez-les sans les mouiller dans le tamis de crin, puis pilez-les une seconde fois avec autant de beurre fin.

Beurre d'écrevisses. — Faites cuire les écrevisses, séparez les coquilles des chairs, mettez les coquilles sécher près du feu, alors pilez-les en poudre ; sur vingt-cinq écrevisses mettez un quart et demi de beurre fin ; pilez le tout ensemble, mettez dans une casserole à un feu doux pendant quinze minutes, ensuite mettez votre beurre dans une étamine qui sera posée sur une casserole où il y aura de l'eau froide ; faites passer votre beurre en tordant votre étamine ; le suc étant tombé dans l'eau, laissez figer.

Blond maigre. — Faites comme l'article *Jus*, mais très peu coloré.

Demi-glace de volaille. Mettez dans une marmite cinq livres de bœuf, trois livres de veau, trois vieilles poules, des débris de volailles crus ou cuits, remplissez de bon bouillon ; faites bouillir, écumez, ajoutez deux carottes, autant d'ognons, clous de girofle, un bouquet, quelques pelures de champignons ; quand la viande sera cuite, passez le consommé au tamis, dégraissez, clarifiez à l'œuf, passez à la serviette et faites réduire à sirop en écumant, puis mettez au bain-marie.

Durcelle ou *d'uxelles.* — Nettoyez et lavez des champignos, pressez-les dans du linge, persil, échalotes lavés et pressés de même, ainsi que des truffes dans la saison, le tout par quart ; mettez dans une casserole avec un quart de bon beurre, autant de lard râpé, passez les fines herbes sur le feu dans un demi-litre de bon vin blanc, mettez sel, gros poivre, muscade en poudre, épices, laurier, ail ; faites réduire à glace, remuez souvent, mettez-y un demi-verre d'allemande réduite, et laissez refroidir dans une terrine.

Ravigote. — Prenez un peu de cerfeuil, civette, pimprenelle, estragon, un peu plus de ce dernier, hachez le tout bien fin, prenez du velouté, dans lequel vous mettrez un demi-quart de vinaigre aromatisé, un peu de gros poivre ; tenez cette sauce bien chaude, jetez-y vos fines herbes avec gros comme une noix de beurre fin ; remuez pour mêler et faire fondre votre beurre.

Soubise. — Épluchez une trentaine d'ognons, coupez-les en deux ; mettez une bonne demi-livre de beurre fin dans votre casserole ; passez vos ognons dans le beurre jusqu'à ce qu'ils se colorent un peu sur un feu doux ; quand ils seront fondus, mettez cinq cuillerées d'allemande, un demi-litre de crème et un peu de sucre ; faites réduire votre purée à grand feu en tournant toujours ; cela fait, passez à l'étamine.

Rémolade. — Prenez un bon verre de moutarde, hachez un peu de ravigote et ajoutez-y un peu d'échalotes hachées, mettez dans votre moutarde, ajoutez huit cuillerées d'huile, moitié de vinaigre, du sel, gros poivre, mêlez bien le tout ensemble ; prenez deux jaunes d'œufs et liez-les avec votre rémolade en la tournant vite, afin qu'elle soit bien liée.

Rémolade indienne. — Pilez dix jaunes d'œufs durs, mouillez-les avec huit ou neuf cuillerées d'excellente huile en la versant petit à petit et en pilant toujours, cinq gousses de petit piment, une cuillerée à café de poudre de safran, du sel, poivre gros, puis ajoutez trois bonnes cuillerées de bon vinaigre ; passez à l'étamine comme une purée, et servez.

Rémolade verte. — Faites blanchir une poignée de cerfeuil, de pimprenelle, d'estragon, de petite civette, pressez-les, pilez-les ensuite, ajoutez-y du sel, gros poivre, prenez un verre de moutarde, versez-le dans le mortier et continuez de piler, puis un demi-verre d'huile fine ; délayez bien le tout ensemble, ajoutez-y trois ou quatre jaunes d'œufs crus et quatre cuillerées de fort vinaigre ; passez tout comme une purée ; pour la verdir, mettez-y un peu de vert d'épinards.

Jus. — Mettez dans une casserole un jarret de veau, trois livres et demie de bœuf, six ou sept carottes, autant d'ognons, deux clous de girofle, laurier, bouquet de persil et ciboule, deux bons verres de bouillon ; faites partir et réduire à grand feu ; la réduction faite, étouffez votre fourneau ; remettez-y votre casserole ; glacez très noir le fond ; retirez du feu ; laissez reposer un demi-quart d'heure ; puis remplissez de bouillon ; faites mijoter trois heures un quart ; écumez, assaisonnez, passez votre jus au tamis ordinaire.

Vous pourrez faire un jus avec des débris d'os

et de viande ; mais alors coupez vos ognons en rouelles et ajoutez quelques couennes de lard.

Roux blond. — Prenez un quart de bon beurre ; mettez-le dans une casserole avec un demi-litre de farine ; mêlez en remuant toujours l'un et l'autre ; faites tout cela sur un feu doux, jusqu'au moment où il roussisse légèrement. Alors retirez-le du feu.

Roux blanc. — Mettez un quart de beurre et deux cuillerées de farine ; faites comme précédemment, tournez très vite et ne laissez pas roussir.

Sauce brune. — Prenez deux livres de bœuf, trois de veau, des débris de volaille, si vous en avez ; mettez quelques carottes, ognons, le tout dans une casserole ; une cuillerée à pot de bouillon ; faites partir à grand feu ; quand la réduction du mouillement est presque faite, mettez sur un feu doux pour colorer la glace du fond ; dès qu'elle sera brune, mouillez de bouillon, ajoutez un bouquet de persil, ciboule, laurier, un clou de girofle ; laissez cuire, écumez avec soin pendant trois heures au moins ; passez au tamis de soie ; faites un roux que vous délayerez avec votre mouillement ; puis faites bouillir à feu doux pendant trois quarts d'heure ; passez à l'étamine ; qu'elle soit d'un bon sel.

* *Sauce brune maigre.* — Prenez cinq fortes carottes, six gros ognons, trois racines de persil, le tout coupé en lames, deux feuilles de laurier, thym, deux clous de girofle, un bon morceau de beurre ; mettez le tout dans une casserole, une forte carpe et un fort brochet coupés en morceaux, sel et poivre ; ajoutez une demi-bouteille de vin blanc et un peu de bouillon maigre ; faites réduire le tout jusqu'à ce que le fond soit d'une bonne couleur ; ajoutez une seconde demi-bouteille de vin blanc pour détacher le fond ; puis remplissez d'eau ; joignez-y un fort bouquet de persil et ciboule, trois maniveaux de champignons ; que le tout bouille six quarts d'heure, puis passez le mouillement au tamis de soie, et versez le jus du poisson par dessus. Faites un roux blond ; quand il sera fait, mettez votre poisson dessus ; délayez bien votre roux en le mouillant, puis faites bouillir une bonne heure avec votre sauce ; écumez, dégraissez et passez à l'étamine.

Génevoise. — Prenez une bonne bouteille de bon vin de Bordeaux, mettez-le dans une casserole avec un peu d'ognon, du persil, échalote, ail, laurier, thym, et des pelures de champignons ; faites réduire le tout au quart, mettez un verre d'espagnole, et mouillez avec du fond de poisson ; faites travailler votre sauce, réduisez et passez à l'étamine ; finissez par un beurre de deux anchois et un quart de bon beurre fin ; que votre sauce soit bien liée.

Génoise. — Prenez quatre cornichons hachés, une poignée de câpres, *dito* de raisins de caisse et de Corinthe, un peu de piment, muscade, poivre, persil et échalotes hachés, un peu de sucre, huit cuillerées de vinaigre aromatisé, une noix de glace ; faites cuire le tout à glace ; mouillez d'un quart de verre d'espagnole, un peu de blond de veau.

Hollandaise. — Mettez du gros poivre, un filet de vinaigre aromatisé dans du velouté réduit, tenez cette préparation chaude ; au moment du service, ajoutez-y une grosse noix de beurre bien frais ; quand le beurre sera fondu, délayez dedans un peu de vert d'épinards.

Maître d'hôtel froide. — Prenez du persil et de la ravigote, ciboule, échalote, le tout bien haché, sel, poivre, jus de citron, un fort quart de beurre fin, et pétrissez le tout ensemble jusqu'à ce qu'il soit bien mêlé.

Maître d'hôtel liée. — Faites comme ci-dessus, ajoutez-y une cuillerée de farine, un verre d'eau ; un peu avant de servir, faites partir sur le feu ; tournez jusqu'à ce que cette sauce soit épaisse.

Mayonnaise. Mêlez ensemble dans un vase frappé à la glace deux jaunes d'œufs bien frais, une cuillerée à café sel fin, une cuillerée d'huile, une demi de vinaigre, battez ensuite ; lorsque la sauce épaissit, mouillez un peu avec l'huile de temps à autre, vinaigre en très petite quantité ; battez fortement pendant quinze minutes. On peut la faire avec l'aspic.

Sauce piquante. — Mettez un demi-quart de bon beurre, une demi-cuillerée de chapelure, deux échalotes hachées, poivre, sel, une cuillerée d'huile d'olives dans une casserole ; remuez un instant ; ajoutez une cuillerée de bon bouillon, deux cornichons hachés ; faites seulement jeter un bouillon.

Poivrade. — Faites roussir légèrement un

quarteron de beurre, six oignons coupés en
tranches, six échalotes, cinq clous de girofle,
laurier, thym, persil, carottes coupées, avec
une pincée de farine; mouillez d'un verre de
vin blanc et d'un verre d'eau, plus une cuillerée de vinaigre aromatisé; une demi-heure
de bouillon. Épicez.

Robert. — Hachez six gros oignons grossièrement, mettez-les dans une casserole avec
un bon quarteron de beurre fin; faites roussir
également, mijotez jusqu'à ce qu'ils soient
cuits; ajoutez une cuillerée de farine, tournez
un peu, et mouillez de bouillon.

Suprême. — Prenez un demi-verre de velouté, un verre d'essence de volaille; faites réduire à moitié; au moment de servir, mettez
deux fortes pincées de persil haché bien fin et
blanchi, un peu de beurre bien frais, un peu
de gros poivre et la moitié d'un citron; sautez
le tout dans votre sauce sans la faire bouillir;
ayez soin qu'elle soit d'un bon sel.

Sauce tomate. — Prenez huit tomates en
bonne maturité; détachez les queues et coupez-les en travers; enlevez-en les graines. Préparez-les au feu pour en retirer l'eau; lorsqu'elles sont en ébullition, mettez dans une casserole un oignon coupé en rouelles et un demi-
quart de beurre d'Isigny; faites roussir également d'un beau blond; ajoutez deux fortes
pincées de farine; tournez et mouillez avec
deux cuillerées de jus ou bouillon; mettez une
feuille de laurier, vos tomates, une branche de
thym, un petit morceau de piment; salez fort.
Faites bouillir une bonne heure; remuez de
temps en temps; passez à travers la passoire.
Vous pouvez en faire pour deux ou trois jours.

Sauce indienne. — Mettez dans une casserole deux onces de bon beurre, deux gousses
de piment écrasées, une pincée de safran en
poudre; faites chauffer jusqu'à ce que votre
beurre commence à frire; ajoutez deux cuillerées d'allemande; faites réduire, dégraissez,
tenez chaud; à l'instant de servir, ajoutez un
peu de beurre frais.

Sauce blanche. — Prenez un quart de
beurre bien frais, mettez-le dans une casserole; ajoutez deux fortes pincées de farine;
mêlez bien le beurre et la farine sur un feu
doux; sel, poivre, un filet de vinaigre. Tournez
sur le feu et ne laissez pas bouillir.

Sauce blanche aux câpres. — Comme ci-
dessus. Au moment de servir, mettez-y vos
câpres et mêlez-les bien.

Sauce italienne (grande sauce). — Mettez
dans une casserole une petite poignée de persil
haché bien fin, moitié d'échalotes hachées,
autant de champignons hachés, deux verres de
bon vin blanc, un morceau de beurre moyen;
faites bouillir et réduire très-fortement; mouillez de deux verres (de velouté) et un de consommé; faites bouillir à feu doux, écumez,
dégraissez, réduisez, retirez du feu.

Sauce aux truffes. — Coupez et hachez
bien fin quatre fortes truffes; faites-les bien
revenir dans du beurre; ajoutez un verre et
demi (de velouté), un peu de consommé; faites partir : cuisson quinze minutes; dégraissez
et servez-vous-en.

Court-bouillon. — Mélangez un bouillon
de vin rouge ou blanc ou de vinaigre avec eau,
sel, poivre, épices, carottes, navets et oignons
coupés en rouelles, persil, laurier, clous de
girofle.

Glace de veau. — Prenez un beau cuisseau;
coupez-le en forts morceaux, deux poules, beaucoup de légumes; faites écumer dans une casserole; remplissez de consommé; mettez sur
un feu peu ardent; quatre heures de cuisson
et même cinq heures; passez votre bouillon à
la serviette, mettez ce bouillon dans une casserole; faites réduire à grand feu jusqu'à ce
qu'elle prenne une couleur foncée, puis faites
refroidir.

Glace de racines. — Mettez beaucoup de
légumes dans une casserole, qu'elle soit presque pleine, quatre clous de girofle, plus de navets et d'oignons que de carottes; mouillez avec
du bouillon; si vous avez des débris de veau,
mettez-les et faites cuire à feu doux, réduisez,
passez et faites réduire de nouveau à glace.

Sauce au beurre. — Prenez une forte pincée de farine, délayez-la dans de l'eau, ajoutez
sel, poivre, un peu de muscade; faites partir
en tournant; cuisson un quart d'heure; retirez
du feu, ajoutez par petite quantité une demi-
livre de beurre fin toujours en tournant; finissez par un filet de vinaigre, passez et tenez
chaud.

Sauce au beurre noir. — Prenez un quart
de beurre, mettez-le dans une poêle, faites-le

roussir, farinez. Cette opération faite, ajoutez un peu de vinaigre, laissez un peu cuire, versez et remettez encore un peu de vinaigre dans votre poêle ; cuisez et versez sur la première.

Poêlée. — Coupez en morceaux une livre et demie de veau, autant de lard, carottes, oignons aussi coupés, un demi-quart de beurre fin, trois jus de citrons, laurier, thym, girofle, sel, poivre ; faites partir à feu ardent, réduisez ; ajoutez un verre de bouillon ; réduisez encore un peu et faites refroidir.

Sauce à la lyonnaise. — Prenez cinq ou six oignons que vous aurez coupés en morceaux ; faites-leur jeter quelques bouillons dans du beurre ; prenez un bon verre d'allemande ; remuez-les bien dedans, faites-les réduire, ajoutez un peu d'estragon haché et blanchi, muscade, un peu de beurre et de glace.

Purée de champignons. — Préparez vos champignons, faites-les sauter à froid dans de l'eau et du jus de citron, hachez-les bien fin, essuyez-les dans un linge ; mettez un morceau de beurre dans une casserole, posez-y vos champignons, arrosez-les de jus de citron ; faites partir en les sautant bien ; mouillez de deux verres d'espagnole réduite, même quantité de bon consommé, un peu de sel et gros poivre ; écrasez bien en tournant votre purée et servez.

Purée de haricots secs. — Prenez un litre de haricots, faites-les bien cuire dans de l'eau et du sel ; mettez dans une casserole un morceau de beurre ; émincez quelques oignons, faites-les blondir à grand feu, ajoutez une cuillerée de farine, mêlez bien, mouillez de bouillon, faites mijoter une heure et réduisez ; mettez-y vos haricots, faites bien prendre goût, puis passez votre purée. Si elle est trop épaisse, mouillez-la en la passant avec un bon fond de cuisson.

Purée de lentilles. — Prenez un litre de lentilles, faites-les cuire dans une marmite avec du lard blanchi, des débris de viande, carottes, oignons, un clou de girofle ; remplissez votre marmite de bouillon, faites partir lorsque la cuisson sera faite ; retirez vos lentilles dans une passoire ; ôtez les oignons, viande, carottes ; passez à l'étamine. Mettez votre purée dans une casserole avec deux verres d'espagnole ; mouillez avec le bouillon dans lequel

aura cuit vos lentilles ; faites réduire et dressez.

Purée de pois secs. — Faites comme l'article ci-dessus ; ne mettez pas d'espagnole ; mouillez avec votre bouillon.

Purée de navets. — Émincez des navets, faites-les blondir en les retournant souvent dans du beurre et à feu doux ; lorsqu'ils seront bien blonds, mettez un verre d'espagnole réduite ou fond de cuisson, autant de blond de veau, faites réduire, dégraissez, passez à l'étamine et servez.

Purée de navets à la bourgeoise. — Faites comme ci-dessus ; lorsqu'ils seront blonds, ajoutez en remuant deux fortes pincées de farine, mouillez de bouillon, un peu de sucre ; passez vos navets, faites-les bouillir une seconde fois, écumez, réduisez et servez.

Oseille au gras. — Si votre oseille est nouvelle, épluchez et lavez, ajoutez du cerfeuil, hachez-la, pressez-la pour en faire sortir le jus, faites-la fondre à feu doux dans un morceau de beurre avec un peu de persil et d'échalotes hachés ; quand elle sera cuite, ajoutez quatre cuillerées à dégraisser de bon fond de cuisson ; faites réduire et servez.

Oseille au maigre. — Faites cuire comme ci-dessus ; la cuisson faite, mêlez deux fortes pincées de farine, six jaunes d'œufs ; mêlez bien, puis un verre de bonne crème ; faites réduire en tournant toujours, et passez à l'étamine ; dressez.

Oseille à la bourgeoise. — Lorsque votre oseille sera cuite, saupoudrez de farine en tournant avec une cuiller de bois, mouillez de bouillon, sel et poivre, faites réduire, passez à l'étamine, réchauffez un peu et dressez.

Purée de pommes de terre. — Émincez douze pommes de terre, lavez, mettez vos morceaux cuire dans un peu de beurre, un verre d'eau, sel et muscade ; faites cuire avec feu dessus et dessous ; trente minutes de cuisson ; écrasez-les avec une cuiller de bois, remettez-les sur le feu, faites réduire et mouillez-les de bonne crème, mettez un bon morceau de sucre, retirez du feu ; finissez par gros comme une noix de beurre fin.

Purée de racines. — Prenez carottes et oignons, épluchez-les, puis émincez, mettez un quart de kilo de beurre dans une casserole : le beurre fondu, placez-y vos racines ; après qu'elles seront fondues, mouillez de bouillon, ajoutez un morceau de sucre, faites mijoter deux heures trois quarts ; dès que la cuisson sera faite, passez vos racines à l'étamine en la mouillant de bouillon ; remettez votre purée au feu avec deux verres de fond de cuisson ; faites réduire après avoir mouillé de bouillon, dégraissez et servez.

Marrons au consommé.—Prenez des marrons, enlevez la première peau, émondez-les à l'eau chaude avec beaucoup de soin ; mettez un quart de bon beurre dans une casserole, placez vos marrons dessus, deux verres de fond de cuisson de viande, autant de bon consommé ; faites partir ; trente-cinq minutes de cuisson. Retirez vos marrons, tenez-les chauds, faites réduire la sauce à glace ; glacez-les et versez dessus le reste de votre cuisson.

Farce cuite.—Prenez des blancs de volaille cuits la veille, coupez en petits morceaux, passez-les au feu doux pendant huit ou dix minutes, avec poivre, sel et muscade ; égouttez et faites refroidir. Mettez de la mie de pain dans de bon consommé avec persil haché bien fin ; faites bien mitonner, réduire et refroidir. Pilez vos blancs de volaille dans un mortier, passez-les au tamis de quenelles ; opérez de même pour votre mie de pain. Mettez ensemble dans le mortier vos blancs de volaille, même poids de mie de pain, même poids de beurre très-frais ; pilez le tout ; cette opération faite, mêlez bien des jaunes d'œufs à cette farce, et retirez du mortier.

Macédoine.—Faites blanchir autant de sortes de légumes verts qu'il sera possible ; pour les racines, coupez-les de même grandeur. Une demi-heure avant de servir, réchauffez vos légumes, égouttez ; mettez vos légumes dans une casserole avec une allemande réduite, un peu de sucre, de glace et beurre fin ; remuez-les bien, qu'ils soient bien imprégnés de sauce, et dressez.

Jardinière.—Faites comme pour la macédoine ; au lieu d'allemande, servez-vous d'espagnole réduite.

Matelote. — Prenez une bonne espagnole, mouillez-la d'un peu de bouillon de votre poisson, un peu de blond de veau ; faites bouillir, réduire ; retirez du feu ; cinq minutes après,

dégraissez, écumez avec soin ; faites réduire une seconde fois, passez à l'étamine, finissez par un bon morceau de beurre ; masquez et versez.

Soubise. — Épluchez une bonne quantité d'oignons ; coupez-les en quatre, s'ils sont gros. Mettez un bon morceau de beurre dans une casserole à feu doux ; ajoutez vos oignons que vous émincerez ; faites-les blondir dans votre beurre ; mettez un demi-verre de velouté, deux bons verres de crème, un peu de sucre ; faites réduire votre purée à feu ardent ; tournez votre cuisson ; faites passer et servez.

Purée d'oignons. — Faites comme pour la soubise. Au lieu du velouté, mettez de l'espagnole ; à la place de crème, du consommé. Passez et dressez.

Financière. — Prenez de gros champignons bien nettoyés, autant de truffes ; mettez-les dans une casserole avec vin de Madère, un bon morceau de glace, un peu de piment ; faites partir à grand feu jusqu'à ce que cela soit tombé à glace ; mouillez d'espagnole et de blond de veau ; faites bouillir, dégraissez, écumez, réduisez, passez, dressez des quenelles de volailles et des riz de veau, dressez dessus vos truffes et champignons, et masquez de votre sauce.

Oignons glacés. — Épluchez bien vos oignons, beurrez bien le fond d'une casserole, placez-y vos oignons sur la tête, ajoutez un peu de sucre tamisé ; mouillez de consommé, de manière qu'ils en soient couverts ; faites partir à grand feu ; faites réduire au trois quarts ; puis adoucissez votre feu, faites tomber à glace, égouttez et servez.

Petits oignons glacés. — Même procédé que ci-dessus.

Navets glacés. — Épluchez-les et donnez-leur une jolie forme (prenez les gros de préférence) ; faites-leur prendre couleur dans du beurre sur bon feu ; égouttez. Mettez-les dans une autre casserole : un verre et demi de bon consommé, autant d'espagnole réduite, un morceau de sucre, un peu de poivre, deux cuillerées de jus. Faites mijoter à feu doux. Lorsque la cuisson sera faite, retirez vos navets avec précaution de peur de les briser ; tenez-les chauds ; faites réduire votre sauce et versez-la dessus vos navets.

Truffes à la Périgueux.— Prenez des truffes, brossez-les, lavez-les bien, épluchez et coupez en dés ; sautez-les au beurre avec un quart d'espagnole réduite, autant de vin blanc ; retirez du feu ; finissez avec un petit morceau de beurre frais.

Truffes au vin de Champagne.— Comme ci-dessus ; au lieu d'un peu de vin blanc, mettez un demi-verre de bon champagne.

Croquettes de riz. — Lavez, blanchissez votre riz, faites-le crever dans du lait, mouillez à mesure et par petite quantité ; ayez quelques macarons et massepains, écrasez-les bien, ajoutez un quart de sucre tamisé, un peu de beurre frais, assaisonnez-en votre riz, liez-le de quatre jaunes d'œufs sans ébullition ; faites refroidir sur un plat, formes de boules ; masquez-les d'œufs battus, roulez-les dans la mie de pain ; puis faites frire d'une belle couleur. Dressez et saupoudrez de sucre.

Ragoûts de champignons. — Épluchez et faites blanchir vos champignons ; mettez dans une casserole deux oignons, persil, laurier, thym, sel, poivre, épices ; un demi-bouteille de vin de Bordeaux ; faites bouillir à feu doux pendant cinquante minutes ; passez, remettez sur le feu avec deux verres d'espagnole réduite, un bon verre de vin ; réduisez, joignez vos champignons ; faites réduire et servez.

Velouté. — Cette sauce, dont nous avons souvent recommandé l'usage, n'est autre que l'espagnole réduite de moitié ; elle peut être remplacée par un fond de cuisson de viande et de débris amené à une forte réduction.

Au point de vue de notre monographie, les travaux de l'office, s'ils ne sont entièrement dévolus à la maîtresse de la maison, doivent au moins s'exécuter sous sa surveillance et presque sous ses yeux.

Les produits qui en résultent sont, pour la plupart, composés d'éléments dont la valeur numérique acquiert d'autant plus d'importance que leur consommation devient plus fréquente.

Les provisions de l'office se composent généralement de sucre, de café, de chocolat, de conserves, de presque tous les hors-d'œuvre que nous avons nommés au chapitre des provisions, et s'augmentent en outre des confitures, des sirops et des liqueurs. On comprend la nécessité d'une surveillance immédiate sur cette partie de l'administration domestique.

Cette observation faite, nous nous occuperons spécialement de ses préparations les plus ordinaires et qui, dans beaucoup de familles, sont opérées par la maîtresse de maison.

Nous avons peu de chose à dire sur la localité elle-même, mais il nous semble utile de rappeler que l'office doit toujours se trouver dans le voisinage de la salle à manger, avoir ses croisées garnies de persiennes et de rideaux de toile grise, afin d'y ménager l'ombre et la fraîcheur nécessaires à la conservation de tout ce qu'elle renferme.

Une grande table doit en occuper le milieu, afin que celle-ci puisse recevoir, dans l'ordre qu'ils doivent prendre sur le couvert, les plats et les assiettes de dessert, préparés pour y figurer aux jours de réception.

D'ailleurs, cette table a un autre but : celui de servir aux préparations dont nous parlerons.

L'intérieur de la pièce doit être garni d'armoires fermant à clef et de tablettes ouvertes. Les premières ont pour objet de recevoir, d'un côté, les objets précieux dont on orne la table, tels que les cristaux, l'argenterie, la porcelaine, et, de l'autre, les provisions de liqueurs, de confitures, de sirops, etc.; les tablettes sont destinées à recevoir les préparations de l'office.

C'est dans ce lieu, nous parlons toujours à la mère de famille qui comprend la loi de l'ordre et de l'économie, et qui s'est réservé le soin de présider à la distribution comme à l'arrangement des produits que renferme l'office, c'est dans ce lieu, disons-nous, que se préparent les hors-d'œuvre.

C'est là que les anchois, tirés des flacons qui les contiennent, sont grattés, essuyés, séparés et disposés en losange sur une couche d'huile fine d'Aix, et que les intervalles qu'ils offrent sont parsemés alternativement de blancs d'œufs hachés fin, de jaunes d'œufs écrasés, et de fines herbes hachées bien menu. C'est là que les olives, après avoir été lavées pour les débarrasser de la saumure dont elles étaient imprégnées, sont ensuite placées, à leur tour, dans des coquilles de porcelaine, pour baigner dans une eau limpide et pure. C'est encore là que les petits radis frais, blancs ou rouges, violets ou roses, sont débarrassés de la plupart de leurs feuilles, de l'extrémité de leur racine, écartelés ou non, et déposés dans les bateaux qui leur sont ordinairement consacrés. C'est là que, dans la saison des fruits, se coupe le melon, dont la fraîcheur est entretenue par la glace ; c'est là que se groupent, dans des feuilles de vigne, les figues qui, dès le premier service, promettent pour le dessert les fruits les plus délicieux de la saison. C'est à l'office enfin que la maîtresse de maison range et dispose, pour la fin du repas, toutes les délicates attentions, les ressources exquises que la nature semble prodiguer à chaque époque aux palais les plus sensuels.

C'est de l'office que sont tirées toutes les conserves dont la saison précédente a permis la préparation ; c'est là qu'elles seront renouvelées ; mais nous n'avons pas entrepris de nous occuper de ces dernières, dont nous avons d'ailleurs déjà donné quelques recettes. Nous nous sommes seulement proposé de traiter de quelques produits dont la maîtresse de maison se réserve exclusivement la préparation.

Avant d'arriver à ce but, nous avons à remplir un engagement dont l'exécution nous paraît favorable, en raison du lieu qui nous occupe. Nous voulons parler de la préparation du café et du chocolat. Nous avons dit du thé tout ce que nous avions à en dire.

***

Le café, cette graine précieuse dont l'emploi devient général, et dont l'infusion nous fournit une précieuse liqueur, ouvre la série de nos repas pour en devenir le complément obligé. Le café de meilleur choix, nous l'avons dé dit, est un mélange de Martinique et de Moka, ou de Bourbon à défaut de ce dernier.

Chacun a son procédé pour brûler le café. Nous ne dirons donc rien de sa torréfaction, sinon que le résultat de celle-ci doit offrir aux yeux une graine de couleur marron clair, et qu'elle doit, à l'aide d'une agitation semblable à celle du blé que l'on vanne, se trouver débarrassée des pellicules dont le maintien donnerait au liquide une odeur désagréable.

Brûlée, la graine doit être conservée dans une caisse ou boîte de fer-blanc hermétiquement fermée, et déposée dans un endroit où l'humidité n'ait pas d'accès.

Cependant nous devons faire observer qu'il faut se garder de brûler en même temps les deux sortes de café dont nous recommandons le mélange, en ce que le café Martinique exige un degré de torréfaction plus prononcé que les autres.

On emploie généralement, pour la préparation du café, des appareils qui, tout en fournissant les moyens d'une prompte infusion, ont pour but principal de comprimer l'arome du liquide et de le garantir de l'évaporation. De tous, celui qui est le plus usité est la cafetière à la Dubelloy ; cet appareil est trop connu pour que nous en fassions la description. On sait qu'il se compose, dans sa partie inférieure, d'un double fond destiné à recevoir un bain-marie, et, dans sa partie supérieure, d'un fouloir dans lequel se tasse le café, et d'un crible à petits trous par lequel il filtre.

Il est, en outre, différentes manières d'infuser le café. On emploie la manière hollandaise, qui consiste à se servir d'une cafetière munie d'un filtre de laine blanche, dans lequel on dépose le café réduit en poudre et sur lequel on jette de l'eau bouillante ; on referme la cafetière jusqu'à ce qu'il se précipite ; on le clarifie avec un peu de colle de poisson, on le laisse reposer et on le sert ensuite dans un autre vase.

Mais de toutes les recettes, la meilleure est sans contredit celle mise en usage par les limonadiers, et qui n'est autre que la méthode suivie dans toutes les familles. Elle consiste à faire bouillir le café, récemment moulu, dans une eau qui, ayant reçu le marc du café de la veille, a ensuite été exposée au feu, y a jeté cinq ou six bouillons, et qui, refroidie, a enfin été soutirée avec précaution.

Ce liquide obtenu, on le verse dans une cafetière où a été mise une quantité quelconque de café moulu ; on calcule ordinairement une demi-once de café par demi-tasse. En supposant qu'on veuille faire quinze demi-tasses de café, on mettra dans la cafetière où aura été déposée l'eau décantée de dessus le marc, environ sept onces de café, auxquelles on ajoutera un peu de colle de poisson ; on couvrira la cafetière de son couvercle, et on la posera sur un feu ardent. On laissera bouillir, et, s'il est nécessaire, on dégagera le goulot de la cafetière qu'on remplira ensuite ou avec de l'eau extraite du marc, ou avec de l'eau. On laissera bouillir de nouveau, mais très-peu de temps, et, retirant la cafetière du feu, on laissera au café le temps de déposer au fond du vase ; dès qu'il sera limpide, on le transvasera doucement, puis on le fera réchauffer au bain-marie, puis on servira.

Quelque vulgaire que soit cette méthode, c'est, lorsqu'elle est suivie ponctuellement et avec soin, celle qui donne le meilleur café. Une précaution importante est de tenir la cafetière hermétiquement fermée afin d'éviter l'évaporation.

Avant de servir le café dans une cafetière d'argent, il faut avoir soin de passer celle-ci à l'eau bouillante.

Chocolat. — Cet aliment agréable, nourrissant et de facile digestion, qui convient aux personnes sédentaires, aux gens de lettres, aux estomacs faibles, devient de jour en jour d'un usage plus général.

Sa substance qui, dans un petit volume, contient tant de parties nutritives, a donné lieu à des fabrications diverses qu'il serait superflu d'analyser. Nous devons nous borner à mettre nos lectrices en garde contre les falsifications de ce produit, si généralement recherché.

C'est ordinairement avec de l'amidon, de la fécule de pommes de terre, des lentilles, des pois pulvérisés, de la farine, de la pâte de cacao dont on a dégagé l'huile par expression, que le chocolat est falsifié.

Voici les moyens de reconnaître les altérations qui rendent souvent malfaisant l'usage de cette substance.

Si en le cassant le chocolat est graveleux, s'il se fond difficilement dans la bouche, s'il épaissit en cuisant, si, refroidi, il se réduit en une espèce de gelée, c'est qu'il contient de la farine.

S'il produit au palais un goût de fromage, c'est qu'il a été altéré avec des graines animales.

S'il dépose un sédiment rude ou terreux, la fève de cacao n'a pas été convenablement moudée, et sa fabrication a eu lieu avec une cassonade commune.

S'il est rance, on l'a altéré avec des semences ; s'il est amer, la fève était ou trop verte, ou avariée, ou mal brûlée.

Enfin, le bon chocolat, bouilli dans l'eau, laisse surnager des yeux et des gouttelettes de beurre de cacao fondu, et ne présente aucune remarque analogue à celles qui résultent des falsifications que nous venons d'indiquer.

Préparation du chocolat. — Pour bien préparer le chocolat, il faut se servir d'une cafetière à couvercle mobile, percé, au milieu, d'un trou par lequel sort le manche du *moulinet* ou *moussoir*, que l'on agite et que l'on fait tourner rapidement sur lui-même par une pression inverse de la paume des deux mains.

Il faut mettre dans une chocolatière autant de tablettes de chocolat que de verres d'eau, mais n'y déposer les premières que lorsque l'eau bouillira, après les avoir coupées en petits morceaux (dix tablettes à la livre). A ce moment, on agite le moussoir, et l'on remue jusqu'à ce que le chocolat soit entièrement fondu. Après la fusion, cinq minutes d'ébullition suffiront, et l'on servira le liquide.

Si, à défaut de chocolatière, on se sert d'un autre vase, il faut se garder d'en choisir un de fer-blanc : ce métal communique au chocolat un mauvais goût ; c'est dans un vase de cuivre étamé ou dans un vase d'argent que doit être préparée cette substance.

Le chocolat à la crème s'obtient par un procédé analogue ; on substitue la crème à l'eau. Dans ce cas, on choisit de préférence le chocolat à la vanille.

Sucre. — Le sucre peut être considéré comme la base des travaux de l'office. Ce riche produit, dont la consommation est immense, n'est pas seulement une substance agréable, c'est encore un utile condiment. A lui nous devons les élégantes constructions dont nos habiles praticiens ornent la table ; il conserve, sans les altérer, les fruits des terres intertropicales et ceux du sol méridional de notre pays ; il tempère et corrige l'acidité de certaines substances que nous dédaignerions s'il ne faisait disparaître l'acerbité de leur saveur par le mélange de sa suavité. Non-seulement il est le principe de la plupart des préparations du second service et de toutes celles des desserts, mais il est encore l'accessoire obligé de beaucoup d'autres préparations culinaires. Il est le compagnon inséparable du café, du chocolat et du thé ; c'est à son union à l'alcool et à l'eau-de-vie que nous devons les liqueurs inventées pour réchauffer la vieillesse de **Louis XIV.**

Le sucre raffiné est celui qui doit être généralement employé, lorsqu'à une couleur suffisamment blanche il réunit une saveur douce et agréable.

On juge de sa bonne qualité : s'il est dur, sonnant, d'une saveur douce et agréable, et quand, jeté dans l'eau, il ne la trouble pas.

Pour s'assurer si le sucre n'a pas été falsifié par des substances dont l'emploi aurait eu pour but d'ajouter à son poids, voici comment on procède :

On jette un morceau de sucre dans de l'eau-de-vie ou dans de l'esprit-de-vin ; si le sucre ne s'y dissout pas entièrement et y dépose un résidu, on peut en conclure que ce résidu est une matière étrangère au sucre, et qui ne lui a été ajoutée que comme un moyen de falsification.

Pour s'en mieux convaincre, on place une petite quantité de sucre dans une cuiller d'argent sur laquelle on verse de l'esprit-de-vin, et qu'on expose à un feu ardent. Si le sucre est de bonne qualité, il se fondra légèrement, en abandonnant quelques traces d'une petite poudre blanche.

Ces observations posées, nous dirons brièvement quelles sont les diverses préparations du sucre, nécessaires à connaître pour en utiliser l'emploi dans les travaux de l'office qui regardent la maîtresse de maison, et qui deviennent indispensables pour la confection des confitures, des liqueurs et des sirops.

Cuisson à la nappe ou au grand lissé. — C'est la cuisson ordinaire. Jetez dans un poê-lon d'office deux bouteilles d'eau et quatre livres de sucre raffiné et concassé ; ajoutez la moitié d'un blanc d'œuf, posez sur le feu et faites bouillir. Au premier bouillon, éloignez le poêlon du feu, écumez et jetez l'écume à travers un tamis placé sur une assiette destinée à recevoir le sucre qui tombera. Replacez le poêlon sur le feu, écumez de nouveau. Pour reconnaître le degré de cuisson que vous voulez atteindre, trempez une écumoire dans le poêlon et retirez-la de suite, faites faire à celle-ci un tour sur elle-même : si le sirop s'étend sur l'écumoire, retirez le poêlon, le sirop est ce qu'on appelle à la *nappe.*

Les écumes retirées de cette cuisson peuvent être employées : après leur avoir fait jeter trois bouillons successifs et avoir, à chacun d'eux, jeté dans cette cuisson un peu d'eau froide, vous en séparez une écume noire ; lorsque le sirop sera étendu sur l'écumoire, comme dans le cas précédent, vous retirerez le poêlon, vous passerez la cuisson dans une chausse ou dans un linge serré, et vous aurez obtenu un nouveau sirop.

Cuisson au petit et grand lissé. — Le sucre étant clarifié comme ci-dessus, remettez-le au feu ; ajoutez un peu d'eau fraîche, et faites bouillir. Recueillez sur l'écumoire, avec l'index et le pouce, une goutte de sirop ; si, en les écartant l'un de l'autre, il se forme entre eux un petit filet, et que sur l'un des deux doigts reste une goutte, vous aurez obtenu le *petit lissé* ; si, au contraire, le filet s'étend sans se rompre, ce sucre sera *au grand lissé.*

Cuisson au petit et grand perlé. — Faites cuire un degré de plus, et renouvelez l'épreuve ci-dessus : le filet acquiert-il de la consistance, le sucre est *au petit perlé* ; le filet, malgré un plus grand écartement des doigts, se soutient-il ? le sucre sera *au grand perlé.*

Cuisson au soufflé, à la petite plume ou au petit boulé. — Ces trois cuissons sont, à une légère différence près, les mêmes. Après quelques bouillons de plus que dans les cas précédents, on plonge l'écumoire dans le poêlon, on souffle à travers les trous ; s'il en sort des jets formant de petites boules plus ou moins allongées, le sucre a atteint le degré de cuisson nécessaire.

Cuisson à la grande plume ou au grand boulé. — En donnant à l'ébullition un plus grand degré de force, et en répétant l'expérience précédente, si les bulles qui sortent des trous de l'écumoire sont plus grosses que celles obtenues dans la cuisson au soufflé, si, en prenant entre les doigts un peu de sucre pour en former une boule, celle-ci, en se refroidissant, devient de plus en plus ferme, le sucre est parvenu au point de cuisson recherché.

Cuisson au petit et au grand cassé. — Après avoir excité plus fortement encore l'ébullition, on passe le doigt à l'eau fraîche, on le trempe dans le sucre et on le reporte vivement dans un verre d'eau ; si le sucre casse et tient sous la dent, c'est le *petit cassé* ; si après avoir donné à la cuisson un bouillon de plus, on répète la même expérience, et que le sucre extrait produise un petit bruit en s'y cassant et ne s'attache pas aux dents, on a obtenu le *grand cassé*.

Cuisson au caramel. — Quelques bouillons après le grand cassé, si une odeur légère se fait sentir, il faut l'éloigner promptement du feu, car alors il a atteint le degré désigné par le nom de *caramel*. Sa couleur doit être roussâtre ; plus prononcée, le sucre serait brûlé. Cette cuisson du sucre s'emploie dans la préparation des amandes grillées, et pour donner de la couleur au sucre et à quelques préparations culinaires.

Clarification du sucre. — On délaye un ou deux blancs d'œufs dans un litre d'eau pour quatre livres de sucre, et on expose le mélange au feu ; on remue afin que le sucre ne s'attache point à la bassine, on écume dès le commencement de l'ébullition ; si l'écume montait en mousse, on jetterait un peu d'eau, en reculant la bassine, de manière à ce que le liquide jetât un minime bouillon qui permît d'écumer. Lorsque toute l'écume a été enlevée, il faut, pour terminer la clarification, passer le sucre à la chausse ou à travers une serviette mouillée.

Sucre à la vanille pour les desserts. — Pilez dans un mortier un ou deux bâtons de vanille coupés en petits morceaux. Mêlez-les avec une demi-livre de sucre en poudre ; pilez de nouveau jusqu'à ce que la vanille ne se distingue plus. Enfermez ce sucre dans de petits flacons surmontés de couvercles percés comme une poivrière. Ce sucre servi à l'entremets ou au dessert est employé pour saupoudrer une crème, un gâteau, une compote qu'il parfume agréablement.

COMPOTES.

Compote de pommes. — Choisissez sept belles pommes de reinette dont vous enlèverez la pelure et le cœur ; faites-les bouillir dans une pinte d'eau avec six onces de sucre et le jus d'un citron ; sondez avec une aiguille le degré de leur cuisson ; dès que celle-ci sera opérée, enlevez les pommes avec précaution, placez-les dans le compotier, la septième au milieu ; faites bouillir le liquide dans lequel elles ont cuit, jusqu'à ce qu'il ait pris la consistance d'un sirop épais ; cependant vous aurez eu grand soin de l'écumer. Dès que le sirop sera formé, retirez-le du feu, faites-le refroidir, et versez-le sur les pommes. On peut masquer celles-ci dans leur partie supérieure d'un peu de gelée de fruits quelconques.

Compote de poires de bon-chrétien. — Choisissez six de ces belles poires, piquez légèrement la peau avec la pointe d'un couteau et mettez-les dans l'eau bouillante, jusqu'à ce qu'elles soient amollies ; retirez-les, mettez-les dans l'eau froide, d'où vous les extrairez pour les peler et en ôter les pepins et le cœur ; remettez-les à l'eau froide, acidulez avec du jus de citron pour conserver la blancheur du fruit. Faites ensuite clarifier une demi-livre de sucre pour deux livres de fruit environ, et cuisez dans un verre d'eau au petit lissé. Quand le sucre est parvenu à ce degré, ajoutez-y quelques parcelles de la poudre de cannelle et un jus de citron ; replacez les poires dans le sucre de manière à ce qu'elles puissent recevoir quelques bouillons, alors retirez-les, placez-les avec ordre dans le compotier ; faites jeter de nouveau quelques bouillons au sirop, retirez du feu, laissez refroidir et versez sur les poires.

Compote rosée de poires de bon-chrétien. — Prenez huit belles poires de bon-chrétien, pelez-les, coupez-les en quatre quartiers, enlevez-en le cœur et les pepins. Mettez dans une casserole bien étamée deux livres de sucre blanc concassé, faites-le fondre, mettez-y vos poires, et ayez soin qu'elles y baignent amplement; couvrez et faites partir à feu ardent; laissez bouillir longtemps et réduisez à moitié, vos poires commenceront à devenir rosées; continuez la réduction; puis si vous vous apercevez que la couleur devienne plus forte que rose, ayez un citron tout prêt et exprimez-en le jus dans votre casserole. Alors retirez-les, dressez-les dans votre compotier; faites réduire encore votre sirop à un bon tiers, retirez-le du feu, laissez-le refroidir et versez-le sur vos poires.

Compote d'abricots entiers. — Choisissez des abricots provenus d'un arbre à plein vent, retirez par incision le noyau, piquez avec une épingle de chaque côté de la queue, mettez dans l'eau sur le feu; dès que vous les sentirez s'amollir sous le doigt retirez-les et faites-les baigner dans l'eau fraîche; faites-les égoutter sur une claie; tandis qu'ils égouttent mettez du sucre cuire en proportion du nombre d'abricots; dès que celui-ci bouillira, replacez-y les abricots avec précaution et soumettez-les sur un feu doux à quelques bouillons; retirez la bassine ou le poêlon, laissez refroidir, et placez-les dans les compotiers en les couvrant de leur sirop.

Les compotes des autres fruits à noyau se font de la même manière.

Compote de pruneaux. — Prenez des pruneaux d'ente de première qualité; mettez-les dans de l'eau tiède. Prenez du sucre blanc concassé, la quantité en raison de celle des pruneaux. Mettez-le dans un poêlon d'office avec de l'eau, faites-le écumer; retirez vos pruneaux, faites-les bien égoutter; mettez-les dans votre sucre écumé, et faites-les cuire à feu doux; lorsqu'ils seront bien renflés, ajoutez un bon verre ou deux, suivant votre quantité, de vin de Bordeaux; faites cuire de nouveau et retirez vos pruneaux, mettez-les dans un compotier, faites réduire votre jus en y ajoutant un peu de zeste et un filet de jus de citron; votre réduction faite, retirez du feu, laissez-la refroidir, enlevez les zestes et versez sur vos pruneaux.

Oranges. — Prenez une quantité quelconque d'oranges, mondez-les, séparez-les par quartiers sans attaquer la pellicule qui contient le suc; enlevez la peau blanche qui les recouvre, et épluchez-les de manière à déterminer leur transparence; ainsi préparées fixez-les aux extrémités d'une petite baguette d'osier, longue de quatre à cinq pouces, en les introduisant à ces extrémités entre la peau et les cellules dès quartiers d'oranges, de manière à ne pas attaquer le vésicule du fruit. Faites alors cuire le sucre au grand cassé ou au caramel. Parvenu à son degré de cuisson, retirez le sucre du feu et placez-le sur de la cendre chaude, et laissez-le reposer quelques minutes. Alors prenez les baguettes d'osier, trempez les quartiers dans le sucre, de manière à ce qu'ils en soient entièrement imbibés, égouttez-les et laissez-les reposer sur une plaque légèrement enduite de beurre frais. Lorsque les quartiers se sont refroidis, détachez-les des baguettes et groupez-les élégamment sur un papier découpé. Servez alors, ou maintenez-les à l'étuve jusqu'au moment de servir.

Les raisins, les cerises, les prunes de reine claude, les groseilles en grappes se préparent de la même manière.

Marrons glacés. — Placez vos marrons dans la poêle percée, posez-les sur un feu doux, faites-les griller; cette première préparation terminée, dépouillez les marrons de leur écorce et de leur peau; mettez chaque marron au bout d'un rameau et trempez-le dans le sucre cuit au caramel ou au grand cassé. Le reste comme ci-dessus.

Gâteaux au sucre soufflé. — Prenez deux livres de sucre clarifié que vous faites cuire au petit cassé; jetez-y une bonne pincée de fleurs d'oranger récemment épluchées; ajoutez un blanc d'œuf battu en neige mêlé à quatre onces de sucre blanc en poudre; agitez ce mélange à l'aide d'une spatule. Dès que le sucre aura monté, laissez-le retomber; remuez de nouveau, laissez-le remonter et faites-le retomber encore. Dès que vous l'aurez reconnu bien liquide, versez-le ou dans des moules de fer-blanc à formes ou ornements divers, ou dans de petites caisses de papier, les uns ou les autres graissés intérieurement de fine huile d'olives. Laissez refroidir, faites-les sortir des moules de fer-blanc si vous avez fait usage de ceux-ci, et servez, ou maintenez à l'étuve.

Pour donner à ces gâteaux la couleur rose, on joint un peu de carmin aux œufs fouettés ou une couleur jaune, en joignant à la même préparation du safran en poudre.

On peut substituer à la fleur d'oranger, des violettes, des fleurs de jasmin, ou des feuilles de roses.

Gâteaux d'amandes.—Trempez une demi-livre d'amandes dans l'eau chaude pour les monder de leur pellicule, pilez-les ensuite dans un mortier de marbre, dans lequel vous aurez jeté une once de gomme arabique dissoute dans l'eau. Les amandes bien réduites en pâte, mêlez-y une livre de sucre raffiné avec un peu d'eau de fleur d'orange, et continuez à piler. Quand le tout a pris la consistance de pâte maniable, mettez-le sur une table saupoudrée de sucre et dressez vos petits gâteaux, en leur donnant la forme que vous désirez, sur des feuilles de papier ; placez ensuite vos gâteaux sur des planchettes, et faites-les cuire au four doux ou sous un four de campagne.

Les gâteaux d'avelines et de pistaches se font de même, mais on y ajoute peu de fleur d'orange.

Fleurs d'oranger pralinées. —Epluchez une demi-livre de fleurs d'oranger, passez-les à l'eau fraîche et faites-les égoutter ; faites cuire à la plume une livre de sucre clarifié, jetez-y les fleurs d'oranger et remuez-les avec une spatule jusqu'à ce que le sucre se trouve réduit en poudre et que les fleurs en soient complétement recouvertes. Etendez alors sur des feuilles de papier et faites sécher les fleurs à l'étuve.

Amandes pralinées.—Choisissez une livre d'amandes à peau fine, frottez-les doucement dans un linge pour en enlever la poussière. Mettez dans un poêlon une livre de sucre avec un verre d'eau et un peu de carmin. Faites cuire sans écumer au gros boulé ; retirez le poêlon du feu et remuez-le quelques minutes. Alors jetez vos amandes dans le sucre et retournez le jus jusqu'à ce qu'elles aient pris tout le sucre. Approchez de temps à autre le poêlon du feu et jetez sur les amandes de la

fleur d'orange, de l'eau de rose ou du cédrat ; faites-les sécher au feu, déposez-les sur des tôles recouvertes de papier, et placez-les dans un lieu sec.

Les pistaches et avelines se préparent de même. Mais il faut employer livre de sucre pour livre de fruits.

<hr>

MARMELADES.

Marmelade d'abricots. — Choisissez des abricots bien mûrs, récoltés sur des arbres à plein vent, enlevez-en les noyaux, coupez-les en morceaux et mettez-les dans une terrine pour les peser. Il faut environ trois quarts de livre de sucre par livre de fruit. Si donc vous avez six livres de fruit, vous placerez dans la bassine quatre livres et demie de sucre raffiné que vous clarifierez et ferez cuire à la plume. Parvenu à ce degré, vous y jetterez vos abricots et les remuerez avec une spatule de bois jusqu'à cuisson complète de la marmelade. Une heure doit suffire. Pour vous en assurer, épandez un peu de la marmelade sur une assiette ; si vous la voyez prendre en gelée, la cuisson est complète ; ajoutez alors les amandes des noyaux qui auront été mondées, versez la marmelade chaude dans les pots, laissez-la refroidir et couvrez-la d'un papier trempé dans de l'eau-de-vie, puis d'un autre blanc par-dessus.

Marmelade de prunes de reine-claude.—Faites comme la précédente, à l'exception de l'addition des amandes, et ne mettez que trois livres et demie de sucre raffiné pour cinq livres de fruit.

Marmelade de prunes de mirabelle. — Même préparation que celle ci-dessus.

Marmelade de pêches. — Se fait comme celle des abricots ; on peut y ajouter les amandes des noyaux du fruit.

Marmelade de poires.—Prenez six livres de poires de rousselet et cinq livres de sucre ; mettez les poires pelées, coupées par quartiers, et dont vous aurez enlevé les pepins et la partie pierreuse ; jetez-les dans de l'eau fraîche, et faites-les cuire jusqu'à ce qu'elles soient amollies ; alors retirez-les, mettez-les dans un tamis, écrasez-les de manière à ce que leur pulpe puisse passer à travers les crins du tamis ; clarifiez cinq livres de sucre blanc, que vous ferez cuire au gros boulé ; à ce degré mêlez la pulpe de vos poires et remuez avec une spatule de bois sans discontinuer. Lorsque le tout sera arrivé à la consistance de marmelade, versez dans les pots, laissez refroidir et couvrez comme il est dit.

Toutes les marmelades de poires se préparent de même.

Marmelade de cerises. — Prenez de belles cerises bien mûres, enlevez-en les noyaux et les queues, et jetez-les dans une terrine. Concassez autant de fois trois quarterons de sucre que vous avez de livres de fruit ; mettez le sucre et les cerises dans une bassine, et placez sur le feu. Remuez avec une spatule de bois jusqu'à ce que le mélange ait pris la consistance de marmelade ; pour vous assurer de sa cuisson, étendez-en un peu sur une assiette et assurez-vous que ce dépôt s'est converti en gelée ; versez alors dans des pots, laissez refroidir et recouvrez ensuite, comme il est indiqué à la marmelade d'abricots.

On peut obtenir le même résultat au moyen de la réduction des cerises à moitié ; mais alors il faut les jeter dans le même poids de sucre cuit au gros boulé. Faites cuire comme nous l'avons dit, et versez dans des pots.

Marmelade de framboises. — Enlevez les queues de framboises belles et bien mûres ; passez-les au tamis de crin pour les débarrasser des pepins ; mettez le sucre dans les mêmes proportions que pour la marmelade aux cerises : trois quarts pour livre. Faites cuire comme les précédentes et couvrez de même.

GELÉES.

Gelée de groseilles. — Égrenez de belles groseilles rouges, bien mûres et bien saines, ajoutez des framboises dans la proportion du cinquième du poids des premières, mettez le tout dans un tamis de crin, pressez et écrasez pour en extraire le jus. Passez ce dernier dans une chausse, et mesurez livre de sucre pour pinte de suc. Mettez la bassine au feu, faites bien bouillir et écumez. Lorsque la cuisson s'étend en nappe sur l'écumoire, la gelée arrive à son point de cuisson, ce dont vous vous assurerez mieux en laissant refroidir cette liqueur sur une assiette, et en remarquant si elle s'y est congelée. Videz alors dans des pots de faïence ; laissez refroidir et couvrez comme nous l'avons indiqué.

On peut se dispenser de faire passer le suc à la chausse, mais cette dernière opération évite le soin d'écumer longtemps.

Gelée de groseilles à froid. — Exprimez le jus de quatre livres de groseilles, mêlez-y cinq livres de sucre en poudre ; remuez et exposez au soleil dans des pots évasés : le jour même la gelée est faite.

Gelée de cerises. — Prenez six livres de belles cerises, bien saines et bien mûres, écrasez et pressez-les sur un tamis de crin. Recueillez le suc dans une bassine en y mêlant autant de livres de sucre que vous aurez extrait de demi-bouteilles de suc. Placez sur le feu et faites bouillir, écumez ; assurez-vous par le moyen déjà indiqué si la liqueur, en refroidissant, se change en gelée ; dans ce cas, retirez du feu, versez dans des pots, et couvrez, comme il est dit.

Gelée d'épines-vinettes. — Égrenez six livres d'épines-vinettes bien mûres, bien rouges ; mettez-les dans une bassine avec une pinte d'eau, placez au feu et faites bouillir un quart d'heure. Versez ensuite sur un tamis de soie, pressez et passez le suc du fruit ; placez ce suc dans la bassine avec autant de livres de sucre raffiné que vous aurez de chopines de suc ; mettez au feu et écumez dès que l'ébullition aura lieu. Alors que le suc s'étendra en nappe sur l'écumoire, retirez du feu et versez la liqueur dans vos pots. Laissez refroidir et couvrez.

Gelée de coings. — Ayez six livres de coings, pelez-les, coupez-les en quatre, ôtez-en les pepins, mettez-les dans une bassine avec six bouteilles d'eau, et faites-les bouillir. Dès que ces fruits tomberont en marmelade, retirez-les et pressez-les sur un tamis de soie pour en recevoir le suc. Celui-ci obtenu, mettez-le dans la bassine avec un blanc d'œuf délayé ; ajoutez autant de livres de sucre raffiné que vous aurez mesuré de chopines de fruit ; faites cuire la liqueur à la nappe jusqu'à ce que les dernières gouttes tombent en filtrant ; aromatisez avec des écorces d'orange ou de citron.

Versez la gelée dans vos pots, laissez refroidir et couvrez d'abord d'un papier imbibé d'eau-de-vie, ensuite d'un autre blanc.

Groseilles confites en grains. — Prenez six livres de groseilles rouges ou blanches à gros grains, égrenez-les et enlevez-en adroitement les pepins ; clarifiez et faites cuire au gros boulé quatre livres et demie de sucre raffiné. A ce degré, mêlez le fruit au sucre, agitez avec l'écumoire et écumez avant l'ébullition, et soutenez celle-ci pendant quelques minutes. Aussitôt que la liqueur tombera en nappe sur l'écumoire, retirez la bassine du feu, versez dans des pots en faïence ou dans de petits verres fabriqués pour cet usage. Laissez refroidir et couvrez comme il est indiqué.

Confiture de cerises. — Prenez six livres de cerises bien mûres, exprimez-en le jus ; ajoutez-y le jus de quelques cerises dites *griotes* pour donner de la couleur ; cela fait, mettez le jus dans la bassine avec six livres de sucre en poudre. Otez les noyaux de six autres livres de cerises ; jetez-les dans la cuisson lorsqu'elle approche de son terme ; laissez bouillir un quart d'heure. Versez dans des pots, laissez refroidir et couvrez.

Autre méthode. — Prenez six livres de cerises belles et fraîches ; ôtez les noyaux et les queues, et mettez-les dans la bassine avec trois livres de sucre en poudre. Placez sur un feu modéré, remuez avec l'écumoire et écumez lorsque l'ébullition commencera. Laissez bouillir dix minutes, et jusqu'à ce que le sucre ait atteint le degré de gros perlé. Retirez alors la bassine, versez la confiture dans des pots, laissez refroidir et couvrez.

Prunes de reine-claude confites. — Choisissez des prunes de reine-claude, évitez qu'elles soient trop mûres ; coupez-en les queues, piquez-les à l'entour avec une aiguille à tricoter ou avec une fourchette d'argent ; jetez-les dans une bassine remplie d'eau fraîche. Posez la bassine sur le feu. Quand l'eau commencera à frémir, enlevez les prunes avec une écumoire et déposez-les dans de l'eau fraîche. Trois heures après, remettez-les dans la bassine avec l'eau qui a servi à les blanchir ; ajoutez un peu de verjus, placez-les sur un feu modéré et faites encore frémir l'eau. Tirez-les alors de la bassine et remettez-les à l'eau fraî-

che. Pendant qu'elles y baignent, faites cuire au petit soufflé autant de fois six livres de sucre blanc concassé que vous aurez mis de cents de prunes à blanchir. Le sucre arrivé au degré de cuisson indiqué, jetez-y vos prunes et laissez le sucre jeter un bouillon ; à ce moment, retirez du feu et laissez reposer le tout dans une terrine pendant vingt-quatre heures. Ce temps passé, retirez les prunes du sucre, mettez celui-ci au feu et donnez-lui la cuisson du gros boulé ; alors jetez-y les prunes. Quand le sucre aura jeté quelques bouillons, retirez la bassine du feu. Quand le tout sera à moitié refroidi, versez la confiture dans des pots ; laissez refroidir et couvrez.

Prunes de mirabelles confites. — Choisissez ce fruit bien jaune, mais pas trop mûr. Procédez comme ci-dessus en ayant soin de jeter un peu d'alun dans la bassine lorsque vous la mettrez au feu la première fois.

Abricots confits. — Choisissez de gros abricots qui ne soient ni trop mûrs ni trop verts ; faites dans la partie supérieure de chacun d'eux une ouverture capable de laisser extraire le noyau. Faites blanchir les fruits comme il a été indiqué pour les prunes de reine-claude ; faites cuire et clarifier au petit lissé autant de livres de sucre que vous avez de livres de fruit. Dès que le sucre aura atteint un degré de cuisson, égouttez les abricots un à un et placez-les dans le sucre ; faites jeter à celui-ci quelques bouillons, retirez la bassine du feu et laissez refroidir pendant huit heures. Après ce délai, retirez les abricots un à un et remettez le sucre au feu, et faites-lui atteindre le degré de grand perlé. Replacez les abricots dans la bassine, toujours un à un ; faites bouillir huit ou dix fois, enlevez ensuite les abricots, mettez-les dans les pots et arrosez-les du sucre resté dans la bassine, auquel vous aurez donné un degré de cuisson de plus. Laissez refroidir et couvrez.

Pêches confites. — Choisissez de belles pêches sans qu'elles soient très-mûres, brossez-les à la brosse douce, piquez-les avec une fourchette, faites-les baigner dans l'eau, jetez-les dans une bassine, mettez celle-ci au feu et faites cuire jusqu'à ce que le fruit fléchisse sous votre doigt. Alors retirez-les une à une et placez-les dans de l'eau fraîche ; faites clarifier et cuire au petit lissé autant de livres de sucre que le même poids de fruit, replacez-y les pêches égouttées, faites jeter au sucre un bouillon ou deux, retirez la bassine du feu et laissèz reposer le tout vingt-quatre heures. Ce délai expiré, enlevez les pêches du sucre, remettez la bassine avec le sucre sur le feu, et donnez à ce dernier le degré de grand perlé. Replacez les pêches dans la bassine, toujours une à une, faites bouillir huit ou dix fois, enlevez ensuite les pêches, placez-les dans les pots et arrosez-les du sucre resté dans la bassine, auquel vous aurez donné un degré de plus de cuisson. Laissez refroidir et couvrez.

Coings confits. — Choisissez des coings presque mûrs, bien jaunes; pelez-les, coupez-les par quartiers, enlevez-en les cœurs et les mettez baigner à l'eau fraîche dans la bassine; placez celle-ci au feu et faites bouillir huit ou dix minutes. Alors, retirez le fruit du feu, jetez-les dans l'eau fraîche ; refroidis, placez-les sur un tamis de soie et faites-les égoutter. Clarifiez et faites cuire au petit lissé autant de livres de sucre raffiné que vous avez de livres de fruit ; à ce degré, jetez-y les coings et donnez-leur quelques bouillons. Retirez-les et versez-les dans une terrine où ils doivent séjourner dix ou douze heures. Ce délai expiré, enlevez-les de la terrine en les égouttant ; rejetez leur sucre dans la bassine et faites cuire celui-ci au gros perlé. Alors, replacez les coings dans la bassine, faites-leur jeter quatre à cinq bouillons ; ensuite, retirez-les du feu, placez-les dans leurs pots et arrosez-les du sucre resté dans la bassine. Laissez refroidir et couvrez.

Poires d'Angleterre confites. — Prenez un panier de poires d'Angleterre; qu'elles ne soient pas trop mûres ; épluchez-les avec soin, coupez-les en quartiers et enlevez-en légèrement les cœurs et les pepins. Pesez votre fruit, mettez dans une bassine autant de fois trois quarts de livre de sucre blanc concassé que vous aurez de livres de sucre ; faites écumer un peu votre sucre. Cela fait, mettez-y vos poires, remuez avec une spatule de bois bien légèrement afin de ne point briser vos quartiers. Vous aurez pris préalablement les zestes de plusieurs citrons que vous aurez hachés bien menu et mis de côté. Surveillez votre ébullition ; si

elle s'enlevait, jetez-y un peu d'eau fraîche. Avant que vos poires commencent à brunir, coupez un de vos citrons, ôtez-en les pepins et pressez-en le jus sur le fruit. Procédez, pour voir si votre cuisson est à son point, comme pour les conserves ci-dessus. La cuisson faite, retirez votre bassine sur le coin du fourneau. Prenez vos zestes hachés, faites-les praliner dans du sucre blanc en poudre et jetez-les en remuant dans votre confiture. Versez dans des pots petits, car un pot de cette conserve étant entamé, le fruit se fond en jus le lendemain. Laissez refroidir, couvrez du double papier indiqué plus haut.

Fruits confits au sec. — Pour obtenir des fruits confits au sec, on peut se servir de ceux qui ont été confits au sucre. On les égoutte et on les fait sécher à l'étuve ou au four très-doux sur des plaques. Ensuite on fait cuire du sucre au gros boulé; à ce degré, on éloigne la bassine du feu et on agite le sucre jusqu'à ce qu'il commence à se cristalliser et à blanchir; alors on y trempe entièrement les fruits, que l'on dépose de nouveau sur des plaques, et qu'on remet ensuite à l'étuve. Lorsque les fruits, ainsi préparés, ont atteint un degré convenable de sécheresse, on peut les mettre dans des boîtes.

PATES.

Pâte d'abricots. — Choisissez des abricots parvenus à un degré de parfaite maturité, enlevez-en les noyaux, coupez-les en morceaux ; disposez-les au feu dans une bassine où vous aurez mis un peu d'eau ; faites cuire et écrasez le fruit avec une spatule de bois ; versez-le ensuite sur un tamis, pressez pour faire passer la pulpe du fruit au travers du crin. Ainsi passée, remettez-la dans la bassine et faites-la réduire au feu de moitié. Pesez-la en la retirant, et faites cuire au gros boulé un poids de sucre égal à celui de la marmelade. Mêlez alors les deux substances et remuez jusqu'à cuisson entière de la pâte. Retirez-la du feu, donnez-lui la forme que vous désirerez, ou déposez-la dans des moules et placez-les à l'étuve. Vingt-quatre heures après, saupoudrez la pâte de sucre fin, faites sécher de nouveau et mettez ensuite dans des boîtes.

Pâte de pêches. — Elle se prépare comme celle d'abricots.

Pâte de reines-claude. — Comme les précédentes.

Pâte de prunes de mirabelles. — Comme les précédentes.

Pâte de pommes. — Comme celles ci-dessus. Il faut peler les pommes soigneusement et enlever les cœurs, recouvrir la bassine jusqu'à ce que le fruit soit tombé en marmelade, découvrir ensuite pour obtenir la réduction.

Pâte de coings. — Toujours le même procédé ; mais il faut que préalablement ces fruits aient été blanchis, en observant que le sucre dans lequel la pâte doit être obtenue soit cuit à la plume, et qu'un seul bouillon est suffisant après son mélange avec le fruit.

SIROPS, LIQUEURS FRAICHES ET PUNCH.

Nous nous bornerons à donner pour ces produits un petit nombre de recettes. La composition de ceux qui sont employés comme médicaments est traitée dans les bonnes pharmacies avec une perfection telle, que c'est toujours de leurs laboratoires, qu'il faut les extraire, dans le cas où leur emploi est recommandé par le médecin. Cette considération nous a suffi pour nous engager à ne parler que des sirops qui peuvent être faits dans la famille et qui, dans certaines occasions, lui deviennent utiles, si surtout son éloignement de la ville ne lui permet pas un facile approvisionnement.

La bonne confection des sirops dépend toujours de la bonne qualité du sucre. Celui-ci doit toujours être bien sec. Il faut éviter l'emploi des cassonades grasses ; elles contiennent des principes de fermentation qu'elles communiquent aux sirops même les mieux cuits. Outre la fermentation, elles leur donnent une mauvaise odeur, leur font perdre les qualités qu'ils ont et en occasionnent de nuisibles.

Le degré de cuisson devient ensuite le point principal de la préparation, et l'emploi du pèse-sirop [1] devient alors nécessaire.

Si le sirop n'est pas parvenu à un degré de cuisson suffisant à la fermentation du produit, s'il est trop cuit, il se candit et dépose au fond du vase des cristaux transparents ; quand le sucre se cristallise, il ne se maintient plus dans le sirop et le prive de ses moyens de conservation.

Il est important d'emplir entièrement les bouteilles qui renferment le sirop, et de ne les boucher que lorsque celui-ci a été complétement refroidi.

Sirop de groseilles framboisées. — Ayez des groseilles rouges bien épluchées, passez-les en les écrasant au tamis de crin, recevez leur jus dans une terrine, et jetez dans le jus deux ou trois poignées de framboises sèches et bien épluchées. Déposez le vase au frais, et laissez-le reposer vingt-quatre heures, afin que la groseille fermente et que, par la suite, le sirop ne se prenne pas en gelée. Le délai de vingt-quatre heures expiré, enlevez la pellicule qui s'est formée à la surface du liquide, et passez à la chausse sans exercer de pression sur les framboises. Ayez quatre livres de belle cassonade bien sèche et bien pure pour deux livres de jus ; faites le mélange dans une bassine que vous poserez sur le feu. Près de bouillir, écumez le tout et laissez-lui jeter quelques bouillons ; alors retirez la bassine du feu, pesez avec le pèse-sirop qui doit marquer trente-et-un ou trente-deux degrés. Lorsque le sirop est arrivé à ce point, versez-le dans les bouteilles, et ne les bouchez hermétiquement qu'après un complet refroidissement.

Le sirop de *cerises* se prépare de même.

Sirop d'orgeat. — Prenez une livre et demie d'amandes douces et six livres d'amandes amères ; passez-les à l'eau bouillante pour enlever plus facilement la peau qui les recouvre ; mettez-les ensuite à l'eau froide pour les laver, égouttez-les et jetez-les dans un mortier de marbre ; pilez et arrosez de temps à autre pour qu'elles ne tournent pas à l'huile. Lorsque les

---

[1] Cet instrument est destiné à fixer le degré de cuisson du sucre. Après la clarification de celui-ci, dès que sa surface est tranquille, on souffle l'écume et on laisse descendre l'instrument. Le point où il s'arrête indique, par le chiffre de l'échelle graduée du pèse-sirop, le degré de cuisson du sucre. Si ce degré est plus élevé que celui fixé pour la préparation, on y ajoute un peu d'eau ; s'il est inférieur, on continue à faire bouillir le sucre ; s'il s'arrête au chiffre marqué, la cuisson est complète.

amandes seront réduites en pâte bien fine, mettez celle-ci dans une terrine, et délayez-la avec une quantité d'eau égale à une chopine dans laquelle vous étendrez quelques onces de sucre en poudre, passez ensuite la pâte ainsi délayée au travers d'une toile serrée que vous tordrez fortement pour en exprimer la plus grande quantité possible de lait d'amandes. Reprenez le marc, mettez-le dans le mortier en ajoutant encore deux onces de sucre et une nouvelle chopine d'eau ; pilez encore, passez ensuite ce mélange et exprimez tout le liquide qu'il contient ; mélangez les deux laits d'amandes. Prenez six livres de sucre raffiné pour trois pintes de ce lait, clarifiez-le et faites-le cuire au petit cassé ; retirez la bassine du feu et versez-y le lait d'amandes. Placez la bassine sur le fourneau, et faites-lui jeter un bouillon couvert ; retirez la bassine du feu, ajoutez un demi-verre de fleurs d'oranger ; quand le sirop est refroidi, passez-le à travers un linge fin, et remplissez-en les bouteilles que vous ne boucherez hermétiquement qu'après un complet refroidissement.

Ordinairement ce sirop se sépare en deux parties dans le flacon qui le renferme : la partie inférieure, claire et transparente ; la partie supérieure, blanche et plus épaisse. Cette séparation n'indique aucune altération ; il faut avoir soin d'agiter les bouteilles de temps en temps pour que la matière se mêle parfaitement.

Sirop de capillaire. — Prenez du capillaire de la Haute-Bourgogne ou de Montpellier (trois onces), choisissez le plus odorant et celui dont l'odeur est la plus suave, déposez-le dans une terrine vernissée et jetez dessus deux pintes d'eau bouillante ; laissez infuser deux heures, après avoir recouvert la terrine ; cette infusion terminée, prenez le capillaire et passez-le à travers un tamis de soie ; jetez dans l'infusion ainsi passée quatre livres de sucre clarifié, mettez le tout dans un poêlon d'office, et faites parvenir la cuisson au degré du sucre perlé. A ce moment, placez sur l'étamine du capillaire haché grossièrement, versez par-dessus le sirop, et quand celui-ci sera passé et refroidi, mettez en bouteilles et bouchez hermétiquement.

Sirop de punch. — Prenez quatre beaux citrons, enlevez-en les zestes, que vous jetterez dans deux pintes d'eau filtrée ; enlevez tout le blanc des citrons, dont vous exprimerez tout le jus dans l'eau ; ajoutez une livre de sucre, laissez infuser trois heures, passez à la chausse, ensuite conservez au frais la liqueur bouchée.

Orangeade. — Choisissez quatre belles oranges, enlevez-en légèrement le zeste, et jetez le zeste de deux d'entre elles dans un litre d'eau filtrée, en y ajoutant le jus d'un citron ; pressez le jus des oranges dans cette eau, sucrée avec une livre de sucre blanc, laissez infuser deux heures, passez à la chausse et conservez au frais la liqueur bouchée.

Limonade cuite. — Prenez un citron dont vous enlevez la peau, coupez-le en tranches minces, mettez-le dans une théière avec le quart de la peau du citron ; versez dans la théière une pinte d'eau bouillante, laissez infuser une demi-heure et servez avec le sucre dans le sucrier.

Eau de groseilles. — Prenez trois livres de groseilles rouges, épluchez une livre de framboises, pressez-les ensemble sur un tamis de crin, et recevez le jus du mélange dans une terrine ; ajoutez au sucre un litre et demi d'eau, passez à la chausse et sucrez avec du sucre en poudre.

Punch à l'eau-de-vie. — Mettez dans un bol de porcelaine une demi-livre de sucre, le zeste et le jus d'un citron ; faites chauffer les trois quarts d'une bouteille de vieille eau-de-vie ; retirez-la du feu lorsqu'elle est près de bouillir, et jetez en même temps dans le bol deux verres d'eau bouillante, mettez le feu au liquide et laissez-le s'éteindre.

Punch au vin de Champagne. — Préparez comme ci-dessus, et remplacez l'eau-de-vie et l'eau par une bouteille de champagne.

Punch au rhum. — Préparez comme le punch à l'eau-de-vie ; ajoutez à cette dernière un demi-setier de rhum, mais sucrez en proportion et mettez le feu à la liqueur comme il est indiqué.

Punch aux œufs. — Mettez dans un verre à punch un jaune d'œuf, ajoutez une cuillerée à bouche de sirop de punch ; battez le mélange, et remplissez le verre d'eau bouillante ; remuez fortement avec la cuiller.

Punch pour les soirées. — Faites infuser

trois onces de thé vert dans une pinte d'eau ; exprimez le jus de deux citrons, celui de quatre oranges ; mêlez avec l'infusion du thé une bouteille d'eau-de-vie et une demi-bouteille de rhum, ajoutez trois livres de sucre raffiné dans un litre d'eau filtrée ; faites chauffer la terrine au bain-marie, sans laisser bouillir le liquide ; servez dans des verres à punch.

FRUITS A L'EAU-DE-VIE.

Cerises à l'eau-de-vie. — Laissez infuser pendant quinze jours dans de l'eau-de-vie une demi-once de coriandre, autant d'anis étoilé, un peu de cannelle et de girofle pour six livres de cerises ; mêlez de temps à autre ce mélange. Choisissez de belles cerises saines peu avancées en maturité, coupez l'extrémité de leur queue, et faites-les infuser à part dans deux litres d'eau-de-vie ; lorsque la première infusion sera parfaite, jetez-la, après l'avoir passée à la chausse, dans le bocal où sont les cerises, et ajoutez quatre livres de sucre clarifié. Ayez soin que le fruit baigne entièrement dans la liqueur. Laissez reposer deux ou trois mois. On ajoute quelquefois aux cerises du jus de mûres.

Recette de M. Cadet de Vaux. — « Prenez des cerises précoces à leur point de maturité, ôtez-en la queue, écrasez-les à la main, concassez-en le noyau ; mettez-les dans une poêle à confiture avec du sucre ; faites bouillir jusqu'à réduction d'un tiers ; versez cette compote toute bouillante dans de l'eau-de-vie à laquelle vous ajouterez votre aromate, et laissez infuser au soleil. Lorsque la saison des framboises sera venue, vous en ajouterez, si vous voulez, à cette infusion :

« La cerise à confire, la *Montmorency*, le gobet à courte queue, mûrit la dernière de toutes, et à un mois d'intervalle de la cerise précoce ; alors vous passerez, exprimerez et filtrerez l'infusion ; ce sera un excellent ratafia de cerises et de framboises ; c'est dans ce ratafia que vous mettrez vos cerises. »

M. Cadet de Vaux ajoute : « Votre fruit ne changera plus son eau contre de l'eau-de-vie pure, mais bien contre une liqueur ayant déjà la saveur, l'odeur de la cerise et de l'aromate qu'on y aura joint. La cerise conservera son volume et sa couleur, elle sera très-agréable et plus facile à digérer que ne l'est celle imbibée d'eau-de-vie. »

Pour suivre ce procédé, que nous recommandons particulièrement, on pourra se baser sur les quantités prescrites dans la recette précédente.

Abricots à l'eau-de-vie. — Choisissez des abricots dont la maturité ne soit pas entièrement prononcée, passez-les à la brosse douce pour en enlever le duvet, mettez-les blanchir dans un poêlon, retirez-les du feu avant l'ébullition, avec une écumoire, un à un, et faites-les égoutter. Faites, pour six livres de fruit, clarifier une livre et demie de sucre, jetez avec précaution vos abricots l'un après l'autre dans le sirop, auquel vous ferez jeter cinq ou six bouillons, retirez-les alors de la bassine, égouttez-les de nouveau et déposez-les dans un bocal bien sec. Si le sucre est assez réduit et n'exige pas une nouvelle cuisson, mélangez-le avec quatre bouteilles de bonne eau-de-vie et versez le mélange sur les abricots. Laissez refroidir et couvrez le bocal avec un bouchon de liége que vous surmonterez d'une feuille de parchemin arrêtée au moyen d'une ficelle bien tendue.

Pêches à l'eau-de-vie. — Choisissez de belles pêches recueillies sur l'espalier avant leur entière maturité, passez-les à la brosse douce pour en enlever le duvet, et piquez-les jusqu'au noyau avec une grosse épingle, et déposez-les dans l'eau fraîche.

Prenez pour cinquante pêches trois livres de sucre raffiné, clarifiez-le et faites-le cuire au petit lissé, mettez moitié des pêches dans une bassine et versez le sucre cuit dessus, placez la bassine sur le feu, et faites frissonner le liquide jusqu'à ce que la pêche fléchisse sous le doigt. Retirez-les alors promptement du feu, et procédez de la même manière pour l'autre moitié des pêches. Remettez ensuite le sucre sur le feu, afin qu'il jette deux ou trois bouillons ; lorsque le sucre sera refroidi, versez, aux deux tiers de son poids, de l'eau-de-vie à 25 degrés, remuez le mélange ; mais pour le clarifier, car il aura été troublé par le dépôt qu'y auront laissé les pêches, passez-le dans une chausse en peau et non en laine, et laissez couler sur les pêches, déposées dans le bocal, le liquide dès que vous l'aurez reconnu limpide ; fermez le bocal avec un liége recouvert d'un parchemin mouillé et ficelé.

Prunes de reine-claude à l'eau-de-vie. — Choisissez de belles prunes de reine-claude saines et mûres, et passez-les au linge pour les bien essuyer. Mettez-les à l'eau chaude pour les blanchir, mais évitez de laisser bouillir l'eau ; égouttez-les, prenez un peu plus d'un quarteron de sucre clarifié pour chaque livre de fruit ; laissez les prunes y séjourner vingt-quatre heures. Ce délai expiré, reportez le sucre au feu ; lorsque sa cuisson sera arrivée au degré de grand perlé, mettez-y les prunes et laissez frémir le sirop. A ce moment retirez du feu et laissez refroidir le mélange, ensuite introduisez le tout dans un bocal, dans lequel vous ajouterez encore une quantité d'eau-de-vie suffisante. Bouchez le bocal d'un bouchon de liége recouvert d'un parchemin mouillé et ficelé.

Si, dans la cuisson, les prunes avaient perdu de leur couleur, on pourrait la leur rendre en ajoutant du suc de citron ou du suc d'épinards.

Prunes de mirabelles à l'eau-de-vie. — Le procédé est le même que pour les prunes de reine-claude.

***

DES RATAFIAS OU LIQUEURS DE FAMILLE.

Eau d'anis. — Prenez une once et demie d'anis étoilé, deux bouteilles d'eau-de-vie à 22 degrés, deux livres et demie de sucre et une pinte d'eau ; laissez d'abord infuser l'anis dans l'eau-de-vie sept ou huit jours ; l'infusion étant complète, passez-la à travers un linge ; faites dissoudre le sucre dans l'eau et mélangez les deux liquides ; laissez le mélange reposer jusqu'à ce qu'il soit bien éclairci ; filtrez ensuite à travers un papier gris, mettez en bouteilles et bouchez fort. Dans quelques indispositions l'usage de cette liqueur est bienfaisant.

Ratafia de noyaux. (*Recette de Mme Adanson.*) — « Prenez un quarteron d'amandes d'abricots ou de pêches mondées, coupez-les chacune en quatre, mettez-les dans un vase avec un quarteron de sucre en poudre ; laissez-les ainsi deux jours. Transvasez-les ensuite dans un pot de grès ; ajoutez-y une demi-livre de noyaux de cerises lavés à deux eaux tièdes ; versez dessus quatre pintes de forte eau-de-vie. Couvrez bien, faites infuser un mois ; décantez dans un autre vase sans troubler le fond ; mettez deux livres de beau sucre concassé. Au bout de quatre jours, filtrez au papier gris ou passez à la chausse de laine ; mettez en bouteilles, tenez-les debout et bien au sec. »

Liqueur de cassis. — Faites infuser dans six litres d'esprit-de-vin un gros de macis, autant de cannelle et d'anis étoilé, une demi-once de cachou en poudre ; laissez le tout reposer durant six semaines : à ce moment, tirez la liqueur au clair ; vous aurez choisi du cassis à belles grappes et à gros grains, bien noir et bien mûr, vous exprimerez le jus des grains. Pour six litres de jus, vous ajouterez neuf bouteilles de vin blanc et quatre livres de sucre. Versez le tout avec l'alcool dans un petit baril. Laissez le mélange y séjourner six mois ou un an, collez comme le vin, soutirez, filtrez ; mettez en bouteilles, bouchez fort, et tenez celles-ci droites dans un endroit bien sec.

Ratafia de cassis. — Choisissez le fruit noir et de grains bien mûrs. Pour une livre de cassis, ajoutez une bonne poignée de feuilles de cassis hachées et un demi-gros de cannelle en poudre ; écrasez les fruits et mélangez le tout, que vous mettrez infuser dans trois bouteilles d'eau-de-vie mélangées d'une pinte d'eau, dans laquelle vous aurez fait dissoudre deux livres et demie de sucre ; recouvrez le vase, laissez reposer pendant un mois. Ensuite passez à la chausse, mettez en bouteilles et bouchez fort.

Ratafia des sept graines. — Jetez-les dans un mortier ; ajoutez une once de grains d'anis, la même quantité de chacune des graines suivantes : carvi, cumin, fenouil, ache, coriandre et angélique ; concassez-les et jetez-les dans une cruche de grès avec quatre litres d'eau-de-vie ; recouvrez bien le vase, et laissez reposer un mois ou six semaines au soleil. Après ce temps, passez et ajoutez deux livres et demie de sucre dissous dans l'eau ; laissez reposer de nouveau, filtrez au papier gris et mettez en bouteilles.

Si, au lieu d'eau-de-vie, vous employez l'esprit-de-vin, ne faites usage, pour la quantité de graines indiquées, que de deux litres d'alcool de cette liqueur avec la même quantité de sucre dissoute dans deux pintes d'eau.

Ratafia de vespetro. — Mettez dans un vase deux onces de graines de coriandre, une once de graines d'angélique, deux pincées de graines de fenouil et autant de celles d'anis; ajoutez les zestes et le jus de deux citrons, le zeste et le jus de quatre oranges; versez dessus deux bouteilles d'eau-de-vie. Laissez reposer un mois, et, dans cet intervalle, agitez le vase pour hâter la macération; ce délai expiré, ajoutez deux livres de sucre concassé et dissous dans l'eau. Laissez encore reposer, et, quelques jours ensuite, passez et filtrez au papier gris; mettez en bouteilles et bouchez fort.

Ratafia de curaçao. — Prenez chez un bon droguiste une demi-livre d'écorce d'oranges sèches, enlevez-en le blanc avec soin, laissez-les infuser pendant un mois à une température élevée, dans quatre bouteilles d'eau-de-vie ou dans deux bouteilles d'esprit-de-vin mélangées avec deux bouteilles d'eau. Après ce temps, et lorsque l'infusion sera complète, ajoutez deux livres de sucre dissous dans un peu d'eau, laissez reposer de nouveau et bouchez avec soin. Après quelques jours, passez la liqueur à la chausse, filtrez au papier gris et mettez dans des bouteilles ou dans de petites cruches de grès bien bouchées.

Ratafia d'angélique. — Pilez grossièrement dans un mortier une livre de tiges d'angélique au moment où la plante va fleurir; jetez ces débris dans une cruche où vous aurez mis trois litres d'eau-de-vie; ajoutez-y un gros de girofle, autant de macis et de cannelle; fermez le vase et laissez infuser pendant un mois, à une température élevée, dans trois pintes d'eau-de-vie. Ce temps expiré, passez le liquide dans un linge mouillé; alors sucrez avec quatre livres et demie de sucre fondu dans très-peu d'eau; rebouchez le vase, laissez-le encore exposé un mois à la même température que ci-dessus, ensuite filtrez-le au papier gris, mettez-le en bouteilles et bouchez fort.

Ratafia de groseilles. — Exprimez la groseille comme nous l'avons dit dans la préparation indiquée sous le titre: *Eau de groseilles.*

Ayez deux litres de ce jus, provenant de groseilles rouges; ajoutez un gros de cannelle, un demi-gros de girofle, et versez le tout dans quatre litres d'eau-de-vie; laissez infuser ce mélange pendant un mois; ce délai expiré, décantez, et faites fondre dans un peu d'eau quatre livres de sucre concassé; jetez celui-ci dans la liqueur; laissez reposer de nouveau, et ensuite filtrez à la chausse; mettez dans des bouteilles et bouchez fort.

Ratafia de framboises et de fraises. — Après avoir exprimé le jus de ces fruits, suivez le procédé indiqué ci-dessus.

Ratafia de fleurs d'oranger. — Cueillez la fleur d'oranger dès qu'elle commence à s'épanouir, séparez-en les pétales, vulgairement appelées feuilles de la fleur, pesez-en deux onces. Faites fondre sur le feu et dans un poêlon d'office trois quarts de livre de beau sucre dans une chopine d'eau de rivière; enlevez l'écume du sucre; lorsqu'elle sera totalement dégagée, mettez les fleurs dans un vase de faïence, et versez ensuite par-dessus le sirop bouillant; bouchez hermétiquement l'orifice du vase. Après une heure d'infusion, passez le sirop dans une serviette, sans exercer de pression sur le marc; mêlez alors un litre d'eau-de-vie de Cognac, bouchez le vase et agitez-le de temps en temps. Quelques jours après, passez au filtre de papier gris, mettez en bouteilles et bouchez fort.

Autre recette pour le faire à froid. — Faites infuser seulement une demi-heure une demi-livre de pétales de fleurs d'oranger dans une pinte d'esprit-de-vin à 35 degrés; jetez le liquide sur un linge propre; mêlez à l'infusion deux livres de beau sucre blanc fondu à froid dans une pinte d'eau; filtrez sur un papier gris passé à l'eau chaude, mettez en bouteilles et exposez au soleil.

———

Quoique brièvement, nous avons parlé de tous les travaux de l'office qui regardent la maîtresse de maison, et qui, s'ils n'occupent pas ses moments, commandent au moins sa surveillance.

Nous n'avons rien dit de ce qui concerne la pâtisserie; deux raisons s'y opposaient: d'abord celle qui résulte des limites fixées à notre ouvrage ; ensuite, celle plus concluante que tous les travaux du four ne s'exécutent que rarement dans la famille. Dans chaque localité se trouvent des pâtissiers dont le goût et l'habileté sont déterminés par des études spéciales et une longue pratique; seuls ils peuvent fournir les préparations du four qui, à notre époque, ont acquis tant de perfection, et qui offrent de jour en jour des formes plus variées et de plus en plus attrayantes.

La maîtresse de maison choisira donc chez ces praticiens, parmi leurs hors-d'œuvre, leurs entrées chaudes, leurs entremets, leurs pièces montées et leur légère pâtisserie, ceux qui devront figurer sur sa table et qu'elle aura désignés pour compléter les menus.

Cette explication nous porte naturellement à dire que les desserts dont les menus se composent surtout de pâtisserie, échappent en quelque sorte à nos observations. Nous n'en parlons donc que parce qu'ils doivent trouver place, sinon dans les travaux de l'office, au moins figurer comme le résumé de ces travaux; car on l'a remarqué, il est peu des préparations précédentes dont le dessert n'ait été le but.

C'est la difficulté de donner, en hiver, au troisième service une agréable variété, qui doit plus encourager aux travaux de l'office, et porter à accumuler les bonnes provisions qu'il est permis d'y préparer, afin de substituer aux fruits frais des autres saisons les conserves que la connaissance des travaux de l'office permet de faire.

A moins de recourir aux fruits obtenus dans les serres chaudes et dont l'accès n'est permis qu'à l'opulence, les fruits à pepins de l'automne sont les seuls qui figurent au dessert. C'est donc le moment de faire servir les fruits candis au sucre, les compotes, les gelées, les marmelades et les pâtes dont nous avons indiqué la préparation. C'est une nécessité qui porte les maîtresses de maison à veiller assidûment à ce que ces utiles provisions ne leur fassent jamais défaut lorsque vient le moment de fournir la preuve de l'incessante activité qu'elles déploient dans l'administration domestique.

Nous nous bornerons à nommer les différents articles parmi lesquels on choisit ceux qui ornent le dessert.

Pâtisserie. — Les bonbons assortis qui se placent ordinairement sur les assiettes montées.

Les biscuits à la crème, les biscuits de marrons, les biscuits à la cuiller, les biscuits provençaux, les petits soufflés d'Afrique, les petits soufflés à l'anglaise, les guirlandes printanières, les tourons d'Espagne, les croquants du Nord, les gâteaux garnis d'angélique et à la fleur d'oranger, les massepains à la duchesse, les petits-baisers, les meringues à la belle-vue, qui forment ordinairement la garniture des tambours.

Fruits candis. — Les prunes de reine-claude, les figues, les amandes vertes, les oranges de Chine, les poires de rousselet, qui se servent sur double assiette.

Compotes. — D'ananas, d'oranges, de fraises, de groseilles, de framboises, de verjus, de pommes, de poires, de coings, de marrons qui se servent également sur double assiette.

Gelées. — De pommes, de poires, de coings, de prunes, d'abricots, de pêches, de verjus, de groseilles, de framboises, qui se servent sur double assiette.

Fruits frais. — Fraises, cerises, abricots, pêches, brugnons, groseilles, raisins, poires, pommes. Ces trois derniers se placent ordinairement avec l'ananas dans une corbeille qui occupe le centre du dessert; les quatre premiers, dans de larges coupes au pied élevé, doublées et quelquefois quadruplées, selon le nombre des couverts.

Fromages à la crème, crèmes fouettées.

Fromages glacés [1], à la rose, à la vanille, au citron, à la fleur d'oranger, à la pistache, aux fraises, aux framboises, etc.

Fromages de conserve : Roquefort, Sassenage, de Brie, de Gruyère, de Hollande, de Parmesan, du Mont-d'Or, de Chester, qui sont passés sur une assiette en dehors du service.

[1] N'ayant parlé de l'office qu'au point de vue où l'envisage ordinairement la maîtresse de maison qui se charge des préparations que nous avons analysées ou qui y préside elle-même, notre cadre, par cette raison, ne devait renfermer que les travaux les plus ordinaires et les plus usités ; nous n'avions donc rien à dire du glacier. Cette observation cependant nous fournit l'occasion de recommander encore la lecture du *Glacier royal*, mentionné à la page 104 de notre *Monographie*.

Ici se borne le court aperçu des travaux les plus ordinaires de l'office. Nous n'avons rien à prescrire sur l'arrangement et la disposition du dessert ; c'est là surtout que la maîtresse de maison aime à faire preuve de goût et de délicatesse recherchée. Nous nous bornerons à dire que presque toutes les tables à manger ayant pris une forme circulaire, c'est la ligne circulaire qui a été adoptée pour la disposition des assiettes et des compotiers, des tambours et des assiettes montées, et que généralement aussi on place au centre de la table, à défaut de dormant, une corbeille élégante garnie de fleurs ou de fruits de la saison.

QUELQUES MENUS [1].

JANVIER.

TROIS COUVERTS.

Trois douzaines d'huîtres.
Potage. — Riz au gras.
Relevé. — Petit brochet au bleu.
Entrée. — Beefsteacks au beurre d'anchois.
Rôti. — Poulet à la broche.
Légumes. — Choux de Bruxelles à l'espagnole.
Dessert. — Fromage de Roquefort, marrons, macarons, compotes de pommes et de poires.

FÉVRIER.

DE CINQ A SEPT COUVERTS.

Potage. — Riz purée de Crécy.
Relevé. — Saumon à la génoise.
Entrées. — Noix de veau à la chicorée, côtelettes de mouton piquées.
Rôti. — Lapin de garenne bardé; salade de saison.
Entremets. — Épinards au blond de veau, méringues à la Chantilly (*pât.*).
Dessert. — Une compote de pruneaux, compote d'abricots, poires, pommes, oranges, fruits confits.
Fromage. — De conserve.

MARS.

DE HUIT A DIX COUVERTS.

Potage. — A la brunoise.
Relevé. — Poularde à l'estragon.
Entrées. — Filets d'alose sautés, cailles aux laitues.
Rôti. — Gigot de pré salé; salade de saison.
Entremets. — Choux-fleurs au parmesan, charlotte de pommes.
Dessert. — Compotes d'oranges, cerises à l'eau-de-vie, pommes de Calville, oranges; une assiette montée, deux assiettes de petit-four (*pât.*).

---

[1] Nos menus ne sont présentés, quelque petit que soit le nombre des convives, que dans la supposition d'invitation à dîner. Nous n'avons rien à prescrire concernant l'ordinaire de la famille.

Les lettres (*pât.*) ainsi écrites indiquent que les mets qu'elles suivent doivent être pris chez le pâtissier.

AVRIL

DE SIX A HUIT COUVERTS.

Potage. — A la julienne.

Relevé. — Bœuf aux oignons glacés.

Entrées. — Darnes de saumon sauce aux câpres, côtelettes de veau piquées et glacées.

Rôti. — Poulets nouveaux au cresson; salade.

Entremets. — Asperges; tarte aux confitures (*pât.*).

Dessert. — Compotes d'oranges fromage à la crème, raisin de Malaga, amandes; une assiette montée (*pât.*)

MAI.

DE DOUZE A SEIZE COUVERTS.

Deux potages. — Printanier, aux pâtes d'Italie.

Deux relevés. — Filet de bœuf glacé, brochet sauce hollandaise.

Entrées. — Riz de veau purée à l'oseille, pâté chaud (*pât.*), filets de merlan sauce aux truffes, côtelettes d'agneau aux pointes d'asperges.

Deux rôtis. — Pigeons de volière, soles frites; deux salades.

Entremets. — Haricots verts à la maître d'hôtel, petits pois à la crème, gelée de fraises, charlotte russe (*pât.*).

Dessert. — Corbeille de fleurs, deux assiettes montées (*pât.*); — quatre compotiers : confitures, fruits à l'eau-de-vie, compote d'orange, compote de cerises; — deux fruits crus : pommes d'apis, ananas; — quatre assiettes de petit-four (*pât.*) : deux biscuits (*pât.*), deux méringues à la belle-vue (*pât.*).

JUIN.

DE SEPT A NEUF COUVERTS.

Potage. — De gros pois nouveaux à la jardinière.

Relevé. — Jambon glacé aux épinards.

Entrées. — Filets de soles, côtelettes de mouton à la financière.

Rôti. — Cailles; salade.

Entremets. — Asperges aux petits pois, gelée de fruits rouges.

Dessert. — Une assiette montée (*pât.*); — deux compotiers : compote de cerises, fromage à la crème; — deux fruits crus : bigarreaux, fraises; — deux de petit-four (*pât.*) : macarons au chocolat (*pât.*), biscuits au rhum (*pât.*).

JUILLET.

DE SIX A HUIT COUVERTS.

Potage. — Purée aux croutons.

Relevé. — Quartier de mouton à l'anglaise.

Entrées. — Matelote au vin de Bordeaux, poularde au riz.

Rôti. — Canetons de Rouen; salade.

Entremets. — Petits pois au beurre, tarte aux fruits rouges (*pât.*).

Dessert. — Une assiette montée (*pât.*); — deux compotiers : compote de cerises, cerneaux; — deux fruits crus : cerises, fraises; — deux petit-four (*pât.*) : fruits rouges glacés, guirlandes printanières.

AOUT.

DE DIX A DOUZE COUVERTS.

Potage. — Brunoise au blond de veau.

Relevé. — Rosbif garni de pommes de terre.

Entrées. — Vol-au-vent à la financière (*pât.*), canetons aux olives, filets de maquereaux, côtelettes de mouton à la jardinière.

Rôti. — Dindonneau au cresson.

Entremets. — Artichauts à l'espagnole, concombres au velouté, gelée aux quatre fruits (*pât.*), flan de pêches (*pât.*).

Dessert. — Une corbeille de fléurs, deux assiettes montées (*pât.*); — quatre compotiers : compote d'abricots, de prunes, groseilles pralinées, cerneaux; — quatre fruits crus : abricots, prunes, groseilles, fraises; — quatre petit-four : deux gâteaux anglais, deux biscuits à la vanille; — fromage glacé.

SEPTEMBRE.

DE HUIT A DIX COUVERTS.

Potage. — Riz à la purée de navets.

Relevé. — Filet de bœuf braisé, garni de carottes.

Entrées. — Darnes de saumon grillées, sauce aux câpres; poularde, sauce aux tomates.

Rôti. — Gigot de chevreuil; salade.

Entremets. — Laitues au consommé, beignets de pêches.

Dessert. — Une assiette montée (*pât.*); — deux compotiers : compote de pêches, fromage à la crème; — deux fruits crus : pêches, raisin; — deux petit-four : massepains.

OCTOBRE.

DE SIX A HUIT COUVERTS.

Potage. — Au potiron.

Relevé. — Quartier de chevreuil mariné.

Entrées. — Côtelettes de veau à la Singara, vol-au-vent à la Béchamel (*pât.*).

Rôti. — Poularde au cresson.

Entremets. — Haricots blancs à l'anglaise, fromage bavarois (*pât.*).

Dessert. — Une assiette montée; — deux compotiers : compote de pêches, gelée de cerises; — deux fruits crus : pêches, raisin; — deux petit-four : pâte d'abricots, croquettes au raisin de Corinthe.

NOVEMBRE.

DE VINGT COUVERTS.

Deux potages. — A la reine, vermicelle purée de pois verts.

Deux relevés. — Longe de veau garnie de petits pâtés, turbot sauce câpres.

Six entrées. — Filets de lapereaux sautés, aspic garni de filets de volaille, filets de soles à la hollandaise, côtelettes de mouton à la Soubise, filets de perdreaux à la bordelaise, cervelles de veau sauce à la ravigote.

Deux rôtis. — Deux faisans piqués aux mauviettes, éperlans frits; deux salades.

Six entremets. — Choux-fleurs au parmesan, artichauts à la Barigoule, gâteau napolitain (*pât.*), pudding au vin de Madère, gelée au marasquin, pièce montée en oranges glacée (*pât.*).

Dessert. — Une corbeille garnie, deux assiettes montées (*pât.*), deux tambours garnis (*pât.*); — six compotiers : deux compotes de poires, deux de fruits à l'eau-de-vie, deux compotes de pêches; — deux corbeilles de raisin, deux corbeilles de poires, deux corbeilles de pommes, six assiettes de petit-four variées (*pât.*), deux fromages glacés.

DÉCEMBRE.

DE HUIT A DIX COUVERTS.

Potage. — Au céleri.

Relevé. — Filet d'aloyau à la Monglas.

Deux entrées. — Merlans grillés, poulets à la reine au vin de Madère.

Rôti. — Grives et mauviettes bardées; salade.

Deux entremets. — Soufflé au riz, truffes à la serviette.

Dessert. — Une assiette montée (*pât.*), deux de petit-four (*pât.*); — deux compotes : de pommes glacées, de pruneaux; — quatre de fruits : pommes d'apis, pommes de calville, deux d'oranges; — fromage.

MENUS DE DINERS MAIGRES.

DE SIX A HUIT COUVERTS.

Potage. — Julienne maigre.

Relevé. — Carpe au bleu.

Entrée. — Merlans au gratin.

Rôti. — Truite sauce génevoise.

Entremets. — Macaroni au parmesan, charlotte russe.

Dessert. — Voyez le dessert des mois d'avril et de mai dans les menus ci-dessus.

DE DIX A DOUZE COUVERTS.

Potage. — Au poisson.

Relevé. — Cabillaud à la hollandaise.

Entrées. — Vol-au-vent béchamel de morue (*pât.*), anguille à la tartare.

Rôti. — Soles frites, buisson d'écrevisses; salade.

Entremets. — Croquettes de riz, charlotte de pommes, épinards au sucre, artichauts à la Barigoule.

Dessert (novembre). — Voyez les menus gras du même nombre de couverts.

DE SIX A HUIT COUVERTS.

Potage. — Au lait d'amandes.

Relevé. — Alose grillée sauce aux câpres.

Entrées. — Maquereaux à la maître d'hôtel, raie au beurre noir.
Rôti. — Éperlans frits; salade.
Entremets. — Petits pois au sucre à la parisienne, gelée d'oranges.
Dessert de saison.

DE DIX A DOUZE COUVERTS.

Potage. — Aux pointes d'asperges.
Relevé. — Matelote à la marinière.
Entrées. — Filets de merlans à l'italienne, côtelettes de thon en macédoine.
Rôti. — Soles frites; salade.
Entremets. — Crème aux amandes pralinées, gelée au rhum, haricots blancs à la maître d'hôtel, artichauts, fines herbes.
Dessert de saison. — Automne.

DE SIX A HUIT COUVERTS.

Potage. — Riz au lait.
Relevé. — Brochet au bleu.
Entrées. — Harengs frais à la ravigote verte, aiguillettes de morue.
Rôti. — Carpe frite; salade.
Entremets. — Soufflé de riz, céleri frit.
Dessert de saison. — Automne.

DE VINGT COUVERTS.

(DÉCEMBRE.)

Deux potages. — Aux huîtres, vermicelle au lait d'amandes.
Deux relevés. — Turbot à la hollandaise, saumon à la génoise.
Six entrées. — Soles à la normande, filets de limandes à l'anglaise, filets de grondins panés, truites à la génevoise, tanches aux fines herbes, anguille à la poulette.
Trois rôtis. — Buisson de homards, éperlans frits, goujons frits; deux salades.
Six entremets. — Truffes à la serviette, choux-fleurs au parmesan, une gelée au marasquin, une *dito* d'oranges, un biscuit meringué (*pât.*), une pièce montée en oranges (*pât.*).
Dessert. — Une corbeille garnie de fruits d'automne, quatre assiettes montées (*pât.*); — six compotiers : deux compotes de poires de bon-chrétien, deux de pommes de reinette, deux d'abricots; — deux corbeilles d'oranges, deux de raisin, deux ananas, six assiettes petit-four variées, deux fromages glacés.

TABLE DES MATIÈRES

CONTENUES DANS CE VOLUME.

PARTIE CRITIQUE.

PARTIE PRATIQUE.

PRÉPARATIONS CULINAIRES.

POTAGES.

BŒUF BOUILLI.

GROSSES PIÈCES. — RELEVÉS.

SAUCES ET RAGOUTS.

Les auteurs de *la Science du bien vivre* doivent à la bienveillance de M. l'éditeur des *Classiques de la table* la reproduction des gravures *la Méditation* (page 8), *le Magasin de Chevet* (page 22), le portrait d'*Antonin Carême* (page 31) et *la Contemplation* (page 99).

Paris. — Imprimerie de Cosson, rue du Four-Saint-Germain, 47.